Beth yw'r Gymraeg?

Beth yw'r Gymraeg?

Golygwyd gan Angharad Naylor,
Llion Pryderi Roberts
a Dylan Foster Evans

Gwasg Prifysgol Cymru
2023

Hawlfraint © Y Cyfranwyr a'r Coleg Cymraeg Cenedlaethol, 2023
Argraffwyd 2023

Cedwir pob hawl. Ni cheir atgynhyrchu unrhyw ran o'r cyhoeddiad hwn na'i gadw mewn cyfundrefn adferadwy na'i drosglwyddo mewn unrhyw ddull na thrwy unrhyw gyfrwng electronig, mecanyddol, ffotogopïo, recordio, nac fel arall, heb ganiatâd ymlaen llaw gan Wasg Prifysgol Cymru, Cofrestrfa'r Brifysgol, Rhodfa'r Brenin Edward VII, Caerdydd CF10 3NS

www.gwasgprifysgolcymru.org

Mae cofnod catalogio'r gyfrol hon ar gael gan y Llyfrgell Brydeinig.

ISBN 978-1-78683-949-7
e-ISBN 978-1-78683-950-3

Datganwyd gan y Cyfranwyr eu hawl foesol i'w cydnabod yn awduron ar y gwaith hwn yn unol ag adrannau 77 a 78 Deddf Hawlfraint, Dyluniadau a Phatentau 1988.

Cysodwyd gan Richard Huw Pritchard

Argraffwyd gan CPI Antony Rowe, Melksham, Y Deyrnas Gyfunol

Cynnwys

Cyfranwyr vii

Cyflwyniad 1

Adran 1 Llenyddiaeth 11
  1) Llenyddiaeth Plant 13
    Siwan M. Rosser
  2) Rhywedd 28
    Cathryn A. Charnell-White
  3) Y Ddrama Lwyfan a'i Gwreiddiau Llenyddol 48
    Gareth Evans-Jones
  4) Llên Bywyd 65
    Llion Pryderi Roberts
  Cwestiynau Trafod 85

Adran 2 Iaith 87
  5) Tafodieitheg 89
    Iwan Wyn Rees
  6) Sosioieithyddiaeth 115
    Jonathan Morris
  7) Dwyieithrwydd 137
    Enlli Thomas
  8) Newid Ymddygiad Ieithyddol 152
    Gwenno Griffith
  Cwestiynau Trafod 171

Adran 3 Cymdeithas 173
  9) Addysg 175
    Alex Lovell ac Angharad Naylor
  10) Yr Iaith Gymraeg a Threftadaeth 195
    Dylan Foster Evans
  11) Amlddiwylliannedd 218
    Lisa Sheppard
  12) Darllen Cyfieithiadau: Mwy na Geiriau 234
    Rhianedd Jewell
  13) Cenedligrwydd 251
    Peredur I. Lynch
  14) Y Gymraeg y tu allan i Gymru 271
    Jerry Hunter
  Cwestiynau Trafod 287

Mynegai 289

Cyfranwyr

Siwan M. Rosser – Uwch-ddarlithydd yn Ysgol y Gymraeg, Prifysgol Caerdydd

Cathryn A. Charnell-White – Pennaeth Adran y Gymraeg ac Astudiaethau Celtaidd, Prifysgol Aberystwyth

Gareth Evans-Jones – Darlithydd yn Ysgol Hanes, Y Gyfraith a Gwyddorau Cymdeithas, Prifysgol Bangor

Llion Pryderi Roberts – Uwch-ddarlithydd yn Ysgol y Gymraeg, Prifysgol Caerdydd

Iwan Wyn Rees – Uwch-ddarlithydd yn Ysgol y Gymraeg, Prifysgol Caerdydd

Jonathan Morris – Uwch-ddarlithydd yn Ysgol y Gymraeg, Prifysgol Caerdydd

Enlli Thomas – Athro mewn Ymchwil Addysg yn yr Ysgol Gwyddorau Addysgol a Dirprwy Is-Ganghellor Cynorthwyol (Y Gymraeg), Prifysgol Bangor

Gwenno Griffith – athrawes yn Adran y Gymraeg, Ysgol Gyfun Gymraeg Llangynwyd; cyn-ddarlithydd yn Ysgol y Gymraeg, Prifysgol Caerdydd

Alex Lovell – Rheolwr Cymwysterau, Cymwysterau Cymru; cyn Uwch-ddarlithydd yn Adran y Gymraeg, Prifysgol Abertawe

Angharad Naylor – Uwch-ddarlithydd yn Ysgol y Gymraeg, Prifysgol Caerdydd

Dylan Foster Evans – Pennaeth Ysgol y Gymraeg, Prifysgol Caerdydd

Lisa Sheppard – Uwch Swyddog Cydymffurfio a Pholisi'r Gymraeg, Cyngor Sir Rhondda Cynon Taf; cyn-ddarlithydd yn Ysgol y Gymraeg, Prifysgol Caerdydd

Rhianedd Jewell – Uwch-ddarlithydd mewn Cymraeg Proffesiynol yn Adran y Gymraeg ac Astudiaethau Celtaidd, Prifysgol Aberystwyth

Peredur I. Lynch – Athro mewn Llenyddiaeth Gymraeg a Chanoloesol, Adran y Gymraeg ac Astudiaethau Celtaidd, Prifysgol Bangor

Jerry Hunter – Athro yn Adran y Gymraeg ac Astudiaethau Celtaidd, Prifysgol Bangor

Cyflwyniad

Cwestiwn syml iawn yw teitl y gyfrol hon – *Beth yw'r Gymraeg?* Ac mewn ffordd, mae'r ateb yn hynod syml hefyd. Iaith sy'n newid trwy'r amser yw'r Gymraeg. Ac mae sut y byddwn yn ei hastudio yn newid trwy'r amser yn ogystal. Nid yw'r iaith byth yn aros yn ei hunfan.

    Bydd y gyfrol hon yn ceisio rhoi blas ar y cyffro, y cyfleoedd, yr heriau a'r peryglon sy'n rhan annatod o astudio'r iaith Gymraeg – rhywbeth byw a chyfnewidiol nad ydym yn gallu ei reoli, hyd yn oed pe baem yn dymuno gwneud hynny. Felly nid ceisio rhoi cyflwyniad cyffredinol a chynhwysol i wahanol agweddau ar hanes y Gymraeg, neu ar lenyddiaeth y Gymraeg, neu ar unrhyw agwedd arall ar y Gymraeg, yw nod y gyfrol hon. Mae cyfrolau eraill ar gael sy'n gwneud y gwaith hwnnw yn llwyddiannus iawn. Yn hytrach, byddwn yn ceisio rhannu â'n darllenwyr y brwdfrydedd hwnnw sy'n tanio ymchwilwyr yn y maes, gan roi cyfle iddynt ddangos yn eu harddull a'u dull eu hunain pam y maent wrth eu boddau yn astudio'r iaith Gymraeg.

    Wrth wneud hynny, mae'n fuddiol cofio mor ddiweddar yw hanes y Gymraeg fel pwnc academaidd. Nid cyn sefydlu'r colegau prifysgol ar ddiwedd y bedwaredd ganrif ar bymtheg y dechreuwyd astudio'r Gymraeg yn 'broffesiynol'. Cyn hynny, amaturiaid – dawnus ond dihyfforddiant gan amlaf – oedd ysgolheigion y Gymraeg, unigolion a ddibynnai ar swyddi eraill ar gyfer eu bara menyn. A dynion oeddynt bron i gyd. Wedyn, ar gychwyn cyfnod colegau'r brifysgol, y duedd oedd astudio'r iaith o safbwynt hanesyddol yn unig – ei tharddiad, ei pherthynas ag ieithoedd eraill, ei llenyddiaeth gynharaf, a'i datblygiad o'r cyfnod cynharaf hyd at ddiwedd yr Oesoedd Canol. Nid yw hynny'n syndod mewn gwirionedd – roedd y Saesneg hithau yn bwnc prifysgol cymharol newydd bryd hynny gyda thuedd amlwg i ganolbwyntio ar hanes yr iaith. Ond rhaid nodi un peth pwysig am sut yr astudid y Gymraeg ar ddechrau'r ugeinfed ganrif, sef – ac anodd credu hyn bellach – mai Saesneg oedd cyfrwng y cyrsiau Cymraeg yng ngholegau'r brifysgol. Felly er y byddai'r darlithwyr a'u myfyrwyr yn sgwrsio yn Gymraeg yn y coridorau, yn Saesneg y byddent yn trafod yr iaith Gymraeg yn yr ystafell ddosbarth!

Newidiodd hynny yn rhan gyntaf yr ugeinfed ganrif, a dechreuwyd rhoi mwy o sylw i astudiaethau llenyddol, gan edrych hefyd ar lenyddiaeth mwy diweddar. Dros amser, rhoddwyd mwy o sylw i'r iaith gyfoes, gan edrych, er enghraifft, ar y cyfoeth o dafodieithoedd sydd i'w clywed ledled Cymru. Ac wrth i'r Gymraeg ddechrau ennill statws swyddogol, daeth meysydd fel cynllunio ieithyddol a pholisi iaith yn rhan o'r hyn y gellid ei wneud wrth astudio'r Gymraeg yn ein prifysgolion. Ffactor arall na ellir ei orbwysleisio yw'r trawsnewidiad mewn agweddau at ddwyieithrwydd. Ymhell i fewn i'r ugeinfed ganrif, roedd yn gyffredin sôn am natur ddwyieithog Cymru fel 'the bilingual problem'. *Problem*, fe sylwch. Credid nad oedd ond hyn a hyn o le ym mhenglogau pawb ar gyfer storio gwybodaeth ac y byddai cael dwy iaith yn llenwi'r gofod hwnnw. Gan hynny, tybid ei bod yn fwy anodd i bobl ddwyieithog ddysgu pethau newydd! Gwyddom yn iawn erbyn hyn mor anghywir – a niweidiol – oedd syniadau o'r fath a'r polisïau addysg a luniwyd ar eu sail. Mae dwyieithrwydd – ac amlieithrwydd – yn gwbl gyffredin ledled y byd, ac rydym bellach yn dechrau deall y manteision gwybyddol a diwylliannol a ddaw yn eu sgil.

Erbyn diwedd yr ugeinfed ganrif roedd ein syniadau am lenyddiaeth yn cael eu gweddnewid gan theorïau llenyddol o Ffrainc, Affrica, y Dwyrain Canol, Gogledd America a nifer o ardaloedd eraill. Daeth dulliau o adfywio ieithoedd lleiafrifol yn rhan greiddiol o astudio'r Gymraeg, gan greu cysylltiadau agos rhwng ysgolheigion yng Nghymru a'u cymheiriaid mewn lleoedd fel Gwlad y Basg, Canada a Seland Newydd. Daeth technoleg newydd i'n caniatáu i astudio llenyddiaeth o bob cyfnod – gan gynnwys ein llenyddiaeth gynharaf – mewn dulliau newydd. Ac mae technoleg bellach yn ein caniatáu i ddadansoddi seiniau'r iaith a hyd yn oed ddehongli effaith clywed yr iaith ar donnau ymenyddol, drwy gyfrwng peiriannau sganio gwerth miliynau o bunnoedd.

Erbyn heddiw mae astudio'r Gymraeg mewn prifysgol yn brofiad rhyngwladol, technolegol ac amlddisgyblaethol sy'n dod ag ymchwilwyr o Gymru i gyswllt ag arbenigwyr o lu o feysydd perthnasol o bob rhan o'r byd. Mae'r sgiliau sy'n cael eu datblygu yn rhai y mae galw mawr amdanynt mewn llu o weithleoedd, sy'n un rheswm pam y mae ystadegau swyddogol yn dangos bod graddedigion y Gymraeg yn arbennig o lwyddiannus yn y farchnad waith. Ond fel yr awgrymwyd uchod, mae'n anodd iawn, os nad amhosibl, crynhoi'r holl weithgaredd hwn i un gyfrol, ac felly nid ydym am geisio gwneud hynny. Yn yr un modd, mae'n anodd iawn i'r cwricwlwm yn yr ysgolion roi blas ar y cyfan sy'n digwydd ym maes y Gymraeg yn ein prifysgolion. Felly os bydd y gyfrol hon yn agor llygaid i'r hyn sy'n bosibl wrth astudio'r Gymraeg, bydd wedi gwneud dydd da o waith.

Beth am y dyfodol, felly? Beth ddaw nesaf? Wel, byddai rhai yn dadlau ein bod ar drothwy'r newidiadau mwyaf pellgyrhaeddol i'r iaith Gymraeg ers dros fil o flynyddoedd. Ystyriwch fwriad Llywodraeth Cymru i gael miliwn o siaradwyr erbyn 2050, a dyblu'r niferoedd sy'n siarad yr iaith yn ddyddiol. Byddai llwyddo i gyrraedd y ddau nod hynny yn sicr yn newid y Gymraeg mewn ffyrdd sy'n mynd ymhell y tu hwnt i gynyddu niferoedd siaradwyr. Bydd yn rhaid wrth siaradwyr *newydd* i greu y fath newid – chwyldro yn wir – a byddant yn dod o bob math o gefndiroedd ieithyddol a diwylliannol gwahanol. Bydd y dull traddodiadol o gaffael y Gymraeg – sef gan rieni ar yr aelwyd – yn parhau. Ond bydd yn dod yn brofiad sy'n perthyn i'r lleiafrif ac nid y mwyafrif (gellid dadlau bod hynny eisoes yn wir). Bydd diwylliant y Gymraeg yn newid, a lleisiau newydd o gefndiroedd gwahanol yn dod yn rhan o'r traddodiad llenyddol. (A thybed yn wir a fydd 'traddodiad' yn para i fod yn ffordd ddefnyddiol o feddwl am ein llên?) Yn fwy na dim, bydd yr iaith Gymraeg ei hun yn newid ar lefel ramadegol – o ran ei seiniau, ei chystrawen a'i geirfa. Nid yw hyn yn fater dadleuol – mae'r dystiolaeth eisoes o'n cwmpas ni ym mhobman. Mae'r Gymraeg yn newid mewn pob math o ffyrdd. Yr hyn y mae'n hanfodol inni ei ystyried yw ein *hymateb* i newidiadau o'r fath. A fyddwn yn eu dathlu, a fyddwn yn gresynu atynt, ac a fyddwn – os yw'n bosib – yn ceisio eu rheoli? A fyddwn yn croesawu iaith sydd yn mynd i gyfeiriadau newydd, ynteu a fyddwn yn hiraethu am gyfnod yn hanes yr iaith sydd wedi dod i ben? Beth bynnag fydd yr atebion i gwestiynau fel y rhain, ni waeth inni heb â'u hwynebu heb arbenigwyr ar y Gymraeg a'i diwylliant. Dyna'r her i'r genhedlaeth nesaf o ymchwilwyr – i chi a'ch cyfoeswyr.

Bydd y blynyddoedd nesaf hefyd yn cael eu siapio gan dechnoleg. Mae peiriannau cyfieithu megis Google Translate, Bing a meddalweddau mwy arbenigol wedi datblygu yn sydyn iawn o fod yn destunau sbort i fod yn rhan anhepgor o arfogaeth cyfieithwyr proffesiynol. Mae meddalweddau sy'n adnabod llais hefyd yn dod yn fwyfwy cyfarwydd. Cyn bo hir, bydd rhaglenni ar gael i bawb a fydd yn gallu adnabod yr hyn y mae siaradwyr iaith benodol yn ei ddweud, ei gyfieithu i iaith arall a'i fwydo yn ôl ar ffurf lafar, a hynny mewn dim o amser. Yn gynyddol, mae ieithoedd yn bodoli yn y rhithfyd yn gymaint ag yn y byd 'go iawn'. Beth fydd effaith hynny ar y Gymraeg ac yn wir ar holl ieithoedd y byd? Mae'n anodd iawn dweud. Ond bydd angen inni fod yn barod amdani.

Yng nghanol y newidiadau demograffig, y rhyngwladoli a'r chwyldro technolegol amlgyfryngol, nac anghofiwn fod rhai pethau yn gyson ac yn pontio'r degawdau a'r canrifoedd. Dyna ichi bwysigrwydd creadigrwydd, ym mha ffordd bynnag y mae'n cael ei fynegi. Mae ysgrifennu creadigol yn rhan o faes astudiaethau'r Gymraeg, ac mae ffurfiau megis y nofel a'r stori fer yn dal i ddal sylw cynulleidfaoedd Cymraeg, er bod eu harddull a'u hieithwedd hwythau yn newid hefyd. Ac mae ffurf lenyddol fwyaf unigryw y Gymraeg – y gynghanedd – yn dal i ffynnu, er ei bod bellach yr un mor gyffyrddus ar Twitter, Instagram ac YouTube ag y mae ar lwyfannau eisteddfodol. (Ond mentrwn ddweud y bydd platfform y llwyfan eisteddfodol yn dal i fodoli ymhell wedi i Twitter, Instagram ac Youtube gael eu disodli gan blatfformiau amgen!)

Wrth ichi ddarllen y gyfrol hon, felly, gobeithiwn y byddwch yn llunio eich cysylltiadau eich hunan rhwng y penodau gwahanol. Ond er hwylustod rydym wedi dod â'r penodau ynghyd mewn adrannau, i roi strwythur i'r hyn a drafodir. Dyma fwrw golwg sydyn ar yr adrannau hynny.

Llenyddiaeth

Byddwch yn gwybod eisoes, mae'n siŵr, mor amrywiol yw llenyddiaeth Gymraeg. O ryddiaith ganoloesol y Mabinogi i straeon meicro cyfoes, o gerddi Dafydd ap Gwilym i nofelau gwyddonias, mae amrywiaeth di-ben-draw o destunau ac o ddulliau o'u hastudio. Gan hynny, mae rhai penodau yn yr adran hon, megis pennod 2, yn thematig eu naws. Nod y bennod hon yw ystyried sut y mae rhywedd yn siapio ein ffyrdd o ysgrifennu a darllen llenyddiaeth. Dyma faes sydd wedi datblygu yn gyflym wrth i seiliau patriarchaidd a gwrywaidd y traddodiad llenyddol Cymraeg ddod yn fwyfwy amlwg i ymchwilwyr. Ond fe welwn mai camgymeriad fyddai tybio mai peth diweddar yw llenyddiaeth sy'n archwilio'r profiad benywaidd, ac yn wir nad deuoliaethau megis gwrywaidd/benywaidd yw pen draw ein hunaniaeth, ond bod ystod o hunaniaethau rhywiol a rhyweddol yn cael mynegiant mewn llenyddiaeth Gymraeg hefyd.

Maes arall sydd yn aml yn trafod hunaniaeth yr unigolyn yw llên bywyd, sef llenyddiaeth sydd yn mynegi mewn rhyw ffordd neu ei gilydd fywyd unigolion 'go iawn'. Gallwn feddwl am y cofiant a'r hunangofiant fel enghreifftiau amlwg o'r math hwn o ysgrifennu. Ac os holwch berchennog siop lyfrau Gymraeg, mi gewch wybod yn aml iawn mai cofiannau a hunangofiannau yw'r llyfrau sy'n gwerthu orau. Ond bu tuedd i edrych i lawr arnynt o safbwynt celfyddydol, gan dybio nad ydynt mor 'greadigol', mor 'ddychmygus' neu mor 'wreiddiol' â mathau eraill o lenyddiaeth. Bydd pennod 4 yn chwalu'r rhagdybiaethau hynny, gan ddangos bod llên bywyd ymhlith y meysydd llenyddol mwyaf diddorol, ac yn un sy'n mynd ymhell y tu hwnt i'r cofiant a'r hunangofiant traddodiadol.

Maes llenyddol arall y bu tuedd i'w hymylu yw llenyddiaeth plant. Ond fel y gwelwn ym mhennod 1, mae astudio llenyddiaeth plant yn dadlennu pob math o bethau difyr am ragdybiaethau cymdeithas a'r gwerthoedd a'r moesau y mae'n ceisio eu trosglwyddo i'r genhedlaeth nesaf. Mae cwestiynau sylfaenol yn codi yma am bwrpas llenyddiaeth – ai diddanu? Ai addysgu? Ai cyflyru darllenwyr i dderbyn dulliau penodol o feddwl ac ymddwyn? Er cael ei hesgeuluso am gyfnod maith, mae llên plant bellach yn faes gyda'r mwyaf bywiog, yn tynnu ar ystod o theorïau ym maes llenyddiaeth, cymdeithaseg ac addysgeg.

Wrth feddwl am *genres* llenyddol, mae pennod 3 yn dangos sut y gall gwahanol ffurfiau creadigol ddylanwadu ar ei gilydd. Rhyfedd meddwl bod cryn ddrwgdybiaeth yn ystod y bedwaredd ganrif ar bymtheg ynghylch dwy ffurf ddiwylliannol y byddem heddiw yn ystyried eu bod yn cynrychioli uchelfannau celfyddydol, sef y nofel a'r ddrama lwyfan. Roedd y ddrwgdybiaeth honno yn deillio o'r ffaith fod y nofel a'r ddrama yn gynnyrch y dychymyg, ac felly yn ffug ('ffug-chwedl' oedd un o'r hen enwau a roddid ar y nofel) os nad yn gelwyddog. Ond dros amser daethpwyd i dderbyn y ddwy ffurf fel rhan greiddiol o'r diwylliant Cymraeg, ac mae'r croesffrwythloni rhyngddynt yn nodwedd gyfoethog o'n diwylliant cyfoes ni heddiw.

Iaith

Yn yr adran hon bydd y penodau yn bwrw golwg ar yr iaith Gymraeg o sawl cyfeiriad gwahanol. Ond cyn ymhelaethu ar hynny, tybed a gawn ni fentro dweud rhywbeth ychydig yn ddadleuol? Wrth sylwi ar drafodaethau ar yr iaith Gymraeg, boed hynny ar y stryd, ar y cyfryngau cymdeithasol, ac ar y teledu a'r radio, rydym yn gweld bod gan lawer ohonom ni siaradwyr Cymraeg berthynas eithaf cymhleth â'n hiaith. Ar y naill law, rydym yn gwbl gefnogol iddi, yn awyddus i'w gweld yn ffynnu ('O bydded i'r heniaith barhau!') ac yn ymfalchïo yn ei diwylliant. Ond ar y llaw arall, byddwn yn aml yn eithaf gwyliadwrus pan ddaw hi'n fater o *astudio* yr iaith Gymraeg ei hun. Mae rhyw feddylfryd i'w gael mai'r prif beth y mae arbenigwyr ar yr iaith Gymraeg yn ei wneud yw bod yn 'heddlu iaith', hynny yw, mynd o le i le yn chwilio am gyfleoedd i gywiro Cymraeg pobl eraill. Ac os meiddiwch chi ddefnyddio'r gair 'gramadeg', mae'r amheuaeth honno'n dod yn fwy amlwg eto. I lawer, mater o ddweud beth sy'n 'gywir' ac 'anghywir' yw gramadeg — dim mwy a dim llai.

Ond fe synnech mor anaml y mae arbenigwyr ar iaith yn defnyddio termau fel 'cywir' ac 'anghywir'. Efallai y byddant yn trafod beth sy'n cael ei ystyried yn 'safonol' neu'n 'ansafonol' mewn sefyllfa benodol, megis mewn gweithle proffesiynol neu mewn dogfennaeth gyfreithiol. Mae gan Gymraeg safonol ran hanfodol i'w chwarae yn y Gymru gyfoes. Ond nid 'cywir' ac 'anghywir' mo hynny. Bydd chwilfrydedd arbenigwyr iaith yn eu harwain at gwestiynau eraill, megis pa mor amrywiol yw iaith a sut y mae pobl wahanol yn ei defnyddio mewn ffyrdd gwahanol mewn cyd-destunau gwahanol. Ni fydd arbenigwyr gwerth eu halen ar iaith yn tybio bod unrhyw ffurf ar iaith yn 'well' na ffurf arall. Felly nid yw Cymraeg y Beibl yn 'well' na Chymraeg llafar tref Caernarfon, neu Gymraeg Cwm Gwendraeth, neu dafodiaith 'newydd' Caerdydd. Mathau gwahanol o Gymraeg yw'r rhain, ac nid yw eu barnu ar sail 'cywirdeb' yn gwneud llawer o synnwyr o safbwynt ieithyddol.

Felly amrywiaeth a newid sydd yn mynd â bryd arbenigwyr iaith yn aml iawn. Dyna ichi amrywio ar sail daearyddol, rhywbeth amlwg iawn yng Nghymru gan fod gennym gyfoeth o dafodieithoedd lleol (a rhai newydd yn datblygu o hyd). Cewch olwg bellach ar hynny ym mhennod 5. Mae defnydd o iaith hefyd yn amrywio ar sail ffactorau cymdeithasol (megis oedran, rhywedd ac ethnigrwydd), agweddau sy'n sylfaenol i faes sosioieithyddiaeth, fel y gwelwch ym mhennod 6. Agwedd arall ar amrywio ieithyddol yw dwyieithrwydd, maes ymchwil eang iawn ynddo'i hun fel y gwelwch o bennod 7. Ac mae'r dewisiadau a wnawn wrth benderfynu pa iaith i'w siarad mewn sefyllfa benodol yn rhan greiddiol o gynllunio ieithyddol, a chawn weld ym mhennod 8 sut y gall deall seicoleg dewisiadau ieithyddol ein helpu i hybu defnydd ymarferol o'r iaith Gymraeg.

Dyna felly awgrym o sut y mae ieithyddion a sosioieithyddion yn meddwl am iaith. Ond cyn gorffen, rhaid nodi un peth pwysig – mae gan siaradwyr *pob* iaith berthynas gymhleth â'u hiaith eu hunain. Nid yw siaradwyr Cymraeg yn unigryw yn hynny o beth, nid o bell ffordd. Ond mae hanes a sefyllfa bresennol yr iaith

Gymraeg yn golygu bod nodweddion penodol i'w gweld yn ein perthynas ni â'n hiaith ein hunain, ac mae'n gwbl iawn inni geisio deall pam.

Cymdeithas

Am derm eang, yntê – cymdeithas? Mae'r adran hon o'r gyfrol yn ceisio dangos y gall y Gymraeg ein harwain i fannau y tu hwnt i Gymru a thu hwnt i syniadau traddodiadol am bwnc y Gymraeg fel cyfuniad syml o 'iaith a llên'. Ar lefel ddaearyddol, dyna ichi bennod 14 sy'n edrych ar lenyddiaeth Gymraeg a luniwyd gan lenorion a drigai y tu allan i Gymru, ar gyfer darllenwyr a oedd hwythau yn byw filoedd o filltiroedd o'r 'hen wlad'. Mae llenyddiaeth Gymraeg America yn dangos ymdrech i fwrw gwreiddiau a llunio llenyddiaeth 'genedlaethol' mewn gwlad a oedd yn bell iawn yn ddaearyddol ac yn ddiwylliannol o 'Gymru fach'.

Rydym wedi sôn eisoes am gyfieithu, ac am sut y mae cyfrifiaduron yn gweddnewid y maes hwnnw. Ond wrth gyfieithu llenyddiaeth, gallwn holi ystod o gwestiynau diddorol. Beth yw cyfieithiad 'da'? Ai un sy'n dilyn y gwreiddiol mor agos â phosibl? Ynteu a ddylai cyfieithiad addasu'r cynnwys mewn rhyw ffordd ar gyfer cynulleidfa yn yr iaith y cyfieithir iddi? A fydd cyfieithiad da yn cuddio'r ffaith ei fod yn gyfieithiad? Ynteu a ddylai cyfieithiad allu arddangos y ffaith mai cyfieithiad ydyw, gan ddefnyddio ieithwedd sy'n wahanol i gyfansoddiadau 'gwreiddiol' nad ydynt yn deillio o iaith a diwylliant arall? Dyma rai o'r ystyriaethau a gaiff sylw ym mhennod 12.

Mae cyfieithu yn aml yn rhan bwysig o fyw mewn cymdeithas amlddiwyllannol. Ond beth yw goblygiadau'r ffaith ein bod yn byw mewn Cymru amlddiwylliannol i'r iaith Gymraeg? Ai dim ond iaith i'r Cymry yw'r Gymraeg? Sut y gall llenyddiaeth fynegi ac archwilio amlddiwylliannedd ac amlethnigrwydd ein cymdeithas gyfoes, neu eu hanwybyddu neu eu tanseilio? Pa fathau gwahanol o Gymreictod sydd, ac a yw rhai o'r rhain yn cael eu breintio ar draul eraill? Ystyried hynny a wneir ym mhennod 11, gan gydnabod hefyd nad peth newydd o bell ffordd yw amlddiwylliannedd drwy gyfrwng y Gymraeg.

Mae amlddiwylliannedd hefyd yn codi cwestiynau am ein perthynas â'r gorffennol, ac â'n treftadaeth, sef testun pennod 10. Gellid dadlau ein bod ni yng Nghymru yn hoff o feddwl am yr iaith Gymraeg fel rhan o'n treftadaeth. Ond beth yn hollol yw ystyr hynny? Beth yw treftadaeth – ai rhywbeth sy'n perthyn i'r gorffennol ynteu rhywbeth y byddwn ni heddiw yn ei ddefnyddio at ein pwrpasau ein hunain? Er ein bod yn aml yn ymfalchïo yn ein treftadaeth gyfoethog, tybed a ddylem ystyried y ffaith fod ein treftadaeth ni fel siaradwyr Cymraeg hefyd yn berthnasol i elfennau mwy heriol o'n hanes, megis ein hymwneud â sefydliadau megis yr Ymerodraeth Brydeinig a chaethwasiaeth? Tybed a ydym yn rhy chwannog i greu treftadaeth inni'n hunain sy'n ddethol ac anghyflawn drwy fwrw heibio unrhyw elfennau sydd yn peri inni fod yn anghysurus? Os yw'r Gymraeg yn dreftadaeth, at ba bwrpas y byddwn yn ei defnyddio?

Maes arall sydd o bwys sylfaenol i'r iaith Gymraeg, ond sydd hefyd yn un y tueddir i'w gymryd yn ganiataol, yw cenedligrwydd. 'Cenedl heb iaith, cenedl heb galon', meddai sawl un. Ond beth yw cenedl? Dyna ichi gwestiwn syml ond un nad yw'n hawdd ei ateb. A oes ots os nad oes gan genedl annibyniaeth wleidyddol? A yw bodolaeth cenedl yn arwain at ymdeimlad o genedlaetholdeb? Ynteu a yw ymdeimlad o genedlaetholdeb yn rhagflaenu creu cenedl? A yw'r genedl yn strwythur cymdeithasol sydd i'w gael ym mhob man ym mhob cyfnod, ynteu a yw'n perthyn yn benodol i rai rhannau o'r byd ac i rai cyfnodau hanesyddol? Mae rhai yn dadlau nad oedd y fath gysyniad â 'chenedl' (fel y byddwn ni yn deall y term) yn bodoli yn yr Oesoedd Canol. A yw hynny'n wir, ac yn benodol yn wir am y Cymry? Ac os nad ydyw, pam ddim? A yw llenyddiaeth yn ffordd o greu neu gynnal cenedl, ac os felly, sut y mae'n gwneud hynny, boed hynny yn yr Oesoedd Canol neu heddiw? Mae pennod 13 yn trafod y cwestiwn sylfaenol bwysig hwn yng nghyd-destun yr iaith Gymraeg.

Bydd y trafodaethau uchod yn dangos yn glir, mae'n siŵr, fod llawer mwy i bwnc y Gymraeg nag astudio i fod yn athro, a bod ystod o feysydd ar gael i raddedigion yn y maes. Ond ar yr un gwynt, fel y nodwyd eisoes, mae perthynas agos iawn rhwng dyfodol y Gymraeg ac addysg. Os ydym am weld cynnydd yn nifer y siaradwyr, yna'r gyfundrefn addysg fydd yn caniatáu i hynny ddigwydd. Wrth i'r ganran o siaradwyr Cymraeg sy'n caffael yr iaith ar yr aelwyd leihau, mae'r ganran sy'n caffael yr iaith yn yr ysgol yn cynyddu. Mae pennod 9 felly yn edrych ar addysgeg a'r iaith Gymraeg – pa ddulliau y dylid eu defnyddio i'w dysgu, sut mae mesur eu llwyddiant a sut mae sicrhau gweithlu addysg a fydd yn gallu gwneud y gwaith hynod heriol hwnnw o gynyddu nifer siaradwyr y Gymraeg at y dyfodol. Anodd meddwl am gwestiynau mwy pwysig.

Byddai'r gyfrol hon wedi gallu cynnwys llu o benodau eraill – nid yw'r hyn sydd ynddi yn agos at drafod popeth am y Gymraeg. Ond rhaid gadael y drafodaeth yn ei blas gan obeithio ei bod wedi codi awydd arnoch am ragor. Bydd y gyfrol wedi cwrdd â'i hamcanion os bydd wedi agor eich llygaid i gyfoeth y Gymraeg a'r cyffro sydd i'w gael o'i hastudio ar lefel uwch. Mae'n bwnc gafaelgar, rhyngwladol, cyfnewidiol – mae'n siŵr y gallem raffu rhagor o ansoddeiriau! Ond heb y myfyrwyr sy'n dewis ei astudio ni fyddai'r gweithgarwch rhyfeddol a drafodwyd yn y gyfrol hon yn digwydd. Felly gobeithio y gwnewch fwynhau'r gyfrol ac y bydd yn eich ysbrydoli i barhau ar eich taith i astudio'r iaith Gymraeg ym mha ffordd bynnag. Dyna, yn fwy na dim arall, yw nod y gyfrol hon.

ADRAN 1

Llenyddiaeth

1

Llenyddiaeth Plant

Siwan M. Rosser

Ai peth rhyfedd yw bod oedolion yn mynd ati i astudio llenyddiaeth plant? Onid yw llenyddiaeth plant yn beth syml, os nad arwynebol, heb fod mor soffistigedig â mathau eraill o lenyddiaeth? Onid rhywbeth i'w roi o'r neilltu wrth ichi fynd yn hŷn yw llenyddiaeth plant, rhywbeth y byddwch yn tyfu allan ohono cyn symud ymlaen at bethau mwy ystyrlon? Bydd y bennod hon yn dangos mai camgymeriad fyddai ateb 'ie' i'r cwestiynau hynny. Mae llenyddiaeth plant nid yn unig yn faes hynod o ddiddorol, ond mae hefyd yn chwarae rôl allweddol bwysig yn ein cymdeithas ni heddiw. Gan hynny, nid gwastraffu ei amser y mae'r sawl sy'n ei hastudio.

Tan yn ddiweddar, mae'n wir, bu astudiaethau ar lenyddiaeth plant yn y Gymraeg yn bethau prin. Er bod gwobr i ddathlu llenyddiaeth plant – Gwobr Tir na n-Og – wedi ei sefydlu dros ddeugain mlynedd yn ôl, dim ond yn y blynyddoedd diwethaf mae'r cyhoeddiadau buddugol wedi cael sylw cenedlaethol ar radio, teledu a'r cyfryngau cymdeithasol. Erbyn hyn, da gweld adolygu a hyrwyddo llyfrau ac awduron ar gyfryngau print a digidol, a sefydlu categori newydd ar gyfer Llyfrau Plant yng ngwobr Llyfr y Flwyddyn yn 2020. Yn sicr, mae sefydlu'r categori newydd yn arwydd o'r diddordeb cynyddol yn y maes a'i arwyddocâd i'r diwydiant cyhoeddi, ac i hyfywedd yr iaith yn gyffredinol. Wedi'r cyfan, mae'r llyfrau sy'n cael eu darllen gan blant o bwys ar lefel addysgol, ieithyddol a diwylliannol, ac i'r darllenwyr ifainc eu hunain, maent yn gydymaith iddynt ar eu taith drwy gyfnod ffurfiannol yn eu bywydau.

Beth yw llenyddiaeth plant a pham y dylem ei hastudio?

Mae'r ateb i ran gyntaf y cwestiwn, ar un wedd, yn gwbl amlwg. Llenyddiaeth ar gyfer plant yw llenyddiaeth plant. Yn wahanol i 'lên menywod', er enghraifft, sy'n cael ei diffinio yn ôl y sawl sy'n ei chynhyrchu, neu 'lên bywyd' sy'n cyfeirio at bwnc y testunau, mae 'llenyddiaeth plant' yn cael ei diffinio yn ôl y sawl sy'n ei darllen. Ond er bod 'plant' yn air cyffredin rydym oll yn ei ddeall, mae amrywiaeth ryfeddol y testunau sy'n perthyn i faes llenyddiaeth plant – o lyfrau llun-a-gair i fabanod, i nofelau 80,000 o eiriau i ddarllenwyr 13 oed – yn tystio i'r ffaith bod y termau 'plant' a 'phlentyn' mewn gwirionedd yn rhy eang ac amwys i fod yn gwbl effeithiol. Yn y lle cyntaf, mae'n anodd rhoi terfyn oedran arnynt – pryd mae rhywun yn peidio â bod yn blentyn? Yn 16 oed, 13, neu'n iau? Yn ogystal, mae cyffredinedd y term yn taflu pob plentyn i'r un categori mewn ffordd sy'n gwthio amrywiaethau rhywedd, hil a thras i'r naill ochr. Honnir bod gwaith Roald Dahl yn ffefryn gan blant, er enghraifft, heb ystyried y gallai plentyn o dras Affricanaidd ganfod y disgrifiad o'r Wmpa-Lwmpas (a gludwyd o Affrica i weithio yn ffatri Willy Wonka, ac sy'n cael eu cadw o fewn muriau'r ffatri hwnnw) yn adlais annymunol o hanes caethwasanaeth.

Mae llenyddiaeth plant, felly, yn llenyddiaeth sy'n cael ei chyfansoddi gan oedolion ar gyfer grŵp o ddarllenwyr amrywiol o ran oed, diddordebau a chefndir. Ac mae'r hyn sy'n cymell awduron yn aml yn deillio o ymdeimlad bod angen addysgu'r darllenydd mewn rhyw ffordd. Er nad oes 'gwers' amlwg i bob llyfr, mae'r awydd i oleuo meddyliau ifainc i ryw wirionedd neu'i gilydd ymhlyg yn y weithred o gyfansoddi a chyhoeddi i blant. Pan ddechreuwyd cyhoeddi llyfrau a chylchgronau Cymraeg i blant ar droad y bedwaredd ganrif ar bymtheg, er enghraifft, roedd y 'wers' yn gwbl amlwg a bwriadol. Testunau i gefnogi addysg yr ysgolion Sul a gynhyrchwyd ar gyfer plant Cymru bryd hynny, a bwriad y straeon a'r cerddi oedd amlygu pa mor berthnasol oedd gwersi beiblaidd a moesol i fywydau bob dydd y darllenwyr, yn ogystal â'u tynged dragwyddol – eu ffawd yn y byd nesaf *ar ôl* iddynt farw. Erbyn diwedd y ganrif honno, byddai'r gwersi'n llai amlwg, ac wedi eu celu gan haen o chwedloniaeth neu hiwmor. Ond hyd heddiw, mewn gwirionedd, nid yw'r awydd hwnnw i amlygu gwerthoedd ac arwain meddyliau ifainc fyth ymhell o'r golwg. Fe'i gwelir yn ffwlbri rhigymau Dewi Pws ac yn nofelau hanesyddol Myrddin ap Dafydd fel ei gilydd, wrth i'r naill herio plant i wthio ffiniau'r hyn sy'n weddus gyda'i ddireidi beiddgar ac i'r llall blannu straeon o bwys cenedlaethol yn nychymyg darllenwyr ifainc.[1] Mae testunau beirdd ac awduron ar gyfer plant yn sicr o adlewyrchu eu barn am yr hyn sydd ei angen ar eu cynulleidfa. Bydd y farn honno'n seiliedig ar gyfuniad o atgofion plentyndod, profiadau magu neu addysgu plant, a dylanwad syniadau cyfredol am y gwerthoedd y mae disgwyl i blant eu meithrin a'u harddel nawr ac yn y dyfodol.

Yn yr un modd, mae'r ffactorau hyn yn effeithio ar y ffordd yr ydym ni, fyfyrwyr ac ymchwilwyr, athrawon a rhieni, yn darllen a dehongli llenyddiaeth i blant. Allwn ni ddim darllen yr un testun mewn modd cwbl niwtral, wrth gwrs. Mae ein cefndir a'n safbwyntiau yn llywio ein hymateb i lenyddiaeth o bob math. Ac yn achos llenyddiaeth plant, mae'r cefndir a'r safbwyntiau hynny'n agos iawn at yr wyneb. Wrth ddarllen llyfr llun-a-stori i blentyn chwe blwydd oed, er enghraifft, bydd ein hatgofion darllen ni'n hunain yn dylanwadu ar ein barn ar addasrwydd y stori, yr ieithwedd a'r darluniau. Yn ogystal, bydd ein gwerthoedd a'n moesau sylfaenol yn dylanwadu ar ein barn ar yr hyn sy'n briodol i'w rannu â phlant. A ddylai llyfrau i blant pum mlwydd oed gyfeirio at farwolaeth, er enghraifft? A yw hi'n iawn mai'r fam sydd wastad yn cael ei gweld yn y gegin? Oni ddylid cynnwys teuluoedd gyda rhieni hoyw?

Un peth hanfodol i'r sawl sydd am astudio llenyddiaeth plant yw cydnabod bod ein barn ar lyfrau plant yn ddibynnol ar safbwyntiau sy'n deillio o'n cyfnod a'n diwylliant ni ein hunain, a bod y safbwyntiau hynny'n amrywio o berson i berson ac o oes i oes. O ganlyniad, deuwn i sylweddoli nad yw'r term 'plant' yn golygu'r un peth ym mhob cyfnod na chymuned ddiwylliannol, ac nad yw pob cymdeithas yn meddwl am anghenion plant yn yr un ffordd. Perygl peidio â chydnabod hynny yw troi'r weithred o astudio llenyddiaeth plant yn dasg o farnu pa mor addas yw testun yn ôl ein syniadau goddrychol am ystyr 'plant'. Dyna oedd y duedd yn y Gymraeg tan yn ddiweddar, wrth i haneswyr ac addysgwyr wfftio llenyddiaeth plant y bedwaredd ganrif ar bymtheg oherwydd ei chywair moesol ac addysgol, a'i phwyslais diedifar ar goffáu plant a fu farw. Ni allai Gwilym Hughes, er enghraifft, ddeall sut y disgwylid i blentyn gael unrhyw bleser o ddarllen yr *Addysgydd*, cylchgrawn plant crefyddol a gyhoeddwyd ym 1823. Dros ganrif a hanner yn ddiweddarach, dyma oedd barn Hughes:

> O ran ei ddiwyg, ei gynnwys, a'i ieithwedd mae'n hawdd gweld nad oedd gwahaniaeth sylfaenol rhwng *Yr Addysgydd* a'r ychydig gyfnodolion eraill o'r un cyfnod a oedd wedi eu hanelu at oedolion, ac nid gormodiaith fyddai dweud ei bod yn amhosibl dychmygu unrhyw un dan bedair-ar-ddeg mlwydd oed yn rhoi popeth o'r neilltu er mwyn encilio i ryw gornel dawel i bori yn ei dudalennau. (1983, tt. 74–5)

Mae straeon am blant yn cael eu cosbi am beidio â pharchu'r Sul neu'r disgrifiadau o blant bychain yn marw ar eu gwely angau yn ymddangos yn gwbl amhriodol bellach. Ond rhaid cydnabod y bu darllen mawr ar destunau moesol o'r fath ar y pryd. Nid o orfodaeth y darllenid y rhain, ond o fwynhad. Wedi'r cyfan, roedd Cymry cyffredin yn dod wyneb yn wyneb â'r gair printiedig am y tro cyntaf yn eu hanes, a phlant yn cael y cyfle drwy'r ysgolion Sul Cymraeg i ddysgu darllen drostynt eu hunain. Roedd y testunau bychain hyn (a luniwyd i ffitio cledr llaw plentyn) yn destunau i'w trysori, yn destun rhyfeddod a allai gyffroi'r meddwl a'r dychymyg. Er enghraifft, golygydd un o gylchgronau plant enwocaf y ganrif, *Athro i Blentyn*, oedd y Parchedig John Prichard, Llangollen, a phan feistrolodd y grefft o ddarllen am y tro cyntaf yn ddeg oed, fe'i cyfareddwyd gan straeon beiblaidd a moesol y wasg Gymraeg. Meddai:

> Yr oedd gweled papyr a du yn siarad a dynion, ac yn dywedyd llawer o bethau rhyfedd wrthynt, yn minio fy awydd, fel yr oedd hiraeth yn fy nghalon am ddyfod yn gymaint cyfaill i lyfrau ag y dywedent rywbeth da wrthyf. (Davies 1880, t. 13)

Mae tystiolaeth darllenwyr y bedwaredd ganrif ar bymtheg am y ffordd yr oeddynt yn trysori ac yn gwerthfawrogi'r testunau a luniwyd ar eu cyfer yn dangos na ddylem dybio bod plant yn darllen yn yr un modd, nac am yr un rhesymau, ym mhob oes. Mae'n annhebygol y byddem yn rhoi cyfrol Thomas Jones, *Anrheg i Blentyn: Hanes Cywir am Ddychweliad Grasol, Bucheddau Duwiol, a Marwolaethau Dedwyddol, Amryw Blant Ieuaingc* (a gyhoeddwyd ym 1816), i blentyn wyth oed ei darllen heddiw. Ond nid yw hynny'n rheswm dros ddiystyru'r testun o safbwynt hanesyddol, cymdeithasol a llenyddol. Yn hytrach, mae'n bwysig archwilio testunau o'r fath er mwyn dangos sut y mae syniadau am blant a phlentyndod yn cael eu siapio gan amodau cymdeithasol, economaidd a diwylliannol, a sut y gall llenyddiaeth gyfrannu at gynnal neu at herio rhagdybiaethau a rhagfarnau.[2]

Enghraifft: nofelau Moelona

Er mwyn dangos sut y gall astudio llenyddiaeth plant ein helpu i adnabod sut y mae syniadau cymdeithasol a diwylliannol yn rhyngweithio ar lefel lenyddol, bydd gweddill y bennod hon yn canolbwyntio ar nofelau Moelona i blant, a gyhoeddwyd yn negawdau cyntaf yr ugeinfed ganrif. Mae nofelau Moelona, sef enw barddol Lizzie Mary Owen (Jones wedi iddi briodi, 1877–1953), yn amlygu sut y mae llenyddiaeth plant, yn arbennig, yn ymgorffori delfrydau ar gyfer y dyfodol ac yn atgynhyrchu rhagdybiaethau'r oes bresennol ar yr un pryd. Hynny yw, gan fod golygon llenyddiaeth plant a'r sawl sy'n ei chyfansoddi ar y dyfodol, mae i'r testunau botensial i gynnig gobaith a negeseuon radical i'r genhedlaeth nesaf. Ond gan fod llenyddiaeth plant â'i gwreiddiau'n gadarn yn yr oes bresennol, mae'n anorfod ei bod yn adlewyrchu gwerthoedd a safbwyntiau'r oes honno hefyd. Dyma densiwn sylfaenol sy'n perthyn i lenyddiaeth plant yn gyffredinol, ac i nofelau Moelona'n arbennig.

Roedd Moelona'n byw mewn cyfnod trawsnewidiol a ffurfiannol yn hanes y Gymraeg. Erbyn diwedd y bedwaredd ganrif ar bymtheg, roedd llai na hanner pobl Cymru yn siarad Cymraeg, a hynny am y tro cyntaf yn hanes y wlad. Saesneg oedd iaith addysg i'r mwyafrif llethol, ac nid oedd fawr o gydnabyddiaeth i'r

Gymraeg fel iaith dysg, masnach na gwleidyddiaeth. O ganlyniad, gwelwyd cenedlaethau o rieni ifainc yn rhoi'r gorau i siarad Cymraeg gyda'u plant.³ Yn wyneb y fath heriau, ysbrydolwyd rhai i gredu y gallai pethau fod yn wahanol, ac roedd Moelona'n un o'r cenedlaetholwyr hynny. Yr hyn a gawn ni yn ei nofelau i blant yw'r potensial hwnnw am newid yn cael ei bersonoli yn ei phrif gymeriadau ifainc. Mae yma neges radical yn ei nofelau, felly, sy'n mynd yn groes i feddylfryd Saesneg-ganolog y system wleidyddol ac addysgol ar y pryd. Ond fel y gwelwn yn y man, mae gafael syniadau ei hoes ar ei nofelau yn tymheru ei radicaliaeth, a hynny mewn ffordd annisgwyl o geidwadol mewn mannau.

Teulu Bach Nantoer (1913) oedd nofel gyntaf Moelona i blant, a hon oedd y nofel enwocaf i ddarllenwyr ifainc am dros hanner canrif wedyn.⁴ Daw safbwynt gwladgarol y nofel yn amlwg cyn dechrau'r bennod gyntaf, hyd yn oed, a hynny yn y cyfarchiad agoriadol: 'I blant Cymru y dymunaf gyflwyno'r llyfr bychan hwn, gan hyderu y cânt ynddo fwynhad, a rhyw gymaint o symbyliad i garu â chariad mawr eu hiaith, eu gwlad, a'u cenedl.' Mae Moelona yn ceisio gwireddu hynny drwy gymeriadau plant aelwyd Nantoer – Ieuan, Alun, Mair ac Eiry – sy'n llwyddo i orchfygu eu hamgylchiadau tlodaidd drwy eu ffyddlondeb cadarn at eu mam, eu teulu, eu crefydd a'u hiaith. Mae teyrngarwch at y Gymraeg yn rhinwedd a berthyn i'r pedwar a hynny felly yn dangos y gellir gwireddu pob breuddwyd a chadw'r iaith ar yr un pryd. Nid oes rhaid i blant Nantoer droi cefn ar y Gymraeg er mwyn llwyddo, er i genedlaethau o Gymry fewnoli agwedd negyddol o'r fath yn y bedwaredd ganrif ar bymtheg. Yn y nofel uchelgeisiol hon daw Ieuan yn Aelod Seneddol, Alun yn gapten llong, Mair yn athrawes, a chaiff Eiry, y plentyn ieuengaf, achubiaeth ddramatig o ddyfnderoedd y môr cyn diwedd y nofel. Ceir yma gyfuniad o stori deimladwy, sentimental ac alegori bwerus am dwf ymwybyddiaeth genedlaethol Cymry troad y ganrif. Wedi ei hysbrydoli i raddau helaeth gan y gofod a roes O. M. Edwards i feithrin gwladgarwyr ar dudalennau'r cylchgrawn *Cymru'r Plant* o 1892 ymlaen, dyma nofel i geisio adfer ffydd y darllenydd ifanc yn ei iaith fel rhywbeth sy'n hyfyw a pherthnasol i'r oes.

Er gwaethaf chwalfa'r Rhyfel Mawr (1914–18) a marwolaeth O.M. ym 1920, ni phylodd gobaith Moelona y gallai, drwy lenydda, ddylanwadu ar yr ifanc a'u galluogi i ddychmygu dyfodol gwell i'w cenedl. Yn wir, cryfhaodd ei harddeliad ynghylch hyn yn sgil y brwdfrydedd newydd a deimlid yn y 1920au y gallai cenedlaetholdeb Cymraeg fod yn rym diwylliannol a gwleidyddol real. Wedi erchyllterau'r rhyfel, cafwyd ymdrechion o'r newydd i gydnabod sofraniaeth cenhedloedd bychain. Roedd yr hen ymerodraethau yn sigo a gwelwyd ymgyrchoedd newydd i hybu heddwch a chyd-ddealltwriaeth rhwng gwledydd y byd yn datblygu. Ar y seiliau hyn y sylfaenwyd Urdd Gobaith Cymru ym 1922, â'i hamcan cenedlaetholgar i fod yn 'ffyddlon i Gymru a theilwng ohoni' ochr yn ochr â'r ddyletswydd hefyd i fod yn 'ffyddlon i'm cyd-ddyn, pwy bynnag y bo'. Roedd Moelona, a hithau erbyn hynny'n byw yn y Glais ger Abertawe, yn wraig i weinidog, athrawes ysgol Sul, a cholofnydd papur newydd, yn gefnogol iawn i'r Urdd ac yn weithgar yn y gangen leol. Ac mewn dwy o'r nofelau a gyhoeddodd rhwng y rhyfeloedd, gwelwn egwyddorion heddychiaeth a chenedlaetholdeb Cymru'r 1920au yn cael eu ffuglenoli er budd y genhedlaeth nesaf.

Yn *Cwrs y Lli* (1927) a *Breuddwydion Myfanwy* (1928), cawn ddilyn helyntion cymeriadau sy'n mentro'r tu hwnt i Gymru. Drwy osod y straeon ar lwyfannau rhyngwladol, mae Moelona yn symud y Gymraeg a'i diwylliant o'u hamgylchedd brodorol, gan ddangos sut y gall Cymru gyfrannu at y drafodaeth fyd-eang ynghylch hunaniaeth a heddwch wedi dinistr y Rhyfel Mawr. Yn *Cwrs y Lli* (1927), dilynwn bedwar cyfaill ifanc ar daith drwy gyfandir Ewrop, ac mae eu hagwedd eangfrydig at ieithoedd a diwylliannau estron, ynghyd â'u hymlyniad taer at eu mamiaith yn amlygu'r gobaith mai dyma'r genhedlaeth a dynghedwyd i wireddu potensial y genedl. 'Plant y breintiau' ydynt, a'r rhain yw'r plant a ddaw 'i godi'r hen wlad yn ei hôl', meddai noddwr taith y cyfeillion, Mr Herbert, gan adleisio arwyddair *Cymru* O. M. Edwards yn fwriadol (1927, t. 24). Deallai'r bardd a'r ysgolhaig W. J. Gruffydd arwyddocâd cynfas cyfandirol y nofel i Gymru'r 1920au; mewn adolygiad yn *Y Llenor*, meddai, 'bydd darllen y llyfr hwn yn help i wneuthur y plant nid yn unig yn well Cymry ond yn well aelodau o gymdeithas cenhedloedd y byd' (1927, t. 127).

Mae'r ffyrdd y gall y Cymry ifainc, brwdfrydig chwarae eu rhan ar lwyfan rhyngwladol yn fwy amlwg fyth yn *Breuddwydion*

Myfanwy (1928). Mae'r nofel hon yn adrodd anturiaethau Myfanwy, Llew a Gareth, plant rhwng 9 a 12 oed, sy'n ymfudo gyda'u teuluoedd o Gymru i Awstralia. Ond mae'r fordaith yn un enbydus, ac wrth i'r llong suddo rhywle ym moroedd y de, cânt eu taflu ar gwch achub, nid gyda'u rhieni, ond gyda gŵr o Loegr, Mr Luxton, a Ffrances gyfoethog o'r enw Madame D'Erville. Trwy drugaredd, maent yn byw drwy'r dymestl ac yn cyrraedd ynys anghysbell. Yno dechreuant ddofi'r tir o'u hamgylch, adeiladu lloches yn gartref, a thyfu cnydau, a hela a physgota i gynnal eu cyrff. Ac i gynnal eu heneidiau, sefydlant batrwm beunyddiol o weddïo, darllen o'r Beibl, a rhannu gwersi ar ddaearyddiaeth, hanes ac ieithoedd.

Yn wahanol i'r nofelau cynharach gan Moelona, nid stori gwbl wreiddiol yw hon ond fersiwn ar nofel boblogaidd Daniel Defoe, *Robinson Crusoe*, a gyhoeddwyd gyntaf ym 1719. Buan y daeth helyntion Robinson ar ei ynys bellennig yn ffenomen ryngwladol, ac ers troad y bedwaredd ganrif ar bymtheg daeth hi'n arfer cyffredin i efelychu'r stori. Un addasiad poblogaidd Almaeneg oedd *Der Schweizerische Robinson* gan Johann David Wyss ym 1812, a'r cyfieithiad Saesneg *Swiss Family Robinson*, sy'n dychmygu sefyllfa lle rhaid i deulu o Ewrop greu byd newydd iddynt eu hunain ar un o ynysoedd egsotig Môr y De. Nid oedd pall ar y diddordeb mewn addasiadau o'r fath drwy Ewrop a Gogledd America, ac felly mae hi hyd heddiw gyda sawl addasiad mewn print ac ar y sgrin fawr. I'r traddodiad hwn y perthyn *Breuddwydion Myfanwy*. Mae hynny'n amlwg yn strwythur y stori, ac yn y modd y mae'r awdur yn cyfeirio'n benodol at rai o elfennau'r testun gwreiddiol ac yn dyfynnu o eiriau Defoe ei hun.

Ond nid cyfieithu un o'r *Robinsonades* poblogaidd a wnaeth Moelona, eithr efelychu patrwm y stori sylfaenol a rhoi iddi gyd-destun diwylliannol newydd, a hynny er mwyn hyrwyddo buddiannau Cymry gwlatgar y 1920au, yn neilltuol (Rosser 2019). Ei bwriad oedd manteisio ar yr antur a'r rhamant a berthyn i fframwaith y stori wreiddiol er mwyn denu a chadw sylw'r darllenydd, ac yna daenu haen drwchus Gymreig dros y cyfan. Gwneir hynny drwy gyflwyno i'r darllenydd fanteision bod yn Gymry, a hynny ar ynys drofannol filoedd o filltiroedd oddi cartref. Yn fuan yn y nofel, dysgwn am egwyddorion Cymreig cadarn y teulu: yn y bennod gyntaf, er enghraifft, eglurir i'r tad newid ei enw o Meredith Lloyd i Meredydd Llwyd gan fod yn gas ganddo arfer y Cymry o roi enwau Saesneg ar eu plant. Yna, wrth wynebu heriau'r ynys bellennig daw dylanwad y fagwraeth honno i'r amlwg wrth i'r plant arddangos eu ffyddlondeb at eu cenedl a'u crefydd, a'u balchder yn eu hiaith. Mae'n arwyddocaol mai'r plant sy'n addasu orau i'w hamgylchiadau newydd. Nhw sy'n rhoi'r sgiliau a ddysgwyd gartref yng Nghymru ar waith yn adeiladu, fforio a chynnal yr aelwyd newydd. A nhw, â'u sgiliau dwyieithog sy'n tynnu'r teulu newydd ynghyd. Dywedir bod y plant ar y blaen i'r ddau oedolyn, y Sais a'r Ffrances, am eu bod yn medru dwy iaith yn gwbl rhugl yn barod:

> Saesneg wrth sgwrs a siaradai Mr. Luxton, a Saesneg a siaradai'r plant ag ef. Defnyddiai Madame eiriau Saesneg yn gymysg â'i Ffrangeg. Cymraeg a siaradai'r plant â'i gilydd, ond pan fyddai'r ymddiddan rhyngddynt i gyd, siaradent Saesneg â'i gilydd hefyd, er mwyn y lleill. Er ieuenged oeddynt, yr oeddynt o flaen y ddau arall yn hyn. Medrent wneud defnydd da o ddwy iaith. (Moelona 1928, tt. 48–9)

Ac ymhen dim, dan ofal mamol Madame D'Erville, maent yn codi Ffrangeg yn drydedd iaith. Er eu hoedran ifanc, mae eu haeddfedrwydd a'u doniau yn ennyn parch y ddau oedolyn sy'n dod i werthfawrogi hynafiaeth a pherthnasedd y Gymraeg o'r newydd ar yr ynys. Mwynhânt wrando ar y plant yn adrodd adnodau o'r Beibl Cymraeg a rhoddir y lle blaenaf yn y gynghrair ieithyddol newydd hon i'r Gymraeg, gan mai i'r plant y rhoddir y fraint o enwi'r ynys: Ynys Pumsaint.

Drwy gynnig neges o hyder yn y Gymraeg ar lwyfan rhyngwladol, roedd yr awdur am i'r darllenydd efelychu ymddygiad, moesau a balchder cenedlaethol arwyr ifainc Ynys Pumsaint. Wedi'r cyfan, prin iawn yw'r llyfrau plant nad ydynt mewn rhyw ffordd neu'i gilydd yn ceisio dylanwadu ar eu darllenwyr. Ac roedd ar Moelona eisiau dylanwadu ar blant y 1920au i wrthod y duedd a welid mewn sawl cylch teuluol a chymunedol o roi'r gorau i ddefnyddio'r Gymraeg. Y bwgan mawr yr oedd hi'n ceisio ei herio oedd system addysg y wladwriaeth a fu'n gyfrifol, yn ei thyb hi a nifer o genedlaetholwyr ei chyfnod, am Seisnigo cenedlaethau o blant. Meddai mewn un araith a geir ymhlith ei phapurau yn Llyfrgell Genedlaethol Cymru, er enghraifft:

> O dan Ddeddf Addysg 1870 fe ddysgwyd yn Ysgolion Cymru rai pethau sydd a'u dylanwad yn aros hyd heddiw. Dysgwyd nad oedd gwerth yn yr Iaith Gymraeg, nad oedd yn iaith i'w defnyddio gan bobl barchus ac nad oedd ynddi lenyddiaeth werth yr enw. Y mae pethau a ddysgir yn ieuanc yn suddo'n ddwfn i'r meddwl fel mai gwaith anodd anghyffredin yw ei diwreiddio. (Llawysgrifau Moelona)

Pan adawodd ei hardal enedigol yn ne Ceredigion i ddysgu mewn ysgolion yn ardal Wrecsam, Pen-y-bont a Chaerdydd, fe deimlodd Moelona effaith tanseilio'r Gymraeg drosti ei hun. Yn ôl tystiolaeth W. C. Elvet Thomas, gŵr a ddaeth yn athro Cymraeg dylanwadol ei hun yng Nghaerdydd yn ddiweddarach, wynebodd Moelona dalcen caled pan oedd yn athrawes Gymraeg yno. Cofia Moelona â'i llygaid yn llawn dagrau un prynhawn yn Ysgol Kitchener Road, Caerdydd oherwydd agwedd drahaus y prifathro tuag at ei hymdrechion i ddysgu'r iaith i'r plant. Ond ymddengys na thorrwyd ei hysbryd: 'menyw stans oedd Moelona,' meddai Thomas yn ei hunangofiant, *Tyfu'n Gymro*, 'un gadarn ei safiad o blaid popeth Cymraeg a Chymreig' (Thomas 1972, t. 105).

Yn nhir Ynys Pumsaint mae Moelona'n ceisio chwynnu agweddau negyddol cyfoes at y Gymraeg er mwyn i'r iaith gael tyfu a ffynnu. Ond er mor ymwybodol a thaer yw'r ymdrech i hyrwyddo math ar hunaniaeth ddyrchafol, uchelgeisiol i Gymru drwy gyfrwng cymeriadau Myfanwy a'r bechgyn, mae hi'n gwneud hynny o lwyfan cadarn, breintiedig un sydd o ran ei hil, ei chrefydd a'i diwylliant yn honni awdurdod a goruchafiaeth dros eraill. Er bod cenedlaetholdeb Moelona wedi ei sbarduno gan yr ymdeimlad bod Cymru a'r Gymraeg wedi cael cam o dan y wladwriaeth Brydeinig, roedd ei bydolwg hefyd wedi ei siapio gan ei safle breintiedig fel Prydeinwraig wen. Felly, er iddi geisio ailweithio stori Robinson Crusoe yn ôl ei daliadau gwladgarol Cymreig, ni wnaeth ymdrech i ddatod y rhwymau Prydeinig, gwyn, ymerodrol sy'n clymu'r stori at ei gilydd.

Mae'r rhwymau hynny i'w gweld yn ymddygiad ac agweddau

teulu newydd Ynys Pumsaint wrth iddynt fapio'r tir, ei enwi a'i ddisgrifio, a dirmygu olion a henebau'r bobl frodorol a'u crefydd. Maent yn adfeddiannu safle hen deml, er enghraifft, ac yn ei alw'n Glyn y Groes, gan ddwyn i gof yr abaty hynafol ger Llangollen (Moelona 1928, t. 99). Wrth ymddwyn fel hyn, Ewropeaid anturus ydynt, yn hawlio'r *terra nova* ('tir newydd') yn enw Cristnogaeth y dyn gwyn. Mae'r awdur yn ymfalchïo yn y cysylltiad Robinson Crusoe-aidd, ac yn adleisio'n fwriadol rai o arferion Robinson ar yr ynys a digwyddiadau'r stori wreiddiol. Ac yna, er mwyn dangos ei dyled i nofel Defoe yn allblyg am y tro cyntaf, mae hi'n dewis dyfyniad o'r nofel wreiddiol i agor pennod 13. 'I stood like one thunder-struck, or as if I had seen an apparition' (Moelona 1928, t. 115). Dyma foment dyngedfennol, oherwydd dyma'r foment y mae'r Ewropeaid gwyn, deallus, rhesymol yn dod wyneb yn wyneb ag un o'r brodorion – yr Arall Du, egsotig, brawychus:

> Pan lithrent yn hamddenol ar y lagŵn i gyfeiriad 'Glyn y Groes,' cyfarthodd Socrates yn sydyn, a bu agos iddo â neidio allan o'r cwch. Gwelodd y pump rywbeth a wnaeth i'w calonnau guro'n wyllt [. . .] Merch fach ydoedd, heb ddim am dani ond pais wedi ei gwneud o ddail. Yr oedd ei chroen fel eboni, a'i gwallt trwchus yn sefyll allan yn syth fel brwsh mawr ar ei phen, a dail a blodau wedi eu plannu ynddo. Yr oedd yn olygfa arswydus. (Moelona 1928, t. 119)

Friday oedd yr enw a roddodd Robinson Crusoe ar y dyn a ganfu ar ei ynys bellennig ef, ac yn achos *Breuddwydion Myfanwy*, Mili yw'r enw a roddir i'r ferch ifanc tua 12 oed sy'n glanio ar Ynys Pumsaint. Drwy drem llenyddiaeth drefedigaethol, sy'n gosod yr Ewropeaid gwyn yn ganolog i wareiddiad modern, pwysleisir dieithrwch ac israddoldeb pobl yr ymylon, megis y ferch frodorol hon o Ynysoedd y De (Muse 2018). Caiff ei diffinio'n llwyr gan liw ei chroen a chanfyddiadau a rhagfarnau gwyn yn ei chylch. Er bod iddi rôl achubol ar yr ynys, gan mai hi sy'n dod o hyd i'r perlau gwerthfawr a ddaw â chyfoeth mawr i'r Ewropeaid maes o law, nid yw Mili'n malio dim am hynny. Fe'i darlunnir yn gymeriad naïf, mwy plentynnaidd na'r Cymry ifainc o'r un oedran â hi, sy'n cael pleser anghyffredin o addurniadau syml. Yn rhodd am y perlau, '[c]afodd Mili lawer o ddillad a rhubanau oedd yn hardd iawn yn ei golwg hi, ac yn fwy o werth na'r perlau i gyd' (Moelona 1928, t. 125).

Yn ei naïfrwydd a'i symlrwydd, mae Mili'n isradd i'r Cymry ifainc, ac yn y safle difreintiedig hwnnw y mae hi'n aros drwy weddill y nofel. Pan ddaw llong fawr o Awstralia i'w hachub, ei thynged yw bod yn forwyn i Madame D'Erville – rhywbeth a gyflwynir fel achubiaeth ryfeddol iddi rhag bywyd anwar Ynysoedd y De. Oherwydd ei hil a lliw ei chroen, cymerir yn ganiataol mai bywyd o wasanaeth sydd fwyaf addas ar ei chyfer. Nid portread rhywiaethol (*sexist*) yw hwn, ond un hiliol. Nid ar sail y ffaith ei bod yn ferch y cedwir Mili yn y safle darostyngedig hwn, ond oherwydd lliw ei chroen. Daw hynny'n gwbl amlwg o'i chymharu â Myfanwy, a gaiff ei dyrchafu yn nheitl y nofel. Hi yw'r cymeriad ieuengaf, a'i breuddwydion hi sy'n rhagfynegi'r digwyddiadau i ddod. A chawn gip hefyd ar ei dyfodol, y tu hwnt i'r nofel. Yn ferch gwrtais, weithgar a deallus nid bywyd morwyn sydd o'i blaen, yn wahanol i Mili. Yn Awstralia, dywedir y caiff Myfanwy fynd i goleg a'i dyfodol yn ddisglair (Moelona 1928, t. 142), ac yn hynny o beth mae'n adleisio bywyd a delfrydau Moelona ei hun. Bwriadodd hithau barhau â'i haddysg, er iddi fethu â chymryd ei lle yng Ngholeg Prifysgol Cymru, Aberystwyth wedi marwolaeth ddisymwth ei mam. Eto bu'n erfyn yn daer ar ferched drwy gydol ei hoes i geisio addysg. Dechreuodd golofn i ferched ym mhapur newydd *Y Darian* ym 1919 (a olygwyd gan J. Tywi Jones, a ddaethai'n ŵr iddi ym 1917) a chymerai bob cyfle i alw ar fenywod Cymru i ddarllen a meddwl drostynt eu hunain. Yn Ionawr 1919, â merched dros 30 oed newydd ennill yr hawl i bleidleisio am y tro cyntaf yn etholiad cyffredinol Rhagfyr 1918, meddai:

> Mae eisieu i ni addysgu ein hunain a'n gilydd fel y gallom ddefnyddio'n pleidlais yn ddeallus. Yn rhy fynych, llyncu syniadau dynion y teulu a wna'r merched, am mai'r dynion sydd a mwyaf o amser i ddarllen, wrth gwrs. Ceisiom bawb fynnu ychydig amser i ddilyn cwrs y byd yn y papyrau, fel y gallom farnu drosom ein hunain. (Moelona 1919, t. 3)

Yn y nofel *Cwrs y Lli*, a gyhoeddwyd flwyddyn cyn *Breuddwydion Myfanwy*, mynnir bod merched yn cael yr un chwarae teg â'r bechgyn i deithio a chael addysg. '"Mae hawl gan ferched i fod yn annibynnol ac uchelgeisiol erbyn hyn, weli di,'" meddai Gras, un o'r prif gymeriadau wrth ei brawd, Llwyd (Moelona 1927, t. 110). Nid yw rhyw yn rhwystr rhag addysg ac annibyniaeth barn, fe ymddengys, ond *mae* lliw croen. O ganlyniad, mae *Breuddwydion Myfanwy* yn destun problematig. Fel *Robinson Crusoe* o'i flaen, mae yna anghydraddoldeb strwythurol yng ngwead ei stori sylfaenol, anghydraddoldeb y mae'n hanfodol i ddarllenydd cyfoes ei gwestiynu a'i herio wrth ddarllen neu rannu'r testun ag eraill. Byddai athro neu riant, er enghraifft, efallai'n dewis peidio â chyflwyno'r stori i blant heddiw, neu o'i chyflwyno, yn ei defnyddio i agor trafodaeth ar hil a chydraddoldeb ac i annog darllen a meddwl beirniadol.

I'r myfyriwr a'r ymchwilydd llên, mae *Breuddwydion Myfanwy*, ynghyd â nofelau eraill Moelona i'r ifainc, yn ein hatgoffa nad gweithred niwtral yw ysgrifennu i blant, ond gweithred sy'n ymrafael â chysyniadau ideolegol, cymdeithasol a diwylliannol eu hoes, a bod y cysyniadau hynny'n gallu tynnu'n groes i'r hyn sy'n dderbyniol i genedlaethau diweddarach. Mae yna lawer sy'n apelgar o hyd yng ngwaith Moelona a'i hyder i eiriol dros y Gymraeg a'i diwylliant. Ond rhaid bod yn effro hefyd i'r modd y mae daliadau gwladgarol ei nofelau'n cael eu fframio. Wrth geisio dylanwadu ar ymwybyddiaeth y Cymry ifainc ohonynt eu hunain fel plant a berthyn i ddiwylliant a hunaniaeth neilltuol, rhaid gofyn pwy a ddarlunnir oddi allan i'r diwylliant hwnnw, ac ar ba ragdybiaethau neu ragfarnau y seilir yr 'Arall' cyferbyniol? Er i'r nofelau herio syniadau ynghylch goruchafiaeth ieithyddol y Saesneg a'r hen ymerodraethau, nid oedd hynny o reidrwydd yn arwain at gydymdeimlad â chenhedloedd eraill a ddioddefai dan ormes imperialaeth.

Sylw Clo

Wrth astudio llenyddiaeth plant, fe'n hyfforddir i feddwl yn feirniadol am sut y mae syniadau'n cael eu hatgynhyrchu neu eu herio mewn gofodau creadigol, llenyddol. Mae'r bennod hon wedi dadlau bod y testunau a gyflwynir i'r ifainc wedi eu siapio gan gyfuniad deinamig o ddylanwadau cymdeithasol a diwylliannol sy'n ceisio creu argraff ar y plentyn i weld eu hunain, a'r byd, o bersbectif neilltuol. Mae astudio'r testunau hyn felly yn hanfodol os ydym am ddysgu mwy am y syniadau sy'n cylchredeg yn ein cymdeithas, a'r lle a roddir i'r plentyn o fewn y gymdeithas honno.

Cyfeiriadau

Davies, Owen. 1880. *Cofiant y Parch. John Prichard, Llangollen: mewn cysylltiad a rhai agweddau o hanes Bedyddwyr Cymru yn gyffredinol a Bedyddwyr y gogledd yn neillduol.* Caernarfon: Swyddfa "Y Genedl".

Gruffydd, W. J. 1927. Adolygiadau. *Y Llenor* VI, Gwanwyn, t. 127.

Hughes, Gwilym. 1983. Y Cylchgronau. Yn: Jones, Mairwen a Jones, Gwynn. goln. *Dewiniaid Difyr: Llenorion Plant Cymru hyd tua 1950.* Llandysul: Gwasg Gomer, tt. 74–87.

Jenkins, Geraint H. gol. 1999. *'Gwnewch bopeth yn Gymraeg': Yr Iaith Gymraeg a'i Pheuoedd 1801–1911.* Caerdydd: Gwasg Prifysgol Cymru.

Jones, Thomas. 1816. *Anrheg i Blentyn: Hanes Cywir am Ddychweliad Grasol, Bucheddau Duwiol, a Marwolaethau Dedwyddol, Amryw Blant Ieuaingc.* Dinbych: T. Gee.

Llawysgrifau Moelona. Araith heb ddyddiad na theitl. Aberystwyth, Llyfrgell Genedlaethol Cymru, GB 0210.

Muse, Grug. 2018. *Ôl-Drefedigaethedd.* Esboniadur: Beirniadaeth a Theori y Coleg Cymraeg Cenedlaethol. [Ar-lein]. Ar gael: https://wici.porth.ac.uk/index.php/Ôl-drefedigaethedd, cyrchwyd 22 Medi 2021.

Owen, L. M. (Moelona). 1919. Colofn y Merched. *Y Darian,* 23 Ionawr, t. 3.

— 1927. *Cwrs y Lli.* Wrecsam: Hughes a'i Fab.

— 1928. *Breuddwydion Myfanwy.* Llundain: Foyle's Welsh Depot.

— 2013. [1913]. *Teulu Bach Nantoer.* Pwllheli: Cromen.

Rosser, Siwan. M. 2019. Navigating nationhood, gender, and the Robinsonade in *The Dreams of Myfanwy.* Yn: Kinane, Ian. gol. *Didactics and the Modern Robinsonade: New Paradigms for Young Readers*. Lerpwl: Liverpool University Press, tt. 91–117.

— 2020. *Darllen y Dychymyg: Creu Ystyron Newydd i Blant a Phlentyndod yn Llenyddiaeth y Bedwaredd Ganrif ar Bymtheg*. Caerdydd: Gwasg Prifysgol Cymru.

Thomas, W. C. Elvet. 1972. *Tyfu'n Gymro*. Llandysul: Gwasg Gomer.

Nodiadau

[1] Gweler, e.e., Dewi Pws Morris, *Wps!* (Llandysul: Gwasg Gomer, 2011); Myrddin ap Dafydd, *Pren a Chansen* (Llanrwst: Gwasg Carreg Gwalch, 2018).
[2] Am drafodaeth bellach gweler adran gyntaf Rosser 2020.
[3] Am gyflwyniad i hanes cymdeithasol yr iaith Gymraeg yn y cyfnod hwn, gweler Jenkins 1999.
[4] Gallwch ddarllen y nofel ar ffurf eLyfr a gyhoeddwyd i nodi canmlwyddiant cyhoeddi'r nofel yn 2013: Owen 2013 [1913]: [Ar-lein]. Ar gael: *https://www.cromen.co.uk/cy/llyfrau/nantoer.php*.

2

Rhywedd

Cathryn A. Charnell-White

Rhagarweiniad

Mae darllen, deall, a dadansoddi gwahanol agweddau ar hunaniaeth yn agor byd o bosibiliadau deongliadol a chreadigol wrth astudio'r Gymraeg fel pwnc gradd. Un agwedd gyfoethog iawn yn hyn o beth yw 'astudiaethau rhywedd' (S. *gender studies*), ac mae posibiliadau deongliadol 'rhywedd' (S. *gender*) a 'hunaniaeth ryweddol' (S. *gendered identity*) yn ymestyn i iaith a llên, ac i gyd-destunau hanesyddol a chyfoes, fel ei gilydd. Mae'r bennod hon yn gosod allan terminoleg sylfaenol astudiaethau rhywedd, yn olrhain y prif fframweithiau neu theorïau beirniadol, ac yn cloi drwy eu dangos ar waith mewn amrywiaeth o destunau llenyddol hanesyddol a chyfoes.

Diffinio rhywedd: terminoleg sylfaenol

Mae terminoleg astudiaethau rhywedd yn gymharol newydd yn y Gymraeg a'r ieithoedd Celtaidd, ac mae'r eirfa yn dal i ehangu.[1] Mae bathu geirfa newydd yn angenrheidiol er mwyn sicrhau trafodaethau cynhwysol drwy gyfrwng y Gymraeg; mae'n sicrhau bod y Gymraeg yn adlewyrchu cylchoedd profiad ei holl siaradwyr a'i darllenwyr, a bod yr iaith yn abl i'w trafod. Yn y pen draw, felly, mae bathu geirfa newydd hefyd yn rhan o'r broses o hyrwyddo

Cymru sy'n fwy cyfartal i genedlaethau'r dyfodol (Llywodraeth Cymru 2016).

Ble mae cychwyn arni gyda rhyw a rhywedd, felly? Un agwedd ar hunaniaeth bersonol yw rhywedd (S. *gender*):

- Mae ein rhyw fel arfer yn cael ei bennu ar adeg ein geni, a chawn ein categoreiddio fel benyw, di-ryw, gwryw, neu 'ryngryw' (S. *intersex*) ar sail nodweddion ffisiolegol.
- Rhywedd yw'r ffordd rydym yn synio am ein hunaniaeth mewn termau mewnol ac allanol, sef ein tueddiad rhywiol cynhenid neu fewnol: 'anrhywiol' (S. *asexual*), 'deurywiol' (S. *bisexual*), 'cyfunrhywiol' (S. *homosexual*), 'hoyw' (S. *gay*), 'lesbaidd' (S. *lesbian*), 'syth' (S. *straight*); yn ogystal â'n hunaniaeth gymdeithasol allanol neu'r hunaniaeth rydym yn ei pherfformio'n gyhoeddus.

Rhywedd, felly, yw'r cwlwm o nodweddion ac arferion a gysylltir â benyweidd-dra a gwryweidd-dra ac sydd, yn y pen draw, yn siapio hunaniaeth ryweddol eang ei chwmpawd: 'anneuaidd' (S. *non-binary*), benywaidd, 'cwiar' (S. *queer*), 'dirywedd' (S. *agender*), gwrywaidd, 'rhywedd cyfnewidiol' (S. *genderfluid*), 'traws/trawsryweddol' (S. *trans/transgender*). Nid yw rhywedd a hunaniaeth ryweddol yn bodoli mewn gwagle, ond yn datblygu drwy ddeialog barhaus â nodweddion ac arferion cenedlaethol, crefyddol, cymdeithasol, diwylliannol, ethnig, gwleidyddol, ieithyddol a seicolegol.

Astudiaethau rhywedd: y prif fframweithiau theoretig

Rydym yn cymhwyso fframweithiau neu theorïau beirniadol wrth ddefnyddio rhywedd i ddehongli iaith a llên yn y brifysgol, a'r ddwy theori amlycaf yw 'theori ffeminyddol' (S. *feminist theory*) a 'theori gwiar' (S. *queer theory*). Mae'n deg dweud i astudiaethau rhywedd dyfu allan o 'ffeminyddiaeth' (S. *feminism*), wrth i feirniadaeth ffeminyddol ddiweddar fynd i'r afael â natur hylifol a 'chroestoriadol' (S. *intersectional*) hunaniaeth fenywaidd, ac wrth ailasesu hunaniaeth wrywaidd a chydnabod hunaniaeth LHDTC+ (Lesbaidd Hoyw Deurywiol Traws Cwiar+; S. *LGBTQ+*).

Ffeminyddiaeth a theori ffeminyddol

Defnyddir delwedd y don i drafod gweithgarwch ffeminyddol (Aaron et al. 2019; Marks 2017). Ers yr Oesoedd Canol bu amryw awduron y gorllewin, fel Christine de Pizan (1364–c.1430) a Mary Wollstonecraft (1759–97), yn amddiffyn y fenyw a'i hawliau. Tua chanol y bedwaredd ganrif ar bymtheg daeth mudiad i fri yn Efrog Newydd a oedd yn codi llais dros hawliau menywod America, ac yn y Deyrnas Unedig ar ddechrau'r ugeinfed ganrif roedd y Syffragetiaid yn weithgar iawn wrth sicrhau'r bleidlais i fenywod. Er nad yw'r unigolion a'r grwpiau hyn yn ffurfio mudiad unedig, synnir am eu gweithgarwch fel y don ffeminyddol gyntaf. Datblygodd ffeminyddiaeth er mwyn hyrwyddo cydraddoldeb rhwng y rhywiau yn wyneb cymdeithas batriarchaidd, sef cymdeithas y mae ei strwythurau, ddoe a heddiw, yn cynnal grym ac awdurdod y patriarch (y tad neu'r penteulu). Cymdeithas sy'n breinio grym ac awdurdod gwrywaidd ar bob agwedd o fywyd cyhoeddus a phreifat yw cymdeithas batriarchaidd. O ganlyniad, gwelwyd bod syniadau sefydlog neu draddodiadol am statws, ymddangosiad, ac ymddygiad yn cynnal y strwythurau cymdeithasol anghyfartal hynny ac yn rhwystro menywod rhag ymuno â sefydliadau a phroffesiynau allweddol fel addysg, cyfraith, gwleidyddiaeth, llenyddiaeth, a meddygaeth. Gyda dyfodiad yr ail don ffeminyddol (1960au–1980au) gwelwn fudiad mwy cydlynus ac, yn wir, hunanymwybodol.

Mae agweddau cyfoes am rywedd yn ddyledus iawn i ffeminyddiaeth yr ail don a'i damcaniaethau ynghylch natur wneuthuredig benyweidd-dra a gwryweidd-dra. Dau beth sydd ymhlith cyfraniadau pwysicaf ffeminyddiaeth yr ail don yw:

- chwalu'r syniad o 'reidiolaeth fywydegol' (S. *biological determinism*);
- adnabod 'parau pegynol' (S. *binary oppositions*).

Dyma elfennau sy'n parhau i ddylanwadu'n drwm ar feirniadaeth lenyddol ffeminyddol a chwiar (Aaron et al. 2019; Rees 2014, tt. 3–56). Rheidiolaeth fywydegol yw'r gred fod cysylltiad uniongyrchol rhwng agweddau ac ymddygiad benywaidd/

gwrywaidd ar y naill law, a ffisioleg a'r corff ar y llaw arall. O adeiladu ar waith yr athronwyr Ffrengig, Simone de Beauvoir (1908–86) a Michel Foucault (1926–84), chwalodd beirniaid ffeminyddol yr ail don y gred fod 'gwahaniaethau rhyweddol' (S. *gendered differences*) yn adlewyrchu'r gwahaniaethau ffisiolegol, bywydegol rhwng benyw a gwryw. Eu dadl oedd mai diwylliant a chymdeithas sy'n siapio ein disgwyliadau ynghylch benyweidd-dra a gwryweidd-dra yn ogystal â'n syniadau am hunaniaeth ryweddol. Dyma sy'n cael ei gyfleu yn un o ddatganiadau mwyaf grymus ac adnabyddus Simone de Beauvoir: '*on ne naît pas femme, on le devient*' (nid ydym yn cael ein geni'n fenyw, ond yn datblygu'n fenyw) (1988, t. 295).

Rydym bellach yn deall rhywedd fel un wedd ar hunaniaeth unigolyn, a honno'n hunaniaeth sy'n cael ei siapio gan gymdeithas, ac sy'n cael ei meithrin a'i haddasu gan unigolion drwy gydol eu hoes. Ond sut y mae cymdeithas yn synio am y benywaidd? Dangosodd yr athronydd Hélène Cixous fod parau pegynol yn rhan o wead a meddylfryd cymdeithas batriarchaidd y gorllewin, a bod y parau pegynol hyn yn efelychu patrwm y pâr pegynol creiddiol Dyn/Menyw. Hynny yw, maent yn adlewyrchu hierarchiaeth sy'n dyrchafu Dyn fel y Norm ac yn diraddio Menyw fel yr Arall annormal ac ymylol. Dyma rai enghreifftiau cyffredin:

NORM	ARALL
Dyn	Menyw
gweithredol	goddefol
rheswm	emosiwn
celfyddyd	natur

Mae ymwybyddiaeth o'r parau pegynol hyn, felly, yn rhan o arfogaeth astudiaethau rhywedd a beirniadaeth ffeminyddol.

Erbyn y 1990au roedd trydedd don ffeminyddol wedi cyniwair a oedd yn synio am rywedd mewn modd mwy croestoriadol (S. *intersectional*). Ystyr hyn oedd bod hunaniaeth yn amlochrog ac yn amlygu amryw o ffactorau ar yr un pryd. Dyma gydnabod, felly, nad yw'r 'profiad benywaidd' yn brofiad cwbl unffurf. Gan fod gwahanol wledydd, diwylliannau, cymunedau, a grwpiau cymdeithasol yn synio'n wahanol i'w gilydd am rywioldeb, mae'r profiad benywaidd yn dibynnu ar ffactorau cyfnewidiol: cyd-destun hanesyddol, tras ethnig, dosbarth cymdeithasol, tueddiadau rhywiol, crefydd, lleoliad daearyddol, a dwyster poblogaeth (h.y., cyd-destun dinesig neu wledig). Mae'r datblygiad hwn yn cael ei adlewyrchu ym meirniadaeth ffeminyddol y drydedd don sy'n dathlu amrywiaeth a chymhlethdod y tu hwnt i barau pegynol ystyfnig.

Un o feirniaid amlycaf y drydedd don ffeminyddol yw Judith Butler. Gyda golwg ar ryw a rhywedd aeth hi gam ymhellach na ffeminyddion yr ail don drwy ddadlau nad oes modd gwahanu'r corff naturiol oddi wrth y corff diwylliannol, gan synio am rywedd fel agwedd berfformiadol ar hunaniaeth yr unigolyn. Yn ei chyhoeddiadau mwyaf dylanwadol, *Gender Trouble* (1990), *Bodies That Matter* (1993), ac *excitable speech: A Politics of the Performative* (1997), dangosodd Butler mai cysyniad amwys, ar y gorau, yw rhywedd, a bod cymdeithas yn disgwyl i ni 'berfformio' naill ai benyweidd-dra neu wryweidd-dra yn ôl disgwyliadau ac iddynt wreiddiau dwfn. Dadleuodd fod angen meddwl y tu hwnt i ddau begwn yn unig – gwryw a benyw – wrth feddwl am rywedd. Mae'r drydedd don ffeminyddol, felly, yn fwy cynhwysol ac yn cydnabod ystod o hunaniaethau rhyweddol, ac yn cydnabod bod modd i ddynion hefyd fod yn ffeminyddion.

Theori gwiar

Mae gwaith Judith Butler ar berfformio rhywedd a hunaniaeth ryweddol yn dod â ni'n dwt at theori gwiar, gan fod Butler hefyd ymhlith y beirniaid cynharaf i ddefnyddio a datblygu theori gwiar yn ystod y 1990au (Sheppard 2019; James 2014). Mae'r termau 'theori hoyw' a 'theori cadi' hefyd yn cael eu defnyddio i gyfleu ymchwil i rywedd a rhywioldeb nad yw'n 'heterorywiol' (S. *heterosexual*).[2] Mae theori gwiar, fel theori ffeminyddol, yn rhyngddisgyblaethol ei natur a thyfodd allan o astudiaethau menywod ac astudiaethau hoyw a lesbaidd y 1990au. Mae gan theori gwiar ddiddordeb mawr yn y Norm a'r Arall, ac mae'n hoelio sylw ar dueddiadau rhywiol ac agweddau rhyweddol nad ydynt yn cydymffurfio â normau 'deuaidd' (S. *binary*) a heterorywiol. Wrth herio 'heteronormadedd' (S. *heteronormativity*), sef y safbwynt mai heterorywioldeb yw'r Norm, mae theori gwiar yn osgoi pleidio hunaniaethau penodol ac yn dathlu anghydffurfiaeth a gwahaniaeth.

Astudiaethau rhywedd Cymraeg

Yng Nghymru, mae gan astudiaethau rhywedd ddwy brif wedd, sef gwedd destunol ('geinofeirniadaeth'; S. *gynocriticism*) a gwedd ddeongliadol (beirniadaeth lenyddol). Mae astudiaethau rhywedd yn aml wedi ymwneud â'r canon llenyddol, sef y casgliad o destunau yr ystyrir eu bod yn safonol, yn ddylanwadol neu'n rhai y 'dylai' pawb eu darllen. Dynion heterorywiol, ar y cyfan, oedd yr ysgolheigion, golygyddion, a chyhoeddwyr a guradodd y canon llenyddol traddodiadol yn yr ugeinfed ganrif, a cham pwysig oedd adnabod bylchau yn y canon hwnnw. Er enghraifft, o ddarllen yr *Oxford Book of Welsh Verse* (1962), sef llyfr gosod sawl cenhedlaeth o fyfyrwyr prifysgol, gellid meddwl mai Ann Griffiths oedd yr unig Gymraes erioed i farddoni. Ymhellach, pan gyhoeddwyd *Blodeugerdd o Farddoniaeth Gymraeg yr Ugeinfed Ganrif* (1987), sef casgliad swmpus a gynrychiolai gynnyrch barddonol Cymru'r ugeinfed ganrif, cafodd golygyddion y gyfrol eu beirniadu'n ffyrnig am fod beirdd benywaidd wedi eu tangynrychioli'n ddybryd yn y casgliad. Mae'r sefyllfa gyfoes o ran cynrychiolaeth menywod yn iachach o lawer, a sawl cenhedlaeth o fenywod yn amlwg ym maes barddoniaeth a rhyddiaith. Yn wir, roedd deg allan o'r deuddeg awdur ar restr fer Gymraeg Llyfr y Flwyddyn 2021 yn fenywod, a gwelwyd yr un patrwm ar waith hefyd ar y rhestr fer Saesneg (Llenyddiaeth Cymru 2021).

Yn sgil adnabod bylchau yn y canon llenyddol hanesyddol a chyfoes, aethpwyd ati i wneud ymchwil i lawysgrifau ac archifau er mwyn eu llenwi. Yn 1986 daeth criw bach o fenywod at ei gilydd i sefydlu Honno Gwasg Menywod Cymru, sef gwasg gydweithredol annibynnol a oedd â'i bryd ar greu swyddi i fenywod yn y diwydiant cyhoeddi Cymreig a chyhoeddi llenyddiaeth gan awduron benywaidd Cymru.³ Ymhlith cyhoeddiadau cynharaf Honno mae *Ar Fy Myw: 'Sgrifennu gan fenywod yng Nghymru* (Rhys 1989) a'r flodeugerdd *O'r Iawn Ryw* (Elfyn 1991) sy'n adlewyrchu'n glir 'fydolwg y ferch a'i gwahanol agweddau, gan barchu ar yr un pryd yr egwyddor mai lluosog yw meddylfrydau'r ferch' (1991, t. iii). Mae blodeugerdd ddwyieithog Honno, *Welsh Women's Poetry 1460–2001* (Gramich a Brennan 2003), a *Beirdd Ceridwen: Blodeugerdd Barddas o Ganu Menywod hyd tua 1800* (Charnell-White 2005) yn creu canon benywaidd sy'n herio canon cyfarwydd ac 'awdurdodol' *The Oxford Book of Welsh Verse* a'r brif ffrwd. Er bod awduron hoyw a lesbaidd unigol wedi cyhoeddi eu gwaith llenyddol mewn casgliadau a chylchgronau fel *Taliesin, Tu Chwith* a chylchgrawn *Y Stamp*, nid oes casgliadau penodol o lenyddiaeth LHDTC+ ar gael yn y Gymraeg ar hyn o bryd.

Enghreifftiau o geinofeirniadaeth yw'r casgliadau hyn. Dyma derm a fathwyd gan Elaine Showalter yn ei chyfrol, *A Literature of Their Own* (1977), am destunau golygedig a chyfrolau beirniadol sy'n mynd i'r afael â bylchau yn y cofnod hanesyddol a chyfoes er mwyn deall yr hyn sy'n neilltuol am destunau gan fenywod. Yn ogystal, mae'r cyfrolau hyn yn ehangu ein canon llenyddol cydnabyddedig drwy roi sylw i destunau ac awduron benywaidd a chwiar a gafodd eu hanghofio neu eu hesgeuluso gan 'geidwaid' y brif ffrwd lenyddol, sef ysgolheigion, golygyddion, ac addysgwyr. Fe roddwyd y cart o flaen y ceffyl, efallai, wrth ddechrau gyda'r blodeugerddi a'r cyfrolau sy'n cyflwyno llenyddiaeth ffeminyddol a chwiar, oherwydd mae geinofeirniadaeth nid yn unig yn adlewyrchu gweithgarwch beirniadol, ond hefyd yn cynrychioli effaith y feirniadaeth honno. Yn wir, fe ysgogwyd y gwaith chwilota a'r gwaith creadigol gan alwad beirniaid ffeminyddol Cymraeg yr ail don:

> Ailddarganfod ac ailasesu gwaith y merched a fu'n llenydda yn y gorffennol yw un o brif amcanion astudiaethau llenyddol ffeminist. Fel yr awgrymir mewn ysgrifau eraill yn y rhifyn arbennig hwn o *Y Traethodydd* [...] un o'r gorchwylion cyntaf yw'r weithred syml o goffáu'r llenorion benywaidd hynny a

anghofiwyd neu a anwybyddwyd gan gopïwyr, cyhoeddwyr a golygyddion gwrywaidd, neu gan y beirniaid hwythau, boed hynny'n fwriadol neu beidio. Os nad ymgymerwn ni â'r gwaith o gasglu ac astudio cynnyrch y merched hyn, mae yna berygl inni esgeuluso ambell bencampwaith llenyddol sydd eto heb ei ddarganfod, tra bod cerddi gan feirdd eraill, gwrywaidd, sydd heb fod tamaid gwell – na chystal weithiau – yn cael eu derbyn i ganon swyddogol llenyddiaeth Gymraeg [. . .] Oni ddarganfyddwn y merched o lenorion yn y Gymraeg fel y gwnaethpwyd yn barod yn yr iaith Saesneg, yn Ffrangeg ac mewn ieithoedd eraill, troi clust fyddar y byddwn ni i brofiadau hanner poblogaeth Cymru, a thrwy hynny anwybyddu hanes hanner ein cenedl. (Curtis et al. 1986, t. 12)

Daeth yr alwad hon mewn ysgrif o'r enw 'Traddodiad Unllygeidiog' yn rhifyn ffeminyddol arbennig o'r cylchgrawn *Y Traethodydd* a gyhoeddwyd ym 1986.[4] Roedd y rhifyn ffeminyddol hwn yn chwyldroadol, gan ei fod yn dehongli theori ffeminyddol a hefyd yn agor llwybrau ar gyfer ymchwil pellach.

Ddegawd ar ôl cyhoeddi rhifyn ffeminyddol *Y Traethodydd*, cyhoeddwyd rhifyn ffeminyddol arbennig o'r cylchgrawn *Tu Chwith*, sef rhifyn 'O'r Iard Gefn' sy'n adlewyrchu ffeminyddiaeth y drydedd don (Aaron 2017). Fel *Y Traethodydd* 1986, mae *Tu Chwith* 1996 yn cynnwys erthyglau beirniadol a deunydd creadigol. Cylchgrawn radical oedd *Tu Chwith* a roes lwyfan i ysgrifennu creadigol ac i erthyglau beirniadol ar ddiwylliant a'r celfyddydau. Rhwng 1993 a 2014 bu'n llwyfan i drafod ystod o bynciau heriol yn ogystal â theorïau llenyddol a diwylliannol, ac wrth herio'r Norm, byddai cyfranwyr i'r cylchgrawn hefyd yn rhoi sylw i'r Arall. Roedd rhifyn ffeminyddol arbennig 1996 yn dilyn rhifyn 1995 ar rywioldeb yn gyffredinol, a chyhoeddwyd rhifynnau arbennig ar wrywdod ac am draddodiad ym 1998 a oedd yn rhoi sylw i agweddau rhyweddol. Erbyn hyn, mae astudiaethau ffeminyddol niferus ar gael sy'n archwilio awduron unigol, themâu penodol, ac agweddau theoretig fel *écriture féminine* (Rees 2014; Aaron 1992). Mae beirniadaeth gwiar hefyd yn dechrau dod i'r brif ffrwd yng Nghymru, a chyfrolau beirniadol arloesol fel *Queer Wales: The History, Culture and Politics of Queer Life in Wales* (Osborne 2016), yn agor y maes a chylchgronau fel *Y Stamp* yn rhoi llwyfan i leisiau newydd ac amrywiol.

Astudiaethau rhywedd ar waith

Mae hi'n adeg gyffrous, felly, i astudio rhywedd a hunaniaeth ryweddol, oherwydd mae deunydd beirniadol ar gael yn y Gymraeg i'w ddefnyddio fel fframwaith. Mae'r adran olaf hon yn dangos rhai o'r syniadau beirniadol ar waith mewn testunau llenyddol Cymraeg hanesyddol a chyfoes, a hynny wrth drafod llenyddiaeth am fenywod a chymeriadau LHDTC+ a llenyddiaeth gan awduron benywaidd a LHDTC+.

Dehongliadau hanesyddol

Wrth astudio'r Gymraeg fel pwnc gradd, mae myfyrwyr yn gofyn yn aml a oes modd defnyddio theori ffeminyddol a chwiar i ddadansoddi llenyddiaeth hanesyddol sy'n rhagflaenu datblygiad theori yn y meysydd hyn. Yr ateb yw 'wrth gwrs', oherwydd mae theori yn caniatáu i ni ddarllen testunau cyfarwydd mewn ffyrdd newydd, a deall hefyd berthynas aelodau o gymunedau amrywiol â'r traddodiad llenyddol Cymraeg yn gyffredinol. Ymhellach, mae testunau hanesyddol gan fenywod yn aml yn trafod yr un themâu a digwyddiadau â'u cymheiriaid gwrywaidd ac, felly, maent yn rhoi cipolwg inni ar amodau cymdeithasol a strwythurau grym y cyfnod, ac yn cynnig persbectif amgen a benywaidd ar ddigwyddiad neu gyfnod.

Mae *Beirdd Ceridwen* (2005) yn cynnwys corff sylweddol o gerddi gan fenywod yn mynegi profiadau o'r 'cylch profiad benywaidd' (S. *gender specific*) ac yn tynnu'n uniongyrchol, nid ar eu hawdurdod fel beirdd, ond ar eu hawdurdod fel menywod: cariadferch, gwraig, mam, merch, a chwaer. Ymhlith y cerddi mwyaf trawiadol mae cerddi'r bardd o Lanfechain, Gwerful Mechain (*fl.* 1460–1502) (Howells 2001). A hithau'n uchelwraig, roedd clywed a gwerthfawrogi barddoniaeth gynganeddol y traddodiad barddol proffesiynol yn rhan annatod o'i diwylliant cwrtais. Ei hathro barddol oedd Dafydd Llwyd o Fathafarn, ac mae cerddi crefyddol, brud (proffwydoliaethau) a maswedd (cerddi ar themâu rhywiol) Gwerful Mechain yn adlewyrchu bwrlwm y cylch barddol amatur a drôi o amgylch Dafydd Llwyd. Canodd Gwerful gywyddau crefyddol a chywyddau brud digon confensiynol, ond mae'r cerddi erotig a ganodd yng nghwmni cylch barddol Dafydd Llwyd yn syfrdanol, am eu bod yn dathlu rhywioldeb benywaidd yn agored ac, ar yr un pryd, yn herio confensiynau dyn-ganolog y traddodiad barddol Cymraeg.

Menyw dduwiol, ufudd a thawel oedd delfryd benywaidd yr Oesoedd Canol a'r canu serch (Davies 1994), ond mae'r persona y mae Gwerful Mechain yn ei berfformio yn ei cherddi yn herio'r delfryd goddefol hwnnw. Pe na bai cydnabod chwant rhywiol benywaidd yn ddigon, mae Gwerful Mechain yn gwyrdroi confensiynau barddol y beirdd er mwyn dwysáu ergyd ei neges. Hynny yw, mae hi'n meddiannu confensiynau gwraig-gasaol y beirdd gwrywaidd a'u gwyrdroi er mwyn grymuso'r fenyw a thanseilio'r gwryw. Mae ei chywydd 'I wragedd eiddigus' yn y flodeugerdd *Beirdd Ceridwen*, er enghraifft, yn parodïo motiff cyfarwydd y gŵr eiddig (y gŵr cenfigennus) drwy gwyno bod gwragedd cenfigennus yn gwarchod 'caliau da' (pidynnau) eu gwŷr yn rhy ofalus, fel na all menywod eraill gael pleser ohonynt (2005, Rhif 12). Yn yr un modd, mae 'Cywydd y gont' (2005, Rhif 11) yn gyfle i Werful feirniadu 'diffrwyth wawd' (mawl diwerth) y beirdd proffesiynol wrth foli merch, sef disgrifio'r ferch yn fformwläig o'i chorun i'w sawdl, gan anwybyddu rhan bwysicaf ei chorff:

> Gado'r canol heb foliant
> A'r plas lle'r enillir plant,
> A'r cedor clyd, hyder claer,
> Tynerdeg, cylch twn eurdaer,
> Lle carwn i, cywrain iach,
> Y cedor dan y cadach. (2005, Rhif 11, llau 21–6)

(Gadael, heb gael ei foli, y canol/ a'r man lle mae plant yn cael eu cenhedlu,/ a'r cedor clyd (gwychder clir)/ tyner a thew, cylch toredig euraidd a thaer,/ lle byddwn i'n caru (mewn iechyd da)/ y cedor dan y dilledyn.)

Mae'r confensiwn yn crisialu'r 'safbwynt gwrywaidd' (S. *the male gaze*) sy'n edrych ar y ferch fel gwrthrych, a gwrthrych serch yn aml iawn. Â Gwerful Mechain ymlaen i unioni'r cam hwn drwy ddisgrifio rhannau rhywiol y ferch yn fanwl. Nid codi crechwen amrwd a wna, ond cydnabod a dathlu dwy rôl y fagina, sef pleser a ffrwythlondeb, a chadarnhau statws ragweithiol y ferch.

Mae llenyddiaeth hanesyddol hefyd yn gallu dadlennu'r modd rydym ni'n darllen testunau yn wahanol yng ngoleuni rhyw neu rywedd awdur, ac mae'r gerdd 'Cywydd a wnaeth Merch i Fab' yn enghraifft dda o hyn. Mae un llawysgrif yn nodi mai menyw ddihanes, Ann Gwyn o Ddinbych, a ganodd y gerdd. Ymhellach, mae cwpled agoriadol y cywydd hwn yn adleisio cywydd Gwerful Mechain 'I ateb Ieuan Dyfi am gywydd Anni Goch' (2005, Rhif 9), sef cywydd proto-ffeminyddol yn amddiffyn enw da Anni Goch a merched yn gyffredinol rhag honiadau Ieuan Dyfi ynghylch anfoesoldeb a thwyll (Haycock 1990). Cofiaf y cyffro o weld rhyngdestunoldeb ar waith a oedd yn awgrymu chwaeroliaeth farddol ac apêl at awdurdod barddol Gwerful Mechain. Yn y 'Cywydd a wnaeth Merch i Fab' mae'r Ferch yn galaru am i'w chariad gymryd cariad arall yn ei lle. Mae'n mynegi ei thristwch o golli ei chariad, gan fewnoli ei siom a'i beio ei hun:

> Y mae'r ddihareb i'm hoes –
> 'Hardd fydd pob newydd nawoes'.
> Ni'm câr weithian ychwaneg,
> Da gwn, am nad oeddwn deg.
> (Llawysgrif Mostyn 143, t. 254, llau 17–20)

(Y mae'r ddihareb [hon yn crynhoi] fy mywyd:/ 'hardd fydd pob newydd nawoes' (bydd popeth newydd yn hardd dros dro)./ Nid yw ef nawr yn fy ngharu rhagor,/ rwy'n gwybod yn iawn, am nad oeddwn yn brydferth.)

Mae'r Ferch yn mynegi ei chasineb at y ferch arall, a dymuniad tywyll i'w lladd er mwyn iddi gael ennill y Mab yn ôl. Mae'r Ferch yn rhybuddio ei chynulleidfa rhag twyll dynion ac yn tyngu wrth gloi na fydd yn caru'r un dyn arall oherwydd dyfned yw ei chariad at y Mab:

> Os yw fy ngelynes i
> Â'i bryd ar ei briodi,
> Ei lladd â chyllell i hon,
> A chwilio gwaed ei chalon.
> [. . .]
> Cerais hwn, curiais ennyd,
> Collais a gerais i gyd.
> Ac os gwir heb geisio gwad,
> Gwall yw 'nghur, golli nghariad –
> Rho' ddiowryd, rhyw ddirwy,
> Garu mab yn gywir mwy.
> (Llawysgrif Mostyn 143, t. 255, llau 27–30, 51–6)

(Os yw fy ngelynes i/ wedi rhoi ei bryd ar ei briodi,/ [rwy'n dymuno] ei lladd hi â chyllell,/ a chael hyd i waed ei chalon [. . .] Cerais hwn (bûm yn glaf o gariad am gyfnod byr),/ a chollais y cyfan yr oeddwn yn ei garu./ Ac os yw'n wir (heb geisio gwadu)/ mai camgymeriad yw'r loes [rwy'n teimlo] o golli fy nghariad/ [yna] rwy'n addunedu (yn rhoi rhyw ddirwy)/ na fyddaf i byth eto yn caru dyn ifanc yn gywir.)

Mae'r gerdd, felly, yn dangos bod yr adroddwraig wedi mewnoli parau pegynol Dyn/Menyw, gweithredol/goddefol, rheswm/emosiwn, grymus/di-rym, ac yn ddarostyngedig iddynt. Fodd bynnag, wrth ymchwilio ymhellach, dysgais nad Ann Gwyn biau'r gerdd hon o gwbl, gan fod tua deugain llawysgrif yn cadarnhau awduraeth Siôn Tudur (Roberts 1980, tt. 711–14). Bardd ac uchelwr oedd Siôn Tudur (c.1522–1602), a ragorai ar ganu cerddi ac iddynt agwedd ddychanol, gan gynnwys cerddi lle mae'r bardd yn cymryd arno bersona menyw ac yn taflunio llais benywaidd.

Roedd Siôn Tudur yn hanu o deuluoedd uchelwrol Sir y Fflint a threuliodd gyfnod yn gwasanaethu yn y llys brenhinol yn Llundain. Cafodd fywyd breintiedig, felly (Roberts 1952/3). Mae hynny hefyd yn llywio'r ffordd rydym yn darllen ei gerdd a'r strwythurau grym sydd ymhlyg ynddi. O sylweddoli mai bardd gwrywaidd sydd biau'r gerdd a bod i'r gerdd ddisgwyliadau generig gwraig-gasaol, mae ei deinameg yn newid yn llwyr. Yn y lle cyntaf, o'i ddarllen o safbwynt gwrywaidd, mae mewnoli hunan-feirniadol y Ferch yn troi'n ddychan ystrydebol am natur emosiynol menywod. Yn ail, mae ei chwerwedd 'anfenywaidd' a thywyll wrth ddymuno lladd y ferch arall yn troi'n ormodiaith wamal, a'r ormodiaith honno, yn y pen draw, yn atgyfnerthu gwrywdod y Mab anwadal. Yn drydydd, mae'r rhyngdestunoldeb yn y cwpled agoriadol yn troi yn arwydd, nid o gydsafiad â safbwynt proto-ffeminyddol Gwerful Mechain yn erbyn ei hymrysonwr, Ieuan Dyfi, ond yn ateg i safbwynt gwraig-gasaol Ieuan Dyfi. I ba raddau, felly, mae gwrywdod heterorywiol breintiedig Siôn Tudur yn newid y ffordd rydym yn ymateb i ymffrost y Mab a'i agwedd at y Ferch yn y cywydd hwn? A allwn chwerthin ar y dychan sy'n atgyfnerthu grym gwrywaidd?

Dehongliadau cyfoes

O fwrw golwg yn ôl dros ffuglen Gymraeg yr ugeinfed ganrif, nid yw cymeriadau hoyw a chyfunrhywiol wedi cael eu portreadu'n ffafriol, ac mae cymeriadau fel Cecil yn *Ffenestri Tua'r Gwyll* (1955) a Cadwaladr Ffransis yn *Pi-âr* (2001) yn dangos yr ystrydeb hwn ar waith (Gwenllian 2017). Mae portreadu cymeriadau fel Cecil yn atgyfnerthu heteronormadedd ac yn arallu aelodau o'r gymuned LHDTC+. Yn ei ffuglen o'r 1990au ymlaen trafododd Mihangel Morgan gymeriadau a phrofiadau LHDTC+, gan ddod â'r Arall o'r ymylon a thaflu llifolau ar y rhagfarn feddal a chaled a oedd yn rhan o'u bywydau. Er nad oes dim byd sentimental am ffuglen Mihangel Morgan, mewn testunau fel *Tair Ochr y Geiniog* (1996), *Y Corff yn y Parc* (1999), a *Pantglas* (2011) mae'n dathlu cymunedau amrywiol ac yn cynnig modelau cryf a gwydn (Rowlands 2000; Marks 2020). Daeth ffuglen Mihangel Morgan â'r Arall LHDTC+ o'r ymylon, gan ddechrau ei normaleiddio, a gwelir penllanw'r broses honno o normaleiddio mewn amryw destunau cyfoes.

Mae *tu ôl i'r awyr* (2020) gan Megan Angharad Hunter yn nofel ffres sy'n lleisio meddylfryd aelodau o 'Genhedlaeth Z'. Nofel yw hi am gyfeillgarwch dau ffrind, Anest a Deian, a'u hiechyd meddwl bregus, ond mae i'r nofel haenau cwiar cyfoethog hefyd.

Mae modd dadlau bod cymeriadau'r nofel yn gymeriadau cwiar am eu bod yn wahanol – yn Arall – yn sgil eu hiechyd meddwl. Yn achos Deian, mae ei arwahanrwydd a'i freuder yn cael eu cyfleu gan eraill mewn dull homoffobaidd: mae ei or-bryder yn ei wneud yn ferchetaidd, 'yn masiff ffag', yn llygaid bwlis yr ysgol (Hunter 2020, t. 339). Ond, drwy gydol y nofel gwelwn fod Deian yn mewnoli ei arwahanrwydd ac mae 'ffag' (bratiaith am ddyn hoyw) hefyd ymhlith y ribidirês o eiriau sy'n ffurfio ei fantra hunanfeirniadol niweidiol: *'plentynnaidd rhyfedd cas hunanol llwfrgi gwirion afiach gwallgo pathetig gwan ffag sensitif tawel gwahanol boring'* (2020, t. 90). Nid yw *tu ôl i'r awyr* chwaith yn breinio heteronormadedd. Yn hytrach, mae'n herio'r rhagdybiaeth mai hunaniaeth neu rywioldeb heterorywiol yw'r Norm. Mae Anest yn cwympo mewn cariad â merch arall, Rashmi, ac yn sylweddoli ei bod hi'n gyfunrhywiol. Mae'r olygfa gyntaf rhwng y ddwy yn gyfareddol, a'r arddull – sy'n pendilio rhwng yr hyn sydd ar ei meddwl a'r hyn mae hi'n ei leisio – yn cyfleu'r *coup de foudre* gyda hiwmor a thynerwch:

> mar drws yn bangio ar agor a ma na hogan yn cerdded fewn. dwin meddwl yr hogan mwya del dwi di gweld yn sir fon o blaen [. . .] dwi methu stopio meddwl am hi ar y ffor adra. yr hogan. gwallt hi fatha advert. earrings fatha ser taini yn wincio arna fi trw gwallt hi. a llgada hi. llgada *gold* hi. wtf. dwisio gwbod pwy ydi hi! dwisio nabod hi ifyn tho dwin gwbod fod hynnan rong achos di om yn ffer i rhywun fatha hi nabod rhywun fatha fi a
> dwi methu. dwi methu nabod hi ond
> dwi methu
> methu stopio meddwl amdana hi.
> be ffwc sy rong efo fi? (2020, tt. 81, 82–3)

Mae'r olygfa hon, a golygfeydd cynnar eraill rhwng Anest a Rashmi, yn cyfleu'n agored y gorfoledd yn ogystal â'r dryswch mae dyhead Anest yn peri iddi, heb sôn am ei hymdeimlad dwfn nad yw hi'n ddigon da i Rashmi, na neb arall o ran hynny.

Un haen yn *tu ôl i'r awyr* yw dod allan, ond mae dod allan yn gwbl ganolog i ddilyniant o gerddi mwyaf trawiadol y cyfnod diweddar o safbwynt hunaniaeth ryweddol a chanon LHDTC+, sef 'Olion' gan Gwynfor Dafydd. Daeth y dilyniant hwn yn agos i'r brig yng nghystadleuaeth y Goron, Eisteddfod Caerdydd 2018. Dilyniant o gerddi am ddod allan yw 'Olion' ac wrth ganu am gariad rhwng dau ddyn mae cyfochredd twt rhwng 'Olion' Gwynfor Dafydd ac 'Atgof' E. Prosser Rhys a ddaeth i'r brig yn Eisteddfod Pont-y-pŵl 1924. Mae 'Olion' yn olrhain cerrig milltir – neu'r olion – ar hyd y daith drwy blentyndod, ieuenctid, a chanol oed, gan gynnwys effaith hunaniaeth ryweddol yr adroddwr ar ei berthynas â'i fam. Mae'r cerrig milltir hyn hefyd yn rhoi strwythur i dair rhan y dilyniant. Gellid dweud bod tair rhan y dilyniant hefyd yn adlewyrchu cerrig milltir eraill: ansicrwydd, epiffani, a sicrwydd; yn ogystal ag amau rhywioldeb, dod allan, a derbyn rhywioldeb.

Mae'r rhan gyntaf yn archwilio plentyndod yr adroddwr am gliwiau ynghylch ei hunaniaeth ryweddol. Rhoddir sylw i'w hoffter o bêl-droed, 'yn union fel y lleill', ochr yn ochr â'i ymdeimlad o arwahanrwydd:

> O'n i wastad bach yn od, sbo.
> Wastad jyst tam bach yn *queer*. (2018, t.32)

Mae disgwyliadau cymdeithasol sy'n llywio hunaniaeth ryweddol cyhoeddus hefyd yn rhan o'i stori, a'r gerdd 'Twymach' yn cyfleu'n gynnil ddylanwad caethiwus y Capel ar yr adroddwr wrth iddo fynychu gwasanaethau er mwyn bodloni ei fam. I'r adroddwr, mae crefydd gul 'fel allwedd':

> [. . .] yn troi'r ffordd rong
> wrth i mi faglu dros dy gysgod bob cam i'r Ysgol Sul.
> (2018, t. 33)

Mae'r ail ran, ac ieuenctid, yn dod ag epiffani wrth i'r gerdd 'Allan' a'i delweddaeth dreisgar – bwledi, tanio, hyrddio, sgrechain – gyfleu effaith ysgytwol profiad cyntaf yr adroddwr mewn clwb hoyw. Ar yr un pryd mae'r ddelweddaeth yn adleisio ac yn herio'r ymosodiad homoffobaidd ar glwb hoyw yn Orlando a laddodd 49 o bobl ym mis Mehefin 2016. Mae cerddi eraill yr ail ran yn cyfleu'r ansicrwydd sy'n wynebu'r adroddwr a'r siom ofnadwy o gael ei wrthod gan ei fam pan yw'n dod allan ('Mas'). Daw cymod tyner rhwng y Mab a'r Fam yn nhrydedd ran y dilyniant, ac awgrym bod disgwyliadau capelaidd wedi llesteirio ysbryd mentrus y Fam, hithau, pan oedd hi'n ifanc.

Cerdd fwyaf trawiadol y dilyniant yw'r gerdd 'Ffeindio'. Mae hi'n drawiadol nid yn unig am gyfleu'n agored brofiad rhywiol cyfunrhywiol, ond am ei bod hi'n enghraifft fedrus o'r hyn mae'r beirniad cwiar Judith Butler yn ei alw'n 'berfformadwyedd' (S. *performativity*). Defnyddiodd Butler y term hwn i ddisgrifio'r modd y mae rhywedd yn cael ei greu, ei siapio, a'i gyflawni gan unigolion drwy berfformiadau diwylliannol ac ieithyddol. Y term Cymraeg a fathwyd gan y dramodydd Dafydd James yw 'perfformiaith' (yn hytrach na 'pherfformiaeth') a hynny oherwydd pwysigrwydd iaith ac ymadroddion llafar, yn ogystal ag ymddygiad ac ystumiau, wrth berfformio hunaniaeth ryweddol (James 2014, tt. 67 a 70). Camp y gerdd 'Ffeindio' felly yw bod Gwynfor Dafydd yn defnyddio geirfa gysyniadol iaith a gramadeg i gyfleu'r cyffro, y darganfod, a'r gelfyddyd o garu. Nid oes gan yr adroddwr iaith i ddisgrifio'r profiad a'r teimladau ac felly defnyddia adnoddau'r iaith ei hun mewn ffordd ddyfeisgar yn y gerdd 'Ffeindio':

> Glaniaist yn iaith nas medrwn ar femrwn gwyn y gwely
> A hollti dy hun yn llafariaid blêr dros fy nghorff;
> Fy mhlygu, wedyn, fel tudalen [. . .] (2018, t. 35)

A defnyddio llinell o gerdd flaenorol yn y dilyniant, sef 'neu beidio', neges y gerdd 'Ffeindio' yw mai 'yr un yw cusan ym mhob iaith' (2018, t. 34).

Diweddglo

Mae hi'n addas iawn dod â'r bennod hon ar rywedd i ben gydag 'Olion', oherwydd mae'r ymateb cadarnhaol cyffredinol a gafodd y dilyniant – yn wahanol i'r sgandal a enynnodd 'Atgof' ym 1924

– yn dangos cymaint y mae agweddau at awduron a themâu LHDTC+, wedi symud ymlaen yng Nghymru mewn ychydig llai na chanrif. Cyhoeddwyd 'Olion' yn rhifyn Eisteddfod cylchgrawn *Barddas* ac mae'r dilyniant yn cael ei drafod gan fyfyrwyr ar gynlluniau gradd Cymraeg ein prifysgolion. Bu'n rhaid i E. Prosser Rhys aros tan 1980 i gael sylw teilwng fel llenor (Hincks 1980). Mewn Cymru gyfoes a chynhwysol, mae hi'n hollbwysig bod myfyrwyr, a darllenwyr yn gyffredinol, yn gallu adnabod eu hunain yn y llenyddiaeth ac yn y llenorion o dan sylw, a'r gobaith yw y bydd ymchwil i themâu LHDTC+, a chreadigrwydd gan awduron LHDTC+, yn cael effaith gadarnhaol ar y canon llenyddol Cymraeg, fel y gwnaeth ymchwil ffeminyddol a chreadigrwydd gan awduron benywaidd. Mae'r casgliad o straeon byrion Saesneg, *Queer Square Mile: Queer Short Stories from Wales* (Bohata et al. 2021), yn arloesi yn hyn o beth, a gobeithio na fydd yn rhaid aros yn rhy hir cyn gweld casgliadau Cymraeg tebyg yn dod o'r wasg. Y delfryd, wrth gwrs, yw bod gwaith am agweddau rhyweddol amrywiol a gwaith gan awduron ar hyd y continwwm rhyweddol yn cael eu derbyn fel rhan o'r brif ffrwd, ond am y tro mae angen i ni feithrin yr awduron hynny, fel a wneir gyda phrosiect Y Lolfa, *Y Pump* (2021), a chanolbwyntio ar ganonau amrywiol penodol er mwyn tyfu canon llenyddol Cymraeg ehangach sy'n cynrychioli Cymru gyfoes.

Cyfeiriadau

1996. *Tu Chwith: O'r Iard Gefn* 6, Hydref.

Aaron, Jane. 1992. Gwahaniaeth a Lluosogedd: Golwg ar Rai o Theorïau'r Ffeminyddion Ffrengig. *Efrydiau Athronyddol* LV, tt. 33–46.

— 2017. O'r Iard Gefn: Rhifyn Arbennig *Tu Chwith* ar Lên Menywod. *Y Traethodydd* 172, Ionawr, tt. 11–21.

Aaron, Jane, Charnell-White, Cathryn, Marks, Rhiannon, Rees, Mair a Rosser, Siwan. 2019. Ffeminyddiaeth. *Esboniadur Beirniadaeth a Theori y Coleg Cymraeg Cenedlaethol.* [Ar-lein]. Ar gael: *https://wici.porth.ac.uk/index.php/Ffeminyddiaeth*, cyrchwyd 14 Gorffennaf 2021.

Bohata, Kirsti, Morgan, Mihangel ac Osborne, Huw. goln. 2021. *Queer Square Mile: Queer Short Stories from Wales*. Aberteifi: Parthian.

Charnell-White, Cathryn. gol. 2005. *Beirdd Ceridwen: Blodeugerdd Barddas o Ganu Menywod hyd tua 1800*. Abertawe: Cyhoeddiadau Barddas.

Curtis, Kathryn, Haycock, Marged, ap Hywel, Elin a Lloyd-Morgan, Ceridwen. 1986. Beirdd Benywaidd yng Nghymru cyn 1800. *Y Traethodydd – Rhifyn Arbennig: Merched a Llenyddiaeth* 141, Ionawr, tt. 12–27.

Dafydd, Gwynfor. 2018. Olion. *Barddas* 339, Gaeaf, tt. 32–5.

Davies, Sioned. 1994. Y Ferch yng Nghymru'r Oesoedd Canol. Yn: Jenkins, Geraint H. gol. *Cof Cenedl: Ysgrifau ar Hanes Cymru* 9. Llandysul: Gwasg Gomer, tt. 1–32.

de Beauvoir, Simone. 1988. *The Second Sex*, cyfieithiad o *Le deuxième sexe* gan H. M. Parshley. Llundain: Pan Books.

Elfyn, Menna. gol. 1991. *O'r Iawn Ryw: blodeugerdd o farddoniaeth*. Dinas Powys: Honno.

Gramich, Katie a Brennan, Catherine. goln. 2003. *Welsh Women's Poetry, 1460–2001*. Dinas Powys: Honno.

Gwenllian, Ffraid. 2017. Gwehilion o Boblach: Cynrychioli Lleiafrifoedd mewn Llenyddiaeth Gymraeg. Traethawd MPhil anghyhoeddedig, Prifysgol Aberystwyth [tt. 53–123].

Haycock, Marged. 1990. Merched drwg a merched da: Ieuan Dyfi v. Gwerful Mechain. Yn: Williams, J. E. Caerwyn. gol. *Ysgrifau Beirniadol* XVI. Dinbych: Gwasg Gee, tt. 97–110.

Hincks, Rhisiart. 1980. *E. Prosser Rhys 1901–1945*. Llandysul: Gwasg Gomer.

Howells, Nerys A. 2001. *Gwaith Gwerful Mechain ac Eraill*. Aberystwyth: Canolfan Uwchefrydiau Cymreig a Cheltaidd.

Hunter, Megan Angharad. 2020. *tu ôl i'r awyr*. Talybont: Y Lolfa.

James, Dafydd. 2014. Y Queer yn Erbyn y Byd. *Taliesin* 151, Gwanwyn, tt. 66–85.

Llenyddiaeth Cymru. 2021. *Cyhoeddi Rhestr Fer Cymraeg Llyfr y Flwyddyn 2021*. [Ar-lein]. Ar gael: https://www.llenyddiaethcymru.org/lw-news/cyhoeddi-rhestr-fer-cymraeg-llyfr-y-flwyddyn-2021/, cyrchwyd 21 Gorffennaf 2021.

Llywodraeth Cymru. 2016. *Deddf Llesiant Cenedlaethau'r Dyfodol.* [Ar-lein]. Ar gael: *https://www.futuregenerations. wales/wp-content/uploads/2017/01/160401-wfg-accessible-guide-for-young-people-cy-7.pdf,* cyrchwyd 14 Gorffennaf 2021.

Marks, Rhiannon. 2017. Syrffio'r drydedd don? *Y Traethodydd* 172, Ionawr, tt. 47–62.

— 2020. *Y Dychymyg Ôl-Fodern: Agweddau ar ffuglen fer Mihangel Morgan* Caerdydd: Gwasg Prifysgol Cymru.

Osborne, Huw. gol. 2016. *Queer Wales: The History, Culture and Politics of Queer Life in Wales.* Caerdydd: Gwasg Prifysgol Cymru.

Rees, Mair. 2014. *Y Llawes Goch a'r Faneg Wen: Y Corff Benywaidd a'i Symboliaeth mewn Ffuglen Gymraeg gan Fenywod.* Caerdydd: Gwasg Prifysgol Cymru.

Roberts, Enid P. 1952–3. Siôn Tudur. *Llên Cymru* II, tt. 82–96.

— gol. 1980. *Cerddi Siôn Tudur,* cyfrol I. Caerdydd: Gwasg Prifysgol Cymru ['Cywydd a wnaeth Merch i Fab' tt. 711–14].

Rowlands, Sioned Puw. 2000. Mihangel Morgan: Rhwng Realaeth a Beirniadaeth. Yn: Rowlands, John. gol. *Y Sêr yn eu Graddau: Golwg ar Ffurfafen y Nofel Gymraeg Ddiweddar.* Caerdydd: Gwasg Prifysgol Cymru, tt. 212–33.

Rhys, Manon. gol. 1989. *Ar Fy Myw: 'Sgrifennu gan fenywod yng Nghymru.* Dinas Powys: Honno.

Sheppard, Lisa. 2019. Theori Cadi. *Esboniadur Beirniadaeth a Theori y Coleg Cymraeg Cenedlaethol.* [Ar-lein]. Ar gael: *https://wici.porth.ac.uk/index.php/Theori_Cadi,* cyrchwyd 28 Gorffennaf 2021.

Showalter, Elaine. 1977. *A Literature of their Own: from Charlotte Brontë to Doris Lessing.* Llundain: Virago.

Nodiadau

[1] Mae gwefan Stonewall Cymru yn cynnwys geirfa Gymraeg: Stonewall Cymru. 2016. Geirfa. [Ar-lein]. Ar gael: *https:// www.stonewallcymru.org.uk/cy/cymorth-chyngor/geirfa,* cyrchwyd 17 Gorffennaf 2021. Gweler hefyd eirfa'r ieithoedd Celtaidd: Cymdeithas Myfyrwyr Astudiaethau Celtaidd

Iwerddon a Phrydain. 2021. [Ar-lein]. Ar gael: *https://celticstudents.blogspot.com/2021/02/lgbtq-terminology-in-celtic-languages.html?m=1,* cyrchwyd 21 Gorffennaf 2021.
2   Gan fod yr ansoddeiriau hoyw a cadi yn dueddol o gael eu defnyddio ar lafar mewn perthynas â dynion, defnyddir y term theori gwiar yn y bennod hon er mwyn cynnwys awduron lesbaidd a thraws.
3   Gweler cenhadaeth y Wasg: Gwasg Honno. [2021]. [Ar-lein]. Ar gael: *https://www.honno.co.uk/cy/about/,* cyrchwyd 19 Gorffennaf 2021.
4   Mae'r rhifyn ar gael yn ddigidol: Llyfrgell Genedlaethol Cymru. 1986. Y Traethodydd – Rhifyn Arbennig: Merched a Llenyddiaeth. [Ar-lein]. Ar gael: *https://cylchgronau.llyfrgell.cymru/view/1134021/1158720/17#?xywh=-2863%2C-221%2C8576%2C4415,* cyrchwyd 21 Gorffennaf 2021.

3

Y Ddrama Lwyfan a'i Gwreiddiau Llenyddol

Gareth Evans-Jones

Erbyn heddiw, mae'r ddrama Gymraeg yn ffenomen gyfarwydd a hynod gynhyrchiol. Mae dramâu Cymraeg i'w clywed ar y radio ac i'w gweld ar y teledu ac mewn theatrau ledled y wlad. Ac yn y blynyddoedd diweddar, mae academyddion ifainc wedi astudio'r ddrama Gymraeg o sawl safbwynt gwahanol, gan ganolbwyntio ar ddramodwyr unigol (e.e. Williams 2015), ar gyfnod penodol (e.e. Hughes 2019) neu ar iaith ac ieithwedd y dramâu eu hunain (e.e. Morris 2018). Gwelwn o'r gweithiau hyn ac eraill yn yr un maes fod posibiliadau di-ri ar gyfer y sawl sydd am astudio'r ddrama Gymraeg. Ond yn y bennod hon, byddaf yn canolbwytio ar un agwedd sydd wedi fy nghyffroi i yn arbennig, sef y ffaith fod llwyddiant y ddrama lwyfan Gymraeg yn rhannol ddyledus i ffurf y nofel. Mae'r berthynas hon rhwng y ddrama a'r nofel yn un sy'n fy nifyrru'n fawr a minnau'n gweithio fel awdur creadigol o fewn y ddau gyfrwng. Mae cwestiynau megis, 'Sut buasai hwn-a-hwn yn gweithio fel nofel?', 'Sut buasai hyn yn edrych ar lwyfan?', ac 'Ai dyma'r cyfrwng cywir ar gyfer y syniad arbennig yma?' yn rhai sy'n mynd â'm bryd i a'r sawl sy'n ymhél â'r ddau *genre* creadigol hyn. Bwriad y bennod hon, felly, yw archwilio gwreiddiau llenyddol y ddrama lwyfan Gymraeg, gan geisio gwerthfawrogi'r gydberthynas ddiddorol a deinamig sy'n bodoli rhwng y ddrama a'r nofel fel ffurfiau. Wrth wneud hynny, gobeithio y byddwn yn dechrau deall natur unigryw yr hyn sy'n nodweddu'r theatr Gymraeg gyfoes.

Rhys Lewis

Mae modd dadlau bod y ddrama yng Nghymru yn deillio o'r ddeunawfed ganrif a thraddodiad yr anterliwtiau. Dramâu syml, llawn rhialtwch, oedd y rhain a berfformid mewn tafarndai, ffeiriau a mannau agored eraill. Roedd eu cymeriadau'n aml yn deipiau neu'n gymeriadau stoc, megis y Cybydd, y Cariad a'r Gŵr Bonheddig. Plaen iawn oedd y plot gan amlaf, a hwnnw'n cyflwyno rhyw fath o foeswers er mwyn addysgu'r gynulleidfa mewn rhyw ffordd neu ei gilydd. Roedd maswedd – hiwmor rhywiol ei natur – yn elfen gyffredin hefyd. Ymosodwyd ar y traddodiad hwn yn llym yng nghyfnod y Diwygiad Methodistaidd yn ail hanner y ddeunawfed ganrif a dechrau'r ganrif ddilynol, pan ddaeth y capeli anghydffurfiol i fod y sefydliadau pwysicaf ym mywydau crefyddol a diwylliannol nifer helaeth o'r Cymry. Ond er hynny, yn baradocsaidd ddigon, datblygodd y ddrama Gymraeg maes o law y tu fewn i furiau'r sawl a'i condemniai. Fel y dywed Dafydd Glyn Jones, 'sêl bendith y corff hwnnw [h.y. Methodistiaeth] a ddaeth â llwyddiant mawr i fudiad y ddrama yntau, a pheri iddo ddod yn fudiad gwirioneddol boblogaidd a gwirioneddol genedlaethol' (1973, t. 12). Digwyddiad hynod arwyddocaol yn natblygiad y ddrama Gymraeg oedd addasu un o nofelau Daniel Owen (1836–95) – awdur a Methodist o'r Wyddgrug, Sir y Fflint – ar gyfer y llwyfan. Cyhoeddwyd *Hunangofiant Rhys Lewis, Gweinidog Bethel* (1885) yn wreiddiol fel cyfres yn *Y Drysorfa*, cylchgrawn y Methodistiaid Calfinaidd, rhwng Ionawr 1882 a Rhagfyr 1883, cyn iddi ymddangos fel cyfrol ym mis Ebrill 1885. Llwyddodd gwaith Daniel Owen i ennyn poblogrwydd yn weddol sydyn oherwydd ei fod yn ymdrin â chymeriadau y gallai darllenwyr yr oes uniaethu'n rhwydd â hwy, er enghraifft, y fam dduwiol, Mari Lewis, y gŵr syml a ffraeth, Thomas Bartley, a'r blaenor, Abel Hughes (un o'r arweinwyr yn y capel lleol).

Mae'n ymddangos mai yn y Bala ym 1886 y llwyfannwyd

addasiad o *Rhys Lewis* am y tro cyntaf (Owain 1948, t. 83). Myfyrwyr Coleg Diwinyddol Bangor oedd y criw cyntaf i gyflwyno'r addasiad, a hynny dan gyfarwyddyd y llenor a'r cerddor Griffith Roberts ('Gwrtheyrn'). Ym mis Gorffennaf 1886, sefydlwyd Cwmni Drama Trefriw (ger Llanrwst) er mwyn cyflwyno addasiad arall o'r nofel. Ymddengys fod yr addasiad hwn yn nes at y nofel na throsiad Gwrtheyrn ond cafodd ymateb mwy cymysg (Williams 2006, t. 25). Yn wir, nid oedd Daniel Owen ei hun yn cydsynio llawer â gwaith y cwmni theatr hwn (Williams 2006, tt. 25–6). Torrwyd hawlfraint drwy ei pherfformio am elw mawr a hynny heb sêl bendith awdur y nofel. Bu cryn wrthwynebiad i'r gwaith hefyd, er enghraifft, gan Gyfarfod Misol y Methodistiaid yn Sir y Fflint (Williams 2006, t. 26) a'u Sasiwn (neu gyfarfod chwarterol) yng Nghorwen (Lloyd 1968, t. 60).

Erbyn 1909, roedd addasiad newydd arall ar gael a hwnnw gan J. M. Edwards ar gyfer cwmni drama o Dreffynnon yn Sir y Fflint. Fel y brolia clawr y ddrama gyhoeddedig, roedd yr addasiad hwn yn un 'awdurdodedig', wedi derbyn sêl bendith y nofelydd o'r Wyddgrug (Williams 2006, t. 22). Mae Ioan Williams yn nodi i addasiad Edwards o *Rhys Lewis* fod yn eithriadol bwysig yng nghyd-destun y mudiad drama gan fod ffocws y ddrama ychydig yn wahanol i bwyslais y nofel (2006, t. 3):

> tra bod y weithred honno o'i haddasu [*Rhys Lewis*] yn deyrnged i nerth y darlun a gyflwynwyd gan Daniel Owen, y mae'n drawiadol sylwi nad y dynfa honno yw canolbwynt y dramâu a seiliwyd ar y nofel. Nid Mari Lewis, Bob ac Abel Hughes yw prif gymeriadau'r dramâu, ond Wil Bryan, Tomos a Barbara Bartley a Jones yr Assistant.

Ceid yn yr addasiad olygfeydd newydd a mwy o sylw'n cael ei roi i rai cymeriadau nag a geir yn y nofel, a gwelir ambell gymeriad newydd sbon yn y ddrama.

Yn ddiddorol ddigon, bu Edwards yn greadigol yn ei addasiad yntau gan sicrhau bod o leiaf ddau newid pwysig ym mhlot y stori a brofodd yn ddylanwadol iawn ar y traddodiad theatrig Cymraeg dilynol. Yn wir, byddai'r newidiadau hyn yn 'allwedd i holl ogwydd a phwyslais y ddrama Gymraeg' am ddegawdau

(Jones 1973, t. 3). Beth oeddent, felly? Y newid cyntaf oedd gwneud safiad Bob Lewis, y gwleidydd ifanc a brawd Rhys, yn fater mwy canolog i'r ddrama. Roedd hyn yn rhagflas o'r pwyslais cynyddol ar wleidyddiaeth mewn dramâu Cymraeg, rhywbeth a welwn eto yn y man wrth drafod *Cysgod y Cryman* (1953). Roedd yr ail newid yn ymwneud â diwedd y stori. Caniataodd Edwards i Wil Bryan ddychwelyd i'r Dreflan a chael ei dderbyn yn ôl i'r seiat. Cyfarfod crefyddol oedd y seiat a roddai gyfle i unigolion drafod eu profiadau crefyddol a'u cyflwr ysbrydol yn rhan o drefniant y capel. Roedd cael eich cau allan o'r seiat gan awdurdodau'r capel yn gondemniad llym ar unrhyw un. Ni thosturiodd Daniel Owen wrth Wil Bryan yn hyn o beth, ac yn y nofel ni chaiff ddychwelyd i'r seiat. Ond roedd Wil, bachgen ifanc a oedd yn berchen ar ryw onestrwydd ffraeth, yn un o gymeriadau mwyaf poblogaidd y nofel a'r dramâu a ddeilliodd ohoni. Mae'n siŵr fod Edwards yn ymwybodol na fyddai cynulleidfa'r ddrama am weld cosbi Wil yn rhy lym.

Daeth dwy brif thema addasiad J. M. Edwards yn ddylanwadol ar ddramodwyr diweddarach, yn enwedig erbyn cyfnod y Rhyfel Byd Cyntaf, megis Gwynfor (Thomas Owen Jones), R. G. Berry a W. J. Gruffydd. Y thema gyntaf yw protest y prif gymeriad yn erbyn rhagrith cymdeithas grefyddol. Gan sylwi'n benodol ar addasiad Edwards o *Rhys Lewis*, dywed Dafydd Glyn Jones (1973, t. 4):

> Yn gefndir i frwydr y rebel ifanc dros onestrwydd a thegwch, y mae yna newid cymdeithasol a newid mewn gwerthoedd. Cwbl ganolog eto yw'r gwahaniaeth agwedd rhwng y tadau a'r plant, a methiant y ddwy genhedlaeth i ddeall ei gilydd. Mae hyn oll fel petai'n tarddu o'r gwrthdaro rhwng Bob Lewis a'i fam, a rhwng Bob a'r seiat.

Yr ail thema yw dychweliad y mab afradlon i achub y cartref: 'Cynrychiolydd yr addewid am well byd oedd gŵr ifanc wedi cael addysg dda, a chanddo weledigaeth proffwyd a thipyn o anniddigrwydd mab afradlon yn gymysg' (Jones 1976, t. 214).

Arweiniodd y ddrama hon at greu sefyllfaoedd a chymeriadau a fyddai'n dod yn rhai nodweddiadol o'r theatr Gymraeg – elfennau stoc yr hyn a ddaeth i fod yn ddramâu cegin gefn. Bu'r math hwn o ddrama yn boblogaidd ymysg Cymry'r oes am ei fod yn ymdrin â materion bob dydd, ynghyd â darlunio cymeriadau yr oedd y gynulleidfa'n eu hadnabod, ac yn cyflwyno sefyllfaoedd y gallai'r gynulleidfa'n hawdd uniaethu â hwy. Ond nid oedd y dramâu hyn, at ei gilydd, yn herio eu cynulleidfaoedd:

> Yr oedd i'r ddrama Gymraeg, yn y blynyddoedd hynny, gynulleidfa; a thrwy iddi fodloni, drwodd a thro, ar gyflwyno mythau gan osgoi archwilio profiad â rhyw fanylder mawr, llwyddodd hithau i lefaru mewn termau yr oedd y gynulleidfa'n eu deall. (Jones 1973, t. 8)

Manyla Dafydd Glyn Jones ar y math o gymeriadau stoc a ddaethai'n rhan o wneuthuriad dramâu a ddilynodd dramateiddio *Rhys Lewis*, a gwelir yn eglur sut y daethant i fod. Dyna'r cymeriad ffraeth, di-ddysg ond doeth sy'n halen y ddaear, yn seiliedig ar Thomas Bartley, y potsiar yn dilyn ôl traed Ewythr James, yr heddwas neu'r 'plismon drama' yn llinach Sergeant Williams, a chymeriad y blaenor yn gysgod i Abel Hughes (Jones 1973, t. 3).

Profodd addasiadau llwyfan *Rhys Lewis* yn hynod boblogaidd; yn wir, y ddrama hon oedd y fwyaf poblogaidd o'r addasiadau o weithiau Daniel Owen. Rhwng 1910 a 1914, llwyfannwyd *Rhys Lewis* ar gyfartaledd rhyw 44 gwaith y flwyddyn (Lloyd 1968, t. 61). Rhwng 1909 a 1937, fe'i llwyfannwyd 442 gwaith, gan gynnwys perfformiadau y tu hwnt i Gymru: yn Lerpwl (11 perfformiad), Manceinion (dau berfformiad), Llundain (wyth perfformiad), Coventry (un perfformiad), yr Amwythig (un perfformiad), ac Unol Daleithiau'r America (chwe pherfformiad) (Lloyd 1968, tt. 68-9). Cafodd 54 o'r 442 perfformiad eu llwyfannu 'mewn adeiladau yn perthyn i enwadau crefyddol a'r Eglwys Esgobol' (Lloyd 1968, t. 64). Diddorol yw gweld bod cyfradd niferus o'r perfformiadau wedi eu cynnal mewn adeiladau o'r fath. Mae'n debyg yr apeliodd y ddrama *Rhys Lewis* oherwydd bod Methodistiaeth Galfinaidd yn thema amlwg drwyddi draw, er ei bod, mewn difri, yn derbyn peth beirniadaeth. Yn wahanol i'r anterliwtiau a rhai dramâu hanesyddol amlwg, nid drama fydryddol mo *Rhys Lewis*, ac felly roedd yn braf clywed rhwyddineb deialog rhyddieithol ar dafodau'r actorion. Roedd y stori a'r cymeriadau hefyd yn rhai y gallai'r gynulleidfa eu hadnabod ac uniaethu â hwy. Yn wir, dyna a grybwyllir gan J. M. Edwards yn 'Rhagair' ei addasiad o *Rhys Lewis* (1909):

> Mae agosrwydd a naturioldeb y portreadau, a'r arabedd diball sydd yn goleuo y cyfan, yn apelio yn gryf at gyfangorff y Cymry, a thrwy hynny yn palmantu y ffordd i'r ddrama i'n mysg yn well, i'm tyb i, na *plots* cywrain a golygfeydd dieithr cynhyrfus.

Roedd y cynyrchiadau yn eu cyfanrwydd yn realaidd iawn. Defnyddid dillad cyffredin, setiau priodol a phropiau cyfarwydd i ategu at yr actio naturiolaidd (Lloyd 1968, t. 61). Fel y dywed Dafydd Glyn Jones am y ddrama Gymraeg gynnar, 'Ei chefndir oedd y bywyd y gwyddai pawb o'i chynulleidfa amdano, a'i lleoliad, naw gwaith o bob deg, oedd cegin teulu cyffredin yng Nghymru wledig neu ddiwydiannol' (1976, t. 214).

Yn ddiau, cyn addasiadau llwyfan nofelau Daniel Owen, dramâu yn seiliedig ar straeon beiblaidd, digwyddiadau hanesyddol ac anterliwtiau oedd swmp pennaf yr hyn a berfformid yng Nghymru, ond gydag addasu *Rhys Lewis* o'r llyfr i'r llwyfan, gwelwyd cwys newydd yn cael ei thorri yn hanes y theatr Gymraeg a Chymreig. Roedd y weithred hon yn hynod arwyddocaol gan iddi sbarduno trywydd newydd yn y traddodiad dramatig yng Nghymru. Fel y dywed D. Tecwyn Lloyd: 'beth bynnag fu ei le yn hanes y ddrama Gymraeg mae'n bur sicr mai *Rhys Lewis* a roes fywyd a chychwyn iddi' (1968, t. 61). Ategir y farn hon hefyd gan Hywel Teifi Edwards (1998, t. xiii) ac, yn wir, gan D. R. Davies, a fu'n dyst i ddatblygiad y theatr Gymraeg yn hanner cyntaf yr ugeinfed ganrif: 'Mae'r ddrama mewn bri yng Nghymru o hyd, ac nid oes neb a wad nad yw llawer o'r bri yn ddyledus iawn i'r ddrama *Rhys Lewis*' (1951, t. 89). Ers troad yr unfed ganrif ar hugain, mae'r theatr yng Nghymru wedi parhau'n llwyfan i addasiadau dramatig o amryw gyfrolau rhyddiaith mwyaf poblogaidd y Gymraeg. Er mwyn gwerthfawrogi hyn, bydd yn fuddiol ystyried detholiad o ddramâu diweddar sydd â gwreiddiau rhyddieithol ac sydd mewn modd penodol yn dilyn yn ôl troed addasiad *Rhys Lewis*.

Bitsh!

Enillodd Eirug Wyn (1950-2004) Wobr Goffa Daniel Owen yn Eisteddfod Genedlaethol Tyddewi 2002 am ei nofel drawiadol, *Bitsh!* Ynddi, dilynwn stori Abednego Thomas (neu Abi fel y caiff ei adnabod), sef gŵr 47 oed sydd bellach mewn ysbyty seiciatryddol, wrth iddo bori drwy ffeiliau cyfrifiadurol sy'n olrhain ei orffennol tymhestlog. Drwyddi draw, ceir cymysgu'r llon a'r lleddf, y gwyrdroëdig a'r goleuedig, gan ei gwneud yn nofel rwydd i'w darllen a thra chofiadwy ei hanian. Yn gyfeiliant i'r cyfan, y mae alawon adnabyddus cerddoriaeth boblogaidd y 1960au – o'r Rolling Stones i'r Beatles a Bob Dylan – oll yn felodïau cefndirol i themâu dwys megis bywyd a marwolaeth, rhyddid a chaethiwed, cariad a'r cas.

Addaswyd y nofel yn ddrama gan yr actor John Ogwen ar gyfer Cwmni'r Frân Wen. Roedd y dewis hwn o addasydd yn un doeth gan fod John Ogwen yn hen law ar greu gweithiau dramatig o gyfrolau poblogaidd y Gymraeg. Roedd wedi cyd-addasu, â Maureen Rhys, nofel Caradog Prichard, *Un Nos Ola Leuad* (1961), ac wedi trosi *O Law i Law* (1943), T. Rowland Hughes, ar gyfer y llwyfan i Gwmni Theatr Gwynedd ym 1986. Nid oedd neb gwell, felly, i gynnig yr addasiad cyntaf o un o gyfrolau Eirug Wyn. Yn wir, canmolwyd gallu John Ogwen i gynnal ysbryd y nofel yn ei addasiad gan amryw, megis Iola Ynyr, cyfarwyddydd y ddrama a chyfarwyddydd artistig Cwmni'r Frân Wen ar y pryd: 'Yn ei addasiad mae John Ogwen wedi llwyddo i gyfleu a chynnal egni heintus y nofel' (2006, t. 1).

Yr hyn sy'n ddiddorol yw sylw John Ogwen nad oedd y dasg o addasu yn un eithriadol heriol am ddau reswm. Ar y naill law, roedd yn gyfaill i Eirug Wyn ac felly'n ymwybodol o'i natur, ei hiwmor a'i safbwyntiau ac, ar y llaw arall, roedd digonedd o ddeunydd drama yn y nofel eisoes:

> [Roedd] Eirug wedi gwneud cymaint o'r gwaith yn barod. Cymeriadau cryf. Y ddeialog yn pefrio. Ychydig iawn y bu'n raid [*sic*] i mi ei wneud i hwnnw. Yr oedd y nofel yn 'ddramatig' yn ei hanfod. Digon o 'olygfeydd' llawn drama a gwrthdaro. (2006/7, t. 83)

Arwyddocaol yw ei sylwadau yn ogystal ynghylch strwythur y ddrama. Roedd yn y nofel gymaint o elfennau dramatig, fel y noda uchod, gan gynnwys cymeriadau cymhleth, themâu dwys a sicrhâi wrthdaro, a cherddoriaeth yn gyfeiliant i'r cyfan. Medrodd John Ogwen ddefnyddio'r agweddau hyn oll i greu drama dynn ei gwead a chyfoethog ei chynnwys:

> Yr un peth yr oeddwn i'n benderfynol o'i wneud oedd cael y cyfan i lifo. Plethu'r naill olygfa i'r llall, cadw'r cwbl yn dynn. Wrth wneud hynny gellid cynnwys mwy o'r nofel, mwy o'r 'stori'. Peidio rhoi cyfle i'r gynulleidfa orffwys am eiliad. A defnyddio'r caneuon i bontio. Mae'r caneuon, a'u geiriau, yn bwysig yng ngwead y nofel ac roeddynt yr un mor bwysig yn yr addasiad. (2006/7, t. 83)

Llwyfannwyd yr addasiad ym mis Hydref 2006. Hon oedd taith genedlaethol gyntaf Cwmni'r Frân Wen gyda drama prif lwyfan gan mai cwmni theatr mewn addysg ydoedd yn bennaf ar y pryd. Ond apelio at gynulleidfaoedd newydd oedd y nod a denu mwy o bobl ifanc i'r theatr, ac roedd Cwmni'r Frân Wen o'r farn y byddai drama a oedd yn seiliedig ar nofel feiddgar Eirug Wyn yn llwyddo i wneud hynny:

> Mae o'n ddewis dewr, ac mae dramâu pwerus fel hyn wastad yn sialens. Ond dwi'n gobeithio'n arw iawn y bydd pobl ifanc yn mwynhau hon, ac yn dod i'w gweld hi. Iddyn nhw ac amdanyn nhw y mae hi – nid na fydd pobl hŷn yn ei mwynhau hi wrth gwrs. Ond ar gyfer pobl ifanc y sgwennwyd hi, ac er mai yn y '60au y lleolwyd hi, yr un profiadau ydyn nhw i bobl ifanc heddiw. (Huws Jones 2006)

Fodd bynnag, ymateb braidd yn llugoer a gafwyd i'r cynhyrchiad yn adolygiad Alwyn Gruffydd ar gyfer gwefan y BBC. '[F]el addasiad y mae'n un diddrwg didda' meddai, gan nodi bod y cynhyrchiad yn un 'derbyniol iawn'. Canmolir perfformiadau sawl actor a nodir bod prif themâu'r nofel wedi eu trosi'n llwyddiannus i'r llwyfan. Serch hyn, bwrir amheuaeth ynghylch ai theatr oedd y cyfrwng priodol ar gyfer addasiad nofel sydd â'i harddull mor bytiog ac episodig â *Bitsh!*:

[...] efallai nad yw golygfeydd pytiog *Bitsh*[*!*] yn cynnig yr un cyfleon a theimlais innau golli'r dilyniant ar adegau ac efallai mai addasiad ar gyfer radio, neu hyd yn oed ffilm/teledu, fasa [*sic*] orau ar gyfer y nofel arbennig hon. (Gruffydd 2006)

Er y sylwadau cymysglyd hyn, diau i addasu *Bitsh!* fod yn garreg filltir arwyddocaol yn hanes datblygiad y cwmni. Roedd apelio at bobl ifanc yn rhan greiddiol o genhadaeth y Frân Wen cyn yr addasiad, ond ar ôl *Bitsh!*, gwelwyd mwy o bwyslais ar ddatblygu a meithrin lleisiau newydd mewn cynlluniau amrywiol gan y cwmni. Enghreifftiau o'r fath yw'r fforwm ieuenctid Brain a sicrhaodd lwyfan i egin actorion, dramodwyr a chyfarwyddwyr, a'r cynllun O Sgript i Lwyfan, a welodd feithrin doniau sgriptwyr ifainc. Tystiolaeth o lwyddiant y cynllun olaf hwn oedd gweld cynhyrchu drama lwyfan broffesiynol gyntaf Llŷr Titus, *Drych*, a'i thaith o amgylch Cymru yn hydref 2015. Derbyniodd y gwaith arbrofol a mentrus hwn adolygiadau canmoliaethus (Baines 2015, t. 36), a thystiolaeth bellach o lwyddiant y cynllun a'r cwmni yn hyn o beth oedd gweld y ddrama yn cyrraedd rhestr fer Gwobrau Theatr Cymru 2016 am y Cynhyrchiad Gorau, a Llŷr Titus yn fuddugol yng nghategori'r Dramodydd Cymraeg Gorau (Gwobrau Theatr Cymru, 2016). Yn wir, llwyddodd *Bitsh!* i arbrofi a herio'r theatr Gymraeg ar y pryd, a pharhaodd y Frân Wen i fraenaru'r tir hwnnw ar gyfer lleisiau newydd a fyddai'n dylanwadu ar y traddodiad dramatig Cymreig maes o law.

Cysgod y Cryman

Menter ddifyr ac uchelgeisiol ar ran Theatr Genedlaethol Cymru oedd llwyfannu addasiad theatrig Siôn Eirian (1954–2020) o glasur Islwyn Ffowc Elis, *Cysgod y Cryman*, yn 2007. Roedd yr her hon yn un yr oedd cyfarwyddydd y ddrama a chyfarwyddydd artistig Theatr Genedlaethol Cymru ar y pryd, Cefin Roberts, yn ymwybodol ohoni, fel y dywedodd yn ei ragair i'r sgript gyhoeddedig (2006, t. 5):

Mae addasu unrhyw nofel yn waith llwyfan yn dipyn o her. Mae addasu un o nofelau mwya poblogaidd yr iaith Gymraeg hyd yn oed yn fwy o her. [...] Wrth eu haddasu yn gymeriadau a golygfeydd i'r llwyfan rhaid i'r awdur ystyried cyfyngiadau ei gyfrwng, wrth gwrs, ac mae Siôn Eirian wedi llwyddo i wneud hynny yn sensitif iawn yn y fersiwn hon o'r gwaith.

Yr hyn a oedd o blaid Siôn Eirian wrth iddo ymgymryd â'r dasg o greu fersiwn theatrig o'r llyfr a ddewiswyd yn nofel fwyaf nodedig yr ugeinfed ganrif gan Gyngor y Celfyddydau ym 1999, oedd bod yr addasydd eisoes wedi cyfieithu'r nofel i'r Saesneg ar gyfer addasiad radio o'r enw *Shadow of the Sickle*, a ddarlledwyd ar Radio 4 yn y flwyddyn 2000. Felly hefyd y ffaith ei fod wedi trafod y nofel yn fanwl â'r awdur ei hun. Diau i hynny fod yn fanteisiol i'r dramodydd wrth drosi'r llyfr i'r llwyfan.

Cysgod y Cryman (1953) yw nofel gyntaf ac enwocaf Islwyn Ffowc Elis (1924–2004). Teulu ystad Lleifior yn Sir Drefaldwyn yw canolbwynt y stori, ac yn arbennig felly gymeriad Harri Vaughan, mab y fferm, wrth iddo fyw drwy ddatblygiadau cymdeithasol, ideolegol a gwleidyddol cyffrous. Heb os, mae i'r nofel ddigon o ddeunydd dramatig, gan iddi gael ei haddasu'n gyfres deledu ac yn ddrama radio. Nid yw'n syndod felly iddi gael ei throsi i'r theatr. Er hynny, roedd dewis addasu nofel mor eiconig â hon yn un y bu llawer yn ei amau. Er enghraifft, sylw Dafydd Llewelyn yn ei adolygiad o'r ddrama oedd, 'teg yw gofyn ai doeth ymgymryd â'r dasg o addasu gwaith mor adnabyddus ac anferthol, yn arbennig o gofio mai aflwyddiannus fu'r ymdrech i addasu'r deunydd ar gyfer y teledu flynyddoedd yn ôl' (2007, t. 23). Os rhywbeth, gellid dadlau bod pwysau trymach ar ysgwyddau Siôn Eirian nag a oedd ar John Ogwen wrth addasu *Bitsh!* oherwydd poblogrwydd cyffredinol *Cysgod y Cryman*.

Dadlennol yw sylw arall gan Dafydd Llewelyn. Wedi canmol y set a'r actio, gan nodi peth gwendid yn y llwyfannu ac acenion ambell actor, casgla'r adolygydd y '[b]yddai addasiad mwy herfeiddiol ac anghonfensiynol wedi cynnig persbectif a dehongliad hollol newydd i'r testun' (2007, t. 23). Mae hwn yn sylw diddorol ac yn un sy'n codi cwestiynau difyr ynghylch rôl a hawl creadigol addasydd. Ai cadw mor agos at y gwreiddiol a ddylai addasiad ynteu ail-ddychmygu'r deunydd crai mewn fersiwn theatrig newydd? Mewn modd nid annhebyg i *Cysgod y*

Cryman, roedd addasu *Te yn y Grug* (1959) gan Kate Roberts yn heriol am ei bod yn gyfrol mor eiconig.[1] Fel y dywed Manon Wyn Williams, addasydd y gyfrol yn 2013:

> Gan ei fod yn destun mor gyfarwydd i gynulleidfaoedd, roedd yn bwysig glynu'n agos at y cymeriadau, y straeon a'r ddeialog wreiddiol ac yn arbennig, felly, arddel ieithwedd, idiomau a geirfa Kate Roberts sydd mor nodweddiadol ohoni fel awdures. (2013, t. 5)

Mae'n debyg y byddai addasiad mwy 'herfeiddiol' o *Te yn y Grug* neu *Cysgod y Cryman*, a fyddai'n procio confensiynau ac yn arbrofi ag elfennau theatrig, wedi cynnig bywyd newydd i'r testun gwreiddiol. Ond teg gofyn a ellid mewn difrif fod wedi cynnig addasiadau mwy 'arbrofol' o gofio deunydd crai'r llyfrau a disgwyliadau cynulleidfa fwy 'confensiynol' cyfrol Kate Roberts a nofel fawr Islwyn Ffowc Elis? Yn wir, er nad oes gofod yn y bennod hon i fanylu, dyma gwestiwn ac iddo amryw atebion diddorol y byddai modd eu hystyried eto.

Ond os llugoer oedd ymateb Dafydd Llewelyn i gynhyrchiad *Cysgod y Cryman*, roedd barn Paul Griffiths yn gwbl oeraidd. Disgrifiodd y set fel un 'erchyll' a oedd 'yn cymryd y cynhyrchiad drosodd yn llwyr'. Ni chafodd ei argyhoeddi gan yr actio na'r castio ychwaith, ac yn gwbl ddiflewyn-ar-dafod, datganodd fod y cynhyrchiad yn un 'saff' a fyddai wedi plesio cynulleidfa draddodiadol: 'Ond y nofel fyddan nhw yn ei mwynhau – dydi'r cynhyrchiad yma ddim yn deilwng o ogoniant y nofel a gellid fod wedi cael rhywbeth llawer mwy pwerus' (Griffiths 2007). Gwahanol iawn oedd barn Gwyn Erfyl yn ei adolygiad yntau. Derbyniodd y byddai'n rhaid colli cyfaredd tirlun y nofel gyda'r addasiad dramatig, ac er iddo gymryd peth amser i 'ddygymod â llwyfan y cynhyrchiad' a oedd yn dra gwahanol i'r hen ddramâu cegin (y teimlai'n gyfarwydd â hwy), fe'i plesiwyd yn fawr gan 'actio caboledig a phroffesiynol' a chan gynhyrchiad safonol a sicrhaodd 'gymeradwyaeth frwd ar ddiwedd y perfformiad' (2007, t. 24).

Waeth pa mor llwyddiannus fu'r addasiad, diau iddo ennyn ymateb a sicrhau trafodaeth fywiog am y ddrama ac, yn wir, am natur y ddrama Gymraeg. Os oedd y cynhyrchiad hwn yn eithaf 'dof', rhaid cydnabod bod ein theatr genedlaethol wedi cefnogi dramâu mwy arbrofol, arloesol a blaengar eu naws ar hyd y blynyddoedd. Enghraifft o ddrama o'r fath yw *Estron* gan Hefin Robinson. Ffrwyth cystadleuaeth Medal Ddrama'r Eisteddfod Genedlaethol ydoedd, sydd wedi gweld proses ddeinamig yn y blynyddoedd diwethaf o'r Theatr Genedlaethol yn cydweithio â'r dramodydd buddugol i ddatblygu'r sgript ymhellach er mwyn creu darlleniad neu gynhyrchiad ohoni. Enillodd *Estron* y Fedal Ddrama yn Eisteddfod Genedlaethol y Fenni 2016; gwelwyd ei llwyfannu yn Eisteddfod Genedlaethol Ynys Môn 2017, ac aeth ar daith drwy Gymru yn 2018. Drama yn ymwneud â galar, hunaniaeth a sefyllfa dyn yn y byd yw *Estron*; un sydd, mewn sawl ffordd, yn fy atgoffa o *Krapp's Last Tape* gan Samuel Beckett (1958). Heb os, drama arbrofol a chwareus yw hon, a hynny'n gwbl fwriadol, fel y dywedodd Hefin Robinson mewn cyfweliad â *Barn*: "wy'n credu bod angen rhoi sialens i'r gynulleidfa a gorfodi iddynt drio pethe newydd. [. . .] Dyw'r ddrama fyth yn cymryd ei hunan ormod o ddifri' (Owen 2018, tt. 25–6).

Ynghyd â Hefin Robinson, mae'r Theatr Genedlaethol wedi bod yn llwyfan i weithiau dramatig arbrofol ac arloesol gan rai o'n dramodwyr amlycaf, gan gynnwys *Iesu*, Aled Jones Williams (2008), *Nyrsys*, Bethan Marlow (2018) a *Tylwyth*, Daf James (2020 a 2022), sydd felly'n dangos bod y cwmni'n fodlon herio a mentro i gyfeiriadau newydd, ynghyd â rhoi llwyfan i ambell destun mwy 'traddodiadol'.

Llyfr Glas Nebo

Nofel ôl-apocalyptaidd a enillodd y Fedal Ryddiaith yn Eisteddfod Genedlaethol Caerdydd 2018 yw *Llyfr Glas Nebo* gan Manon Steffan Ros. Dilyna'r nofel stori Rowenna, ei mab Siôn a'i merch Dwynwen wrth iddynt fyw yn Nebo, Gwynedd, mewn byd sydd yng nghysgod terfysgoedd niwclear. Cronicllir hanes bywydau'r tri mewn llyfr glas a ganfuwyd ar hap. Mae gan y llyfr glas hwn arwyddocâd eithriadol, wrth gwrs; mae'n gronicl hanesyddol pwysfawr, yn gofnod o ffordd o fyw ac yn gasgliad o lenyddiaeth bersonol, ddyddiadurol. Mae i'r enw hefyd naws wirebol sy'n gosod y gwaith yn llinach llawysgrifau pwysig y Gymraeg, megis Llyfr Du Caerfyrddin a Llyfr Coch Hergest.

Daeth y nofel hon yn glasur dros nos wrth iddi fynd drwy sawl argraffiad, cael ei thrafod mewn amryw gylchoedd darllen, a derbyn adolygiadau canmoladwy niferus. Yn wir, arwydd arall o lwyddiant y nofel yw iddi gyrraedd rhestr fer gwobr lenyddol ar gyfer plant a phobl ifanc, Gwobr Tir na n-Og, ynghyd â chipio Gwobr Llyfr y Flwyddyn 2019 a Gwobr Barn y Bobl golwg360 2019. Gyda'r fath fri, nid oedd yn syndod gweld y nofel yn cael ei haddasu ar gyfer y llwyfan. Yn hyn o beth, gellid dwyn cymhariaeth rhwng poblogrwydd *Llyfr Glas Nebo* a phoblogrwydd *Rhys Lewis*, er gwaetha'r bwlch o ganrif a mwy. Daeth nofel Daniel Owen, nofelydd mawr cyntaf y Gymraeg, yn glasur mewn cyfnod cwta. Felly hefyd nofel Manon Steffan Ros, hithau'n un o nofelwyr pwysicaf Cymru'r unfed ganrif ar hugain.

Yn wahanol i achos *Rhys Lewis*, awdur *Llyfr Glas Nebo* ei hun a drosodd y nofel ar gyfer y llwyfan. Rhoddodd hyn y cyfle i Manon Steffan Ros, sydd hefyd yn ddramodydd, ail-ddychmygu'r stori a'i chyflwyno mewn modd theatrig a fyddai'n bodloni cynulleidfaoedd ledled Cymru. Ond roedd y profiad hwn yn eithaf heriol, fel y dywedodd mewn cyfweliad â chylchgrawn *Golwg*:

> Dwi wedi ei gael yn anodd addasu nofel yn ddrama, achos rydach chi eisio bod yn driw i'r hyn roeddech chi'n ei greu yn wreiddiol [...] Efo'r sgriptio ei hun, mi wnes i ddechrau mynd mor bell ag yr oeddwn i'n gallu o'r nofel. Mewn ffordd, mae o wedi bod yn broses o jest dod yn ôl at y llyfr a chydnabod ei fod o'n ocê, ein bod ni ddim angen bod yn rhy heriol. Achos mae o'n heriol yn barod. (Tudur 2020, t. 21)

Cyd-gynhyrchiad rhwng Cwmni'r Frân Wen a chanolfan gelfyddydol Galeri, Caernarfon oedd y ddrama a aeth ar daith ledled Cymru yng ngwanwyn 2020. Y cyfarwyddydd oedd Elgan Rhys ac wrth gydnabod her yr ail-greu, nododd yn rhaglen y ddrama:

Roedd Manon a finnau yn glir o'r cychwyn cyntaf ein bod eisiau i'r addasiad llwyfan sefyll ar ei thraed [sic] ei hun fel darn o gelfyddyd. Fy nod felly oedd darganfod a chreu gweledigaeth theatrig gyffrous, eclectig a chyfoes oedd yn adeiladu ar lwyddiant a chyfoeth yr hyn oedd yn bodoli rhwng dau glawr. (Rhys 2020, t. 8)

Mae'r ddrama'n driw i'r nofel ond hefyd yn ddigon gwreiddiol. Er enghraifft, yn hytrach na dilyn llif cronolegol y nofel, dibynna'r ddrama ar blethu'r presennol a'r gorffennol drwy ddefnydd effeithiol o ôl-fflachiadau. Gwnaed defnydd dychmygus o set drawiadol, pypedau i gynrychioli cymeriadau Dwynwen a'r ysgyfarnog, a chrëwyd golygfeydd newydd er mwyn archwilio'n fanylach berthynas gwahanol gymeriadau â'i gilydd. Yn hyn o beth, gan fod hanfod drama'n ymwneud â gwrthdaro rhwng cymeriadau (a gwrthdaro mewnol cymeriadau hefyd), galluogodd Manon Steffan Ros i rai cymeriadau gael mwy o ofod yn y fersiwn llwyfan. Er enghraifft, roedd cymeriad Gaynor, ffrind Rowenna o'r siop trin gwallt, yn ffigwr amlycach drwy'r ddrama – yn cynnig pyliau o'r llon yng nghanol y lleddf. Felly hefyd, deuthum i adnabod cymeriadau David a Susan Thorpe, y cymdogion o Loegr, fymryn yn well a chan hynny llwyddwyd i ennyn cryn gydymdeimlad a thosturi tuag at y ddau, eu sefyllfa a'u hanes.

Roedd yn y nofel ddigon o elfennau dramatig eisoes, gan gynnwys cymeriadau amlweddog, golygfeydd a delweddau cofiadwy, a naratif fywiog y gellid ei throsi i'r theatr. Yn wir, llwyddwyd i drosi hyn oll yn llwyddiannus i'r llwyfan a'u cymathu ag agweddau gwreiddiol amrywiol, gan greu drama drawiadol, cynhyrchiad caboledig, a darn o theatr bwysig yn hanes y ddrama Gymraeg.

Derbyniodd yr addasiad llwyfan gryn ganmoliaeth megis yng ngholofn adolygu 'Tri ar y Tro' cylchgrawn *Golwg*, gyda sylwadau fel 'Y ddrama lwyfan orau i mi ei weld [sic] erioed' a 'Dros flwyddyn ers i mi ei darllen [h.y. y nofel], llwyddodd y cynhyrchiad i ddod â hi'n fyw unwaith eto' (2020, t. 23). Yn yr un modd â *Bitsh!* a gynhyrchwyd gan yr un cwmni theatr, apeliodd *Llyfr Glas Nebo* at gynulleidfa o bob oed, ac mae tystiolaeth ei bod wedi cyffroi'r to ifanc yn enwedig mewn modd eithriadol. Dengys hyn, felly, fod addasu nofelau yn dal i fod yn drywydd deinamig yn y theatr Gymraeg, a difyr fydd gweld ym mha fodd y bydd y ddrama *Llyfr Glas Nebo* yn dylanwadu ar natur a chymeriad y theatr yng Nghymru yn y dyfodol.

Casgliad

Bwriad y bennod hon oedd olrhain gwreiddiau llenyddol y theatr Gymraeg ac amlygu'r modd y mae'r gwreiddiau hynny'n dal i ddwyn ffrwyth ochr yn ochr ag ysgrifennu newydd sydd weithiau'n arbrofol, weithiau'n heriol, ond yn gyson uchelgeisiol. Heb os, roedd addasu *Rhys Lewis* ar gyfer y theatr wedi dechrau trywydd newydd a chyffrous i'r ddrama lwyfan yng Nghymru, ac adeiladu ar y sail sicr honno a wnaeth y dramâu a'i dilynodd. Ers troad yr unfed ganrif ar hugain, gwelwyd cynhyrchu addasiadau o amryw gyfrolau poblogaidd y Gymraeg, gyda rhai yn fwy llwyddiannus na'i gilydd. Ynghyd â'r addasiadau hyn, y mae'r theatr yng Nghymru wedi parhau i annog a meithrin ysgrifennu newydd ac, felly, teg fyddai dweud mai priodas rhwng addasiadau llenyddol a sgriptio newydd sy'n nodweddu'r theatr Gymraeg fodern. Yn wir, mae'r berthynas hon rhwng y nofel a'r ddrama lwyfan wedi bod yn ddeinamig i ddatblygiad y theatr yng Nghymru ers degawdau ac fe ellid dadlau iddi fod yn arwyddocaol yn gosod llwybrau amrywiol i'r ddrama Gymraeg (wreiddiol ac addasedig) eu dilyn. Diddorol iawn fydd gweld yr hyn a ddaw nesaf yn ein theatrau yn dilyn ôl yr addasiadau a drafodwyd yn y bennod hon.

Cyfeiriadau

Baines, Menna. 2015. Yr hurt a'r heriol. *Barn* 633, t. 36.
Davies, D. R. 1951. Dau Gwmni Drama a 'Rhys Lewis'. *Y Llenor* XXX, tt. 83–9.
d.e. 2020. Golwg ar Ddramâu – Tri ar y tro[:] Llyfr Glas Nebo (Cwmni'r Frân Wen). *Golwg*, cyfrol 32, rhif 21, 6 Chwefror, t. 23.

Edwards, Hywel Teifi. 1998. *Codi'r Llen*. Llandysul: Gwasg Gomer.

Edwards, J. M. 1909. *Drama Rhys Lewis[:] Seiliedig ar brif waith Daniel Owen*. Gwrecsam: Hughes a'i Fab.

Erfyl, Gwyn. 2007. Dal iaith, ond colli tirlun. *Golwg*, cyfrol 19, rhif 20, 1 Chwefror, t. 24.

Griffiths, Paul, 2007. *Cysgod y Cryman – Barn arall*. [Ar-lein]. Ar gael: *http://www.bbc.co.uk/cymru/adloniant/theatr/adolygiadau/cryman-paul.shtml*, cyrchwyd 12 Chwefror 2020.

Gruffydd, Alwyn. 2006. *'Bitsh'* [Ar-lein]. Ar gael: *https://www.bbc.co.uk/cymru/adloniant/theatr/adolygiadau/bitsh-adol.shtml*, cyrchwyd 4 Ionawr 2020.

Gwobrau Theatr Cymru. 2016. *The Awards/Y Gwobrau*. [Ar-lein]. Ar gael: *http://www.walestheatreawards.com/the-awards-y-gwobrau-2016/*, cyrchwyd 13 Ionawr 2021.

Hughes, Llio Mai. 2019. Rhwng Gwrthryfel a Gwacter: Agweddau ar y theatr Gymraeg, 1945–79. Traethawd PhD anghyhoeddedig, Prifysgol Bangor. [Ar-lein]. Ar gael: *https://research.bangor.ac.uk/portal/en/theses/rhwng-gwrthryfel-a-gwacteragweddau-ar-y-theatr-gymraeg-194579(1183c160-bed6-40dd-8460-1dd9b837a0c6).html*, cyrchwyd 12 Chwefror 2020.

Huws Jones, Tudur. 2006. Addasu nofel Eirug yn fraint a sialens. *Daily Post*, 4 Hydref 2006. [Ar-lein]. Ar gael: *https://www.thefreelibrary.com/Addasu+nofel+Eirug+yn+fraint+a+-sialens%3B+Y+CELFYDDYDAU.-a0152271921*, cyrchwyd 4 Ionawr 2020.

Jones, Dafydd Glyn. 1973. Saunders Lewis a thraddodiad y ddrama Gymraeg. *Llwyfan* 9, tt. 1–12.

— 1976. Y Ddrama Ryddiaith. Yn: Bowen, Geraint. gol. *Y Traddodiad Rhyddiaith yn yr Ugeinfed Ganrif (Darlithiau Dewi Sant)*. Llandysul: Gwasg Gomer, tt. 211–40. [Ar-lein]. Ar gael: *https://llyfrgell.porth.ac.uk/View.aspx?id=1464~4p~QbzyusJs*, cyrchwyd 12 Chwefror 2020.

Lloyd, D. Tecwyn. 1968. Daniel Owen ar y Llwyfan, 1909–1937. *Llên Cymru* X (1–2), tt. 59–70.

Llewelyn, Dafydd. 2007. Y Cryman Rhydlyd. *Barn* 530, tt. 34–5.

Morris, Ceri Elen. 2018. Iaith y Ddrama / Drama'r Iaith. Traethawd

PhD anghyhoeddedig, Prifysgol Caerdydd. [Ar-lein]. Ar gael: http://orca.cf.ac.uk/118601/1/PhD%20ORCA%20Olaf%20Un.pdf., cyrchwyd 12 Chwefror 2020.

Ogwen, John. 2006/7. Yr hen 'BITSH'... *Barn* 527/8, tt. 83–5.

Owain, O. Llew. 1948. *Hanes y Ddrama yng Nghymru 1850–1943.* Lerpwl: Yr Eisteddfod Genedlaethol.

Owen, Gruffudd. 2018. Llwyfan i chwarae. *Barn* 663, tt. 25–6.

Roberts, Cefin. 2006. Rhagair. Yn: Eirian, Siôn. *Cysgod y Cryman.* Llandysul: Gwasg Gomer, t. 5.

Rhys, Elgan. 2020. Y Cyfarwyddwr. *[Rhaglen] Llyfr Glas Nebo,* t. 8.

Tudur, Non. 2020. Apocalyps Nebo ar lwyfan. *Golwg,* cyfrol 32, rhif 17, 9 Ionawr, t. 2.

Williams, Ioan. 2006. *Y Mudiad Drama yng Nghymru 1880–1940.* Caerdydd: Gwasg Prifysgol Cymru.

— 2016. Drama. *Esboniadur Beirniadaeth a Theori y Coleg Cymraeg Cenedlaethol:* https://wici.porth.ac.uk/index.php/Drama, cyrchwyd 12 Chwefror 2020.

Williams, Manon Wyn. 2013. Addasu Te yn y Grug. *[Rhaglen] Cyfaill / Te yn y Grug,* t. 5.

— 2015. Tri Dramodydd Cyfoes: Meic Povey, Siôn Eirian ac Aled Jones Williams. Traethawd PhD anghyhoeddedig, Prifysgol Bangor. [Ar-lein]. Ar gael: https://research.bangor.ac.uk/portal/en/theses/tri-dramodydd-cyfoes(7d9801c2-33d5-4896-8ba2-cca75bf00438).html, cyrchwyd 12 Chwefror 2020.

Ynyr, Iola. 2006. *[Rhaglen] Bitsh! Addasiad John Ogwen o'r Nofel gan Eirug Wyn.* Pen-y-groes: Gwasg Dwyfor.

Nodiadau

[1] Roedd yr addasiad hwn yn arwyddocaol gan iddo gael ei berfformio, ynghyd â drama newydd am fywyd Kate Roberts (*Cyfaill* gan Francesca Rhydderch), yn Eisteddfod Genedlaethol Dinbych 2013 cyn teithio ledled Cymru.

4

Llên Bywyd

Llion Pryderi Roberts

'Rhys, beth a ddywedi am danat dy hun?'

Dyna'r cwestiwn y mae Rhys Lewis, prif gymeriad y nofel *Hunangofiant Rhys Lewis, Gweinidog Bethel*, gan Daniel Owen (1836–95), yn ei ofyn wrth iddo fynd ati i adrodd hanes ei fywyd (1885, t. 13). Er bod ateb y cwestiwn hwn yn fwy cymhleth nag y mae'n ymddangos, mae'r cwestiwn yn crisialu'n dwt yr hyn sy'n digwydd mewn hunangofiant, a'r hyn a wnawn ni wrth ddarllen ac astudio hunangofiannau, sef ystyried sut y caiff bywyd unigolyn (*yr hunan*) ei gofnodi. Gan mai testun yw hunangofiant, proses destunol neu lenyddol yw cofnodi'r hunan. Mae modd, felly, inni archwilio sut y caiff *yr hunan ysgrifenedig* (yr unigolyn neu'r gwrthrych o dan sylw) ei gynhyrchu gan *yr hunan sy'n ysgrifennu* (yr awdur). Yn achos hunangofiant, yr un person sy'n cyflawni'r ddwy rôl hyn, wrth reswm.

Pam llên bywyd? Yr hunangofiant a'r hunangofiannol

Mae'r dyfyniad uchod o'r nofel *Hunangofiant Rhys Lewis* yn ymddangos mewn pennod y rhoddodd yr awdur iddi'r teitl 'Cofiaint'. Dewch inni aros eiliad gyda'r term hwn. Mae ffurf unigol y gair – *cofiant* – yn aml yn cyfeirio at destun sy'n cofnodi bywyd unigolyn penodol fel ag y mae wedi ei ddehongli gan rywun arall (yr awdur). Ar un wedd, felly, mae cofiannau a hunangofiannau yn ffurfiau gwahanol, ond mae'r naill a'r llall yn rhan o faes 'llên bywyd' (S. *life-writing*). Dyma derm sy'n cael ei ddefnyddio gan feirniaid llenyddol i amlygu pwyslais ar y *cyfrwng* hunangofiannol neu gofiannol, yn hytrach nag ar ffurf yr hunangofiant neu'r cofiant yn benodol. Gall gynnwys sawl math o ysgrifennu, gan gynnwys barddoniaeth neu ddyddiaduron. Mae'r term 'llên bywyd' yn awgrymu'r modd y mae rhai agweddau yn croesi ffiniau gwahanol ffurfiau llenyddol. Er enghraifft, mae modd i hunangofiannau a chofiannau rychwantu testunau llenyddol a phoblogaidd. Mae dehongliad a chymhelliant – sef y rheswm dros ysgrifennu – yn elfennau creiddiol i hunangofiannau a chofiannau fel ei gilydd (yn achos hunangofiant, rydym yn ymwneud, wrth gwrs, â chymhelliant awdur sy'n ysgrifennu am ei fywyd ei hun). Gall testunau o'r fath fwrw goleuni ar arwyddocâd agweddau, unigolion, ffasiynau, syniadau a chyd-destun cyfnodau arbennig. Mae'r elfennau hyn oll yn wir iawn am ysgrifennu cofiannol y bedwaredd ganrif ar bymtheg, er enghraifft, cyfnod a oedd yn ffurfiannol yn achos llên bywyd y Gymraeg.

Er bod hunangofiannau a chofiannau yn parhau'n boblogaidd iawn ar silffoedd ein siopau llyfrau, gall fod yn anodd i ni heddiw sylweddoli cymaint yn fwy cyfarwydd na'r term 'nofel' oedd 'cofiant' (neu 'hunangofiant' i raddau llai) i ddarllenwyr Daniel Owen. Go newydd oedd ffurf y nofel i'r Gymraeg ym 1885, ond roedd *Hunangofiant Rhys Lewis* yn adeiladu ar boblogrwydd llenyddiaeth gofiannol y bedwaredd ganrif ar bymtheg a oedd yn aml iawn yn adrodd hanes bywyd pregethwyr neu weinidogion amlwg. Rhaid cofio bod llawer o weinidogion y cyfnod hwn yn adnabyddus drwy Gymru (a thu hwnt) a bron na ellid eu hystyried yn enwogion. Ac fel sy'n wir yn achos enwogion heddiw, roedd pobl yr oes honno'n awchu i gael gwybod mwy amdanynt. Felly roedd y cofiant a'r hunangofiant yn diwallu chwilfrydedd eu darllenwyr, ond roeddynt hefyd yn cyfrannu at un o amcanion sylfaenol yr Anghydffurfwyr (y capelwyr), sef ennill eneidiau at Grist. Cyhoeddwyd cannoedd o gofiannau i bregethwyr neu weinidogion o'r 1820au ymlaen a oedd yn cynnig patrwm o fywyd duwiol a diwyd i'w efelychu (Jones 1968; Roberts 2011; Roberts 2014). Yn ogystal â'r cymhelliant moesol, un agwedd ddiddorol ar y 'cofiannau' hyn (yn benodol hyd at y 1840au) oedd eu bod yn aml yn gymysgedd o ffurfiau a dylanwadau, gan gynnwys ysgrifennu hunangofiannol a chofiannol, pregethau a ddatganwyd mewn angladdau, dyddiaduron, gohebiaeth, ffuglen a barddoniaeth. Roedd yr hunangofiant yn aml yn adran benodol yn y cofiannau cynnar, ac fe ddefnyddiwyd testunau goddrychol a hunangofiannol, megis dyddiaduron a llythyrau, wrth adrodd am hanes mewnol y pregethwr. Dyma lle'r oedd yr hunan yn rhannu ei brofiadau ysbrydol â'r darllenydd ac yn '[m]apio dirgel-leoedd y galon', chwedl R. Tudur Jones (1998, t. 40). Roedd y ffaith mai'r pregethwr ei hun a oedd yn siarad yn y rhannau hyn yn rhoi awdurdod i'r geiriau ac i eirwiredd ei brofiadau.

Hunangofiant: stori wir?

Er nad nofelau mo hunangofiannau a chofiannau, felly, elfen ddylanwadol arall ar lên bywyd yw'r berthynas *greadigol* sydd wrth graidd y testun. Wrth geisio rhoi rhagor o gig ar asgwrn y disgrifiad cychwynnol o hunangofiant a geir uchod, mae sawl beirniad llenyddol (e.e. Jewell 2013; Chapman 2016) wedi defnyddio diffiniad dylanwadol Philippe Lejeune, er bod y beirniaid hynny hefyd yn cydnabod mai diffiniad dadleuol ac annigonol ydyw mewn rhai ffyrdd. Yn ôl Lejeune, yr hyn a gawn mewn hunangofiant yw:

> [s]tori ôl-syllol ar ffurf rhyddiaith y mae rhywun yn ei gwneud o'i fywyd / bywyd ei hun, lle y mae'n rhoi'r prif bwyslais ar ei fywyd / bywyd unigol, yn arbennig ar hanes ei bersonoliaeth / phersonoliaeth. (Cyf. Jewell 2013, t. 210)

Amcan hunangofiant, gan hynny, yw adfyfyrio ar yr hunan sydd eisoes yn bodoli, gan ddangos ei ddatblygiad a'i gyflawniad. Fel yn achos awdurdod y pregethwr uchod, i Lejeune, mae'r ffaith mai'r un yw 'hunaniaeth yr awdur, yr adroddwr a'r prif gymeriad' (2013, t. 210) mewn hunangofiant yn cynnig gwarant o eirwiredd y testun, a dyma sail y cytundeb rhyngddo a'r darllenydd. Fel yr eglura Linda Anderson, mae cymhelliant (S. *intention*) yr awdur yn creu cysylltiad diamod rhyngddo a'r gwrthrych (yr hunan mewn hunangofiant), ac yn dyrchafu'r cysyniad o'r hunan cyflawn, cyffredinol a geirwir: 'Intention [. . .] is further defined as a particular kind of "honest" intention which then guarantees the "truth" of the writing' (2001, tt. 2–3). Mewn llenyddiaethau mwyafrifol, fel y Saesneg, mae hyn wedi golygu mai ceidwadol yn aml yw traddodiad yr hunangofiant, a'i fod ynghlwm wrth normau rhagdybiedig cymdeithas (sy'n tueddu i ddyrchafu dynion gwyn, gorllewinol, heterorywiol) a hepgor lleisiau'r Arall. Yn wir, mae llawer o'r trafodaethau beirniadol diweddar ym maes llên bywyd wedi deillio o waith ysgolheigion sy'n herio'r syniad o gyffredinoldeb a chyflawnder yr hunan ac sy'n archwilio profiadau grwpiau a ymylwyd (megis pwyslais beirniaid ffeminyddol ar ailddarganfod hunangofiannau a hanesion bywydau menywod). Gall trafodaethau o'r fath fod yn ddefnyddiol wrth ystyried y cyfleoedd a geir ym maes llên bywyd (gan gynnwys yr hunangofiant a thestunau hunangofiannol) i archwilio'r profiad Cymraeg.

Herio'r hunangofiant

Ateb Rhys Lewis i'r cwestiwn a gaiff ei ddyfynnu ar ddechrau'r bennod hon – 'Rhys, beth a ddywedi am danat dy hun?' – yw 'Cofia ddywedyd y gwir' (Owen 1885, t.13). Byddai'n anodd ar un wedd ddadlau nad yw'r gwirionedd yn bwysig mewn hunangofiant (ac ysgrifennu hunangofiannol yn gyffredinol). Wedi'r cyfan, onid yw'r testun yn ymdrin â'r bywyd sydd wedi'i fyw ac wedi'i seilio ar brofiadau 'go iawn' yr hunangofiannydd? Yr hyn sy'n cymhlethu'r darlun yw mai proses *oddrychol* yw'r broses destunol o fynegi a chofnodi'r hunan, un sy'n agored i ddylanwad tuedd, barn, dehongliad a chymhelliant. Fel y dywed Laura Marcus, wrth ddarllen hunangofiant, allwn ni ddim derbyn y gwirionedd yn gyflawn nac yn ddiamod:

> Autobiography exists in a realm in which truth and falsehood are meaningful terms [. . .] Yet autobiography also asks of its readers

that they be open to the complexities of truth. These include the work of memory and the gaps produced by forgetting; the distinction between experience revived [...] and recalled [...] ; the conception of the self from the 'inside' and from the 'outside', as reflected back to us by others. (2018, t. 4)

Wrth archwilio'r broses lenyddol o gofnodi'r hunan, felly, gallwn ofyn rhai cwestiynau sy'n ein cynorthwyo i herio 'gwirionedd' y testun:

- Sut lais sydd i'r testun? Ai llais neu bersona hunangofiannol yn unig a geir ynddo?
- A oes modd i destun adlewyrchu gwirionedd yr hunan? Sut y mae confensiynau neu dechnegau'r broses lenyddol (thema, cymhelliant, dethol, tensiwn, dehongliad) yn llywio (a lliwio) y modd y caiff yr hunan ei gofnodi?
- Pa mor sefydlog a dibynadwy yw'r cof? A oes modd cofio pob profiad yn gyflawn wrth edrych yn ôl, ac a fyddai dau unigolyn yn debygol o gofio atgof neu brofiad yn yr un ffordd yn union?

Fel y dywed Rhianedd Jewell, 'rhywbeth a gyflwynir i'r darllenydd trwy ysgrifennu ydyw'r hunan' (2013, t. 208), ac mae'n ddiddorol mai 'stori' yw gair cyntaf diffiniad Philippe Lejeune uchod. Yn wir, mae rhai beirniaid llenyddol diweddar yn dadlau bod y broses lenyddol yn siapio neu'n creu'r hunan, yn hytrach na'i adlewyrchu yn unig. I Cora Kaplan, er enghraifft, nid yw'r broses yn annhebyg i'r modd y caiff cymeriad ei greu mewn gwaith ffuglennol: 'it is now an almost clichéd assumption that autobiography and memoir inevitably construct and invent their authors as quasi-fictional characters' (2007, t. 65). Cwestiynau o'r fath sydd hefyd yn esbonio sut y gall y beirniad dylanwadol Laura Marcus drafod ffurf mor ymddangosiadol gadarn, sefydledig a chyfarwydd â'r hunangofiant fel testunau ansefydlog sy'n gallu croesi sawl ffin a ffurf ac sy'n adlewyrchu pa mor gymhleth yw adrodd am yr hunan a'i ddehongli (1995, t. 14). Efallai ei bod yn ddefnyddiol inni gofio mai cymeriad ffuglennol yw'r Rhys Lewis sy'n rhoi siars iddo'i hun i adrodd yn eirwir, un sydd, megis cymeriadau eraill y nofel, 'yn ymlwybro trwy labrinth bywyd, ac yn ymgodymu â'r broblem fawr sut y mae dweud y gwir', chwedl John Rowlands (1992, t. 52).

Mae'r cofiant a'r hunangofiant wedi datblygu'n ffurfiau llenyddol penodol, felly, ond fel y soniwyd eisoes, mae'r naill a'r llall yn ymwneud â'r modd yr ydym yn dehongli a mynegi'r hunan, ac yn ehangach nag unrhyw un *genre* llenyddol. Gall cerdd neu stori fer fod wedi ei seilio ar amgylchiad neu brofiad go iawn ym mywyd bardd neu lenor. A thu hwnt i'r byd llenyddol, rydym fel unigolion yn defnyddio myrdd o gyfryngau bob dydd i adrodd am ein profiadau, o sgyrsiau ag anwyliaid neu gyfeillion i gynhyrchu straeon Instagram i ddilynwyr eiddgar. Mae'r holl bethau hyn yn golygu ein bod yn ystyried prosesau ac agweddau sy'n ganolog i'r cyflwr hunangofiannol; y modd y cawn ein cynrychioli yn y profiadau hynny, er enghraifft, neu sut y cânt eu strwythuro (sut rydym ni'n gwneud synnwyr o'r deunyddiau sydd ar gael i ni?). Agwedd arall yw rôl y cof wrth adfyfyrio ar brofiadau a ddigwyddodd mewn cyfnod cynharach (boed hynny rai oriau'n unig wedi'r profiad neu wrth groesi bwlch o ddegawdau). Hyd yn oed pan fo'r awdur yn berson go iawn o gig a gwaed, felly, gall astudio agweddau o'r fath ein galluogi ni fel darllenwyr i ystyried y 'cytundeb' rhyngom ni a'r awdur, ynghyd â'r stori sy'n sail i'r hunan cyhoeddus rhwng cloriau'r hunangofiant. Megis darn o farddoniaeth neu stori fer, mae'n rhaid archwilio'r prosesau sydd ynghlwm wrth gynhyrchu'r testun llenyddol.

Rhoi'r broses ddehongli ar waith: *Fy Nghawl fy Hun* (1999)

Mae'n amheus a oes unrhyw un ym marddoniaeth ddiweddar Cymru sy'n cynrychioli ffigwr y bardd yn well na Gerallt Lloyd Owen (1944–2014). Dyna'r casgliad o gerddi cenedlaetholgar 'Cymru heddiw', er enghraifft, a enillodd iddo gadair Eisteddfod yr Urdd, Aberystwyth ym 1969 ac a seriodd ei weledigaeth ar ymwybod y genedl. Adeiladu ar hynny a wnaeth telynegrwydd delweddol '[g]weld llais a chlywed llun' ei awdl fuddugol 'Afon' yn Eisteddfod Genedlaethol Bro Dwyfor, 1975, ac yna ddwyster proffwydol yr awdl 'Cilmeri' a ddaeth i'r brig yn Eisteddfod Genedlaethol Abertawe, 1982. Ac mae hynny heb sôn am ei weithgarwch cyhoeddus tra dylanwadol fel Meuryn yn beirniadu gornestau barddol *Talwrn y Beirdd* (BBC Radio Cymru)[1] ac Ymryson y Beirdd ym Mhabell Lên y Brifwyl o ddiwedd y 1970au ymlaen.[2] Yn wir, mae sôn am 'ffigwr' y bardd yn addas yma yn ogystal, gan mai un o'r agweddau mwyaf arwyddocaol a chyfarwydd ar Gerallt Lloyd Owen yw ei bersona barddol. Yn ôl Samuel Maio, dyfais neu gonfensiwn llenyddol yw persona lle mae'r bardd yn cyfnewid yr hunan hanesyddol am un llenyddol er mwyn lleisio'r gerdd, 'one that is sincere but not altogether authentic' (2005, t. 2). Neu fel yr hola Rhiannon Marks wrth ohebu â'r bardd Menna Elfyn: 'Ai "chi" yw'r "fi" a geir yn eich gwaith mewn gwirionedd ynteu ai rhyw *bersona* ydyw?' (2013, t. 23). Dangosodd beirniaid fel Jerry Hunter a Dafydd Johnston sut y canodd Gerallt Lloyd Owen ym mhersona'r 'bardd-weledydd Celtaidd', a bod y persona hwn yn greiddiol i'w swyddogaeth farddol o '[g]reu ymwybyddiaeth arbennig â'r gorffennol yn y darllenwyr trwy ail-greu poen yn fyw iawn', ys dywed Johnston (2006, t. 173; cymh. Hunter 1996, t. 39). Gan ein bod eisoes wedi bod yn sôn am y broses lenyddol o gofnodi'r hunan yng nghyddestun testunau llên bywyd, bydd gweddill y bennod hon yn ystyried sut bersona neu lais hunangofiannol a ddefnyddir gan Gerallt Lloyd Owen wrth iddo symud o gyfrwng barddoniaeth at ryddiaith yn ei gyfrol o hunangofiant, *Fy Nghawl fy Hun* (1999).

Cofnod yw'r gyfrol hon o chwarter canrif cyntaf bywyd y bardd, yn hytrach na hunangofiant cyflawn. Nid yw hynny ynddo'i hun yn hynod, efallai: mae mwy nag un llenor wedi dewis rhoi pwyslais ar flynyddoedd ffurfiannol bywyd, megis ag y gwna W. J. Gruffydd yn y clasur *Hen Atgofion* (1936). Serch hynny, mae rhychwant y cyfnod o dan sylw yn ddiddorol yng nghyd-destun Gerallt Lloyd Owen y bardd. Does dim syndod, efallai, o weld mai 'Bardd' yw gair cyntaf y broliant a geir ar glawr cefn y gyfrol, ac eto mae'r gwaith hwn yn diweddu yn haf 1968. Er nad oes sicrwydd a oedd gan yr awdur fwriad o barhau â'r stori, nododd yr adolygydd Elin Llwyd Morgan fod diweddglo ffwr-bwt y gyfrol yn peri iddi obeithio bod dilyniant i ddod (2000, t. 41). Fel y gwelwyd eisoes, mae'r dyddiad hwn ryw flwyddyn yn brin o un o'r digwyddiadau mwyaf arwyddocaol yn ei yrfa fel bardd (ennill Cadair yr Urdd, 1969) a'r yrfa farddol a ddilynodd hynny.

Beth am lais neu bersona hunangofiannol y gyfrol? Ai difrifwch y bardd-weledydd Celtaidd a glywn ni? Wel, nid yn ymddangosiadol o leiaf. O graffu ar y gyfrol, arall yw'r llais a gyflwynir, sef y storïwr diddan a ffraeth a fu'n gymaint nodwedd ohono fel Meuryn. Ydy, mae'r broliant yn agor â'r gair 'Bardd', ond sonnir yn ogystal amdano fel 'cyhoeddwr llyfrau, cartwnydd, saethwr, awdur llyfrau plant a chomics', ynghyd â mynegi awydd 'i fynd dan yr wyneb a chael golwg fanylach ar Gerallt ei hun'. Mae'r broliant, felly, yn awgrymu cyfrol sy'n amcanu at gyflawnder portread (yr hunan preifat a'r 'Bardd' cyhoeddus). Dyma awgrymu eto densiwn ymddangosiadol rhwng amcanion a strwythur y gyfrol. Ond tybed a yw Gerallt y bardd o ddifrif yn absennol yn y gwaith hwn? Yn wahanol i lên-gofiant diweddar Alan Llwyd, *Dim ond Llais* (2018), dyweder, nid yw *Fy Nghawl fy Hun* yn ymdrin â cherddi amlycaf Gerallt Lloyd Owen, nac ychwaith â chyfnod mwyaf arwyddocaol ei yrfa farddol. Serch hynny, gellir dadlau bod y bardd, neu'r modd y mae'r hunan ysgrifenedig neu destunol yn amlygu'r bardd, yn greiddiol i'r gyfrol. Awn ati yn awr i archwilio'r dehongliad hwn o'r hunan drwy fwrw golwg ar rai o'r prosesau llenyddol sydd ynghlwm wrth y llais hunangofiannol; prosesau sy'n cynnal yr hunan barddol ac sy'n ei ansefydlogi yr un pryd.

Craffu ar y testun: y llais hunangofiannol

Nid yn annisgwyl, efallai, o feddwl am strwythur cronolegol arferol yr hunangofiant, mae llais hunangofiannol yr adroddwr (Gerallt Lloyd Owen) yn agor y gyfrol wrth sôn am ei enedigaeth, ond mae cynnwys y bennod gyntaf yn ddiddorol ynddo'i hun. Ceir delwedd neu gymhariaeth o'r byd naturiol, ac o fyd tad yr adroddwr, yn y paragraff cyntaf un. Ar un wedd, y nod yw dangos pa mor fregus oedd iechyd Gerallt Lloyd Owen yn faban, ond mae'r ddelwedd yn awgrymu dethol gofalus ar eiriau sy'n rhoi arwyddocâd ehangach i'r darllenydd: 'Wrth ddewis daeargi i'w gadw iddo'i hun arferai fy nhad ddewis y lleiaf a'r gwannaf o'r torllwyth am mai yn hwnnw y byddai'r ysfa i oroesi gryfaf' (1999,

t. 7). Ar unwaith, cawn ein hatgoffa o rai themâu amlwg yn ei waith barddol: doethineb organaidd y gymdeithas a'i dealltwriaeth o'r byd naturiol, yn ogystal â brwydr barhaus y lleiafrifol i oroesi a sicrhau ein bod 'yma o hyd', chwedl Dafydd Iwan. Cryfhau a wna'r ymdeimlad nad sôn amdano'i hun yn unig y mae'r adroddwr wrth ystyried strwythur y tudalennau agoriadol. Nodir yn fyr am ei gyfnod yn Ysbyty'r Plant yn Lerpwl cyn troi sylw'r darllenwyr at ei frawd. Atgofion am gamp, rhemp a ffraethineb Geraint a geir yn y tudalennau nesaf, cyn nodi mewn dwy frawddeg mai '[Ll]ywaeth' iawn ydoedd Gerallt o gymharu. Wedi hynny, mae'r llais sy'n adrodd ei hanes yn dychwelyd i sôn am gymeriadau hynod ardal ei fagwraeth, megis Bob Lloyd ('Llwyd o'r Bryn'), ffermwr, adroddwr, eisteddfodwr ac ymgorfforiad o'r gwerinwr diwylliedig. Yn debyg i'r ymdriniaeth â Bob Lloyd, â'r llais ati i adrodd straeon am gymeriadau eraill o'r ardal sy'n pwysleisio eu '[C]ymreictod naturiol' (1999, t. 11), megis honno am Dei Ffatri yn gwerthu ei dŷ i rieni Gerallt am lai o elw drwy wrthod cynnig ariannol sylweddol gan fewnfudwr o Sais.

Mae'r tensiwn hwn rhwng adrodd ei hanes ei hun a chrynhoi atgofion am y gymuned a glywodd gan eraill ('cof clust', yn ôl yr awdur) yn un a welir mewn sawl hunangofiant, yn enwedig wrth i'r adroddwr gyfaddef mai 'argraffiadau gwibiog' yw'r rheini 'sy'n perthyn i flynyddoedd cynharaf pob un ohonom' (1999, t. 12). Ond mae'n ddiddorol mai hanesyn o'i blentyndod am frwydr ei fam (post feistres y pentref) i dynnu arwydd uniaith Saesneg oddi ar y Swyddfa Bost, a chodi arwydd uniaith Gymraeg yn ei le, sy'n cloi'r bennod. Yma, caiff cof personol (hunangofiannol) yr adroddwr a'r cof cymdeithasol neu gymunedol eu clymu ynghyd yn yr atgof, ac yn ei sylwadau gwelwn ei fod unwaith eto'n awyddus i nodi mai naturioldeb iaith ei magwraeth a'i chymuned, ac nid rhyfyg neu ideoleg genedlaetholgar uniongyrchol o reidrwydd, oedd wrth wraidd gweithred ei fam:

> nid oherwydd anghyfiawnder â'r Gymraeg rhagor anghyfiawnder â hi'n bersonol y croesodd gleddyfau â'r Post Brenhinol. Heb yn wybod iddi, efallai ei bod wedi rhoi ei bys ym motwm bol ein cenedligrwydd. Wedi'r cwbl, nid geiriau ond pobl ydi iaith ac mae'n amhosib cyfieithu pobl. (1999, t. 14)

Drwy bwysleisio'r cwlwm rhwng y gymuned a'i mamiaith, dyma gyffwrdd â thema a gaiff ei hamlygu drwy gydol y gyfrol, ac ar un wedd nid yw'n syndod gweld pwyslais o'r fath yn llywio'r atgofion. O ddiwedd y bedwaredd ganrif ar bymtheg ymlaen, roedd moli a delfrydu'r werin ddiwylliedig a '[ch]ynhesrwydd cymdogol' y gymdeithas Gymraeg yn agweddau dylanwadol mewn hunangofiannau ac ysgrifau cofiannol. Llenyddiaeth oedd hon lle'r oedd atgofion yn 'un o'r rhaffau oedd yn cydio pobl a chenedlaethau yn un gymdeithas organig' (Jones 1976, t. 156); testunau lle'r oedd 'Cymreigrwydd y gymdeithas mor anorfod naturiol ynddynt ag yw gwyrddni mewn coeden', chwedl Bedwyr Lewis Jones (1976, t. 157). Dyma ysgrifennu atgofiannol Cymraeg a ganfu fynegiant mewn gweithiau megis *Clych Atgof*, O. M. Edwards (1906), *Hen Atgofion*, W. J. Gruffydd (1936) ac wrth gwrs yng nghlasuron hunangofiannol D. J. Williams *Hen Dŷ Ffarm* (1953) ac *Yn Chwech ar Hugain Oed* (1959). Serch hynny, erbyn canol yr ugeinfed ganrif, ymddengys mai'r bygythiad i'r gymuned gymdogol Gymraeg sy'n aml yn sbardun i'r mawl mewn gweithiau o'r fath. Fel yr esbonia Bedwyr Lewis Jones:

> Arwydd o argyfwng Cymreictod yn ein dyddiau ni yw mai'r atgofion 's lawer dydd hyn bellach yw'r ffurf bwysicaf ar ysgrifennu rhyddiaith yn Gymraeg. Y rhain yw'r cyfrwng rhyddiaith sy'n mynegi ysbryd a delfrydau ac ofnau'r gymdeithas Gymraeg[.] (1976, t. 157)

Nid cyd-ddigwyddiad mohono mai at 'atgofion' y cyfeiria Gerallt Lloyd Owen drwy gydol y gwaith wrth adrodd am ei brofiadau, a'i fod fwy nag unwaith yn pwysleisio bod Cymreictod y gymdeithas a'i magodd 'mor naturiol ag anadlu' (1999, t. 19).

Agwedd arall arwyddocaol ac un sy'n cysylltu'n agos â'i farddoniaeth, ac a'i swyddogaeth fel bardd, yw'r syniad o edrych yn ôl i'r gorffennol er mwyn adnabod yr hyn sydd wedi'i golli, neu y gellir ei golli, yn y presennol. Yn y 1960au rhoddwyd mynegiant i bwysigrwydd y cof a'r cwlwm rhwng iaith a thir (a chymuned) yn ysgrifau'r athronydd J. R. Jones, a gallwn weld dylanwad syniadau megis cydymdreiddiad iaith a thir ar genedlaetholdeb a gwaith barddol Gerallt Lloyd Owen yn ogystal.[3] Nid yn unig y mae'r agwedd hon yn cynnig modd i ddeall ei gerddi cenedlaetholgar, ond hefyd ei ymlyniad at y swyddogaeth farddol o ganu mawl i ffigyrau cymdeithasol o bwysigrwydd lleol (megis yn y cywydd marwnad 'Cled') neu rai sydd wedi cyfrannu yn ehangach (megis yr ysgolhaig Bedwyr Lewis Jones a'r bardd Dic Jones). Mae'r cywyddau ysgubol hyn ymysg gweithiau pwysicaf ac aeddfetaf y bardd, ac un agwedd bwysig arnynt yw'r modd y mae persona neu lais barddol Gerallt Lloyd Owen yn amlygu a chynnal y cof. Gan fod themâu ac agweddau o'r fath yn bwydo llais hunangofiannol *Fy Nghawl fy Hun*, mae'n werth archwilio rhywfaint ar rai tensiynau yn y llais hwnnw sy'n siapio'r hunan ac sy'n cysylltu â'r persona barddol. Y tri thensiwn o dan sylw fydd y modd y mae'r llais hunangofiannol yn tynnu sylw at ei natur oddrychol; y safbwyntiau cyferbyniol sy'n rhan o'r hunan neu'r persona barddol; a'r modd y mae'r llais yn amrywio rhwng y cyfrwng hunangofiannol a'r cofiannol.

i) y llais hunangofiannol – ei natur oddrychol

Mae'r duedd i dynnu sylw'r darllenydd at natur oddrychol a gwneuthuredig ei lais hunangofiannol ar ei mwyaf amlwg pan fo'r adroddwr yn troi yn benodol i sgwrsio'n uniongyrchol â'r darllenydd. Digwydd, er enghraifft, wrth iddo esbonio ei fod wedi 'crwydro' oddi wrth strwythur cronolegol yr hunangofiant (h.y., y modd y caiff profiadau eu hadrodd yn unol â threfn amser). Wrth fynd i hwyl yn adrodd stori, gall dynnu sylw'r darllenydd at yr elfen grwydrol hon drwy ei ddwyn yn ôl at y drefn arferol, ddisgwyliedig, neu drwy ofyn maddeuant y darllenydd: 'Mi grwydrais braidd ymhell o'r ysgol yn y bennod ddiwethaf. Bydd rhaid rhoi'r gorau i hynny bellach' (1999, t. 84). Ar un wedd, byddai modd dadlau bod sylwadau o'r fath yn rhan o arddull sgyrsiol yr adroddwr ac y byddai'n naturiol iddo ddilyn ambell drywydd gwahanol wrth adrodd stori; yr hyn sy'n ddiddorol yma yw ei fod yn tynnu sylw'r darllenydd at y broses o wneud hynny. Ac o gofio cymaint yr oedd gofal a hir fyfyrio, chwedl Dafydd Johnston (2006, t. 176), yn nodwedd ar gynnyrch barddol Gerallt Lloyd Owen, mae'n anodd credu nad techneg fwriadol yw torri ar y llif cronolegol yma. Ambell waith, mae gan ymwrthod â chronoleg arwyddocâd penodol. Er enghraifft, ar ddechrau'r bennod sy'n trafod ei hynafiaid (pennod 3), sonia'r adroddwr am brofiad penodol a gawsai '[m]ewn gwers hanes yn chweched dosbarth Ysgol Tytandomen' (1999, t. 21) lle caiff ei holi gan yr athro 'pa mor bell y medrwn olrhain fy achau'. Pan ddywed Gerallt y disgybl wrtho y gall olrhain ei achau ar draws sawl canrif hyd at Lywarch Hen, caiff ateb trahaus gan yr athro: 'But seriously, boy, how far can you really trace your ancestors?' Er mai pennod 11 sy'n trafod ei gyfnod yn y Bala Boys' Grammar School (enw swyddogol Ysgol Tytandomen) o safbwynt cronoleg, mae'r hanesyn hwn yn fodd iddo gydio wrth bwnc canolog y bennod, sef gwreiddiau'r teulu, ynghyd â gosod hynny mewn cyd-destun barddol a chenedlaetholgar sy'n pwysleisio gorthrwm y drefn Seisnig a phwysigrwydd cof y Cymry:

> gwaddol yr hen, hen drefn a alltudiodd Wenllian, unig etifedd ein tywysog olaf, a'i hamddifadu o'i chynefin a'i chof. Yr un drefn, saith ganrif yn ddiweddarach, a geisiai'n halltudio ninnau a'n haddysgu i anghofio. Ond fedrwn i ddim anghofio: gwyddwn pwy oeddwn ym mhob cenhedlaeth. (1999, t. 22)

ii) y llais hunangofiannol – safbwyntiau cyferbyniol

Mwy arwyddocaol, efallai, yw bod modd canfod yn y naratif agweddau neu bersonâu amrywiol ar bresenoldeb yr hunan barddol. Un o'r tensiynau amlycaf yn hyn o beth yw'r gwrthdaro ymddangosiadol rhwng yr unigolyn o fardd (personol) a'r bardd (cyhoeddus) sy'n rhyngweithio â'i deulu a'i gymdeithas. Fe'i cawn yn blentyn sy'n '[c]rwydro'n fyfyriol [...], yn enwedig os oedd rhywun yn sbïo' (1999, t. 103) ac sy'n datblygu yn ddiweddarach, wrth ddechrau prifio o ddifrif yn ei grefft, yn '[g]readur breuddwydiol' nad oedd ag amser i fawr ddim ond barddoniaeth a chynghanedd (1999, tt. 133–4). Ac eto, ni all y persona unigolyddol hwn ei ddatgysylltu ei hun oddi wrth y fagwraeth ddiwylliedig a gafodd yn ei gymuned lle roedd 'barddoniaeth yn rhan organaidd o fywyd cymdeithasol' (1999, t. 95) ac sy'n peri iddo ddatgan fod 'dechrau barddoni yn beth cwbl naturiol i mi, mor naturiol ag anadlu' (1999, t. 93). Nid yw'n syndod, efallai, mai'r dyfyniad hwn sy'n agor nawfed bennod y gyfrol, y bennod sy'n ymdrin ag ef yn fwyaf uniongyrchol fel bardd. Dyma sylfaen ei hunan barddol, felly, ac fel y soniwyd am naturioldeb Cymreictod uchod, y mae naturioldeb y syniad o ddatblygu'n fardd yn thema bwysig sy'n trosgynnu'r hunan personol a chyhoeddus.

iii) y llais hunangofiannol – amrywio rhwng y cyfrwng hunangofiannol a chofiannol

Adeiladu ar y tensiwn hwnnw a wna'r modd y mae'r llais yn amrywio o ran ei safbwynt cofiannol. Er mai adrodd am ei brofiadau ei hun a wna Gerallt Lloyd Owen, wrth bortreadu ei hynafiaid, y gymuned a'r gymdeithas a'i magodd, gallwn ddadlau ei fod yn defnyddio llais sy'n fwy cofiannol na hunangofiannol. Ym mhennod 2, er enghraifft, ceir taith gofiannol o gwmpas pentref y Sarnau lle y'i magwyd. Yma, ceir pwyslais amlwg ar bortreadu cymeriadau'r pentref a cheir rhywfaint o amwysedd o safbwynt pryd y defnyddir atgofion sydd 'o fewn fy nghof i' (1999, t. 16) a rhai sy'n debygol o fod yn 'gof clust'. Mae'r 'lleisiau' hyn yn pendilio yn ôl ac ymlaen drwy'r gyfrol, ac nid yn unig y maent yn herio'r syniad mai un hunan cyflawn sy'n cael ei gofnodi yn y gyfrol, maent yn ogystal yn cysylltu â'r hunan barddol, megis yn y bennod sy'n trafod ei daid, Owen Parry Owen. Yn y bennod hon, er bod adnabyddiaeth plentyn a llanc yn cyfoethogi'r portread, mae'r dethol gofalus ar y deunyddiau, ynghyd â defnydd yr adroddwr o ffynonellau cofiannol a luniwyd gan eraill, yn arwyddo'r nod o gyflwyno 'dyn rhyfeddol'; un a oedd, yng ngeiriau I. B. Griffith (a ddyfynnir yn y bennod), yn '[dd]arlun delfrydol o'r gwerinwr o Gymro cyflawn' (1999, t. 49). Nid yw'n syndod mai dyma'r darlun a geir yn awdl 'Y Gwladwr' yn ogystal (Owen 1972, tt. 42–6). Caiff y lleisiau cofiannol a hunangofiannol eu plethu ynghyd pan sonia Gerallt am ei brifiant ef a'i daid fel beirdd a chynganeddwyr (gan mai wedi iddo ymddeol y meistrolodd Owen Parry Owen y cynganeddion). Er mai atgofion personol a theuluol yw'r rhain ar un wedd, mae'r adroddwr yn creu perthynas ddeongliadol gymhleth rhwng yr awdur/bardd/hunan (Gerallt) a'i wrthrych cofiannol (Owen Parry Owen):

> Er bod wyth a thrigain o flynyddoedd rhyngom yr oedd ein diddordebau a'n daliadau yn ein gefeillio ac, wrth gwrs,

roedd gennym hefyd y cwlwm pellach [...] Bob tro y deuem at ein gilydd y peth cyntaf a wnâi fyddai fy nhywys o'r neilltu i gael fy marn ar ei englyn diweddaraf ac ni allwn innau lai na sylwi ar y gwelliant yn ansawdd ei englynion fel y deuai'n fwyfwy cyfarwydd â'r grefft nes cyrraedd, yn ei hen ddyddiau, aeddfedrwydd go nodedig[.] (1999, t. 50)

Dyma'r taid a'r ŵyr yn cyfranogi o'r un diwylliant a'r un traddodiad, ac mae'r duedd i amrywio llais a chyfrwng (sy'n bresennol yn ei ymdriniaeth â'i athrawon barddol yn ogystal) yn golygu y gall yr adroddwr werthfawrogi arwyddocâd marwolaeth ei daid ar ddiwedd y bennod yng nghyd-destun colli cof sy'n amgenach na chof unigolyn, sef cof cymdeithas neu genedl:

> mi wyddwn fod mwy na thaid a mwy na ffrind wedi mynd o'm gafael. Gyda'r anadliad olaf hwnnw aeth canrif o gof ac efallai gymaint a hynny wedyn o gof clust i ebargofiant. (1999, t. 51)

Yma, ymdeimlwn yn fyw iawn â'r dwyster mai 'angof yw'r gwir elyn', ys dywed Jerry Hunter (1997, t. 59); elfen sydd ar ei mwyaf datblygedig yn rhai o gerddi aeddfetaf y bardd, megis yr awdl 'Cilmeri' a ganmolwyd gan Dafydd Johnston am y modd y cyfunnir ynddi '[d]ôn herfeiddiol a dychanol' y bardd cyhoeddus, gwleidyddol â 'thynerwch synhwyrus' ei ganu marwnadol, personol (2006, t. 177). Yn debyg i'r atgof am olrhain ei achau ar ddechrau pennod 3, mae'r prosesau llenyddol yn dadlennu arwyddocâd y weithred o gofio yn yr adroddwr (a'r darllenydd) wrth i Gerallt Lloyd Owen uniaethu â phrofiad oesol ei gyndeidiau mewn modd sy'n trosgynnu amser. Y cof cymunedol (a chenedlaethol) hwn sy'n aml yn cynnig manylder a chyfoeth i naratif y gyfrol, lle mae'r cof personol yn tueddu i fod yn fwy argraffiadol a gwibiol. Efallai'n wir mai hanner hunangofiant sydd yma, ond mae Gerallt y bardd yn hydreiddio'r gyfrol.

Y *sequel*? *Gerallt* (2013)

Yn 2013, darlledwyd ffilm ddogfen a oedd fel pe bai'n mynd ati i lenwi'r bwlch amseryddol a adawyd ar derfyn *Fy Nghawl fy Hun*. Y cyfarwyddwr oedd Guto Williams a byddai'r ffilm *Gerallt* yn ymddangos flwyddyn yn unig cyn marwolaeth y gwrthrych yng Ngorffennaf 2014. Cafodd y ffilm gofiannol hon dderbyniad gwresog gan wylwyr S4C, gan ennill gwobr rhaglen ddogfen BAFTA Cymru a'r brif wobr yng ngŵyl Celtic Media, 2014. Dyma ddilyniant o fath, felly, er bod yma ddwy ffurf ymddangosiadol wahanol o lên bywyd a dau gyfrwng gwahanol. Sail y ffilm yw cyfres o gyfweliadau anffurfiol â'r bardd yn ei gartref, ond rhai sydd wedi'u dethol yn ofalus. Unwaith eto, mae gan y ffilm, fel y gyfrol, ffiniau ansad sy'n dangos y berthynas gymhleth rhwng y cyflwr cofiannol a'r hunangofiannol, ac mae'r ffilm hithau yn atgyfnerthu'n benodol lais y bardd.

Er gwaethaf presenoldeb lleisiau aelodau o'r teulu a deunydd archifol, llais hunangofiannol Gerallt sy'n llywio'r naratif. Er na chlywn eiriau y sawl sy'n holi o gwbl yn y cyfweliadau, mae'r llais hunangofiannol wedi'i osod o fewn fframwaith cofiannol am ei fod wedi ei siapio, ei gynhyrchu a'i olygu gan y cyfarwyddwr. Cyd-redeg â'r monologau cartrefol hyn y mae golygfeydd eraill ohono'n teithio i stiwdio recordio ac yn datgan rhai o'i gerddi ar gyfer cryno-ddisg. Mae tuedd ar yr olwg gyntaf i'r agweddau hyn ymddangos yn wahanol i'w gilydd – 'Gerallt y Bardd' (cyhoeddus) ar y naill law, a'r 'gŵr tu ôl i'r geiriau' (personol) ar y llall. Wrth adrodd ei gerddi yn nhywyllwch y stiwdio recordio, mae'r cyd-destun a'r awyrgylch, ynghyd â grym a thôn y llais, yn bendifaddau farddol. Wrth sgwrsio ar ei aelwyd, llais storïwr diddan *Fy Nghawl fy Hun* sydd i'w glywed, yn myfyrio a hel atgofion am agweddau ar ei fywyd (agweddau barddol ac anfarddol) ac yn gwneud tasgau dibwys, pob dydd – gwylio a bwydo adar, berwi wy, ysmygu wrth y tân, gwylio'r teledu. Yma eto, mae'r plethiad o'r cofiannol a'r hunangofiannol yn amlygu a phwysleisio'r bardd. Yn gyntaf, mae'r straeon a'r atgofion a gaiff eu hadrodd gan Gerallt ar ei aelwyd yn aml yn cysylltu â'i weledigaeth farddol neu â'i swyddogaeth fel bardd. Wrth ysmygu ger y pentan, mae'n trafod grym barddol geiriau a threfn; wrth ferwi wy, mae'n hel atgofion am y llinell gyntaf o gynghanedd y bu iddo'i chreu; wrth fwydo'r adar, mae'n mynegi ei gydymdeimlad at y gwan neu'r lleiafrifol a orthrymir; wrth wylio'r teledu, mae'n edrych ar seremoni cadeirio'r bardd ac yn sôn am bwysigrwydd yr Eisteddfod Genedlaethol fel symbol o sofraniaeth ddiwylliannol Cymru (yn sgil colli sofraniaeth wleidyddol y genedl ym 1282).

Yn ail, mae dull y cyfarwyddwr o gyfosod y lleisiau yn golygu y caiff y pethau pob dydd hyn eu fframio gan olygfeydd ohono yn nhywyllwch y stiwdio. Try atgof emosiynol ar ei aelwyd am farwolaeth ei dad yn fyfyrdod hunanfeddiannol a stoicaidd pan fo yn y stiwdio yn datgan marwnad iddo. Mae'r pwyslais ar hel atgofion yn y naill destun a'r llall yn amlygu pwysigrwydd y cof. Er nad oes gofod yn y bennod hon i fanylu rhagor ar y ffilm ddogfen, mae'n ddiddorol y ceir unwaith eto densiynau sy'n ymwneud â dilyn neu wrthod cronoleg, amrywio a chymysgu lleisiau, a'r modd y mae persona'r bardd yn bresennol yn y ffilm. Cawn enghraifft o gymhlethdod y llais ar waith yng ngolygfa gyntaf un y ffilm. Nid ar ei aelwyd y mae Gerallt y tro hwn, ond ar fws yn teithio o'i gartref i'r stiwdio recordio. Y mae, felly, yn llythrennol rhwng yr aelwyd a'r stiwdio, sef y ddau gyd-destun y sonnir amdanynt uchod. Yr hyn sy'n cysylltu'r naill gyd-destun â'r llall yw thema fawr y cof a'r perygl o'i golli:

> Os na wyddom ni o ble dan ni'n dod, wyddom ni ddim pwy ydan ni, nac i ble rydan ni'n mynd. Does arna'i ddim ofn marw fel y cyfryw, y marw corfforol. Marw fy mhen ydy fy arswyd mawr i; hynny ydy, colli fy nghof. Nid fy nghof fy hun yn unig sydd gen i, ond mae gen i hefyd gof fy nghenedl, drwy ei phriod iaith, sef y Gymraeg. (Williams 2013)

Gwelwn fod y cof personol a'r cof ehangach yn cymysgu â'i gilydd yn yr hyn a ddywedir wrth deithio ar y bws gwag, ac mae ei eiriau yn llawn arwyddocâd o safbwynt ei weledigaeth farddol a'r modd y mae'n ystyried ei gyfrifoldeb a'i swyddogaeth fel bardd. Atgyfnerthu hynny a wna penderfyniad y cyfarwyddwr i ddilyn yr olygfa hon gyda darlun ohono'n cyrraedd y stiwdio ac yn adrodd pennill agoriadol y gerdd 'Cilmeri' (1972, t. 23):

Fin nos, fan hyn
Lladdwyd Llywelyn.
Fyth nid anghofiaf hyn.

Sylw Clo

Sut felly y dylem ymdrin â llên bywyd? Nid fel ffenestr i'r enaid sy'n adlewyrchu'r holl wir, ond fel testun goddrychol, wedi'i seilio ar wirionedd o fath, sy'n ceisio mynegi a dehongli'r hunan o fewn terfynau'i gyfrwng; proses sydd yn aml yn llawer cymhlethach, ac sy'n ymestyn yn ehangach na ffiniau ffurfiau megis y 'cofiant' a'r 'hunangofiant'. Yn hynny o beth, gellir trin testun hunangofiannol fel unrhyw destun arall – cerdd, er enghraifft – wrth chwilio am ddehongliad. Ar ddiwedd y ffilm ddogfen, caiff Gerallt ei ddarlunio yn yfed te yng nghegin ei gartref, lle dywed braidd yn ddiymhongar nad oedd erioed wedi'i ystyried ei hun yn rhywun a oedd yn cyflawni rhyw swyddogaeth benodol. Ychwanega mai'r cyfan a wnaeth oedd 'dweud yr hyn a oedd yn agos at fy nghalon i' (Williams 2013). Gobeithio i'r ysgrif hon ddangos bod archwilio'r llais neu'r hunan a gaiff ei fynegi mewn testunau llên bywyd yn fodd i atgyfnerthu, a herio, yr hyn a ddywed bardd.

Cyfeiriadau

Anderson, Linda. 2001. *Autobiography*. Llundain ac Efrog Newydd: Routledge.

Chapman, T. Robin. 2016. Hunangofiant. *Esboniadur Beirniadaeth a Theori y Coleg Cymraeg Cenedlaethol*. [Ar-lein]. Ar gael: *https://wici.porth.ac.uk/index.php/Hunangofiant*, cyrchwyd 10 Rhagfyr 2021.

Hunter, Jerry. 1996. Cerddi gwleidyddol Gerallt Lloyd Owen: Canoloesoldeb a Chyfoesedd. *Barn* 406, Tachwedd, tt. 37–9.

— 1997. Maen y Cof a'r Gofeb Fydryddol. *Barn* 410, Mawrth, tt.57–9.

Jewell, Rhianedd. 2013. Darnau o'r hunan: ysgrifennu hunangofiannol yr awdures Gymraeg. Yn: Hallam, Tudur a Price, Angharad. goln. *Ysgrifau Beirniadol* 32. Bethesda: Gwasg Gee, tt. 205–35.

Johnston, Dafydd. 2006. Gerallt Lloyd Owen. Yn: Rhys, Robert. gol. *Y Patrwm Amryliw: Cyfrol 2*. Llandybïe: Cyhoeddiadau Barddas, tt. 168–80.

Jones, Bedwyr Lewis. 1976. Cofiannau ac Atgofiannau. Yn: Bowen, Geraint. gol. *Y Traddodiad Rhyddiaith*. Caerdydd: Gwasg Prifysgol Cymru, tt. 150–66. [Ar-lein]. Ar gael: *https:// llyfrgell.porth.ac.uk/View.aspx?id=1464~4p~QbzyusJs&ajax=l*, cyrchwyd 17 Rhagfyr 2022.

Jones, Emyr Gwynne. 1968. Y cofiant. Yn: Morgan, Dyfnallt. gol. *Gwŷr Llên y Bedwaredd Ganrif ar Bymtheg*. Llandybïe: Llyfrau'r Dryw, tt. 175–86.

Jones, R. Tudur. 1998. Cewri ar eu gliniau: Agweddau ar Dduwioldeb y Piwritaniaid. Yn: Morgan, D. Densil. gol. *Grym y Gair a Fflam y Ffydd: Ysgrifau ar Hanes Crefydd yng Nghymru*. Bangor: Canolfan Uwch-Efrydiau Crefydd yng Nghymru, tt. 17–50.

Kaplan, Cora. 2007. Biographilia. Yn: idem, *Victoriana: Histories, Fictions, Criticism*. Caeredin: Edinburgh University Press, tt. 37–84.

Maio, Samuel. 2005. The Poet's Voice as Persona. Yn: idem, *Creating Another Self: Voice in Modern American Personal Poetry*. Kirksville: Truman State University Press, tt. 1–29.

Marcus, Laura. 1995. The face of autobiography. Yn: Swindells, Julia. gol. *The Uses of Autobiography*. Llundain: Taylor and Francis, tt. 13–23.

— 2018. *Autobiography: A Very Short Introduction*. Rhydychen: Oxford University Press.

Marks, Rhiannon. 2013. *'Pe Gallwn, Mi Luniwn Lythyr': Golwg ar Waith Menna Elfyn*. Caerdydd: Gwasg Prifysgol Cymru.

Morgan, Elin Llwyd. 2000. Adolygiad ar *Fy Nghawl fy Hun*. Barn 446, Mawrth, tt. 40–1.

Owen, Daniel. 1885. *Hunangofiant Rhys Lewis, Gweinidog Bethel*. Yr Wyddgrug: J. Ll. Morris.

Owen, Gerallt Lloyd. 1972. *Cerddi'r Cywilydd*. Caernarfon: Gwasg Gwynedd.

— 1991. *Cilmeri a Cherddi Eraill*. Caernarfon: Gwasg Gwynedd.
— 1999. *Fy Nghawl fy Hun*. Caernarfon: Gwasg Gwynedd.
Roberts, Llion Pryderi. 2011. 'Mawrhau ei swydd': Owen Thomas, Lerpwl (1812–91) a Chofiannau Pregethwyr y Bedwaredd Ganrif ar Bymtheg. Traethawd PhD anghyhoeddedig, Prifysgol Caerdydd.
— 2014. 'Pob peth yn cydweithio er daioni': *Cofiant [. . .] Thomas Charles* (1816). Yn: Morgan, D. Densil. gol. *Thomas Charles o'r Bala*. Caerdydd: Gwasg Prifysgol Cymru, tt. 157–72.
Rowlands, John. 1992. *Ysgrifau ar y Nofel*. Caerdydd: Gwasg Prifysgol Cymru.
Williams, Guto. 2013. *Gerallt*. Cynhyrchiad Cwmni Da ar gyfer S4C. [Ar-lein]. Ar gael: *https://llyfrgell.porth.ac.uk/View. aspx?id=1367~4r~SzdzPDf0*, cyrchwyd 10 Rhagfyr 2021.

Nodiadau

[1] *Y Talwrn* yw'r enw a ddefnyddir erbyn hyn. Am wybodaeth bellach gweler y gyfrol *Dathlu'r Talwrn – Pigion ac Atgofion*. Cyhoeddiadau Barddas, 2020.

[2] Am ragor o fanylion gweler y cofnod amdano yn *Y Bywgraffiadur Cymreig*. [Ar-lein]. Ar gael: *https:// bywgraffiadur.cymru/article/c11-OWEN-LLO-1944*, cyrchwyd 10 Rhagfyr 2021.

[3] Gweler, er enghraifft, y drafodaeth a geir gan J. R. Jones (1911–70) yn y gyfrol *Prydeindod* (Llandybïe: Llyfrau'r Dryw, 1966). (eLyfr y Coleg Cymraeg Cenedlaethol, 2013) [Ar-lein]. Ar gael: *https://llyfrgell.porth.ac.uk/View. aspx?id=2038~4n~NOVt9fmN*, cyrchwyd 10 Rhagfyr 2021. Gweler hefyd gofnod Simon Brooks. 2018. J. R. Jones. *Esboniadur Beirniadaeth a Theori y Coleg Cymraeg Cenedlaethol*. [Ar-lein]. Ar gael: *https://wici.porth.ac.uk/ index.php/Jones,_J._R.*, cyrchwyd 10 Rhagfyr 2021, ynghyd â'r cyfeiriad ym mhennod Jerry Hunter isod, t. 277.

Cwestiynau Trafod

Defnyddiwch y cwestiynau canlynol i adolygu eich sgiliau allweddol a'ch gwybodaeth am gynnwys y penodau yn yr adran hon. Gellwch ddefnyddio'r cwestiynau i sbarduno trafodaeth ac i ystyried rhai cwestiynau newydd.

1. Sut y mae llenyddiaeth yn archwilio dylanwadau diwylliannol a chymdeithasol a/neu yn eu herio?

2. Pa mor bwysig yw termau megis, traddodiad, canon, safon, gwirionedd wrth ymdrin â thestunau llenyddol Cymraeg?

3. Pa mor bwysig yw hi fod llenyddiaeth y Gymraeg yn adlewyrchu amryfal leisiau'r Gymru sydd ohoni?

4. A yw ystyried y berthynas rhwng ffurfiau llenyddol gwahanol yn cyfoethogi ein dealltwriaeth o destunau?

5. Beth yw diben nodweddion neu gonfensiynau testunol, megis thema, persona, tensiwn, cymeriadu, mewn darn o lenyddiaeth?

6. Beth y gall llenyddiaeth ei ddweud wrthym am ddatblygiad y Gymraeg?

ADRAN 2

Iaith

5

Casglu Elfennau o'r Tafodieithoedd Cymraeg Heddiw: Sut y gallwch chi ddechrau ar waith maes

Iwan Wyn Rees

Cyflwyniad

— 'Gymrwch chi lefrith efo'ch paned?'

— 'Chi mo'yn llâth 'da'ch dishgled?'

Dyma ddwy ffordd gwbl wahanol o ofyn cwestiwn syml iawn. Efallai y byddech chi'n debyg o ddweud y naill neu'r llall o'r rhain, neu efallai fod y ddwy fel ei gilydd yn wahanol i'r hyn a ddywedech chi. Tybed a allwch chi feddwl am ffyrdd eraill o ofyn yr un cwestiwn? Ond beth bynnag yw'r ateb i hynny, mae'r gwahaniaeth rhwng y ddau gwestiwn yn brawf clir iawn o un peth amlwg am y Gymraeg – mae'n iaith sy'n berchen ar gyfoeth o ffurfiau tafodieithol.

    Ffurf amrywiol ar iaith yw tafodiaith. Gan amlaf, byddwn yn cysylltu tafodiaith ag iaith lafar, sy'n ddigon synhwyrol o ystyried tarddiad y gair: *tafod* + *iaith*. Ond gall tafodiaith hefyd ddigwydd ar ffurf ysgrifenedig – meddyliwch am nofel megis *Un Nos Ola Leuad* (1961) gan Caradog Prichard, er enghraifft. Mae tafodiaith unigol fel rheol yn cael ei chysylltu â grwpiau penodol o bobl. Yn aml iawn, mae'r grwpiau hyn yn rhai daearyddol, felly gallwn sôn am dafodiaith Caernarfon, neu dafodiaith Caerdydd. Ond nid daearyddiaeth yw'r unig ffactor wrth inni ystyried tafodiaith: er enghraifft, gall dosbarth cymdeithasol, rhywedd, oedran ac iaith yr aelwyd oll fod yn berthnasol hefyd.[1]

'Tafodieitheg' (S. *dialectology*) yw'r term a ddefnyddiwn i gyfeirio at y ddisgyblaeth sy'n astudio tafodieithoedd. Gan ei bod yn cynnwys yr holl ffactorau daearyddol, cymdeithasol a (seico)-ieithyddol sy'n effeithio ar ddefnydd iaith, mae tafodieitheg yn ddisgyblaeth dra eang, fel y gallwch ei ddychmygu. Ac mae hefyd yn faes sy'n berthnasol i bob un o ieithoedd y byd, gan gynnwys rhai nad ydynt yn ieithoedd llafar, megis ieithoedd arwyddo (a ddefnyddir yn arbennig gan bobl fyddar).

Wrth reswm, dim ond un o'r ieithoedd hynny yw'r Gymraeg. Ond buan y daw plant bach, hyd yn oed, i sylweddoli – yn aml gyda chymorth rhaglenni 'Cyw' ar S4C – nad pawb sy'n siarad Cymraeg yn yr un ffordd, er mor fychan yw Cymru ar y map. Mewn geiriau eraill, mae'r gwahaniaethau ieithyddol sylweddol a ddaw i'r amlwg wrth inni deithio drwy Gymru (neu grwydro i Batagonia bell o ran hynny), neu sydd i'w cael oddi mewn i gymunedau penodol rhwng siaradwyr Cymraeg o gefndiroedd gwahanol, yn dangos yn glir fod y Gymraeg yn iaith sy'n gyforiog o dafodieithoedd amrywiol. Yn wir, mae'r posibiliadau'n ddiderfyn bron i unrhyw ymchwilydd sy'n dymuno gweithio ar brosiect ym maes tafodieitheg y Gymraeg.

Fel un sydd wrth ei fodd yn astudio tafodieithoedd, fe allwn fynd i sawl cyfeiriad yn y bennod hon. Ond rwyf am geisio gwneud rhywbeth a all eich helpu chi i gymryd y cam cyntaf ym maes tafodieitheg, sef casglu data ieithyddol. Byddaf felly yn trafod yr ystyriaethau ymarferol hynny y mae'n rhaid i bob ymchwilydd eu pwyso a'u mesur wrth fynd ati i lunio prosiectau ym maes tafodieitheg. Gan hynny, nid yw'n fwriad gennyf yma fanylu ar ddatblygiad hanesyddol maes tafodieitheg. Mae dechreuadau'r ddisgyblaeth yn mynd yn ôl i chwarter olaf y bedwaredd ganrif ar bymtheg ac os hoffech ddarllen rhagor am hynny, mae Rees (2020) ac R. O. Jones (1986) yn trafod yr agwedd honno ar y pwnc yn fanwl. Yn yr un modd, nid yw'r bennod hon chwaith yn manylu ar y gwahanol ddulliau a ddefnyddir heddiw i ddadansoddi data. Fy mwriad yn hytrach yw eich cynorthwyo mewn modd ymarferol gyda'r broses heriol o gasglu data gan obeithio y caiff nifer ohonoch eich ysbrydoli i gynllunio ac i ddatblygu eich prosiectau tafodieithol eich hunain. Yn aml, mae'n haws gweithredu ar eich cynlluniau gwreiddiol os byddwch wedi rhagweld ambell broblem o flaen llaw, felly fe ystyriwn hefyd ambell faen tramgwydd sy'n debygol o godi wrth fynd heibio.

Dewis pwnc a phennu sgôp eich prosiect

Man cychwyn amlwg unrhyw brosiect tafodieithol (fel prosiectau o feysydd eraill) yw penderfynu ar bwnc a phennu hyd a lled eich prosiect. Er mor amlwg yw hyn ar yr olwg gyntaf, nid mater bach mohono ar unrhyw gyfrif. Dyma ichi felly ambell air o gyngor a allai eich helpu:

i. **Wrth lunio teitl neu amlinelliad byr o'ch prosiect, ceisiwch feddwl yn y lle cyntaf beth yw prif gwestiwn eich ymchwil.** Mewn geiriau eraill, beth yw diben eich prosiect? Unwaith y bydd hyn wedi ei sefydlu gennych, daw cynllunio'r prosiect yn haws – gallwch feddwl wedyn yn nhermau 'dyma'r camau sy'n angenrheidiol ar gyfer ateb fy nghwestiwn'.

ii. **Gochelwch rhag i sgôp eich prosiect fod yn rhy eang neu i'ch dewis bwnc fod yn rhy gyffredinol.** Dyma ichi, er enghraifft, deitl cychwynnol un prosiect sy'n swnio'n addawol, ond sy'n hynod eang mewn gwirionedd: 'Astudiaeth o'r nodweddion tafodieithol sy'n diflannu yn iaith disgyblion Ceredigion heddiw.' Byddai'n deg dweud bod sawl problem â'r teitl hwn. Yn gyntaf, mae'r ardal dan sylw, sef Ceredigion gyfan fe ymddengys, yn eang iawn; byddai'n rhaid gwneud gwaith maes ym mhob un o ysgolion a cholegau addysg bellach y sir er mwyn ceisio ateb y cwestiwn hwn yn effeithiol. Yn ail, mae'r teitl hwn yn rhoi'r argraff fod pob nodwedd 'sy'n diflannu' (beth bynnag yw ystyr hynny'n union) yn cael sylw yn y prosiect hwn; gwell fyddai bod yn fwy penodol a chyfyngu'r ymchwil i un neu nifer fechan o nodweddion tafodieithol (cewch ragor o fanylion am y rhain yn yr adran nesaf isod). Yn olaf (ac rwyf wedi cyffwrdd â'r gwendid hwn yn barod), er bod y term 'nodweddion [...] sy'n diflannu' i'w weld yn syml ar yr olwg gyntaf, mae'n codi nifer o gymhlethdodau mewn gwirionedd. Ai diben y prosiect hwn yw dangos bod nodweddion traddodiadol (rhai geiriau ac ymadroddion, dyweder) yn hollol absennol yn iaith holl ddisgyblion y sir? Os felly, a yw'n bosib fod y nodweddion hyn hefyd yn absennol neu'n brin yn iaith lafar cenedlaethau eraill o siaradwyr Cymraeg, er enghraifft oedolion ifainc a phobl ganol oed? Wrth gwrs, byddai angen data gan y grwpiau oedran hynny hefyd pe baech am archwilio hynny'n fanylach. A dyna'r prosiect yn tyfu ymhellach!

Yn sicr, yr ateb i'r problemau hyn – i raddau helaeth o leiaf – yw bod yn fwy penodol a sicrhau bod hyd a lled y prosiect yn ddigon cyfyng i fod yn ymarferol bosib. O ofyn cwestiwn eithaf penodol megis 'i ba raddau y mae disgyblion Ysgol Cwm Caws yn amrywio yn eu defnydd o eiriau traddodiadol nodweddiadol o Gwm Caws?', buan y dylai sgôp y prosiect a holl gamau'r llwybr sydd o'ch blaen ymddangos yn gliriach ac yn fwy cyraeddadwy o fewn eich terfyn amser. (Gyda llaw, dychmygol yw enw'r ardal a'r ysgol dan sylw – hyd y gwn!)

iii. **Ystyriwch i ba raddau y gellir cymryd honiadau ysgubol fel man cychwyn.** Yn aml, bydd pobl yn honni pob math o bethau eithafol am iaith, a hynny heb lawer o sail neu dystiolaeth. Er bod angen troedio'n ofalus iawn wrth ymdrin â honiadau o'r fath, mae'n werth cofio y gall herio'r honiadau hyn fod yn un ffordd effeithiol o ddewis pwnc a datblygu prosiect. Ystyriwch yr honiad hwn, er enghraifft:

'Mae pobl sy'n siarad hen dafodiaith bur Cwm Tawe yn fwy hyderus yn y Gymraeg, yn dangos mwy o falchder yn yr iaith ac yn fwy tebygol o'i siarad yn y gymdeithas.'

Mae'n werth pwysleisio yn y lle cyntaf fod y cysyniad o'r 'hen dafodiaith bur' yn broblematig iawn o safbwynt ieithyddol, ac fel y dywed Chambers a Trudgill (1998, t. 46), 'linguistic studies suggest that there is probably no such thing as a "pure" dialect, since most varieties of language appear to be variable and to show signs of influence from other varieties'. Bid a fo am hynny, os cymerwn ni mai rhai o nodweddion tafodieithol traddodiadol Cwm Tawe sydd dan sylw yn yr honiad, gallai'r berthynas gymhleth rhwng defnydd siaradwyr o nodweddion tafodieithol lleol ar y naill law, a'u hyder, eu balchder ac amlder eu defnydd o wahanol ieithoedd ar y llaw arall, fod yn destun prosiect dilys a diddorol iawn. Gallai canlyniadau'r math hwn o brosiect fod yn gyfraniad pwysig i faes polisi iaith hefyd – yn wir, mae 'cynyddu'r defnydd o'r Gymraeg' yn un o brif themâu strategaeth ddiweddar gan Lywodraeth Cymru (2017), sef 'Cymraeg 2050: Miliwn o Siaradwyr', ond ychydig sy'n hysbys o hyd am natur y berthynas rhwng defnydd siaradwyr o'r Gymraeg (a chan hynny eu hyder) a'u defnydd o ffurfiau llafar (lleol, rhanbarthol, safonol ayb.) a'u hymagweddau tuag atynt.

iv. **Manteisiwch ar gyfleoedd i glymu eich prosiect â'ch dyheadau gyrfaol a'ch cyflogadwyedd.** Er mai casglu data ar gyfer cwblhau traethawd at bwrpas eich gradd yw'r nod yn y tymor byr, mae'n sicr yn werth ystyried y sgiliau trosglwyddadwy gwerthfawr y byddwch yn eu meithrin wrth gyflawni'r prosiect. Pe baech am gael gyrfa ym myd y cyfryngau neu ym maes newyddiaduraeth, er enghraifft, byddai'n sicr yn fuddiol ichi gael profiad o gynnal cyfweliadau. Yn yr un modd, bydd amryw sydd â'u bryd ar weithio yn y byd addysg yn penderfynu arsylwi dosbarthiadau mewn ysgolion fel rhan o'u gwaith maes – mae hyn yn sicr yn gyfle da i rwydweithio ac i ddysgu llawer am natur swyddi addysgwyr (ac, wrth gwrs, yn ffordd effeithiol o sylwi ar batrymau iaith cyffredin wrth i ddisgyblion ryngweithio'n naturiol â'u hathrawon).

v. Yn olaf, ond nid yn ddibwys er hynny, **cofiwch ddewis testun prosiect sydd o ddiddordeb gwirioneddol i chi.** Efallai eich bod wedi pendroni llawer am y gwahaniaethau ieithyddol bychain rhwng ardal eich magwraeth chi a bro gyfagos a'r rhesymau posib drostynt – tybed felly a oes modd datblygu'r arsylwadau hyn ymhellach? Neu efallai eich bod yn rhwystredig ers blynyddoedd fod rhagfarn yn erbyn eich acen, dyweder, neu eich patrymau gramadegol hyd yn oed. Beth felly am geisio rhoi prawf ar yr amheuon hynny drwy gasglu data o natur fwy gwyddonol na'ch canfyddiadau greddfol? Yn y pen draw, eich prosiect chi fydd hwn (nid un eich tiwtor na neb arall), felly mae'n bwysig eich bod yn ei berchnogi, yn ymddiddori yn y pwnc o'r dechrau'n deg a bod eich stamp arbennig chi arno drwyddi draw.

Y mathau o nodweddion tafodieithol y gellir eu hastudio

Wedi ichi ddewis eich pwnc neu ffurfio prif gwestiwn eich ymchwil, buan y bydd angen ystyried pa fath(au) o nodweddion tafodieithol yr hoffech ganolbwyntio arnynt yn eich prosiect. Edrychwn i ddechrau felly ar rai o'r ffyrdd y mae'r Gymraeg (yn debyg i ieithoedd eraill) yn amrywio ar sawl lefel gwahanol, gan gynnwys y canlynol:

Geirfa – weithiau, ceir gwahaniaethau amlwg rhwng y de a'r gogledd, e.e. 'mam-gu', 'nawr' ac 'allwedd' yn y de, ond 'nain', 'rŵan' a 'goriad' yn y gogledd. Fodd bynnag, yn achos ambell eitem, mae'r sefyllfa'n fwy cymhleth, e.e. ar gyfer *boy* y Saesneg, gellir clywed ffurfiau ar y 'bachgen' safonol mewn rhannau o'r de a'r gogledd (heb anghofio'r canolbarth!), ond ceir amrywio hefyd rhwng ffurfiau mwy lleol neu ranbarthol, e.e. 'hogyn' (mewn rhannau o'r gogledd), 'còg' (ym Maldwyn a rhannau o Feirionnydd), 'r(h)ocyn' (yn Sir Benfro) a 'crwt' neu 'crwtyn' (mewn rhannau o'r de). Ar adegau eraill, mae'n gyffredin i fenthyciad o'r Saesneg amrywio â gair mwy brodorol Gymraeg – dyna ichi'r ymgyfnewid cyffredin bellach rhwng '(en)joio' a 'mwynhau', er enghraifft.

Acen – yn aml, ymwneud â gwahanol ffyrdd o gynhyrchu seiniau (seineg) neu'r modd y mae'r seiniau hyn yn patrymu mewn gwahanol dafodieithoedd (ffonoleg) yr ydym wrth ymdrin ag amrywio yn ôl acen. Enghraifft o batrwm ffonolegol amrywiol fyddai'r gwahaniaeth rhwng y de a'r gogledd o ran hyd llafariaid geiriau unsill sy'n ymddangos o flaen '-sb', '-st', '-sg' a '-llt' (clystyrau cytseiniol). Llafariaid byrion a fydd gan y deheuwyr fel rheol mewn geiriau fel 'cosb', 'tost', 'Pasg' a 'gwallt', ond mae ffurfiau'r gogleddwyr ar y geiriau hyn yn amlwg wahanol oherwydd y llafariaid hir, hynny yw 'côsb', 'tôst', 'Pâsg' a 'gwâllt'. Elfen arall o acen sy'n amrywio yw rhythmau a goslef, sef miwsig yr iaith i bob pwrpas – fel y gallwch ei ddychmygu, mae'n fwy cymhleth cyfleu gwahaniaethau o'r math hwn ar bapur, ond mae'n werth nodi bod astudiaethau manwl sy'n canolbwyntio ar yr agwedd hon ar acen i'w cael hefyd, gan gynnwys dadansoddiadau o oslef y Gymraeg.

Gramadeg – ceir sawl elfen i amrywio gramadegol hefyd. Amrywio morffolegol yw un math sy'n ymwneud ag amrywiaeth yn y modd y caiff gair ei ffurfio. Ystyriwch y gwahaniaeth rhwng y ffurfiau llafar 'blynyddodd' a 'blynydde' – ffurf ar y terfyniad lluosog '-oedd' yw'r '-odd' a welir yn y ffurf gyntaf, a dyma'r terfyniad arferol yn y gogledd; yn y de ar y llaw arall, mae'n ddigon cyffredin i ffurf ar y terfyniad '-au' godi yn y gair hwn, sef '-e' gan mwyaf heddiw (er bod 'blynydda' yn bosib hefyd mewn rhai tafodieithoedd traddodiadol yn y de-ddwyrain).

Fodd bynnag, nid unedau bychain o fewn geiriau unigol ('morffemau' a rhoi eu henwau technegol arnynt) yw'r unig elfennau gramadegol sy'n amrywio ar lafar yn y Gymraeg. Mae cystrawennau'r Gymraeg, sef patrymau brawddegol yr iaith, hefyd yn amrywio. Cymerwch, er enghraifft, y gwahaniaeth rhwng 'Oedd dy gath di yn y fan' ac 'Oedd cath ti/chdi yn y fan'. Dwy gystrawen wahanol sydd yma mewn gwirionedd, a byddai modd i'r ddau batrwm hyn godi o fewn yr un ardal. Un gwahaniaeth amlwg rhwng y ddwy frawddeg yw bod y rhagenw blaen 'dy' yn ogystal â'r treiglad meddal sy'n ei ddilyn yn y patrwm cyntaf wedi eu hepgor o'r ail frawddeg, a chaiff hyn wedyn effaith ar y math o ragenw sy'n dilyn 'cath'. Bydd nifer o fyfyrwyr yn cysylltu'r ail frawddeg lai safonol â Chymraeg pobl ifanc, ond mae peth gwaith i'w wneud o hyd er mwyn gweld a yw defnydd siaradwyr o'r cystrawennau hyn yn gysylltiedig â ffactorau ar wahân i oedran, e.e. ardal, iaith yr aelwyd, a'r math o sefyllfa.

Dyna ichi felly drosolwg gwibiog ar y prif ffyrdd y mae tafodieithoedd y Gymraeg yn amrywio. Mae'n werth pwysleisio bodd modd archwilio degau os nad cannoedd o nodweddion tafodieithol o safbwynt geirfa (geiriau ac ymadroddion), acen (seineg a ffonoleg) a gramadeg (morffoleg a chystrawen), felly dim ond cipolwg sydyn ar y mathau o elfennau sy'n amrywio a geir uchod.[2]

Mynd y tu hwnt i 'hen eiriau anghofiedig'

Weithiau, bydd rhai myfyrwyr yn gweld y broses o ddewis nodweddion tafodieithol yn heriol gan eu bod dan y camargraff mai llunio rhestr o 'hen nodweddion' yw'r nod, hynny yw elfennau tafodieithol traddodiadol sy'n anghyffredin neu'n absennol y tu allan i ardal leol benodol. Fodd bynnag, mae'n werth pwysleisio bod llawer mwy i dafodieitheg fodern na diddordeb mewn geiriau sy'n 'unigryw' neu'n 'hynod' i un ardal neilltuol.[3]

Mwy defnyddiol na rhestrau o nodweddion traddodiadol yw cysyniad y **newidyn sosioieithyddol** (S. *sociolinguistic variable*) a ddatblygwyd yn wreiddiol gan William Labov, 'tad' sosioieithyddiaeth fodern (gweler Tagliamonte 2006, tt. 70–98 am fanylion pellach). Beth felly yw newidyn sosioieithyddol? Yn syml, mae'n elfen ieithyddol sy'n amrywio ar y cyd â newidynnau annibynnol, er enghraifft oedran, rhywedd, dosbarth cymdeithasol, grŵp ethnig, neu arddull y traethu.

Enghraifft o newidyn yn y Gymraeg fyddai'r terfyniad lluosog (au) mewn ffurfiau fel 'pethau' a 'blodau' – sylwer mai symbolau'r wyddor gyffredin a ddefnyddir fel rheol i gyfleu newidyn ieithyddol a hynny oddi mewn i gromfachau arferol. Gan mai newidyn ffonolegol yw hwn, hynny yw un sy'n ymwneud â sawl ffordd bosib o ynganu (au) mewn cyd-destun penodol, gellir defnyddio symbolau'r Wyddor Seinegol Gydwladol (S. *International Phonetic Alphabet*) rhwng cromfachau petryal ar gyfer cyfleu ynganiadau posib, sef, yn achos Cymraeg y de (lle nad yw'r 'u ogleddol' yn gyffredin), [ai], [a] ac [ɛ] (yn cyfateb i 'pethau, 'petha' a 'pethe'). A bod yn fwy technegol, ceir tri **amrywiolyn** (S. *variant*) gwahanol yma ar gyfer y newidyn (au). Yn sicr, byddai modd cynllunio prosiect cyfan a fyddai'n ymchwilio i'r gydberthynas rhwng y defnydd o'r amrywiolion hyn a newidynnau annibynnol, hynny yw ffactorau daearyddol a chymdeithasol megis ardal, iaith yr aelwyd a phwrpas y traethu.

Fy nghyngor i chi felly fyddai meddwl yn nhermau newidynnau ieithyddol, hynny yw nodweddion geirfaol, seinegol/ffonolegol neu rai gramadegol sy'n debygol o amrywio o fewn y gymuned a fydd yn sail i'ch ymchwil, yn hytrach na llunio rhestrau o hen eiriau neu ffurfiau prin yn unig. Er hynny, mae'n bosib y sylwch y bydd ambell amrywiolyn yn gyfyngedig ei ddefnydd i siaradwyr hŷn. Dyna'r patrwm y sylwais arno yn fy ymchwil innau yn achos y ffurfiau Cymraeg a ddefnyddiwyd yn ardal Harlech ar gyfer *carrots* y Saesneg: 'llys(i)au coch(ion)' oedd ffurf fwyaf cyffredin siaradwyr hŷn yr ardal, ond sylwyd mai amrywio rhwng y benthyciad 'carots' a'r gair safonol 'moron' a wnâi'r genhedlaeth iau (Rees 2009, tt. 67–8). O ddadansoddi'r defnydd o bob amrywiolyn felly, mae hyn yn aml yn caniatáu ichi ymwrthod â chasgliadau goddrychol ynghylch 'dirywiad tafodiaith' (oherwydd lleihad yn nefnydd un ffurf) a'ch annog i ddehongli'n fwy gwrthrychol beth yw natur y newidiadau a'r prosesau ieithyddol sydd ar waith mewn gwahanol ardaloedd heddiw.

Mae'n briodol cloi'r adran hon drwy bwysleisio nad mewn gwagle y byddwch yn dewis nodweddion tafodieithol i'w targedu. Yn amlwg, mae perthynas glòs rhwng y dewisiadau hyn a'r math o offerynnau ymchwil y byddwch yn eu defnyddio (boent yn gyfweliadau, holiaduron neu ddulliau mwy arbrofol o gasglu data). Ceisiwch feddwl felly sut y bydd eich dull(iau) o gasglu'r data yn annog siaradwyr i gynhyrchu (ar lafar neu'n ysgrifenedig) y ffurfiau y byddwch yn eu targedu, gan ragweld unrhyw broblemau posib a allai godi (a'u goresgyn yn ddelfrydol). Yn yr un modd, mae'n werth ychwanegu y bydd eich dull(iau) o gasglu'r data hefyd yn effeithio ar y math o sampl ac ar natur y data a fydd gennych. Y pwynt sylfaenol, felly, yw ei bod yn bwysig ystyried y berthynas rhwng eich dewis o nodweddion ieithyddol, eich dulliau o gasglu data ac o samplu siaradwyr a'r math o ddata yr hoffech ei gael ar y diwedd – yn syml, mae'r cyfan yn cydblethu ac yn effeithio ar ei gilydd yn naturiol. Ar y nodyn hwnnw felly, awn ati nesaf i edrych yn fanylach ar rai o'r ystyriaethau methodolegol pwysicaf sy'n codi o safbwynt dewis siaradwyr.

Dulliau o ddewis siaradwyr a chael mynediad atynt

'Cynrychioliadwyedd' (S. *representativeness*) yw'r gair mawr sy'n berthnasol i'r opsiynau sydd gennym wrth ddewis siaradwyr addas.[4] Mae sosioieithyddion heddiw yn feirniadol iawn o ddulliau gwaith maes astudiaethau tafodieithegol cynnar (y rhan fwyaf ohonynt cyn y 1960au pan weddnewidiwyd y maes gan William Labov a'i ddilynwyr) am iddynt ddibynnu'n ormodol ar un math o siaradwr yn unig, sef dynion hŷn o ardaloedd gwledig a fu'n byw yn eu milltir sgwâr ar hyd eu hoes. Y term Saesneg a ddefnyddir ar gyfer disgrifio'r math hwn o siaradwyr yw *NORMs*, acronym o 'non-mobile, older, rural males' (Chambers a Trudgill 1998, tt. 29–30). Mae'n amlwg fod tuedd gan dafodieithegwyr 'traddodiadol' i ragdybio bod iaith lafar *NORMs* yn gynrychioliadol o dafodieithoedd cymunedau cyfan neu mai gan y *NORMs* hyn y ceid y fersiynau 'puraf' o dafodieithoedd ardaloedd penodol (fel y nodwyd uchod, problematig iawn yw'r cysyniad o 'burdeb' tafodieithol). Fodd bynnag, derbynnir yn gyffredinol erbyn hyn na all iaith *NORMs* fod yn gynrychioliadol o iaith cymuned gyfan; ar y gorau, dim ond cynrychioli un garfan gymdeithasol neilltuol (a phrin iawn yn aml) y mae modd iddynt ei wneud mewn gwirionedd.

Mewn geiriau eraill, os eich nod yw olrhain datblygiad(au) ieithyddol ym mhentref Eldorado – neu yn Ysgol Eldorado o ran hynny – mae'n rhaid sicrhau nad ydych yn gorgyffredinoli ar sail un math o siaradwr yn unig. Yr ateb yw ceisio cael sampl amrywiol o siaradwyr sy'n gynrychioliadol o wahanol grwpiau o fewn y gymuned dan sylw. Dim ond wedyn y byddwch ar dir i ddechrau cyffredinoli ynghylch y patrymau amrywio a'r newidiadau ieithyddol sydd ar waith o fewn y pentref neu'r ysgol dan sylw. Fodd bynnag, os mai gweithio ar brosiect israddedig bychan y byddwch chi (yn hytrach na doethuriaeth, dyweder), mae'n ddigon posib na fydd yn ymarferol ichi gael sampl hollol gynrychioliadol o gymuned benodol – os felly, ni fydd hynny'n ddiwedd y byd, a'r peth pwysicaf yw eich bod yn gwbl onest ynghylch pa mor gynrychioliadwy yw'r sampl a gawsoch o'r gymuned y byddwch yn cyffredinoli amdani.

Gadewch inni droi'n awr at rai dulliau penodol o ddewis siaradwyr a allai fod yn addas ar gyfer eich prosiect.

i. Hapsamplu cymesur wedi ei haenu

Fel y mae'r gair 'hapsamplu' yn ei awgrymu, mae a wnelo hyn â dewis siaradwyr ar hap (S. *at random*). Pe bai eich dull samplu yn gyfan gwbl ar hap mewn cymuned fawr (Caerdydd, dyweder), golygai hynny y byddai pob un bod dynol sy'n byw yn y ddinas yn ddiwahân yr un mor debygol â'i gilydd o gael eu dewis.

Fodd bynnag, oddi ar yr adeg pan ddechreuwyd arbrofi â ffyrdd o hapsamplu siaradwyr gan sosioieithyddion megis William Labov (1966) yn Efrog Newydd, UDA a Peter Trudgill (1974) yn Norwich, Lloegr, nid hapsamplu llwyr sy'n arferol ym maes tafodieitheg gymdeithasol eithr yr hyn a elwir yn 'hapsamplu cymesur wedi ei haenu' (S. *proportionate stratified random sampling*). Mae ystyr yr ymadrodd hwn yn symlach nag y mae'n ymddangos ar yr olwg gyntaf! Wrth greu sampl o'r fath, mae'r boblogaeth dan sylw yn cael ei rhannu yn haenau, er enghraifft grwpiau o unigolion sy'n seiliedig ar ffactorau cymdeithasol (a ystyrir yn bwysig gan yr ymchwilydd) megis oedran, rhywedd neu ddosbarth cymdeithasol. Ar ôl i'r haenu ddigwydd, dyma fynd ati i roi technegau hapsamplu ar waith. Gellir defnyddio cofrestr etholiadol (neu ddogfen gyffelyb), er enghraifft, ar gyfer rhestru a rhifo holl ddynion un grŵp oedran gan fynd ati wedyn i ddewis nifer penodol o'r unigolion hyn yn ôl trefn a bennir gan yr ymchwilydd (e.e. rhifau 5, 15, 25 ayb. ar y rhestr). O ddilyn y prosesau gwyddonol hyn, felly, y gobaith yw y bydd canlyniadau'r sampl gyfan yn rhoi darlun cynrychioliadol o batrymau ieithyddol y gymuned gyfan dan sylw.

Er bod hapsamplu unigolion o wahanol grwpiau cymdeithasol yn ymddangos yn dasg rwydd ar yr olwg gyntaf, efallai mai'r hyn sy'n rhoi syniad inni o'r gwaith ymarferol sylweddol (cysylltu, trefnu a recordio) sydd ynghlwm wrth hyn oll yw tablau enghreifftiol. Mae Tabl 1, er enghraifft, yn dangos sampl bosib wedi ei haenu yn ôl dau ffactor cymdeithasol, sef oedran a rhywedd. Gan mai o leiaf 5 neu 6 siaradwr ym mhob cell sy'n arferol (Meyerhoff et al. 2015, t. 22), byddai gofyn cael cyfanswm o 20 siaradwr o leiaf, fel y gwelir yn Nhabl 1. Fodd bynnag, o ychwanegu un ffactor cymdeithasol ychwanegol i'r darlun (iaith yr aelwyd yn yr achos hwn), gwelwn yn Nhabl 2 fod nifer y celloedd yn amlhau a chyfanswm y siaradwyr wedyn yn dyblu i 40. Mewn geiriau eraill, dyna eich baich gwaith wedi ei ddyblu mewn chwinciad chwannen.

Tabl 1: Cynllun sampl (nifer y siaradwyr; dau ffactor cymdeithasol)

Oedran	Gwryw	Benyw
5–10	5	5
11–16	5	5
Isgyfanswm	10	10
		Cyfanswm: 20

Tabl 2: Cynllun sampl (nifer y siaradwyr; tri ffactor cymdeithasol)

	Aelwyd Gymraeg		Aelwyd Saesneg	
Oedran	Gwryw	Benyw	Gwryw	Benyw
5–10	5	5	5	5
11–16	5	5	5	5
Isgyfanswm	10	10	10	10
				Cyfanswm: 40

Os byddwch yn anelu at gyflawni prosiect uchelgeisiol (ar gyfer doethuriaeth, dyweder), mae'n ddigon rhesymol ichi anelu at hapsamplu ar ôl haenu'r boblogaeth dan sylw yn grwpiau gwahanol – gallai weithio'n dda mewn ysgol, er enghraifft. Er hynny, mae'n werth pwysleisio y gall cymhlethdodau godi wrth hapsamplu yng nghyd-destun iaith leiafrifol fel y Gymraeg.

Yn y lle cyntaf, byddai angen hepgor unrhyw siaradwyr di-Gymraeg o'r gofrestr gychwynnol a gallai hynny fod yn drafferthus oni bai eich bod yn adnabod pawb yn y gymuned dan sylw. Ar sail hyn, daeth Mari C. Jones (1998, t. 49) i'r casgliad nad oedd samplu oedolion trwy ddefnyddio cofrestr etholiadol yn ymarferol yng Nghwm Rhymni nac yn Rhosllannerchrugog, dwy ardal ôl-ddiwydiannol yn y dwyrain lle y mae siaradwyr Cymraeg yn y lleiafrif.

Ond hyd yn oed o lwyddo i gael rhestrau o unigolion addas ar gyfer pob cell, mae'n werth cofio nad trin robotiaid y byddwch ond pobl: gan hynny, mae'n gyffredin i bobl wrthod cymryd rhan. Tra nad oedd Labov yn gweld hyn yn ormod o broblem wrth weithio ar Saesneg dinas Efrog Newydd, gall hon fod yn broblem fwy difrifol ymhlith siaradwyr Cymraeg. Cafodd Beth Thomas, er enghraifft, drafferthion wrth geisio llenwi ambell haen wrth hapsamplu ym Mhont-rhyd-y-fen ger Port Talbot, gan '[b]eryglu natur "wyddonol" a "di-duedd" [ei] sampl', yn ei geiriau hi (1998, t. 92). Yn yr un modd, yn astudiaeth Robert Owen Jones (1983) ar ddatblygiadau ieithyddol yn y Gaiman, Patagonia, ni lwyddwyd i recordio yr un siaradwr gwrywaidd yn ei gategori 'canol oed ifanc' o blith ei sampl o 49 cyfranogwr. Fel y noda Christine Jones (1989, t. 65), 'mae modd dadlau nad oedd yr hapsampl hwn yn gwbl gynrychioliadol [...], yn enwedig gan iddo benderfynu cynnwys dwy wraig yn ychwanegol o fewn y dosbarth oedran hwn, er mwyn gwneud iawn am y diffyg'.

I grynhoi felly, mae'n werth cofio bod defnydd a lefelau hyder siaradwyr ieithoedd lleiafrifol fel y Gymraeg yn amrywio'n fawr. Os byddwch yn ddigon ffodus i weithio mewn ardal lle y mae degau neu gannoedd o siaradwyr Cymraeg, efallai y byddwch yn llwyddo i hapsamplu digon o siaradwyr addas o bob grŵp perthnasol. Fodd bynnag, o fynd i ardaloedd eraill lle y mae diffyg trosglwyddiad y Gymraeg o un genhedlaeth i'r llall yn ddigon cyffredin, mae'n ddigon posib mai siaradwyr hyderus yn unig a fydd yn awyddus i'ch helpu ac y bydd y rhain yn gyfyngedig i rai grwpiau'n unig. Yn sicr, gall sicrhau cynrychioliadwyedd fod yn un o'ch heriau mwyaf, felly wrth gynllunio eich gwaith maes yn ofalus, ystyriwch o ddifrif pa mor ymarferol fyddai hapsamplu ar gyfer eich prosiect chi.

ii. Y dechneg 'ffrind-i-ffrind'

Cysylltir y dechneg 'ffrind-i-ffrind' (S. *friend of a friend*) yn bennaf â'r sosioieithydd Lesley Milroy a'i gwaith arloesol ar ddatblygiadau ieithyddol rhwydweithiau cymdeithasol ym Melffast. O gymhwyso'r dechneg hon i'ch prosiect chi, byddai disgwyl i chi fel ymchwilydd ofyn i ffrind eich cyflwyno i bobl eraill y mae'n eu hadnabod yn y gymuned sy'n sail i'ch prosiect. Gyda lwc, byddai hyn yn ei dro yn arwain at gael eich cyflwyno i ragor o bobl (heb i'r ffrind gwreiddiol fod yn bresennol o anghenraid). Eglurir manteision y dull hwn gan Milroy (1987, t. 66):

> As a consequence of the reciprocal rights and obligations which members of closeknit groups contract with each other, the mention of the insider's name had the effect of guaranteeing my good faith; moreover, members of the group appeared to feel some obligation to help me in my capacity as a friend of their friend, so that I acquired some of the rights as well as some of the obligations of an insider.

Mae'n dilyn felly fod y dull hwn, yn ogystal â bod yn fwy ymarferol na defnyddio cofrestr, yn lleihau'r tebygolrwydd o wrthodiadau wrth i gyfranogwyr posib synied amdanoch fel ffrind i'w ffrind hwy yn hytrach na dieithryn o ymchwilydd heb gysylltiad â'u cymuned. Mantais arall yr ymddiriedaeth y gall y dechneg hon ei hennyn mewn siaradwyr posib yw ei bod yn eu helpu i deimlo'n gyfforddus yn eich cwmni, nod bwysig mewn Cyfweliad Sosioieithyddol (gweler t. 103 am fanylion pellach).

Fodd bynnag, un broblem a all godi wrth ddefnyddio'r dull hwn o gael mynediad i siaradwyr yw bod perygl ichi anwybyddu siaradwyr nad ydynt yn rhan o rwydweithiau cymdeithasol cylch cydnabod eich 'ffrind' gwreiddiol. Mewn gwirionedd, byddai modd llenwi haenau sampl benodol (cael siaradwyr ar gyfer pob cell yn Nhablau 1 neu 2 uchod, er enghraifft) drwy ddibynnu ar un rhwydwaith o bobl. Er bod hynny'n newyddion da i'r ymchwilydd yn y maes ar ryw wedd, mae'n codi cwestiynau er hynny ynglŷn â pha mor gynrychioliadol yw'r data os yw'n amlwg fod rhwydweithiau eraill o'r gymuned yn absennol.

Un ateb posib i'r broblem hon yw eich bod yn pendilio rhwng gwahanol rwydweithiau cymdeithasol (Meyerhoff et al. 2015, t. 36). Fodd bynnag, profodd Beth Thomas (1982, tt. 63–6) anawsterau wrth geisio gwneud hynny ym Mhont-rhyd-y-fen. Gan ei bod wedi llwyddo i gael mynediad i sawl rhwydwaith o fenywod dros eu 50 oed a fynychai dri chapel gwahanol, daeth i'r casgliad na allai'n rhwydd rwydweithio â dynion canol-oed ac iau yn nhafarndai'r ardal, nid yn unig oherwydd gwahaniaethau rhyngddi a hwy o safbwynt rhywedd, ond hefyd rhag ofn iddi bechu a cholli ymddiriedaeth nifer o'i chyfranogwyr hŷn benywaidd.

Cefais innau brofiad tebyg mewn tref ym Mhatagonia: roedd un o'm cysylltwyr lleol wedi argymell siaradwyr Cymraeg addas imi, a chan fod y rhan fwyaf ohonynt yn weithgar yng ngweithgareddau diwylliannol Cymreig yr ardal, teg fyddai eu hystyried yn aelodau o 'sefydliad' y Wladfa Gymreig. Fodd bynnag, pan recordiais un siaradwraig Gymraeg nad oedd ar y rhestr a roddwyd imi, mynegwyd cryn syndod fy mod wedi dewis rhywun nad oedd yn ymwneud â'r diwylliant Cymreig yno (nac yn cefnogi'r ysgol ddwyieithog leol yn ôl pob tebyg). Er na chreodd hynny unrhyw ddrwgdeimlad rhyngof ac unrhyw un o drigolion y dref honno, rhaid ystyried y posibilrwydd y gallai ymwneud â rhwydweithiau o bobl sydd ar gyrion y bywyd diwylliannol Cymreig yno dros amser hir fod wedi peryglu fy mherthynas â rhai siaradwyr Cymraeg a ystyrir yn hoelion wyth yn y gymdeithas honno.

iii. Sampl barn (ar sail cyngor cysylltwyr neu arsylwi)

Dull eithaf syml yw defnyddio 'sampl barn' (S. *judgement sample*). Fel ymchwilydd, byddai angen ichi sefydlu pa fath o grwpiau cymdeithasol sydd o ddiddordeb i'ch prosiect. Y cam wedyn fyddai recordio siaradwyr o bob un o'r categorïau hyn – ar gyfer gwneud hyn mewn ardaloedd ar wahân i ardal y Gaiman ym Mhatagonia, er enghraifft, cafodd R. O. Jones (1983: rhagarweiniad) '[d]rawstoriad o'r boblogaeth yn ôl cyngor cysylltwr lleol'.

Ar y llaw arall, mae rhai astudiaethau sosioieithyddol wedi dilyn arferion lleol o grwpio carfanau gwahanol o siaradwyr. Er enghraifft gwahaniaethwyd rhwng 'Jocks' a 'Burnouts' mewn ysgol uwchradd yn Detroit, UDA gan Penelope Eckert (1989). O'm profiad innau, pan oeddwn yn yr ysgol uwchradd yn ardal Harlech, roedd tueddiad amlwg i wahaniaethu rhwng 'josgins', sef siaradwyr (Cymraeg yn ddieithriad) o gefndiroedd gwledig, a'r *townies*, sef plant trefi'r cylch (rhai Cymraeg a di-Gymraeg). Yn sicr, ceir yr un math o wahaniaethu'n digwydd mewn ardaloedd eraill hefyd, er enghraifft cyfeirir at 'hambons' gwledig mewn rhannau o'r de-orllewin. Er hynny, mae'n werth nodi nad oes yr un astudiaeth (hyd y gwn) wedi archwilio'n fanwl arwyddocâd ieithyddol posib y categorïau cyffredin hyn.

Mae'n werth nodi yma fod dulliau o faes ethnograffeg (yn y bôn, maes sy'n astudio ymddygiad pobl a'u diwylliannau) yn gyffredin bellach ar gyfer astudio patrymau ieithyddol siaradwyr (gweler, er enghraifft, Snell et al. 2015), ond nid oes modd manylu ar y wedd honno yma. Fodd bynnag, os byddwch â'ch bryd ar ddefnyddio arferion lleol o grwpio siaradwyr yn hytrach na glynu wrth facro-gategorïau cymdeithasol mwy traddodiadol (er enghraifft oedran, rhywedd, dosbarth cymdeithasol ayb.), mae'n bwysig eich bod yn arsylwi'r gymuned sy'n sail i'ch prosiect yn fanwl fel rhan o'ch ymchwil gefndirol. Un nod heriol ar gyfer yr arsylwi hwn yw sefydlu sut y mae adeiladwaith hunaniaeth(au) mewn gwahanol gyd-destunau yn berthnasol i arferion grŵp, gan gynnwys arferion ieithyddol.

iv. Cyfuno dulliau

Cyn cloi'r adran hon, mae'n werth pwysleisio nad oes raid dewis un dull yn unig o ddewis siaradwyr. Yn wir, mae cyfuno dulliau gwahanol yn gyffredin mewn nifer o astudiaethau sosioieithyddol diweddar. Llwyddodd Mari C. Jones (1998), er enghraifft, i hapsamplu mewn ysgolion yng Nghwm Rhymni ac yn Rhosllannerchrugog, ond defnyddio'r dechneg 'ffrind-i-ffrind' a wnaeth gydag oedolion canol oed a hŷn yr ardaloedd hyn. Mae'n bosib hefyd y byddwch am ddefnyddio sawl techneg wahanol o gasglu data, er enghraifft drwy gyfweliadau, cyfnodau o arsylwi a/neu ddulliau arbrofol eraill, ac y bydd angen amrywio eich dull o ddewis siaradwyr ar gyfer pob un o'r elfennau hyn. Gyda hynny mewn golwg felly, fe drown ni nesaf at rai o'r ystyriaethau pwysicaf sy'n codi o safbwynt eich offerynnau ymchwil.

Cynllunio offerynnau ymchwil effeithiol

Er bod nifer o ddulliau amrywiol o gasglu data tafodieithol, cyfyngir y drafodaeth isod i ddau fath cyffredin iawn o offerynnau ymchwil, sef cyfweliadau a holiaduron.

Cyfweliadau

Rhaid gofyn i ddechrau pam mai cynnal cyfweliadau yw'r dull mwyaf arferol o gasglu data ym maes tafodieitheg. Rhan o'r ateb yn sicr yw'r ffaith fod modd i gyfweliadau llwyddiannus roi i'r tafodieithegydd yr hyn y mae'n dymuno ei gael, sef enghreifftiau o leferydd naturiol o faintioli sylweddol. Y 'fernaciwlar' yw term William Labov am y lleferydd 'naturiol' hwn, ac er bod sawl ystyr i'r gair hwnnw, fe'i defnyddir gan Labov i gyfeirio at yr arddull lafar y mae siaradwr yn ei chaffael yn naturiol ar yr aelwyd neu'n ei defnyddio'n arferol â chyfoedion mewn sefyllfaoedd anffurfiol, pob-dydd. Mae llwyddiant i recordio'r 'fernaciwlar', felly, yn llinyn mesur hollbwysig o safbwynt y Cyfweliad Sosioieithyddol, sef y math penodol o gyfweliad(au) a argymhellwyd yn wreiddiol gan Labov.

Er mwyn rhoi rhywfaint o gyd-destun i ddull y Cyfweliad Sosioieithyddol a'i argymhellion, mae'n werth tynnu sylw'n gyntaf at un cysyniad allweddol a gyflwynwyd yn wreiddiol gan Labov, sef 'Paradocs yr Arsylwr' (S. *the Observer's Paradox*). Fel hyn y crynhoir y ffenomen hon gan Labov (1972, t. 209):

the aim of linguistic research in the community must be to find out how people talk when they are not being systematically observed; yet we can only obtain these data by systematic observation.

Y paradocs felly yw bod modd i'ch amcan chi o recordio unigolion yn sgwrsio'n naturiol a digymell fod yn aflwyddiannus, a hynny'n anad dim oherwydd eich presenoldeb chi fel cyfwelydd a'ch peiriant recordio. Os sylwch felly ar bobl sydd fel rheol yn siaradus yn mynd yn fwy tawedog mewn cyfweliad, gallwch fentro mai Paradocs yr Arsylwr sydd ar waith. Cofiwch er hynny nad yw tawedogrwydd ond un sgil effaith bosib; gall rhai cyfranogwyr fod yn siaradus iawn er eu bod, yn amlwg neu'n gynnil, yn ffurfioli eu hiaith lafar (sef cynnwys elfennau mwy ffurfiol, fel dweud 'pethau' yn lle 'pethe' neu 'selsig' yn lle 'sosejys'), unwaith eto dan ddylanwad y paradocs hwn.

Mae'n werth ychwanegu yn y cyswllt hwn mai un arall o ganfyddiadau pwysig yr arloeswr o'r Unol Daleithiau yw'r canlynol: 'There are no single style speakers' (Labov 1984, t. 28). Mewn geiriau eraill, daw Labov i'r casgliad na ellir cael hyd i siaradwyr nad oes ganddynt y gallu i ffurfioli, er bod amrywio sylweddol o ran amrediad y ffurfioli hwnnw. Byrdwn hyn oll yw na allwn, mewn gwirionedd, fyth ragdybio na fydd Paradocs yr Arsylwr yn digwydd yn achos yr un siaradwr.

Mae'n dilyn felly fod lleihau effaith Paradocs yr Arsylwr yn nod hynod bwysig i unrhyw ymchwilydd sydd am recordio siaradwyr at bwrpas dadansoddi patrymau tafodieithol. Gallwn geisio gwneud hynny mewn sawl ffordd, gan ddibynnu'n helaeth ar rai argymhellion penodol gan Labov (1984) o safbwynt strwythur a chynnwys y Cyfweliad Sosioieithyddol. (Byddai'n sicr yn werth ichi ddarllen y bennod hon gan Labov yn ei chwr er mwyn ystyried pa mor berthnasol yw'r holl ystyriaethau y mae'n eu trafod i'ch prosiect chi.) Byddwn yn awgrymu eich bod yn ystyried y canlynol yn y lle cyntaf, felly:

i. **Recordio ystod o arddulliau gwahanol** – fel y crybwyllwyd eisoes, mae llwyddiant i recordio talpiau o'r 'fernaciwlar' yn hollbwysig gan Labov a'i ddilynwyr.

Mae'n bwysig felly eich bod yn ymdrechu i wneud eich cyfranogwyr yn gyfforddus yn eich cwmni fel bod eu harddull lafar anffurfiol yn amlwg mewn cyfran helaeth o'r recordiad. Fodd bynnag, dylech hefyd geisio cael enghreifftiau o arddulliau mwy gofalus a mwy ffurfiol. Yn amlwg, mae rôl bwysig gennych chi fel ymchwilydd wrth sicrhau eich bod yn casglu data o wahanol arddulliau; gallwch, er enghraifft, gynnwys sawl tasg o fewn eich recordiad; mae gofyn i'ch siaradwyr ddarllen darn o lyfr a darllen rhestrau unigol o eiriau yn gyffredin iawn o fewn Cyfweliad Sosioieithyddol. Opsiwn arall ymhlith siaradwyr Cymraeg yw gofyn iddynt gyfieithu geiriau unigol neu ymadroddion o'r Saesneg.

ii. **Trefn y cyfweliad** – dylid pwysleisio bod modd i drefn y cyfweliad effeithio (yn gadarnhaol neu'n negyddol) ar Baradocs yr Arsylwr. Byddwn yn argymell ichi felly recordio digon o enghreifftiau o lafar anffurfiol yn y lle y cyntaf gan adael elfennau mwy ffurfiol y cyfweliad hyd nes diwedd y cyfweliad; perygl y gwrthwyneb fyddai bod naws eich cyfweliad yn addysgol ac yn ffurfiol o'r dechrau, a gallai hyn ei gwneud yn anodd i'ch cyfranogwyr ymlacio a siarad yn ddigymell. Yn yr un modd, os ydych am holi'r siaradwyr am eu hymagweddau at y Gymraeg neu at ddwyieithrwydd, byddai'n werth cadw'r elfen hon tua'r diwedd hefyd rhag i siaradwyr gymryd gormod o sylw o'u hiaith drwy'r cyfweliad. Tua awr yw hyd arferol Cyfweliad Sosioieithyddol, felly nid oes angen brysio i orffen unrhyw elfen o'r recordiad mewn gwirionedd.

iii. **Rheolaeth dros y sgwrs** – er mai chi a fydd yn paratoi ac yn trefnu'r cyfweliad, mae'n bwysig nad ydych fel cyfwelydd yn ceisio rheoli sgwrs y cyfweliad yn llwyr. Yn wir, dylai cyfweliad da gynnwys rhannau lle y mae'r cyfwelydd yn gadael i'r siaradwr reoli neu arwain y sgwrs. Yn ddelfrydol, bydd modd ichi rannu'r data yn rhannau lle y bydd y cyfwelai (sef y sawl sy'n cael ei gyfweld) yn ymateb yn uniongyrchol i'ch cwestiynau chi (h.y. llafar gofalus) ac yn rhannau eraill lle y bydd y siaradwr yn arwain y sgwrs yn fwy naturiol (h.y. llafar digymell). Cofiwch hefyd nad cyflwynydd rhaglen wleidyddol mohonoch: nid yw'n addas herio eich cyfranogwyr mewn modd ymosodol na chynnig gwrthddadleuon i'w safbwyntiau (hyd yn oed os byddwch yn anghytuno'n gryf â hwy).

iv. **Cynllunio gofalus** – gellir disgrifio'r Cyfweliad Sosioieithyddol fel digwyddiad lled strwythuredig. Ar y naill law, mae angen ichi gynllunio strwythur eich cyfweliad yn ofalus, er enghraifft yn ôl pynciau gwahanol ('rhwydwaith o fodiwlau' yw term Labov am y rhain) a gweithgareddau amrywiol o fewn y cyfweliad, gan anelu at gael data cymharus gan bob un o'ch siaradwyr. Dylech hefyd sicrhau eich bod yn cael yr holl wybodaeth ddemograffig y mae ei hangen arnoch, er enghraifft cefndir ieithyddol a daearyddol pob siaradwr. Ond ar y llaw arall, rhaid osgoi strwythur rhy haearnaidd rhag i hynny gynyddu Paradocs yr Arsylwr.

Dyna felly rai o'r prif ystyriaethau i'w hystyried wrth ichi wynebu'r her o gynnal Cyfweliad Sosioieithyddol am y tro cyntaf. Fel yn achos pob cyfweliad arall, gall sawl problem ymarferol godi, er enghraifft sŵn cefndirol, ffôn yn canu ynghanol eich recordiad, batri eich peiriant recordio'n mynd yn isel neu'n fflat, ymwelwyr yn galw draw ynghanol eich cyfweliad ayb. Mae'n bwysig felly eich bod yn rhagweld ac (os oes modd) yn cynllunio i oresgyn rhai o'r heriau hyn. Yn y diwedd, cofiwch fod cynllunio trwyadl yn talu ar ei ganfed a bod llawer o hwyl i'w gael hefyd wrth ddod i adnabod siaradwyr a'u cymunedau.

Holiaduron

Fel yr awgrymwyd wrth drafod Tablau 1 a 2 uchod, mae'n debyg na fydd modd ichi recordio llawer o siaradwyr (neu gael hapsamplau hollol gynrychioliadol o gymuned) oherwydd cyfyngiadau amser. Er hynny, dylid pwysleisio bod modd cael data dibynadwy a dilys drwy ddefnyddio holiadur – bydd rhai'n dosbarthu copïau caled mewn lleoliadau penodol, ond mae holiaduron ar-lein hefyd yn gyffredin iawn bellach.

Mae i holiaduron fanteision amlwg: yn gyntaf, mae modd cael llawer o ddata o fewn cyfnod byr o amser fel rheol; yn yr un modd, mae modd cymharu data'r gwahanol gyfranogwyr yn rhwydd fel arfer, e.e. drwy grynhoi'r holl ganlyniadau i daenlen electronig. Mantais amlwg i holiaduron ar-lein wedyn yw bod modd cyrraedd pobl o amrywiaeth o gefndiroedd drwy rannu dolen o'r holiadur dros ebost neu ar y cyfryngau cymdeithasol, e.e. ar Twitter neu ar Facebook (mae miloedd o siaradwyr Cymraeg yn aelodau o'r grŵp 'Iaith' ar Facebook, er enghraifft). Os nad oes cynulleidfa benodol iawn gennych dan sylw, gall defnyddio'r cyfryngau cymdeithasol fod yn ffordd effeithiol o ehangu eich sampl y tu hwnt i'ch cysylltiadau a'ch ardal, yn ogystal â lleihau eich costau teithio ac arbed amser ichi fel gweithiwr maes. Dyma felly rai materion i'w hystyried wrth gynllunio eich holiadur.

- **Strwythur clir** – mae strwythur rhesymegol a chyfarwyddiadau clir yn hynod bwysig fel ei bod yn amlwg i'r rhai sy'n llenwi'r holiadur beth y mae disgwyl iddynt ei wneud. Ceisiwch rannu eich holiadur yn adrannau, gan ddefnyddio teitlau i ennyn diddordeb y sawl sy'n cwblhau'r holiadur. Gallwch hefyd gynnwys ambell frawddeg ar ddechrau pob adran yn egluro beth yw pwrpas y cwestiynau sy'n dilyn.

- **Effaith cwestiynau** – ystyriwch bob amser beth yw effaith debygol geiriad y cwestiynau a ofynnir gennych ar atebion eich cyfranogwyr. Mae'n werth tynnu sylw yma at y gwahaniaeth rhwng cwestiynau uniongyrchol (e.e. 'Ydych chi'n defnyddio'r gair 'fferins' am *sweets*? Os felly, pa mor aml?') a chwestiynau mwy anuniongyrchol (e.e. 'Beth fyddai eich geiriau bob-dydd ar gyfer eitemau y lluniau canlynol / y bylchau o fewn y brawddegau?'). Yn aml, mae manteision o ddefnyddio dulliau anuniongyrchol o ofyn cwestiynau gan eu bod yn llai tebygol o greu'r argraff fod rhai atebion 'cywirach' (neu fwy derbyniol) nag eraill. Yn y cyswllt hwn, mae'n werth crybwyll mai un o brif anfanteision holiadur yw bod modd i rai ymatebwyr honni (yn gyfeiliornus yn aml) eu bod yn defnyddio ffurfiau safonol gan eu bod yn cysylltu'r rheini â chywirdeb – o ganlyniad, mae hi wastad yn syniad da cynnwys brawddeg debyg i hon yn eich cyfarwyddiadau: 'Dewiswch y geiriau y byddech chi'n eu defnyddio yn eich iaith lafar anffurfiol bob-dydd gan gofio bod pob un yn gywir.'

- **Angen mwy nag atebion ieithyddol** – hyd yn oed os mai'r defnydd o ffurfiau tafodieithol fydd canolbwynt eich holiadur, mae'n werth cofio na fydd cwestiynau o natur ieithyddol yn ddigonol ar eu pennau eu hunain. Byddwch hefyd angen casglu llawer o fanylion am gefndir pob siaradwr, a gall hyn fod yn bwysig iawn ar gyfer archwilio cydberthyniadau rhwng nodweddion tafodieithol a ffactorau annibynnol, e.e. grŵp oedran, rhywedd, ysgol, iaith addysg ayb. O gael dros 200 o ymatebion, cofiwch na fydd modd ichi gysylltu â phob cyfrannwr eto am fod bylchau yn eich data – mae'n bwysig felly fod yr holl fanylion demograffig y byddwch eu hangen wedi eu cynnwys yn yr holiadur cyn i unrhyw un ei lenwi. Byddwn felly yn argymell ichi gynnwys yr holl gwestiynau sy'n ymwneud â chefndir yr ymatebwyr ar ddechrau'r holiadur (e.e. yn Rhan 1 neu Adran A), a gallai 'Eich manylion' fod yn deitl syml ac addas ar gyfer yr elfen hon.

- **Atebion rhydd** – mae'n syniad da cymell eich ymatebwyr i nodi atebion rhydd, h.y. data ansoddol lle y gall ymatebwyr ysgrifennu ychydig o frawddegau yn mynegi eu barn neu rannu profiad, e.e. 'I ba raddau y mae eich iaith chi yn debyg i Gymraeg llafar siaradwyr eraill yn eich ardal?'. Fodd bynnag, os bydd y rhan fwyaf o'ch atebion yn rhai y bydd modd eu cyfrif, h.y. yn ddata meintiol, gofalwch nad oes gormod o atebion rhydd gennych (dylai dau neu dri ohonynt fod yn hen ddigon). Byddwn hefyd yn eich cynghori i gynnwys y rhain ar ddiwedd yr holiadur – yn aml, bydd cyfranwyr yn awyddus i ysgrifennu brawddegau ar ôl ticio blychau lle nad oes modd iddynt fanylu. Mae'n werth nodi hefyd fod modd i ddata ansoddol o'r math hwn fod yn werthfawr iawn ar gyfer taflu goleuni pellach ar ddata meintiol yn aml, yn enwedig os na fyddwch yn cyfweld â phobl o gwbl.

- **Osgoi holiadur blinderus** – cofiwch mai'r hyn sy'n bwysig yn y pen draw yw bod eich cyfranogwyr yn cwblhau'r holiadur. Mae'n bwysig felly nad yw'n rhy hir ac nad yw'r cwestiynau'n gymhleth. Os oes nifer penodol o atebion posib a bod y cwestiwn yn uniongyrchol, fel sy'n aml yn wir yn achos manylion cefndirol pobl (e.e. o ran enw ysgol neu fathau o gymwysterau), nodwch y dewisiadau'n glir fel bod modd i bawb dicio blwch yn hytrach nag ysgrifennu atebion. (Bydd hyn yn arbed amser hefyd wrth ddadansoddi'r data.)

Dyna ambell beth ichi gnoi cil drosto felly wrth lunio eich holiadur tafodieithol cyntaf. Cofiwch hefyd ei bod yn werth edrych ar holiaduron safonol eraill er mwyn gweld sut y maent wedi cael eu strwythuro a'u geirio.

Diweddglo

Rhoi blas ichi ar yr ystyriaethau pwysicaf sy'n codi wrth wneud gwaith maes ar agweddau o'r tafodieithoedd Cymraeg oedd bwriad y bennod hon. Gobeithio felly fod yr adrannau uchod wedi agor cil y drws ar faes amrywiol sy'n newydd iawn i'r rhan fwyaf o fyfyrwyr sy'n astudio'r Gymraeg yn y brifysgol, ond sy'n llawn potensial o safbwynt ymchwil arloesol o bob math. Gyda symudoledd cynyddol y boblogaeth Gymraeg ei hiaith a chymaint o newidiadau cymdeithasol ar waith mewn llawer o ardaloedd yng Nghymru heddiw, mae dirfawr angen bellach am ragor o astudiaethau sy'n dangos sut y mae tafodieithoedd Cymraeg traddodiadol yn prysur newid, ac yn wir, sut y mae rhai tafodieithoedd newydd yn ymffurfio. Ni allaf ond gobeithio, felly, y bydd modd i'r bennod hon ysbrydoli llawer ohonoch i ddatblygu eich prosiectau cyffrous eich hunain a fydd yn gyfraniadau gwerthfawr i faes tafodieitheg y Gymraeg.

Cyfeiriadau

Awbery, G. M. 1996. *Tafodiaith yn y Gymraeg*. Caerdydd: Uned Iaith Genedlaethol Cymru, CBAC. Ar gael ar-lein hefyd ar: *https://llyfrgell.porth.ac.uk/Default.aspx?catid=490*, cyrchwyd 22 Medi 2021.

Chambers, J. K. a Trudgill, Peter. 1998. *Dialectology*. Caergrawnt: Cambridge University Press.

Eckert, Penelope. 1989. *Jocks and Burnouts: Social Categories and Identity in the High School*. Efrog Newydd: Teachers College Press.

Jones, Christine M. 1989. Cydberthynas Nodweddion Cymdeithasol ag Amrywiadau'r Gymraeg yn Y Mot, Sir Benfro. *Bwletin y Bwrdd Gwybodau Celtaidd* 36, tt. 64–83.

Jones, Mari C. 1998. *Language Obsolescence and Revitalization: Linguistic Change in Two Sociolinguistically Contrasting Welsh Communities*, Rhydychen: Clarendon Press.

Jones, Robert Owen. 1983. Astudiaeth o Gydberthynas Nodweddion Cymdeithasol ag Amrywiadau'r Gymraeg yn y Gaiman, Dyffryn y Camwy. Traethawd PhD anghyhoeddedig, Prifysgol Cymru, Abertawe.

— 1986. Datblygiad Gwyddor Tafodieitheg yng Nghymru. *Bwletin y Bwrdd Gwybodau Celtaidd* 33, tt. 18–40.

Labov, William. 1966. *The Social Stratification of English in New York City*. Washington: Center for Applied Linguistics.

— 1972. *Sociolinguistic Patterns*. Rhydychen: Blackwell.

— 1984. Field methods of the project on linguistic change and variation. Yn: Baugh, John a Scherzer, Joel. goln. *Language in Use: Readings in Sosiolinguistics*. Englewood Cliffs, NJ: Prentice Hall, tt. 28–53.

Llywodraeth Cymru. 2017. *Cymraeg 2050: Miliwn o Siaradwyr*. [Ar-lein]. Ar gael: *https://senedd.wales/laid%20documents/gen-ld11108/gen-ld11108-w.pdf*, cyrchwyd 22 Medi 2021.

Meyerhoff, Miriam, Schleef, Erik a MacKenzie, Laurel. 2015. *Doing Sociolinguistics: A Practical Guide to Data Collection and Analysis*. Llundain ac Efrog Newydd: Routledge.

Milroy, Lesley. 1987. *Observing and Analysing Natural Language*. Rhydychen: Basil Blackwell.

Rees, Iwan Wyn. 2009. Tafodiaith Ardudwy: Astudiaeth o Iaith y Genhedlaeth Hŷn a'r To Iau yn Harlech a'r Cyffiniau. Traethawd MPhil anghyhoeddedig, Prifysgol Aberystwyth.
— 2015. *Cyflwyno Tafodieithoedd y Gymraeg: Canllawiau i Actorion a Sgriptwyr.* [Ar-lein]. Ar gael: *https://llyfrgell.porth.ac.uk/Default.aspx?catid=487*, cyrchwyd 22 Medi 2021.
— 2016. Tafodiaith. *Esboniadur Beirniadaeth a Theori y Coleg Cymraeg Cenedlaethol.* [Ar-lein]. Ar gael: *https://wici.porth.ac.uk/index.php*/Tafodiaith, cyrchwyd 22 Medi 2021.
— 2020. Amrywio daearyddol. Yn: Cooper, Sarah ac Arman, Laura. goln. *Cyflwyniad i Ieithyddiaeth.* Caerfyrddin: Y Coleg Cymraeg Cenedlaethol.
Snell, Julia, Shaw, Sara a Copland, Fiona. goln. 2015. *Linguistic Ethnography: Interdisciplinary Explorations.* Llundain: Palgrave Macmillan.
Tagliamonte, Sali A. 2006. *Analysing Sociolinguistic Variation.* Caergrawnt: Cambridge University Press.
Thomas, Alan R. 1973. *The Linguistic Geography of Wales: A Contribution to Welsh Dialectology.* Caerdydd: University of Wales Press.
Thomas, Ann Elizabeth [= Beth Thomas]. 1998. Ynys Fach o Gymreictod: Astudiaeth Sosioieithyddol o'r Gymraeg ym Mhont-rhyd-y-fen. Traethawd PhD anghyhoeddedig, Prifysgol Cymru, Caerdydd.
Thomas, Beth. 1982. Fieldwork problems in a Welsh valley community. *Papurau Gwaith Ieithyddol Cymraeg Caerdydd* 2, tt. 53–72.
Thomas, Beth a Thomas, Peter Wynn. 1989. *Cymraeg, Cymrâg, Cymrêg . . .: Cyflwyno'r Tafodieithoedd.* Caerdydd: Gwasg Taf.
Trudgill, Peter. 1974. *The Social Differentiation of English in Norwich*, Caergrawnt: Cambridge University Press.

Nodiadau

1. Am ddiffiniad Cymraeg manylach o'r term 'tafodiaith', ynghyd â syniad o'r dadleuon a fu ynghylch y cysyniad o dafodieithoedd, gweler y drafodaeth yn Esboniadur ar-lein y Coleg Cymraeg Cenedlaethol gan Rees (2016).
2. Am ragor o wybodaeth, gweler Thomas a Thomas 1989; Awbery 1996; Rees 2015 a Thomas 1973.
3. I raddau helaeth, synied am dafodieitheg yn y modd hwn oedd gwendid y deunyddiau a gynhyrchwyd yn ystod dau ddegawd olaf y bedwaredd ganrif ar bymtheg ar rai tafodieithoedd Cymraeg – yn wir, ar wahân i ambell stori mewn tafodiaith mewn cylchgronau fel *Cyfaill yr Aelwyd* a *Cymru Fydd* a rhestrau o eiriau lleol ar gyfer ambell ardal a anfonwyd at Gymdeithas Llafar Gwlad, digon prin oedd cynnyrch tafodieithol y Cymry yn y cyfnod hwn (gweler Jones 1986 am fanylion pellach).
4. Mae'n werth egluro mai ymdrin â chynrychioliadwyedd o safbwynt cyfweliadau yn unig y mae'r adran hon.

6

Sosioieithyddiaeth

Jonathan Morris

'A wyt ti'n mynd?

Wyt ti'n mynd?

Ti'n mynd?'

Pa un o'r ffurfiau yma y byddwch chi'n ei defnyddio? A fyddech chi, efallai, yn defnyddio'r tair ffurf? Pryd? Gyda phwy?

    Mae ein defnydd o eiriau, seiniau, a nodweddion gramadegol yn gallu amrywio yn gyson yn ddibynnol ar wahanol gyd-destunau. Yn ogystal â hyn, gall ein cefndir a'n hunaniaeth ddylanwadu ar sut yr ydym yn siarad. Fel siaradwyr dwyieithog, rydym hefyd yn gallu dewis pa iaith rydym yn ei siarad mewn cyd-destunau gwahanol.

    Mae ymchwilwyr ym maes sosioieithyddiaeth yn edrych ar sut y mae cefndir a hunaniaeth yn dylanwadu ar sut yr ydym yn siarad ac ar ba iaith rydym yn ei defnyddio mewn cyd-destunau gwahanol. Mae'r bennod hon yn cynnig cyfle i edrych yn fanylach ar sut y mae'r berthynas rhwng iaith, unigolion a chymdeithas yn dylanwadu ar sut yr ydym yn defnyddio iaith a sut y mae'r defnydd hwn yn gallu amrywio rhwng grwpiau gwahanol.

Beth yw sosioieithyddiaeth?

Mae gan ymchwilwyr ym maes sosioieithyddiaeth ddiddordeb yn y cysylltiad rhwng iaith a chymdeithas (Edwards 2013, Pennod 1). Golyga hyn ein bod yn edrych ar sut y mae ffactorau cymdeithasol (megis oedran, rhywedd ac ethnigrwydd) yn dylanwadu ar sut yr ydym yn siarad. Yn ogystal â hyn, mae gan sosioieithyddion ddiddordeb mewn sut y defnyddir ieithoedd gan siaradwyr. Mae maes sosioieithyddiaeth yn un eang, rhyngwladol, a nod y bennod hon yw rhoi trosolwg o'r elfennau gwahanol sy'n ffurfio'r maes.

Fel y trafodwyd ym mhennod Iwan Wyn Rees, mae iaith yn amrywio rhwng ardaloedd, felly bydd clywed rhywun yn siarad neu ddarllen testun tafodieithol yn rhoi arwydd inni o le mae'n dod. Mae sut yr ydym yn siarad hefyd yn cyfleu gwybodaeth bwysig am ein cefndir cymdeithasol ynghyd â'n hunaniaeth (Meyerhoff 2011, Pennod 2). Er bod ymchwilwyr ym maes tafodieitheg yn canolbwyntio ar wahaniaethau rhwng ardaloedd, mae ymchwilwyr ym maes sosioieithyddiaeth yn canolbwyntio ar amrywio o fewn cymunedau (gweler Labov 1966, 1972 a Trudgill 1972 am enghreifftiau cynnar). Yn aml iawn, y prif gwestiwn dan sylw yw sut y mae perthyn i grwpiau cymdeithasol yn effeithio ar acen neu dafodiaith aelodau'r grwpiau hynny. Ffactor cymdeithasol amlwg sy'n dylanwadu ar sut y mae pobl yn siarad yw oedran. Ceir tuedd mewn llawer o gymunedau i bobl ifanc arloesi drwy ddefnyddio geiriau, nodweddion gramadegol a hyd yn oed seiniau gwahanol i bobl hŷn. Mae ieithoedd yn dueddol o newid dros amser ac mae modd gweld sut y mae ieithoedd yn newid drwy gymharu sut y mae pobl ifanc a phobl hŷn yn siarad yn wahanol (Meyerhoff 2011, t. 141).

Yn ogystal ag amrywio rhwng siaradwyr o grwpiau cymdeithasol gwahanol, ceir hefyd amrywio yn lleferydd siaradwyr unigol gan ddibynnu ar y cyd-destun (gweler Eckert a Rickford 2001 am drosolwg). Mae'n debyg y bydd disgybl ysgol, er enghraifft, yn defnyddio iaith mewn ffordd wahanol gyda'i ffrindiau o'i gymharu â'i athrawon neu mewn cyfweliad am swydd. Mae gwaith ym maes sosioieithyddiaeth yn taflu goleuni ar yr amrywio hwn gan ystyried hefyd y normau iaith (h.y., rheolau cymdeithasol am sut y dylai rhywun siarad mewn cyd-destun penodol) sy'n bodoli mewn cymdeithas.

Yn aml, derbynnir bod ffordd dderbyniol neu gywir o siarad a gall siaradwyr nad ydynt yn cydymffurfio gael eu beirniadu. Mae agweddau tuag at sut y mae pobl yn siarad yn oddrychol. Hynny yw, maent yn seiliedig ar farn a ddylanwedir gan y gymdeithas. Yn debyg, gwelir mewn cymunedau dwyieithog fod agweddau tuag at un iaith yn dueddol o fod yn fwy positif o'u cymharu â'r iaith arall (Garrett 2010, t. 32). Weithiau, gall ymagweddau negyddol tuag at sut y mae pobl yn siarad neu tuag at eu hiaith arwain at feirniadaeth (Lippi-Green 1997). Rôl sosioieithyddion yw disgrifio'r agweddau hyn er mwyn taflu goleuni ar anffafriaeth ac, yn aml, frwydro yn ei herbyn.

Elfen arall sy'n ein galluogi i ymchwilio i'r cysylltiad rhwng iaith a chymdeithas yw edrych ar sut y defnyddir tafodieithoedd neu ieithoedd ar lefel gymunedol a chenedlaethol. Mae rheolau cymdeithasol yn gallu esblygu dros amser ac yn dylanwadu ar yr iaith y bydd rhywun yn ei dewis mewn cyd-destun penodol. Mewn sawl cymuned amlieithog, ceir normau cymdeithasol cedyrn sy'n rheoli pa iaith a ddefnyddir mewn cyd-destun penodol (gweler Ferguson 1959 ar y cysyniad o ddeuglosia). Mewn gwledydd lle y siaredir yr Arabeg, er enghraifft, mae pobl yn dueddol o ddefnyddio tafodiaith leol mewn cyd-destunau anffurfiol (e.e. siarad â theulu) ac Arabeg Safonol mewn cyd-destunau ffurfiol (e.e. areithiau crefyddol). Mae'r tafodieithoedd lleol yn gallu bod yn wahanol iawn i Arabeg Safonol ac felly mae'r gwahaniaeth rhyngddynt yn glir.

Yng Nghymru, gellid dadlau bod sefyllfa debyg wedi bodoli rhwng tafodieithoedd y Gymraeg a'r iaith safonol ond nid yw'r rheolau yn hollol glir bellach. Hynny yw, nid yw pob siaradwr yn cydymffurfio â'r rheolau. Yn ogystal â hyn, nid oes rheolau cedyrn ar lefel gymdeithasol sy'n rhoi disgwyliadau ar siaradwyr i ddefnyddio'r Gymraeg neu'r Saesneg mewn sefyllfaoedd penodol (gweler Musk 2006, t. 79 am drafodaeth). O ganlyniad, rhaid edrych ar ymddygiad ieithyddol unigolion er mwyn ymchwilio i'r ffactorau sy'n dylanwadu ar ddewis iaith (hyd yn oed os nad yw'r siaradwr yn ymwybodol o'i ddewis). Mae gwaith ar ymddygiad ieithyddol siaradwyr Cymraeg, er enghraifft, wedi edrych ar ddewis iaith ar yr aelwyd (e.e. Evas et al. 2017), ymhlith pobl ifanc (e.e. Morris 2014), yn y gymuned (e.e. Hodges a Prys 2019) ac arlein (e.e. Griffith 2018).

Gall dewis defnyddio un iaith dros iaith arall mewn cymuned ddwyieithog arwain at shifft ieithyddol dros amser, lle mae'r iaith leiafrifol yn dirywio ac mae'r gymuned yn troi at yr iaith fwyafrifol (Fishman 1991). Fe welwyd hyn yn hanesyddol mewn llawer o gymunedau yng Nghymru a newidiodd i fod yn gymunedau uniaith Saesneg oherwydd nifer o ffactorau cymdeithasol (R. O. Jones 1993, t. 546). Y dyddiau hyn, ceir ymdrech i adfywio'r Gymraeg a'i chynnal. Mae gwaith ym maes polisi iaith a chynllunio yn rhoi argymhellion ar sut y gellir sicrhau bod ieithoedd lleiafrifol yn parhau fel ieithoedd byw. Gallai'r argymhellion hyn ymwneud â chodi statws yr iaith dan sylw, annog defnydd ymhlith siaradwyr (neu greu siaradwyr 'newydd' drwy'r system addysg), a sicrhau bod gan siaradwyr ddigon o gyfleoedd i ddefnyddio'r iaith o ddydd i ddydd (e.e. Llywodraeth Cymru 2017).

Bydd gweddill y bennod hon yn trafod y themâu uchod. Mae'r is-adran nesaf (t. 118) yn cyflwyno is-faes amrywio newid ieithyddol. Mae'r is-faes hwn yn canolbwyntio ar sut y mae grwpiau cymdeithasol yn gallu defnyddio ffyrdd gwahanol o ddweud rhywbeth a sut y gall ieithoedd newid dros amser. Eir ati i ystyried agweddau siaradwyr tuag at amrywio yn yr is-adran ddilynol. Canolbwyntir ar gymunedau dwyieithog, ac ar sefyllfa'r Gymraeg yn benodol (t. 123). Yna, trafodir y ffactorau sy'n dylanwadu ar ddewis iaith mewn cymunedau dwyieithog (t. 124). Yn olaf, gwelir sut y mae dealltwriaeth o ymddygiad ieithyddol siaradwyr o ddefnydd i ymdrechion i adfywio lleiafrifol (t. 127).

Amrywio iaith a newid

Fe drafodwyd y cysyniad o amrywio a newid ieithyddol ym mhennod Iwan Wyn Rees ar dafodieitheg (gweler hefyd fy ymchwil innau ac eraill, 2020, am drosolwg). Dangoswyd bod y term 'amrywio daearyddol' yn cyfeirio at sut y mae pobl sy'n byw mewn ardaloedd gwahanol yn defnyddio nodweddion ieithyddol gwahanol er mwyn dweud yr un peth.

Roedd gwaith ar amrywio iaith yn canolbwyntio ar amrywio daearyddol tan y 1960au, pan sylwodd ymchwilwyr fod amrywio hefyd yn digwydd o fewn cymunedau yn ogystal â rhwng cymunedau (Labov 1963, 1966, 1972; Trudgill 1972). Ymchwilydd amlwg y cyfnod hwn oedd William Labov a archwiliodd amrywio iaith ar Winllan Martha, sef ynys ar arfordir dwyreiniol yr Unol Daleithiau (Labov 1963). Roedd dull Labov (1963) yn wahanol i ddulliau blaenorol ym maes tafodieitheg gan ei fod wedi recordio siaradwyr mewn sefyllfaoedd anffurfiol er mwyn dadansoddi eu lleferydd. Penderfynodd ddefnyddio fframwaith samplu hefyd sy'n golygu ei fod wedi cynnwys siaradwyr o wahanol grwpiau cymdeithasol megis siaradwyr hŷn a siaradwyr iau a dynion a menywod. 'Amrywio cymdeithasol' yw'r term a roddir i amrywio a ddylanwedir gan ffactorau cymdeithasol o fewn cymuned benodol.

Yn ogystal â'r canfyddiad bod amrywio cymdeithasol yn bodoli, darganfuwyd drwy waith Labov a'i gyfoedion fod modd gweld sut y mae ieithoedd yn newid mewn cymuned drwy gymharu siaradwyr iau â siaradwyr hŷn. Mae lleferydd siaradwyr hŷn yn dueddol o fod yn sefydlog (Thomas a Webb-Davies 2017, t. 35). Hynny yw, nid yw pobl hŷn yn dueddol o newid llawer ar sut y maent y siarad. Os bydd newid ieithyddol yn digwydd mewn cymuned, felly, y bobl ifanc a fydd yn fwy tueddol o arloesi. Hefyd, darganfuwyd bod lleferydd unigolion yn dueddol o newid yn unol â'r sefyllfa; ac y bydd ffurfiau safonol llawer o nodweddion yn fwy tueddol o gael eu cynhyrchu gan siaradwyr mewn sefyllfaoedd ffurfiol megis cyfweliad swydd o'u cymharu â sefyllfaoedd anffurfiol megis siarad â ffrindiau (e.e. Bell 1984). 'Amrywio arddulliadol' yw'r term a roddir i amrywio sy'n digwydd yn lleferydd unigolion rhwng sefyllfaoedd (Morris et al. 2020, t. 89).

Ers y canfyddiadau cynnar, mae llawer o waith wedi cymryd sylw o gymunedau ieithyddol ledled y byd. Ceir felly dystiolaeth gadarn fod amrywio a newid ieithyddol yn cael ei ddylanwadu gan ffactorau cymdeithasol ac arddulliadol (gweler, e.e., Tagliamonte 2016 ar bobl ifanc; Eckert a McConnell-Ginet 2002 ar rywedd; Fought 2006 ar ethnigrwydd ac Eckert a Rickford 2001 ar arddull).

Bu twf mewn astudiaethau ar y Gymraeg o'r 1970au a'r 1980au ymlaen (e.e., Ball 1984; R. O. Jones 1984; cyfraniadau at gyfrol Ball 1988; Thomas 1988; C. M. Jones 1989; M. C. Jones 1998). Mae'n gyfnod cyffrous i edrych ar amrywio a newid yn y Gymraeg oherwydd newidiadau demograffeg sydd wedi effeithio ar sefyllfa'r iaith (Durham a Morris 2016, t. 19). Yn gyntaf, mae'r boblogaeth yn fwy symudol yn y Gymru gyfoes sy'n golygu rhagor o gymysgu rhwng siaradwyr o ardaloedd gwahanol. Nid yw'n anarferol, er enghraifft, fod siaradwyr Cymraeg yn symud i ardal newydd i astudio neu weithio ac efallai yn magu plant yno. Golyga hyn fod mwy o gymysgu rhwng tafodieithoedd. Yn ogystal â hyn, crëir siaradwyr newydd y Gymraeg (h.y., siaradwyr Cymraeg o gartrefi di-Gymraeg) drwy'r system addysg.

Astudiaeth ddiweddar o amrywio iaith a newid yn y Gymraeg yw'r ymchwil a gwblhawyd gan Peredur Davies yn 2016. Edrychodd Davies ar ddwy nodwedd morffo-gystrawennol, sef y ferf gynorthwyol '*wyt*' a'r strwythurau meddiannol. Gall y ferf gynorthwyol '*wyt*' gael ei hepgor ai peidio (e.e. '*Wyt ti'n mynd*' neu '*ti'n mynd*'). Ceir tair ffordd o fynegi meddiant gan ddefnyddio rhagenwau, sef y ffordd lenyddol (e.e. '*ei gar*'), y ffordd niwtral (e.e. '*ei gar fe*' neu '*ei gar fo*'), a'r ffordd anffurfiol (e.e. '*car (f)e*' neu '*car (f)o*'). Dadansoddodd Davies (2016) leferydd anffurfiol 151 o siaradwyr Cymraeg i weld i ba raddau y ceir gwahaniaethau rhwng siaradwyr hŷn a siaradwyr iau. Roedd canran uchel o enghreifftiau o hepgor y ferf gynorthwyol (*wyt*) ar draws y grwpiau oedran yn yr astudiaeth sy'n awgrymu ei bod yn weddol gyffredin mewn lleferydd anffurfiol. Darganfuwyd gwahaniaethau sylweddol rhwng y grwpiau oedran yn ei ddadansoddiad o fynegi meddiant ac roedd siaradwyr iau yn fwy tueddol o ddefnyddio'r ffordd anffurfiol (e.e. '*car (f)e*'). Awgryma hyn y gall newid fod ar y gweill yn y Gymraeg gan nad yw siaradwyr unrhyw iaith yn dueddol o newid sut y maent yn siarad wrth iddynt heneiddio. Er hyn, ceir eithriadau weithiau a bydd yn ddiddorol gweld a fydd y genhedlaeth iau yn parhau i ddefnyddio'r amrywiolyn anffurfiol wrth iddynt fynd yn hŷn.

Mae cyfnewid cod hefyd yn elfen bwysig wrth ymchwilio i ddefnydd iaith gwahanol grwpiau. Yn fras, mae'r term 'cyfnewid cod' yn cyfeirio at ddefnyddio geiriau un iaith mewn iaith arall, naill ai o fewn cymalau (e.e. *'Mi welais i'r delivery driver yn cnocio ar y drws'*) neu rhwng cymalau (e.e. *Ti 'di gweld y stori amdano fo ar y newyddion? What was he thinking?!'*). Defnyddiwyd fframwaith sosioieithyddol gan Deuchar et al. (2016) er mwyn ymchwilio i gyfnewid cod yn y Gymraeg. Archwiliodd Deuchar et al. (2016) gyfnewid cod o fewn cymalau ymhlith siaradwyr Cymraeg. Yn debyg i waith Davies (2016) uchod, dangoswyd bod siaradwyr ifainc yn fwy tueddol o gyfnewid cod. Yn ogystal â hyn, gwelwyd gwahaniaeth rhwng siaradwyr o gefndiroedd ieithyddol gwahanol. Roedd siaradwyr Cymraeg a fagwyd drwy'r Gymraeg a'r Saesneg yn fwy tueddol o gyfnewid cod o'u cymharu â siaradwyr Cymraeg a fagwyd drwy gyfrwng y Gymraeg yn bennaf neu siaradwyr Cymraeg a fagwyd drwy'r Saesneg yn bennaf. Atgyfnertha'r canlyniadau hyn astudiaethau rhyngwladol sy'n dangos nad yw cyfnewid cod yn arwydd o ddiffyg rhuglder mewn iaith (gweler Gardner-Chloros 2009 am drosolwg). Yn hytrach, mae'n ddull cyfathrebu cymhleth sy'n dueddol o fod yn amlwg ymhlith siaradwyr sy'n cael eu cymdeithasoli'n gynnar mewn dwy iaith.

Ceir nifer o weithiau sy'n edrych ar leferydd Cymraeg a Saesneg siaradwyr Cymraeg er mwyn gweld i ba raddau y mae amrywio yn gallu effeithio ar y ddwy iaith (Morris 2013, 2017, 2021; Mayr et al. 2017; Morris a Hejná 2020; Mennen et al. 2020). Gwyddys bod siaradwyr dwyieithog yn trosglwyddo nodweddion o un iaith i'r llall, yn enwedig mewn cyd-destunau dwyieithog hirdymor megis dwyieithrwydd Cymraeg-Saesneg yng Nghymru. Cymharodd Mayr et al. (2017) lafariaid Cymraeg a Saesneg siaradwyr Cymraeg o gefndiroedd ieithyddol gwahanol (Cymraeg ar yr aelwyd neu Saesneg ar yr aelwyd) mewn ysgol ddwyieithog yn ne Cymru. Fe gasglwyd data o siaradwyr uniaith Saesneg o'r un ardal hefyd er mwyn cymharu siaradwyr dwyieithog â siaradwyr uniaith. Yn wahanol i nifer o astudiaethau o ieithoedd eraill, nid oedd gwahaniaeth mawr rhwng llafariaid Cymraeg a Saesneg ac nid oedd unrhyw effaith cefndir ieithyddol ar y casgliadau. Daeth Mayr et al. (2017, t. 261) i'r casgliad fod diffyg gwahaniaethau oherwydd cyffyrddiad hirdymor rhwng y ddwy iaith a'r ffaith bod y siaradwyr yn rhan o'r un gymuned. Hynny yw, roeddent yn mynychu'r un ysgol ac yn ffrindiau. Dengys gwaith tebyg ar bobl ifanc mewn ieithoedd eraill fod bod yn rhan o'r un grŵp o ffrindiau yn gallu lleihau gwahaniaethau a allai fodoli oherwydd ffactorau megis cefndir sosioeconomaidd neu gefndir ieithyddol (e.e. Eckert 1988, Schleef et al. 2011).

Mewn astudiaeth debyg, bûm yn ymchwilio (2013, 2017, 2021) i amrywio iaith yng Nghymraeg a Saesneg siaradwyr mewn ysgolion Cymraeg yng ngogledd-ddwyrain a gogledd-orllewin Cymru. Cymherais leferydd anffurfiol a ffurfiol siaradwyr 16–18 oed ac fe rannais y sampl yn gyfartal rhwng ardal, rhywedd y siaradwyr, ac iaith ar yr aelwyd (Cymraeg neu Saesneg). Mewn dadansoddiad o'r sain /r/ yn y ddwy iaith (sef /r/ mewn geiriau fel '*radio*' a '*Bangor*'), canfyddais fod patrymau gwahanol yn y ddwy ardal. Yn y gogledd-orllewin, roedd patrymau cymhleth a ddylanwadwyd gan rywedd, iaith ar yr aelwyd, a'r cyd-destun (sef, cyd-destun ffurfiol neu gyd-destun anffurfiol). Gwelais duedd i siaradwyr o gartrefi Cymraeg rolio /r/ (fel yr hyn a ddisgwylir yn y Gymraeg) yn eu Saesneg. Yn y Gymraeg, roedd siaradwyr o gartrefi Cymraeg eto'n fwy tebygol o rolio /r/ (yn hytrach na chynhyrchu /r/ heb ei rolio sy'n ddisgwyliedig yn Saesneg) ond gwelwyd hefyd batrwm lle roedd menywod (waeth beth fo'u cefndir ieithyddol) yn fwy tueddol o'i wneud mewn cyd-destunau ffurfiol (Morris 2021).

Dengys yr astudiaethau uchod fod y Gymraeg yn newid a bod ffactorau megis iaith ar yr aelwyd yn gallu dylanwadu ar sut y mae siaradwyr Cymraeg yn cynhyrchu'r iaith. Wrth inni ddeall rhagor am amrywio yn y Gymraeg, gellid dadlau bod newidiadau i ddemograffeg dwyieithrwydd Cymraeg-Saesneg yn arwain at dafodieithoedd cymdeithasol newydd (h.y., mathau o siarad sy'n gysylltiedig â grwpiau cymdeithasol megis pobl ifanc, siaradwyr o gartrefi di-Gymraeg a hyd yn oed ysgolion penodol). Yn gyntaf, mae'n bwysig nodi bod llawer o waith i'w wneud ar amrywio yn y Gymraeg er mwyn esbonio pam y mae grwpiau cymdeithasol yn ymddwyn yn wahanol. Bydd rhagor o waith ethnograffeg, sy'n arsylwi siaradwyr yn eu cymunedau, yn taflu goleuni ar hyn. Yn ail, mae'n hollbwysig cofio nad yw hyn yn broblem o safbwynt sosioieithyddion ac nid yw'n arwydd o ddirywio yn y Gymraeg. Yn hytrach, mae darganfod cydberthnasau cryfion rhwng ffactorau cymdeithasol ac amrywio yn arwydd da bod ieithoedd yn esblygu.

Agweddau tuag at amrywio cymdeithasol

Fel y trafodwyd uchod, mae amrywio ieithyddol yn rhan annatod o ieithoedd a ddefnyddir gan siaradwyr o ardaloedd a grwpiau cymdeithasol gwahanol. Yng nghyd-destun y Gymraeg, teg yw honni bod newidiadau cymdeithasol sydd wedi dylanwadu ar sefyllfa'r iaith megis symudoledd rhwng ardaloedd ac addysg Gymraeg yn cael effaith ar amrywio a newid ieithyddol. Gwyddys bod pobl yn defnyddio acen, ymhlith ciwiau eraill, er mwyn gwerthuso'i gilydd yn gymdeithasol (Coupland a Bishop 2007). Er bod acenion Saesneg ansafonol, er enghraifft, yn aml yn cael eu gweld yn gymdeithasol-atyniadol, maent hefyd yn dueddol o gael eu hystyried yn llai urddasol (Durham 2016). Mae'r fath ystrydebau negyddol yn aml yn arwain at achosion o wahaniaethu (Lippi-Green 1997) a goblygiadau negyddol o ran symudoledd cymdeithasol (Ashley et al. 2015). Er mai rôl sosioieithyddiaeth yw disgrifio'r patrymau hyn, rhaid cydnabod hefyd fod disgwyliad arnom i frwydro yn erbyn ystrydebau negyddol am fathau o iaith, ac am ieithoedd eu hunain, sy'n bodoli yn y gymdeithas ehangach.

Er gwaethaf yr holl ymchwil i'r iaith Saesneg, ychydig a wyddom am ragdybiaethau cymdeithasol am amrywiadau ar y Gymraeg a siaredir heddiw. Rhy gwaith Elen Robert (2009) syniad o'r math o werthusiadau cymdeithasol sy'n bodoli yn y Gymru gyfoes. Gofynnodd Robert (2009) i 85 siaradwr Cymraeg wrando ar glipiau o chwe siaradwraig ifanc o gefndiroedd gwahanol (sef dwy siaradwraig o gartrefi Cymraeg yn y gogledd-orllewin a'r de-orllewin a phedair siaradwraig o gartrefi di-Gymraeg o'r de ddwyrain). Ar ôl gwrando ar y clipiau, gofynnwyd iddynt roi barn ar agweddau gwahanol ar iaith a chefndir y siaradwyr er mwyn asesu i ba raddau y mae siaradwyr Cymraeg yn beirniadu siaradwyr eraill ar sail eu hacenion.

Dengys canlyniadau Robert (2009) fod siaradwyr Cymraeg yn dueddol o werthuso siaradwyr eraill ar sail eu canfyddiad o gywirdeb (sy'n gysyniad cymdeithasol, goddefol). Hynny yw, roedd y siaradwyr yn y recordiadau a oedd wedi dangos dylanwad o du'r Saesneg yn fwy tueddol o gael gwerthusiadau llai positif o'u cymharu â siaradwyr eraill. Er nad oedd pob siaradwraig o deuluoedd di-Gymraeg yn cael eu gwerthuso'n fwy negyddol na siaradwyr o gartrefi Cymraeg, roedd un ohonynt yn cael ei beirniadu'n negyddol yn gyson. Ni wyddys i ba raddau y mae'r gwerthusiadau negyddol hyn yn cael effaith ar brofiad siaradwyr Cymraeg, ac yn enwedig ar siaradwyr Cymraeg o gartrefi di-Gymraeg o ddydd i ddydd, ond mae'n codi cwestiwn i ba raddau y mae ystrydebau ynghylch 'cywirdeb' yn niweidiol i'r ymgais i greu siaradwyr newydd y Gymraeg (gweler hefyd Hornsby a Vigers 2019) ac i annog siaradwyr y Gymraeg i ddefnyddio'r iaith o ddydd i ddydd.

Dewis iaith ac ymddygiad mewn cymunedau dwyieithog ac amlieithog

Dengys canlyniadau'r gwaith a grynhoir uchod fod agweddau tuag at ieithoedd yn amrywio. Gellir dweud, felly, fod agweddau yn bwysig mewn cymunedau dwyieithog gan fod gan siaradwyr ddewis iaith. Gall siaradwr Cymraeg ddewis peidio â siarad yr iaith hyd yn oed os nad yw'r dewis hwnnw'n cael ei dderbyn gan siaradwyr eraill. Yn sicr, mae agweddau cadarnhaol tuag at y Gymraeg yn rhan bwysig o'i pharhad fel iaith gymunedol ond ceir hefyd sawl ffactor arall sy'n dylanwadu ar ddewis iaith. Archwilia astudiaethau mwy cymdeithasol ym maes sosioieithyddiaeth y Gymraeg agweddau ar ddefnydd y Gymraeg a sut y mae'n cael ei defnyddio gan unigolion ac ar lefel gymunedol.

Fe ymchwiliodd Evas et al. (2017) i'r defnydd o'r Gymraeg ar yr aelwyd er mwyn darganfod rhagor am y ffactorau sy'n helpu rhieni i drosglwyddo'r Gymraeg i'w plant. Dangosodd dadansoddiad o gyfrifiad 2011 fod 82% o blant 3–4 oed mewn teuluoedd lle mae'r ddau riant yn siarad Cymraeg hefyd yn siarad yr iaith. Mewn teuluoedd un rhiant, darganfuwyd bod 53% o blant 3–4 oed yn siarad Cymraeg os yw'r rhiant yn siarad Cymraeg hefyd. Roedd 45% o blant 3–4 oed yn siarad y Gymraeg mewn teuluoedd dau riant lle roedd un rhiant yn unig yn siarad yr iaith.

Mae canlyniadau'r cyfrifiad yn taflu goleuni ar batrymau cyffredin ond prif nodau'r ymchwil oedd ystyried i ba raddau y mae ffactorau megis agweddau tuag at y Gymraeg a chefndir ieithyddol y rhieni yn dylanwadu ar drosglwyddo'r iaith ar yr aelwyd ynghyd â dysgu am brofiadau rhieni o ddefnyddio'r Gymraeg ar yr aelwyd. Er mwyn cyflawni'r nodau hyn, lluniwyd holiadur a chyfweliad lled-strwythuredig â 60 rhiant a oedd yn siarad Cymraeg ond a oedd yn dod o wahanol gefndiroedd ieithyddol yn ne-ddwyrain a gogledd-orllewin Cymru. Ymhlith y 60 rhiant, roedd 42% yn siarad y Gymraeg yn bennaf ar yr aelwyd. Roedd 35% yn siarad Saesneg yn bennaf ac roedd 23% yn siarad y Gymraeg a'r Saesneg.

Er gwaethaf y gwahaniaethau rhwng iaith ar yr aelwyd ymhlith y rhieni, dangosodd canlyniadau'r holiadur fod agweddau tuag at y Gymraeg yn gadarnhaol ar y cyfan a bod yr iaith yn rhan bwysig o'u hunaniaeth. Awgryma hyn nad yw agweddau positif tuag at y Gymraeg yn ddigon i annog rhieni i ddefnyddio'r iaith ar yr aelwyd. Yn ogystal â hyn, fe nodwyd gan 68% o'r rhieni nad oedd eu dewis iaith yn benderfyniad bwriadus. Cefnogir hyn gan y canlyniad bod cydberthynas gref rhwng cefndir ieithyddol y rhieni (Cymraeg ar yr aelwyd neu Saesneg ar yr aelwyd) a'u defnydd hwythau o'r Gymraeg gyda'u plant.

Dengys y canlyniadau uchod fod arfer yn rhan bwysig o ymddygiad ieithyddol. Os bydd siaradwyr wedi arfer â defnyddio iaith benodol mewn cyd-destun penodol, byddant yn fwy tebygol i barhau i'w defnyddio. Datganodd nifer o rieni o deuluoedd Cymraeg fod defnyddio'r iaith gyda'u plant yn ymddygiad anymwybodol. Yn debyg, roedd nifer o rieni o deuluoedd di-Gymraeg yn datgan eu bod yn defnyddio'r Saesneg gyda'u plant heb feddwl llawer am eu hymddygiad. Roedd y rhan fwyaf o'r rhieni hyn eisiau addysg Gymraeg i'w plant ac roedd llawer ohonynt yn adfyfyrio ar eu defnydd iaith wrth i'r plentyn neu blant ddechrau'r ysgol. Er hyn, nid oedd yn arwain at gynnydd sylweddol yn nefnydd y Gymraeg ar yr aelwyd ac roedd ambell riant yn teimlo nad oeddent yn ddigon hyderus i siarad Cymraeg gyda'u plant.

Ceir nifer o weithiau ymchwil sydd wedi ceisio taflu goleuni ar ddefnydd iaith ymhlith pobl ifanc mewn ysgolion gan edrych hefyd ar wahaniaethau rhwng siaradwyr ifanc o gartrefi Cymraeg ac o gartrefi di-Gymraeg. Gellir dweud bod arferion ieithyddol plant a phobl ifanc yn cael eu dylanwadu gan yr hyn a welir gan eu rhieni, eu cyfoedion, ac yn y gymuned ehangach.

Cymharodd Morris (2010) ddata ar ddefnydd iaith ymhlith pobl ifanc mewn 12 ardal yng Nghymru. Y ffactor mwyaf dylanwadol ar ddefnydd iaith oedd iaith y gymuned. Hynny yw, mae'r defnydd o'r Gymraeg yn fwy tebygol ymhlith pobl ifanc mewn ardaloedd lle mae canran uchel o siaradwyr a lle mae'r defnydd o'r Gymraeg yn arferol mewn cyd-destunau anffurfiol (gweler hefyd Cunliffe et al. 2013 am ddefnydd y Gymraeg ar Facebook sy'n dod i gasgliadau tebyg). Gan ystyried nad yw'r rhan fwyaf o bobl ifanc yn byw mewn ardaloedd lle mae'r Gymraeg yn iaith gymunedol, mae'n glir bod ymddygiad ieithyddol yn mynd i amrywio rhwng pobl ifanc. Mae ambell waith ymchwil wedi ceisio edrych ar ffactorau mwy penodol sy'n gallu effeithio ar ddewis iaith ymhlith pobl ifanc.

Fe luniodd Coupland et al. (2005), er enghraifft, holiadur i ymchwilio i agweddau tuag at Gymreictod a'r Gymraeg ymhlith disgyblion ysgol. Roedd siaradwyr o gartrefi Cymraeg yn fwy tueddol o deimlo bod y Gymraeg yn rhan bwysig o'u hunaniaeth ac o fod yn rhan o rwydweithiau a gweithgareddau Cymraeg na siaradwyr o gartrefi di-Gymraeg. Roedd siaradwyr o gartrefi Cymraeg a siaradwyr o gartrefi di-Gymraeg a nododd eu bod nhw'n meddwl bod ganddynt lefel uchel o allu yn y Gymraeg yn fwy tueddol o deimlo bod defnyddio'r Gymraeg yn bwysig (boed hynny o ddydd i ddydd neu mewn achlysuron pwysig fel symbol o Gymreictod). Er bod y canlyniadau yn gadarnhaol ar y cyfan, awgryma Coupland et al. (2005, tt. 15–16) nad yw adnoddau megis S4C a Radio Cymru yn ddigonol i ddenu ymrwymiad diwylliannol yn y Gymraeg a bod awydd siaradwyr i ddefnyddio'r iaith hefyd yn chwarae rôl mewn dewis iaith.

Mewn astudiaeth ethnograffeg ysgol ddwyieithog yn y gorllewin, darganfu Musk (2006) fod grwpiau gwahanol o ffrindiau yn gallu ffurfio ac yn cael eu disgrifio ar sail eu hymddygiad ieithyddol. Fe wahaniaetha Musk (2006) rhwng tri grŵp ar sail eu hymddygiad ieithyddol. Roedd un grŵp yn defnyddio'r Gymraeg yn bennaf, yn teimlo'n fwy hyderus yn y Gymraeg ac yn gefnogol iawn i bolisi'r ysgol i ddefnyddio'r iaith. Roedd pawb yn y grŵp yn dod o gartrefi Cymraeg. Roedd grŵp arall yn defnyddio'r Saesneg er mwyn cyfathrebu tu allan i'r ystafell ddosbarth. Roeddent yn dod o gartrefi Saesneg, yn datgan eu bod yn teimlo'n fwy hyderus yn y Saesneg, ac yn gwrthwynebu polisi Cymraeg yr ysgol. Roedd y trydydd grŵp yn cynnwys plant o gartrefi Cymraeg a chartrefi Saesneg. Roedd eu hymddygiad yn fwy hyblyg a byddent yn newid iaith yn aml gan ddibynnu ar y person arall yn y sgwrs. Nid oedd ganddynt farn gref ynghylch polisi iaith yr ysgol. Yn debyg, cymherais innau (2014) ysgolion yn y gogledd-orllewin a'r gogledd-ddwyrain. Roedd dewis iaith yn dueddol o fod yn fwy amlwg yn y gogledd-orllewin ac fe wahaniaethwyd rhwng grwpiau o ffrindiau ar sail ymddygiad ieithyddol. Er bod agweddau cadarnhaol tuag at y Gymraeg yn y gogledd-ddwyrain, roedd yn arfer i'r rhan fwyaf o'r plant ddefnyddio'r Saesneg ymhlith ei gilydd.

Ceir nifer o themâu sy'n llinyn cyswllt drwy'r astudiaethau a nodwyd uchod ar ddefnydd y Gymraeg. Yn gyntaf, mae'n amlwg bod cymdeithasoli iaith yn bwysig a bod siaradwyr sydd wedi arfer â defnyddio'r Gymraeg mewn cyd-destunau gwahanol yn fwy tueddol o'i defnyddio. Gwelwyd hefyd fod asesiad siaradwyr o'u gallu i siarad yr iaith yn bwysig. Os nad yw siaradwyr yn teimlo eu bod yn siarad Cymraeg yn ddigon da, yna mae llai o gymhelliant i'w defnyddio. Mae'r themâu hyn yn berthnasol i siaradwyr Cymraeg o bob cefndir ieithyddol ac o bob ardal ond gellid dadlau eu bod yn fwy amlwg ymhlith siaradwyr o gartrefi di-Gymraeg, yn enwedig o ardaloedd lle nad oes llawer o gyfleoedd i ddefnyddio'r iaith tu hwnt i'r ystafell ddosbarth ac ar ôl gadael yr ysgol. Mae'r canlyniadau hyn yn bwysig o safbwynt polisi a chynllunio iaith er mwyn cynllunio sut i adfywio ieithoedd lleiafrifol.

Polisi a chynllunio iaith

Mae polisi a chynllunio iaith yn cwmpasu nifer o feysydd academaidd gwahanol gan gynnwys sosioieithyddiaeth, cymdeithaseg a seicoleg. Fe ddatblygodd y maes yn rhyngwladol fel ymateb i'r ymgais i adfywio nifer o ieithoedd lleiafrifol (Griffith 2018, t. 119). Canolbwynt polisi a chynllunio iaith yw cynnal defnydd ieithoedd neu eu hadfywio mewn ffordd strwythuredig. Fe wahaniaethir rhwng tri phrif fath o gynllunio iaith a grynhoir yn Nhabl 1 isod (yn seiliedig ar Kaplan a Baldauf 1997, tt. 30–48; Spolsky 2004, tt. 46–47):

Tabl 1 – Mathau gwahanol o gynllunio ieithyddol

Math o gynllunio	Disgrifiad	Enghreifftiau
Cynllunio Statws	Cynllunio er mwyn sicrhau bod gan yr iaith dan sylw swyddogaethau yn y gymuned.	• Dewis iaith swyddogol. • Mynnu bod sefydliadau yn defnyddio'r iaith dan sylw.
Cynllunio Corpws	Cynllunio er mwyn sicrhau bod modd i siaradwyr ddefnyddio'r iaith mewn amrywiaeth o swyddogaethau.	• Creu iaith safonol a ddefnyddir mewn cyd-destunau ffurfiol. • Llunio geiriaduron • Sicrhau bod termau newydd neu arbenigol yn bodoli yn yr iaith dan sylw.
Cynllunio Caffael	Cynllunio er mwyn sicrhau bod modd i blant ddysgu'r iaith dan sylw, yn enwedig pan nad yw'r rhieni yn siarad yr iaith.	• Llunio rhaglenni addysg drochi.

Bu nifer o weithgareddau cynllunio iaith yn bodoli parthed y Gymraeg cyn i'r maes gael ei ffurfioli. Roedd addysg Gymraeg wedi datblygu yn ystod yr ugeinfed ganrif a chafwyd nifer o ymgyrchoedd i godi statws y Gymraeg, er enghraifft drwy sefydlu S4C. Fe welwyd ymgais ffurfiol i gynllunio'r iaith ar ôl i Lywodraeth San Steffan gyflwyno Deddf yr Iaith Gymraeg 1993 (Griffith 2018, t. 119). Un o oblygiadau y ddeddf hon oedd sefydlu Bwrdd yr Iaith Gymraeg. Rôl y Bwrdd oedd hyrwyddo defnydd y Gymraeg a'i hwyluso ac fe wnaethpwyd hyn drwy brosiectau i annog defnydd ymhlith siaradwyr ynghyd â gweithio gyda sefydliadau er mwyn llunio cynlluniau iaith a ddatganodd sut y byddent yn cynnig gwasanaethau dwyieithog (gweler Carlin a Mac Giolla Chríost 2016 am drosolwg).

Fe drosglwyddwyd cyfrifoldeb dros y Gymraeg i Lywodraeth Cymru ar ôl datganoli ym 1997 ac, o ganlyniad, lluniwyd nifer o strategaethau er mwyn cynllunio'r iaith. Rhoddodd Mesur y Gymraeg (Cymru) 2011 (Llywodraeth Cymru 2011) statws swyddogol i'r Gymraeg yng Nghymru a phwerau i Gomisiynydd y Gymraeg (a sefydlwyd yn dilyn y mesur) i ymchwilio i achosion lle nad yw sefydliadau yn cydymffurfio â rheolau newydd (safonau iaith) ynghylch defnydd y Gymraeg a gwasanaethau sydd ar gael yn yr iaith (gweler Mac Giolla Chríost 2016).

Yn fwy diweddar, cyhoeddwyd strategaeth Llywodraeth Cymru i greu miliwn o siaradwyr Cymraeg erbyn 2050 (Llywodraeth Cymru 2017). Bydd yn arwain at weithgarwch er mwyn ceisio cynyddu nifer siaradwyr y Gymraeg a'r defnydd ohoni yn ogystal â sicrhau bod amodau sy'n hwyluso defnydd, megis amodau sy'n cefnogi economi ardaloedd penodol neu amodau sy'n annog defnydd o dechnoleg yn y Gymraeg. Rhaid cymryd sylw o'r ymchwil a wneir ym maes sosioieithyddiaeth y Gymraeg er mwyn cyflawni'r weledigaeth hon a cheisio cynllunio er mwyn hyrwyddo'r defnydd o'r Gymraeg.

Yn ogystal â chymryd sylw o ymchwil flaenorol, nodir yn strategaeth Llywodraeth Cymru (2017, t. 53) fod 'angen i ni ddeall yn well yr hyn a allai helpu siaradwyr Cymraeg o bob gallu i ddefnyddio'r Gymraeg mewn amgylchiadau lle nad ydynt wedi arfer gwneud hynny'. Rhoddwyd cryn dipyn o sylw i ymagweddau ymddygiadol at bolisi iaith yn ddiweddar ac mae'n debyg y bydd rhagor o weithiau ym maes polisi a chynllunio iaith (yn y Gymraeg o leiaf) yn cynnwys agweddau ar y gwyddorau ymddygiadol. Wrth wraidd ymagweddau ymddygiadol at iaith y mae'r cysyniad nad yw pobl yn ymwybodol o'u dewisiadau bob tro. Hynny yw, drwy wneud newidiadau i sut y cynigir dewisiadau iaith, er enghraifft, bydd modd rhoi 'hergwd' i siaradwyr ddewis y Gymraeg.

Fe welir enghraifft o sut y gellid cymhwyso egwyddorion y gwyddorau ymddygiadol at gynllunio ieithyddol yng ngwaith Griffith (2018) ar ddefnyddio meddalwedd gyfrifiadurol a gwefannau yn y Gymraeg. Gwyddys bod y defnydd o opsiynau Cymraeg meddalwedd gyfrifiadurol a gwefannau yn isel o'i gymharu â'r ganran o siaradwyr Cymraeg yn gyffredinol. Ceir nifer o resymau a roddir gan siaradwyr am beidio â defnyddio'r opsiwn Cymraeg megis diffyg hyder i ddeall termau technolegol, iaith gymhleth, a diffyg gwybodaeth am sut i newid rhwng ieithoedd (gweler Evas a Cunliffe 2016).

Lluniodd Griffith (2018) arbrawf i asesu i ba raddau y byddai saernïo dewis (hynny yw, creu amodau sy'n ffafrio'r Gymraeg) yn effeithio ar ddewis iaith. I'r perwyl hwn, newidiodd Griffith (2018) ragosodiadau iaith gwefan ddwyieithog mewn gwahanol ffyrdd ac fe'u cyflwynwyd i dri grŵp o siaradwyr Cymraeg a oedd yn gweithio i Gyngor Gwynedd. Wrth fewngofnodi, gwelodd Grŵp 1 fersiwn Saesneg o'r wefan (gydag opsiwn i newid i'r Gymraeg), gwelodd Grŵp 2 fersiwn Gymraeg (gyda'r opsiwn i newid i'r Saesneg) a gwelodd Grŵp 3 ragdudalen a ofynnodd iddynt ddewis iaith (Griffith 2018, t. 181). Roedd hanner y siaradwyr Cymraeg yng Nghrŵp 1 wedi aros ar y wefan Saesneg heb newid yr iaith. Roedd Grŵp 2 yn dueddol o aros ar y wefan Gymraeg. Pan roddwyd dewis iaith i Grŵp 3, dewisodd y rhan fwyaf ohonynt y fersiwn Gymraeg (Griffith 2018, tt. 233–7). Awgryma hyn, felly, fod gwneud mân newidiadau i sut y cyflwynir dewis iaith yn gallu rhoi hergwd i ddewis iaith siaradwyr.

Crynodeb

Mae'r bennod hon wedi rhoi trosolwg o faes sosioieithyddiaeth gan ganolbwyntio ar astudiaethau ar y Gymraeg a dwyieithrwydd Cymraeg-Saesneg yng Nghymru. Nod is-faes amrywio a newid ieithyddol yw chwilio am batrymau rhwng ffactorau cymdeithasol a defnydd nodweddion ieithyddol penodol. Trwy gymharu grwpiau iau o siaradwyr â grwpiau hŷn mewn cymuned, mae modd gweld a oes newid ieithyddol ar y gweill. Fe bwysleisiwyd hefyd fod gan siaradwyr unrhyw iaith farn ynghylch sut y mae pobl eraill yn siarad ond bod y sosioieithydd yn ymchwilio i'r agweddau hyn o safbwynt gwyddonol.

Canolbwyntiwyd yn ail ran y bennod ar agweddau mwy

cymdeithasegol ar faes sosioieithyddiaeth. Fe grynhowyd nifer o astudiaethau ar ymddygiad ieithyddol a dewis iaith siaradwyr Cymraeg. Mae'n bwysig cofio, wrth gwrs, fod dewis iaith siaradwyr mewn cymunedau dwyieithog yn gallu amrywio rhwng unigolion ac yn gallu newid dros amser. O safbwynt polisi a chynllunio ieithyddol yng Nghymru, allweddol fydd sicrhau bod siaradwyr o ardaloedd a chefndiroedd gwahanol yn cael cyfle i ddatblygu arferion ieithyddol yn y Gymraeg a bod digon o gyfleoedd i'w defnyddio.

Mae maes sosioieithyddiaeth yn un cyffrous sy'n cynnig cyfleoedd difyr i ymchwilio i sut y mae iaith a defnydd iaith yn esblygu. Wrth i fwy o bobl o gefndiroedd gwahanol gaffael y Gymraeg, bydd yn ddiddorol gweld sut y mae'r iaith yn amrywio rhwng grwpiau. Yn sicr, mae amrywio'n arwydd o iaith sy'n ffynnu ac sy'n gynhwysol. Yn debyg, wrth i dechnoleg ddatblygu fe fydd yn ddifyr gweld sut y bydd y defnydd o'r Gymraeg yn newid ac y bydd yn ennill ei phlwyf ymhlith ieithoedd eraill.

Cyfeiriadau

Ashley, Louise, Duberley, Jo, Sommerlad, Hilary a Scholarios, Dora. 2015. *A qualitative evaluation of non-educational barriers to the elite professions*. Llundain: Social Mobility and Child Poverty Commission.
Ball, Martin J. 1988. gol. *The Use of Welsh: a contribution to sociolinguistics*. Clevedon: Multilingual Matters.
— 1984. *Sociolinguistic Aspects of the Welsh Mutation System*. Traethawd PhD anghyhoeddedig, Prifysgol Cymru, Caerdydd.
Bell, Allan 1984. Language style as audience design. *Language in society* 13(2), tt. 145–204.
Carlin, Patrick a Mac Giolla Chríost, Diarmait. 2016. A Standard for Language? Policy, Territory, and Constitutionality in a Devolving Wales. Yn: Durham, Mercedes a Morris, Jonathan. goln. *Sociolinguistics in Wales*. Llundain: Palgrave Macmillan. tt. 93–120.

Coupland, Nikolas a Bishop, Hywel. 2007. Ideologised values for British accents. *Journal of Sociolinguistics* 11, tt. 74–93

Coupland, Nikolas, Bishop, Hywel, Williams, Angie, Evans, Betsy a Garrett, Peter. 2005. Affiliation, Engagement, Language Use and Vitality: Secondary School Students' Subjective Orientations to Welsh and Welshness. *International Journal of Bilingual Education and Bilingualism* 8:1, tt. 1–24.

Cunliffe, Daniel, Morris, Delyth a Prys, Cynog. 2013. Young Bilinguals' Language Behaviour in Social Networking Sites: The Use of Welsh on Facebook. *Journal of Computer-Mediated Communication* 18(3), tt. 339–61.

Davies, Peredur. 2016. Age Variation and Language Change in Welsh: Auxiliary Deletion and Possessive Constructions. Yn: Durham, Mercedes a Morris, Jonathan. goln. *Sociolinguistics in Wales*. Llundain: Palgrave Macmillan, tt. 31–59.

Deuchar, Margaret, Donnelly, Kevin a Piercy, Caroline. 2016. 'Mae pobl monolingual yn minority': Factors Favouring the Production of Code Switching by Welsh–English Bilingual Speakers. Yn: Durham, Mercedes a Morris, Jonathan. goln. *Sociolinguistics in Wales*. Llundain: Palgrave Macmillan, tt. 209–39.

Durham, Mercedes. 2016. Changing Attitudes Towards the Welsh English Accent: A View from Twitter. Yn: Durham, Mercedes a Morris, Jonathan. goln. *Sociolinguistics in Wales*. Llundain: Palgrave Macmillan, tt. 181–205.

Durham, Mercedes a Morris, Jonathan. 2016. An Overview of Sociolinguistics in Wales. Yn: Durham, Mercedes a Morris, Jonathan. goln. *Sociolinguistics in Wales*. Llundain: Palgrave Macmillan, tt. 3–28.

Eckert, Penelope. 1988. Adolescent social structure and the spread of linguistic change. *Language in society* 17(2), tt. 183–207.

Eckert, Penelope a McConnell-Ginet, Sally. 2003. *Language and Gender*. Caergrawnt: Cambridge University Press.

Eckert, Penelope a Rickford, John R.. 2001. *Style and Sociolinguistic Variation*. Caergrawnt: Cambridge University Press.

Edwards, John. 2013. *Sociolinguistics: A Very Short Introduction*. Rhydychen: Oxford University Press.

Elias, Osian a Griffith, Gwenno. 2019. 'Mae hergwd cyn bwysiced â hawl': newid ymddygiad a pholisi'r iaith Gymraeg. *Gwerddon* 29, tt. 59–80.

Evas, Jeremy a Cunliffe, Daniel. 2016. Behavioural Economics and Minority Language e-Services – The Case of Welsh. Yn: Durham, Mercedes a Morris, Jonathan. goln. *Sociolinguistics in Wales*. Llundain: Palgrave Macmillan, tt. 61–91.

Evas, Jeremy, Morris, Jonathan a Whitmarsh, Lorraine. 2017. *Ymchwil i'r Amodau sydd yn Dylanwadu ar Drosglwyddo'r Gymraeg a'i Defnydd mewn Teuluoedd*. Caerdydd: Llywodraeth Cymru.

Ferguson, Charles A. Diglossia. *Word* 15, tt. 325–40.

Fishman, Joshua A. 1991. *Reversing Language Shift: Theoretical and Empirical Foundations of Assistance to Threatened Languages*. Clevedon: Multilingual Matters.

Fought, Carmen. 2006. *Language and Ethnicity*. Caergrawnt: Cambridge University Press.

Gardner-Chloros, Penelope. 2009. *Code-Switching*. Caergrawnt: Cambridge University Press.

Garrett, Peter. 2010. *Attitudes to Language*. Caergrawnt: Cambridge University Press.

Griffith, Gwenno. 2018. *Newid Ymddygiad Ieithyddol: Cynyddu'r Niferoedd sy'n Defnyddio Rhyngwynebau Cyfrifiadurol yn Gymraeg*. Traethawd PhD anghyhoeddedig, Prifysgol Caerdydd.

Hodges, Rhian a Prys, Cynog. 2018. The community as a language planning crossroads: macro and micro language planning in communities in Wales. *Current Issues in Language Planning* 20(3), tt. 207–25.

Hornsby, Michael a Vigers, Dick. 2018. 'New' speakers in the heartlands: struggles for speaker legitimacy in Wales. *Journal of Multilingual and Multicultural Development*, 39(5),tt. 419–30.

Jones, Christine M. 1989. Cydberthynas nodweddion cymdeithasol ag amrywiadau'r Gymraeg yn Y Mot, Sir Benfro. *Bwletin y Bwrdd Gwybodau Celtaidd* 36, tt. 64–83.

Jones, Mari C. 1998. *Language Obsolescence and Revitalization: Linguistic Change in Two Sociolinguistically Contrasting Welsh Communities*. Rhydychen: Oxford University Press.

Jones, Robert Owen. 1984. Change and variation in the Welsh of Gaiman, Chubut. Yn: Ball, Martin J. a Jones, Glyn E. goln. *Welsh Phonology: Selected Readings*. Caerdydd: Gwasg Prifysgol Cymru, tt. 189–207.
— 1993. The Sociolinguistics of Welsh. Yn: Ball, Martin J. gol. *The Celtic Languages*. Llundain ac Efrog Newydd: Routledge, tt. 189–207.
Kaplan, Robert B. a Richard B. Baldauf. 1997. *Language Planning: from practice to theory*. Clevedon: Multilingual Matters.
Labov, William. 1963. The Social Motivation of a Sound Change. *Word* 19(3), tt. 273–309.
— 1966. *The Social Stratification of English in New York City*. Washington, DC: Center for Applied Linguistics.
— 1972. *Sociolinguistic Patterns*. Philadelphia: University of Pennsylvania Press.
Lippi-Green, Rosina. 1997. *English with an Accent: Language, Ideology and Discrimination in the United States*. Llundain ac Efrog Newydd: Routledge.
Llywodraeth Cymru. 2011. *Mesur y Gymraeg*. [Ar-lein]. Ar gael: *http://www.legislation.gov.uk/mwa/2011/1/pdfs/ mwa_20110001_we.pdf*, cyrchwyd 15 Mawrth 2020.
Llywodraeth Cymru. 2017. *Cymraeg 2050: Miliwn o Siaradwyr*. [Ar-lein]. Ar gael: *https://senedd.wales/laid%20documents/ gen-ld11108/gen-ld11108-w.pdf*, cyrchwyd 15 Mawrth 2020.
Mac Giolla Chríost, Diarmait. 2016. *The Welsh Language Commissioner in Context: Roles, Methods and Relationships*. Caerdydd: Gwasg Prifysgol Cymru.
Mayr, Robert, Morris, Jonathan, Mennen, Ineke a Williams, Daniel. 2017. Disentangling the effects of long-term language contact and individual bilingualism: the case of monophthongs in Welsh and English. *International Journal of Bilingualism* 21(3), tt. 245–67.
Mennen, Ineke, Kelly, Niamh, Mayr, Robert a Morris, Jonathan. 2020. The Effects of Home Language and Bilingualism on the Realization of Lexical Stress in Welsh and Welsh English. *Frontiers in Psychology*, 10.
Meyerhoff, Miriam. 2011. *Introducing Sociolinguistics*. Ail argraffiad. Llundain ac Efrog Newydd: Routledge.

Morris, Delyth. 2010. Young people and their use of the Welsh language. Yn: Morris, Delyth. gol. *Welsh in the Twenty-First Century*. Caerdydd: Gwasg Prifysgol Cymru, tt. 80–98.

Morris, Jonathan. 2013. *Sociolinguistic Variation and Regional Minority Language Bilingualism: an Investigation of Welsh–English Bilinguals in North Wales*. Traethawd PhD anghyhoeddedig, Prifysgol Manceinion.

— 2014. The influence of social factors on minority language engagement amongst young people: an investigation of Welsh-English bilinguals in North Wales. *International Journal of the Sociology of Language* 2014(230), tt. 65–89.

— 2017. Sociophonetic variation in a long-term language contact situation: /l/-darkening in Welsh–English bilingual speech. *Journal of Sociolinguistics* 21(2), tt. 183–207.

— 2021. Social Influences on Phonological Transfer:/ r/ Variation in the Repertoire of Welsh-English Bilinguals. *Languages* 6(2): t. 97.

Morris, Jonathan, a Hejná, Míša. 2020. Pre-aspiration in Bethesda Welsh: A sociophonetic analysis. *Journal of the International Phonetic Association* 50(2), tt. 168–92.

Morris, Jonathan, Rees, Iwan Wyn, a Prys, Myfyr. 2020. Amrywio. Yn: Cooper, Sarah ac Arman, Laura. goln. *Cyflwyniad i Ieithyddiaeth*. Caerfyrddin: Y Coleg Cymraeg Cenedlaethol, tt. 139–80.

Musk, Nigel. 2006. *Performing Bilingualism in Wales with the Spotlight on Welsh: A Study of Language Policy and the Language Practices of Young People in Bilingual Education*. Traethawd PhD, Prifysgol Linköping.

Robert, Elen. 2009. Accommodating 'new' speakers? An attitudinal investigation of L2 speakers of Welsh in south-east Wales. *International Journal of the Sociology of Language* 2009(195), tt. 93–115.

Schleef, Erik, Meyerhoff, Miriam a Clark, Lynn. 2011. Teenagers' acquisition of variation: a comparison of locally-born and migrant teens' realisation of English (ing) in Edinburgh and London. *English World-Wide* 32(2), tt. 206–36.

Spolsky, Bernard. 2004. *Language Policy*. Caergrawnt: Cambridge University Press.

Tagliamonte, Sali A. 2016. *Teen Talk: The Language of Adolescents*. Caergrawnt: Cambridge University Press.

Thomas, Beth. 1988. Differences of sex and sects: linguistic variation and social networks in a Welsh mining village. Yn: Coates, Jennifer a Cameron, Deborah. goln., *Women in their Speech Communities: New Perspectives on Language and Sex*. Llundain ac Efrog Newydd: Routledge, tt. 51–60.

Trudgill, Peter. 1972. Sex, covert prestige and linguistic change in the urban British English of Norwich. *Language in society* 1(2), tt. 179–95.

7

Dwyieithrwydd

Enlli Thomas

Cyflwyniad

Un o sgiliau hynotaf y bod dynol yw ei allu i gyfathrebu drwy iaith. Ymhell cyn ymadael â'r groth, mae'r ymennydd bach yn prysur ddatblygu ac ymateb i'w amgylchedd. Mae'n adnabod patrymau yn iaith y fam ac mae biliynau o niwronau bach gweithgar yn dechrau ar y daith i gaffael iaith. Ac *mae* hi yn daith. Ond o fewn cwta dair blynedd, gall y plentyn bach gyfleu syniadau, disgrifio gwrthrychau (gwir neu ddychmygol), holi cwestiynau, ac ymateb i iaith unigolion eraill drwy gynhyrchu iaith sydd heb fod yn rhy annhebyg i iaith ei amgylchedd. O gynhyrchu a chyfuno synau, i gynhyrchu a chyfuno geiriau, i fedru cynhyrchu a chyfleu unrhyw syniad, teimlad neu fwriad, mae'r gallu i greu gwead niwrolegol dwys sy'n ymgorffori patrymau, ffurfiau a synau unigryw a chymhleth iaith yn un o wyrthiau'r ymennydd dynol. Ond yr hyn sy'n fwy gwyrthiol fyth yw bod y rhan fwyaf o blant yn dysgu nid un ond dwy neu fwy o ieithoedd ac felly mae'r ymennydd dynol yn amlach na pheidio yn delio â gwead niwrolegol sy'n fwy cymhleth eto! A dyna yw'r sefyllfa gyfredol ar gyfer unrhyw un sydd yn siarad Cymraeg. Yn ôl data'r Cyfrifiad, mae pob unigolyn tair blwydd oed a hŷn sy'n siarad Cymraeg hefyd yn siarad Saesneg (Cyfrifiad 2011) ac yn aelodau breintiedig o'r byd dwyieithog. Bydd y bennod hon yn trafod agweddau cynnar tuag at ddwyieithrwydd, gan amlinellu natur unigolion dwyieithog a'r nodweddion unigryw sy'n codi yn sgil meddu ar ddwy iaith.

Un ymennydd, un iaith?

Mae dwyieithrwydd yn faes astudio cymharol ifanc. Yn draddodiadol, roedd nifer o'r farn bod yr ymennydd dynol wedi esblygu ar gyfer medru un iaith yn unig – cysyniad a gefnogwyd gan un o adnodau'r Hen Destament: 'Un iaith ac un ymadrodd oedd i'r holl fyd' (Genesis 11: 1).[1] Yn fwy diweddar, fodd bynnag, gwnaed niwed sylweddol i'r cysyniad o ddwyieithrwydd mewn astudiaethau a gynhaliwyd ar ddechrau'r ugeinfed ganrif. Un math o ymchwil a oedd yn boblogaidd iawn ar y pryd oedd ymchwil dyddiadurol. Mewn ymchwil o'r fath byddai rhieni (a oedd eu hunain, gan amlaf, yn ieithyddwyr) yn cofnodi – ar ffurf dyddiadur – ynganiadau a chynyrchiadau iaith y plentyn fel cofnod o'i ddatblygiad iaith. Mewn cyfres o astudiaethau achos o'r fath a gynhaliwyd ar blant a oedd yn datblygu dwy iaith, cofnodwyd enghreifftiau o'r hyn y cyfeirir ato heddiw fel 'cyfnewid cod' (y cyfeiriwyd ato eisoes ym mhennod Jonathan Morris ar sosoieithyddiaeth; gweler hefyd Thomas a Webb-Davies 2016 am drafodaeth ehangach). Mae 'cyfnewid cod' (S. *code-switching*), yn syml iawn, yn golygu defnyddio geiriau ac ymadroddion o un iaith wrth siarad iaith arall – mae'n digwydd yn gyffredin ar lawr gwlad mewn ymadroddion fel *ti 'di cael* **notification?** Tuedd ymchwilwyr rhan gyntaf yr ugeinfed ganrif oedd trafod y fath ymddygiad mewn dull negyddol, gan ddweud, er enghraifft, fod y plentyn yn 'cymysgu' rhwng yr ieithoedd, a bod y naill iaith yn 'tarfu' ar y llall (Schelleter 2019). Cafwyd yma, felly, 'dystiolaeth' academaidd bod dwyieithrwydd yn amharu ar ruglder a sgiliau cyfathrebu'r plentyn.

Math arall o ymchwil a oedd yn gyffredin iawn yn yr un cyfnod oedd ymchwil i fesur sgiliau deallusol unigolion yn sgil datblygiad teclynnau mesur deallusrwydd – profion IQ, fel y'u gelwir yn aml. Yn y profion hyn, tueddai plant yr oedd y Saesneg, i bob pwrpas, yn ail iaith iddynt, neu nad oeddynt ond wedi mewnfudo i'r Unol Daleithiau yn gymharol ddiweddar, i berfformio'n wael. Yn aml iawn, honnid mai un o'r rhesymau am hynny oedd dwyieithrwydd y plant (Hakuta 1986). Unwaith eto, felly, cynigiwyd bod yna 'dystiolaeth' wyddonol bod dwyieithrwydd yn amharu ar ddatblygiad yr unigolyn. Er bod gwendidau mawr yn yr ymchwiliadau hyn, bu i'r negyddiaeth gynnar a gwmpasodd y term 'dwyieithrwydd' greu ofn a phryder ymysg rhieni ac unigolion ynghylch effeithiau andwyol 'ychwanegu' iaith arall at yr ymennydd. Mae'r agwedd hon yn dal i'w chael heddiw, gyda straeon fod gweithwyr proffesiynol sy'n delio â phlant ag Anghenion Dysgu Ychwanegol yn aml yn awgrymu defnyddio un iaith yn unig gyda'r disgyblion hynny heb lawn ystyried eu cefndir ieithyddol. Erbyn hyn, fodd bynnag, gan gychwyn ag astudiaeth arloesol a dylanwadol Peal a Lambert (1962), ceir tystiolaeth gref fod manteision clir i fod yn ddwyieithog ac yn amlieithog.

Realiti'r sefyllfa yw bod y byd yn un cywaith byw o ieithoedd, gyda nid llai na 7,151 o ieithoedd byw wedi eu cofnodi yn 2022.[2] Mae'r Hen Destament yn esbonio'r amrywiaeth hwn trwy gyfrwng hanes Tŵr Babel, a barn Duw fod angen atal dynolryw rhag dod yn rhy bwerus: 'Dewch, disgynnwn, a chymysgu eu hiaith hwy yno rhag iddynt ddeall ei gilydd yn siarad' (Genesis 11: 7). Ond beth bynnag y rheswm dros ddatblygiad miloedd ar filoedd o wahanol ieithoedd, mewn sefyllfaoedd o gyswllt iaith, datblygodd unigolion y gallu i gyfathrebu mewn mwy nag un iaith (gweler Thomas a Webb-Davies 2016 am drafodaeth fanwl). Er bod oddeutu 40% o boblogaeth y byd yn uniaith (yn medru cyfathrebu mewn un iaith yn unig), mae rhai'n amcangyfrif bod oddeutu 43% yn ddwyieithog (yn gallu cyfathrebu mewn dwy), 13% yn dairieithog (yn medru cyfathrebu mewn tair), 3% yn siarad pedair neu fwy o ieithoedd, ac oddeutu 1% yn siarad pump neu fwy o ieithoedd yn rhugl, unigolion y cyfeirir atynt yn aml yn ôl y termau 'polyglot' neu 'hyperpolyglot'. Y gwirionedd, felly, yw bod y rhan fwyaf o boblogaeth y byd yn siarad mwy nag un iaith – oddeutu 60% o'r boblogaeth – ac, o ganlyniad, yn cael cyfle euraidd i elwa ar y sgiliau ychwanegol y mae hynny'n eu cynnig iddynt.

Diffinio dwyieithrwydd

Mae unigolion yn dod i feddu ar sgiliau dwyieithog am wahanol resymau. Yn gyffredinol, bydd siaradwyr dwyieithog yn cael eu rhannu'n ddau fath: 'siaradwyr dwyieithog cydamserol', sef y rhai hynny sy'n datblygu dwy iaith naill ai o'r crud neu'n gynnar iawn (cyn bod yn dair blwydd oed), a 'siaradwyr dwyieithog olynol', sef unigolion sydd wedi ychwanegu ail iaith rywdro ar ôl cychwyn caffael eu hiaith gyntaf, fel arfer ar ôl tair blwydd oed (Deuchar a Quay 2000).[3] Yn ôl Romaine (1995), mae chwe sefyllfa benodol yn arwain at ddatblygiad dwyieithog cynnar, ac mae'r chwe sefyllfa yn amrywio o ran iaith neu ieithoedd y rhieni, iaith neu ieithoedd y gymuned, a'r math o strategaeth defnydd iaith y mae'r rhieni yn ei fabwysiadu. Dyma nodi pob un o'r chwech sefyllfa yn ei thro:

i. *Y sefyllfa un rhiant – un iaith*: Mewn sefyllfa o'r fath, bydd y naill riant a'r llall yn siarad ieithoedd gwahanol (sef eu mamiaith) gyda'r plentyn a byddant yn gyson o ran y defnydd hwnnw. Gan amlaf, iaith fwyafrifol y gymuned fydd mamiaith un o'r rhieni.

ii. *Iaith leiafrifol yn y cartref, iaith fwyafrifol yn y gymuned*: Yma, bydd gan y naill riant a'r llall famiaith wahanol (ac un o'r rheini'n iaith fwyafrifol y gymuned), a byddant yn defnyddio eu mamiaith gyda'r plentyn yn y cartref. Allan yn y gymuned, bydd y naill riant a'r llall yn defnyddio iaith fwyafrifol y gymuned gyda'r plentyn, ac felly bydd un rhiant yn addasu ei ddefnydd iaith gyda'i blentyn yn ôl y cyd-destun.

Yn yr achosion uchod, gall y rhieni ddewis pa iaith i'w siarad â'i gilydd yn y cartref. Mewn nifer fawr o achosion, iaith fwyafrifol y gymuned fydd honno. Fodd bynnag, mewn rhai amgylchiadau, gall rhieni wneud penderfyniad bwriadus i gefnogi a chynyddu amlygiad y plentyn i'r iaith leiafrifol, a dewis defnyddio (a dysgu) yr iaith honno fel prif iaith y cartref.

iii. *Un iaith leiafrifol yn unig:* Mewn sefyllfa o'r fath, bydd y ddau riant yn siarad yr un famiaith, sydd yn wahanol i iaith fwyafrifol y gymuned. Bydd y rhieni yn siarad y famiaith honno â'r plentyn ym mhob cyd-destun, ond bydd y plentyn yn dod i gyswllt ag iaith fwyafrifol y gymuned drwy unigolion eraill yn eu hamgylchedd. Mae'r sefyllfa hon yn gyffredin iawn mewn teuluoedd sydd wedi mewnfudo neu mewn teuluoedd sydd yn siarad iaith frodorol ond lleiafrifol mewn cymunedau sydd wedi datblygu iaith fwyafrifol wahanol.

iv. *Dwy iaith leiafrifol yn unig:* Fel yn iii uchod, bydd y rhieni yn y sefyllfa hon yn siarad eu mamiaith yn unig gyda'r plentyn, ym mhob cyd-destun, gan gynnwys yn y gymuned lle mae'r iaith fwyafrifol yn wahanol i famiaith y rhieni. Ond yn wahanol i achos iii, yn achos iv bydd gan y naill riant a'r llall wahanol famiaith ac felly bydd y plentyn yn derbyn y ddwy iaith yn y cartref ac yn dod i gyswllt ag iaith fwyafrifol y gymuned (nad yw'n cael ei chefnogi gan ei rieni) y tu allan i'r cartref. Yn y sefyllfa yma, felly, bydd y plentyn yn datblygu i fod yn dairieithog.

v. *Rhieni nad ydynt yn siaradwyr brodorol:* Mewn sefyllfa o'r fath, bydd y rhieni, gan amlaf, yn siarad yr un famiaith, ond byddant wedi dysgu iaith fwyafrifol y gymuned. Bydd o leiaf un rhiant yn defnyddio iaith fwyafrifol y gymuned gyda'r plentyn (er nad ydynt yn siaradwyr brodorol).

vi. *Defnyddio dwy iaith yn gyson:* Yma, bydd y rhieni'n gwbl ddwyieithog, a bydd rhannau o'r gymuned hefyd yn gwbl ddwyieithog ac yn cynnig cyfleoedd i ddefnyddio'r naill iaith a'r llall. O ganlyniad, bydd y rhieni'n defnyddio'r ddwy iaith yn gyson gyda'r plentyn yn y cartref ac allan yn y gymuned.

Ym mhob un o'r chwe achos uchod, bydd y plentyn yn cael y cyfle i gaffael dwy iaith (neu fwy) drwy ddulliau naturiol. Ond i nifer o blant sy'n derbyn yr un iaith yn y cartref ac allan yn y gymuned, bydd y cyfle i ddatblygu medrau dwyieithog yn cychwyn o ddifri yn yr ysgol. Cyfeirir yn aml at y plant hynny sy'n cychwyn dysgu iaith yn gynnar (cyn oddeutu saith mlwydd oed) fel 'siaradwyr dwyieithog cynnar'. Pan fyddant yn dod i gyswllt ag iaith o'r newydd ar ôl saith mlwydd oed, cyfeirir atynt yn aml fel 'siaradwyr dwyieithog hwyr'. Pan fo unigolion yn dod i gyswllt ag iaith o'r newydd yn ystod eu harddegau neu fel oedolion, mae'n arferol cyfeirio atynt fel siaradwyr 'ail iaith' (neu 'L2', fel y dywedir yn aml gan arbenigwyr) neu, yn fwy diweddar, fel 'siaradwyr newydd' (S. *new speakers*). Ym mhob achos, mae'n bosibl i'r plentyn ddatblygu i fod yn 'rhugl' (S. *fluent* – yn gallu cyfathrebu'n rhwydd) ac/neu yn 'hyfedr' (S. *proficient* – â dealltwriaeth gadarn o'r iaith) mewn dwy iaith, yn ddibynnol ar ffactorau megis oed caffael iaith, amlder clywed a defnyddio iaith, a phrofiadau ac ymagweddau tuag at ddysgu iaith.

Waeth pa amgylchiadau sy'n arwain at fagu sgiliau mewn dwy iaith, mae'r amrywiaeth rhwng siaradwyr o ran sgiliau, agweddau a defnydd iaith yn enfawr gan nad oes unrhyw un siaradwr dwyieithog byth yn derbyn union yr un mewnbwn yn eu dwy iaith ag unrhyw siaradwr dwyieithog arall. Felly, gellir trafod dwyieithrwydd fel continwwm, gyda rhai siaradwyr ar un pegwn yn eithaf cytbwys mewn gwahanol agweddau ar y ddwy iaith (e.e. o ran dealltwriaeth o iaith, ac/neu o ran eu rhuglder), gydag eraill ar y pegwn arall yn rhugl a/neu hyfedr mewn un iaith ond â gallu sylfaenol iawn (dealltwriaeth o ambell air neu ymadrodd) yn y llall. Rhywle rhwng y naill begwn a'r llall y mae gweddill y siaradwyr dwyieithog, gyda'u sgiliau'n amrywio yn ôl eu profiadau iaith (gweler Thomas a Webb-Davies 2016 am drafodaeth [ar sail Wei 2000] o 37 label gwahanol sydd wedi eu bathu ar gyfer disgrifio gwahanol fathau o siaradwyr dwyieithog). O ystyried dwyieithrwydd ar gontinwwm fel hyn, mae lle i bawb ar y continwwm, ac o'u hystyried eu hunain yn ddwyieithog, gall unigolion fagu'r hyder a'r cymhelliant sydd yn angenrheidiol i ddatblygu eu sgiliau ymhellach.

Nodweddion siaradwyr dwyieithog

Er bod meddu ar fwy nag un iaith yn fwy cyffredin na meddu ar un iaith yn unig, mae archwilio'r gwahaniaethau rhwng siaradwyr dwyieithog a siaradwyr uniaith yn amlygu'n glir pa mor rhyfeddol yw'r ymennydd dwyieithog. Er nad yw'r ymennydd dwyieithog yn fwy o ran maint na'r ymennydd uniaith, yn enwedig o gymharu unigolion sy'n dysgu dwy iaith yn gydamserol ag unigolion nad ydynt ond yn dysgu un, mae tystiolaeth i awgrymu bod dysgu ail iaith ar ôl dysgu iaith gyntaf yn addasu strwythur yr ymennydd. Awgrymir bod trwch cortecs blaen y llabed chwith (sef rhan blaen yr hemisffer chwith) yn dueddol o fod yn fwy, a thrwch y cortecs blaen yn y llabed dde yn dueddol o fod yn llai, po hwyraf y mae'r unigolyn yn dysgu'r ail iaith (Klein, Mok, Chen a Watkins 2014). Ceir honiadau lu bod yr ymennydd ifanc yn llawer iawn mwy hyblyg o ran derbyn a dysgu gwybodaeth o'r newydd (gweler y maes ymchwil 'Cyfnod Critigol' (S. *Critical Period*) a'r drafodaeth yng nghyd-destun iaith yn Thomas a Webb-Davies 2016). Nid annisgwyl, felly, yw'r awgrym bod unigolion sy'n dysgu iaith yn hwyr yn defnyddio ac yn creu cysylltiadau niwral newydd ar gyfer y dasg (yn union fel sy'n digwydd wrth gaffael unrhyw sgil newydd).

Ond un o nodweddion amlycaf y siaradwr dwyieithog yw ei ymddygiad ieithyddol. Ceir cryn ddadlau yn y maes o ran ymhle yn yr ymennydd y mae canfod Iaith A ac Iaith B, ac a yw'r wybodaeth sydd gan yr unigolyn am yr ieithoedd yn gwbl ar wahân ynteu'n gymysg mewn rhyw ffordd neu'i gilydd (gweler y drafodaeth ynghylch 'Hypothesis y System Gyfunol' (S. *Unitary System Hypothesis*) yn Volterra a Teaschner 1978). Ond ymhle bynnag y mae'r ieithoedd (neu'r wybodaeth niwral sydd wrth wraidd iaith) yn bodoli, mae dwy iaith y siaradwr dwyieithog yn aml yn dod i gyswllt â'i gilydd mewn rhyw ffordd ac ar ryw adeg.

Yn gyntaf, mae siaradwyr dwyieithog yn gallu benthyg geiriau o'r naill iaith i'r llall, weithiau yn fwriadol, ac weithiau yn llai bwriadol, e.e. *tisho* **cuppa**? neu *would you like a* **panad**? Gall rhai o'r benthyciadau hyn fod (i) oherwydd nad yw'r siaradwr yn gwybod beth yw'r gair yn yr iaith darged; (ii) oherwydd mai dyna'r term y mae ffrindiau ac unigolion o'i gwmpas yn ei ddefnyddio; (iii) oherwydd bod y siaradwr yn dueddol i ddefnyddio'r termau penodol hynny yn yr iaith honno (e.e. cyfri yn Saesneg oherwydd addysg mathemateg trwy gyfrwng y Saesneg); (iv) oherwydd mai dyna'r term y mae'r unigolyn wedi ei glywed yn fwyaf diweddar i ddisgrifio'r 'peth'; (v) er mwyn creu elfen o hiwmor; neu (vi) er mwyn gwneud pwynt penodol, ac yn y blaen. Gall y benthyciadau hyn fod yn enwau (labeli ar bethau) neu'n rhannau ymadrodd (e.e. y cysylltair *because/'cos* yn lle *oherwydd/am fod*) neu hyd yn oed yn dagiau – *I mean, fo oedd o yn de?*

Yn ail, mae siaradwyr dwyieithog yn gallu cyfuno a chymysgu eu dwy iaith mewn modd effeithiol a medrus. Cyfeirir at hyn fel 'cyfnewid cod'. Ceir dau brif fath: cyfnewid 'rhyng-gymalog' (S. *inter-sentential*) a chyfnewid 'mewn-gymalog' (S. *intra-sentential*). Mae cyfnewid rhyng-gymalog yn cyfeirio at enghreifftiau pan fo'r siaradwr yn newid o un iaith i'r llall ar derfyn brawddeg – e.e. *Oes gen ti'r goriada?* **You were the one that had them last** – neu gyfnewid ar derfyn cymal o fewn brawddeg – e.e. *Pan dwi'n chwerthin,* **I can't stop myself from crying out loud!** Mae cyfnewid mewn-gymalog yn cyfeirio at enghreifftiau pan fo'r cyfnewid yn digwydd o fewn cymal, megis *be oedd y* **sleeping arrangements?** neu *nes i'm* **really take to her much** *a dweud y gwir*. Mewn rhai amgylchiadau, mae modd cyfnewid o fewn y gair ei hun. Enghraifft aml o hyn yw ychwanegu ôl-ddodiad *-io* i fôn berf Saesneg – *munchio* 'to munch', *fflipio* 'to flip', ac yn y blaen. Wrth gwrs mae modd cyfuno'r gwahanol fathau o gyfnewid hefyd, e.e. *mae gen i* **loads** [benthyciad] *o bwyntiau sydd yn* **good going really** [cyfnewid mewn-gymalog]. *Ond mae'n rhaid i mi gadw nhw am rwan,* **in case I need them later on** [cyfnewid rhyng-gymalog].

Yn drydydd, mae modd i ffurfiau o Iaith A ddylanwadu ar y ffurfiau sy'n cael eu cyflwyno yn Iaith B, a *vice versa*. Hynny yw, gall strwythurau gramadegol a ffurfiau ynganol Iaith A ymddangos yn ymadroddion llafar ac/neu ysgrifenedig unigolion yn Iaith B, ac yn y blaen. Mae ffurfiau seinegol iaith yn enghraifft amlwg o hyn. Mae nifer o astudiaethau wedi canfod tystiolaeth go gref fod dysgwyr hŷn yn llai tebygol o fedru mabwysiadu acen frodorol nag unigolion sy'n dysgu'r un iaith yn iau (Ioup 2008). Mae'n anodd i unigolyn sydd wedi datblygu *repertoire* ffonolegol (seinegol) iaith y mae wedi ei chaffael yn gynnar, fynd ati i addasu'r *repertoire* hwnnw wrth ddysgu iaith a chanddi *repertoire* ffonolegol wahanol. Y canlyniad, yn y pen draw, yw bod siaradwyr ail iaith yn swnio'n anfrodorol pan fyddant yn ynganu yn eu hiaith newydd – e.e. y /r/ sydd yn swnio fel /l/ gan unigolion sy'n siarad ieithoedd China gan nad yw'r sŵn yn bodoli yn yr ieithoedd hynny, neu'r siaradwyr Saesneg sy'n dueddol o drosi llafariaid olaf mewn geiriau Cymraeg i'r sŵn /ə/ ('y'), e.e. *coedyn* /kɔɪdən/ yn lle /kɔɪdɛn/ ar gyfer *coeden* (fel sy'n dueddol o ddigwydd yn Saesneg – e.e. *alien* - /ɛiliən/). Dro arall, mae modd i strwythur un iaith ymddangos yn yr iaith arall er nad yw'n briodol yn yr iaith honno – e.e. *ga i cael* 'can I have', sydd yn debygol o fod yn seiliedig ar y strwythur Saesneg (yn y Gymraeg dim ond *ga i* sydd yn angenrheidiol). Er bod rhai strwythurau o'r fath erbyn hyn yn ffurfiau tafodieithol, mae eu bodolaeth yn debygol iawn o fod yn gynnyrch dylanwad gan iaith arall.

Yn olaf, mae'r ffaith fod gan siaradwyr dwyieithog fynediad at ddwy iaith wahanol yn golygu bod plant weithiau'n dysgu rhai rhannau o un iaith benodol yn haws na phlant uniaith sy'n dysgu'r iaith honno a hynny am eu bod yn ymwybodol o ddwy ffordd o gyfleu'r un peth. Dro arall, gall bod yn ymwybodol o ddwy ffordd gymhleth o gyfleu ystyr olygu bod plant dwyieithog yn meistroli'r ffurfiau hynny ychydig ar ôl plant uniaith. Ond byddant yn meistroli'r ddwy ffurf yn y pen draw. Ond nid cyfoethogi dealltwriaeth iaith yn unig y mae meddu ar ddwy iaith – mae'n dylanwadu'n gadarnhaol ar sgiliau anieithyddol hefyd, fel y gwelwn isod.

Manteision dwyieithrwydd

Pa effaith y mae meddu ar ddwy iaith yn ei chael ar yr ymennydd? Rydym eisoes wedi trafod bod yr ymennydd yn ailstrwythuro ei hun yn niwrolegol wrth ddysgu ail iaith yn hwyr, ond pa effaith ymddygiadol y mae'r ymarfer o gaffael, prosesu, cynhyrchu a deall dwy iaith yn ei chael? Yn amlwg mae'r ymennydd dwyieithog yn gweithio yn galed ac yn ymarfer rhai gweithrediadau'n amlach na'r ymennydd uniaith. Ond oherwydd bod gan y siaradwr dwyieithog ddau rwydwaith niwrolegol gymhleth i bori drwyddynt wrth gynnal sgwrs, mae'n fwy arferol i siaradwyr dwyieithog fethu'n glir â meddwl am air – weithiau yn y naill iaith na'r llall! – na siaradwyr uniaith (Gollan a Silverberg 2001), a hynny, mae'n debyg, oherwydd eu bod yn defnyddio'r naill iaith a'r llall yn llai aml na siaradwyr uniaith (Pyers, Gollan ac Emmorey 2009).

Yn yr un modd, mae tuedd i blant uniaith enwi gwrthrychau yn gyflymach na phlant dwyieithog, oni bai bod angen canolbwyntio ar gategori penodol o wrthrychau neu eiriau sy'n cychwyn â llythyren arbennig (e.e. geiriau am eitemau cegin neu anifeiliaid yn cychwyn â'r llythyren 's'). Mae tuedd i blant dwyieithog berfformio'n well ar dasgau o'r fath (gweler, e.e., Friesen, Luo, Luk a Bialystok 2015).

Ond er bod gwead niwrolegol yr ymennydd dwyieithog yn llawer iawn mwy cymhleth na'r gwead o fewn yr ymennydd uniaith, mae'r ymennydd dwyieithog yn gorfod rheoli'r gystadleuaeth gyson rhwng y ddwy iaith. Gwyddom, ers degawdau bellach, fod dwy iaith y siaradwr dwyieithog wastad ymlaen ac 'ar gael' yn yr ymennydd; tasg yr ymennydd yw rheoli a dethol ei sylw i'r naill iaith neu'r llall – pa iaith bynnag yw'r iaith darged ar yr eiliad honno – a chyfarwyddo gweithrediadau'r ymennydd fel bod yr unigolyn yn llwyddo i gyfleu'r ystyr y mae am ei rannu yn yr iaith darged. Wrth gwrs, mae modd i'r ymennydd gyfnewid y ddwy iaith hefyd, fel y trafodwyd uchod, ond mae'r ymddygiad hwnnw hefyd o dan reolaeth yr ymennydd. Yn y pen draw, un rôl allweddol i'r ymennydd dwyieithog yw sicrhau bod gan unigolion y gallu i sgwrsio yn Iaith A ac i sgwrsio yn Iaith B heb fod y naill iaith a'r llall yn tarfu ar ei gilydd gan arwain at iaith nad oes neb yn ei deall.

Un ymarfer cyson, felly, y mae disgwyl i'r ymennydd dwyieithog ei berfformio yw sbarduno Iaith A wrth ddefnyddio Iaith A gan hefyd – ar yr un pryd – anwybyddu Iaith B (sy'n dal i fod yn weithredol yn y cefndir). Yn yr un modd, rhaid sbarduno Iaith B wrth ddefnyddio Iaith B, ac anwybyddu Iaith A. O ganlyniad i ymarfer o'r fath, mae ymchwil yn honni bod siaradwyr dwyieithog yn gyflymach ac yn gwneud llai o gamgymeriadau pan fyddant yn perfformio tasgau gwybyddol sydd yn gofyn am sgiliau rheoli a dethol sylw yn y fath fodd. Honnir gan rai fod y fantais hon yn bodoli o saith mis oed (Kovacs a Mehler 2009) ac o ddwy flwydd oed yn ôl eraill (Poulin-Dubois, Blaye, Coutya a Bialystok 2011; gweler hefyd Thomas a Webb-Davies 2016 am enghreifftiau). Mae modd mesur sgiliau rheoli a dethol sylw siaradwyr dwyieithog a siaradwyr uniaith drwy gyfrwng tasgau megis y dasg Stroop:

Enghraifft o'r Dasg Stroop:

Cyflwr 1: Darllen y gair	Cyflwr 2: Enwi'r lliw
Glas Coch Gwyrdd Melyn Gwyrdd Coch Glas Melyn Glas Gwyrdd Melyn Coch	■ ■ ■ ■ ■ ■ ■ ■ ■ ■ ■ ■
Cyflwr 3: Darllen y gair	**Cyflwr 4: Darllen lliw inc y gair**
Glas Coch Gwyrdd Melyn Gwyrdd Coch Glas Melyn Glas Gwyrdd Melyn Coch	Glas Coch Gwyrdd Melyn Gwyrdd Coch Glas Melyn Glas Gwyrdd Melyn Coch

Mae Cyflwr 1, 2 a 3 yn ymofyn sgiliau darllen a sgiliau prosesu ac enwi lliw, sgiliau y mae'r rhan fwyaf o unigolion yn meddu arnynt. Ond mae Cyflwr 4 gryn dipyn yn anos. Bob tro y byddwn yn gweld gair, mae'r ymennydd yn sbarduno pob dim sy'n gysylltiedig ag ystyr y gair hwnnw yn awtomatig. Yng Nghyflwr 4, mae gofyn i'r unigolion anwybyddu'r gair (atal y duedd i ddarllen) a'r holl wybodaeth sy'n cael ei sbarduno'n awtomatig wrth ddarllen y gair a chanolbwyntio yn hytrach ar liw yr inc. Hynny yw, mae angen i'r unigolion atal sylw i un peth a newid cyfeiriad eu sylw at rywbeth arall. Felly, 'coch, gwyrdd, glas, gwyrdd, coch...' yw'r ateb i Gyflwr 4, sydd dipyn yn fwy anodd na'r ateb i Gyflwr 1, 2 a 3. Rhowch gynnig arni eich hunain!

Ymarfer arall sydd yn nodweddiadol o siaradwyr dwyieithog yw'r newid cyson (a chyflym) rhwng ieithoedd. Mewn sefyllfaoedd dwyieithog, mae'n arferol iawn i fod yn sgwrsio yn Iaith A un funud, gan droi at Iaith B (gydag unigolyn gwahanol, i drafod pwnc gwahanol, i wneud pwynt penodol wrth gyfnewid cod, ac yn y blaen) y funud nesaf. Mesurir gallu unigolyn i newid eu sylw o un peth i'r llall mewn tasgau megis y 'Dasg Didoli Cardiau Dimensiwn Newidiol' (S. *Dimensional Change Card Sort Task*). Yma, gofynnir i blant ddidoli cardiau, sydd yn cynnwys un o ddau siâp mewn un o ddau liw, yn ôl un dimensiwn yn gyntaf (e.e. yn ôl eu lliw). Wedi cwblhau'r dasg, gofynnir iddynt wedyn ddidoli'r un set o gardiau yn ôl y dimensiwn arall (h.y. yn ôl eu siâp). Mae gofyn, felly, i'r plentyn newid o un rheol gychwynnol (lliw) yn gyflym i reol arall (siâp) wrth gwblhau'r dasg. Mae'r ymarfer o newid sylw yn ôl ac ymlaen rhwng dwy iaith yn rhoi sgiliau rheoli a newid sylw uwch ymysg siaradwyr dwyieithog o gymharu â siaradwyr uniaith (e.e. Gathercole, Thomas, Jones, Guasch, Young, a Hughes 2010), sef y sgiliau y cyfeirir atynt gan arbenigwyr fel 'Sgiliau Uwch-Wybyddol' (S. *Executive Function Skills*). Yn fwy diweddar, fodd bynnag, mae rhai wedi cwestiynu dibynadwyedd yr honiad, gan gyfeirio at y ffaith fod nifer o ymchwiliadau erbyn hyn heb ganfod gwahaniaethau rhwng siaradwyr dwyieithog a siaradwyr uniaith ar wahanol dasgau sydd yn gofyn am Sgiliau Uwch-Wybyddol (e.e. Dick, Garcia, Pruden, Thompson, Hawes, Sutherland a Gonzalez 2019). Ond er bod y canfyddiadau hynny yn codi'n lled gyson erbyn hyn, nid yw'n golygu nad oes mantais yn bod. Yn wir, mae nifer o resymau pam y mae gwahanol astudiaethau yn canfod gwahanol ganlyniadau, gan gynnwys (i) y ffaith fod gwahanol ymchwilwyr yn defnyddio tasgau gwahanol (h.y. ddim yn mesur eu cyfranwyr drwy ddefnyddio'r un tasgau'n union); (ii) bod gwahanol astudiaethau yn categoreiddio gwahanol fathau o siaradwyr fel pe baent o'r un anian (e.e. yn cynnwys siaradwyr ail iaith a siaradwyr dwyieithog cytbwys yn yr un grŵp); (iii) bod rhai parau iaith yn agosach at ei gilydd na pharau eraill (e.e. bod siaradwyr dwyieithog mewn Sbaeneg ac Eidaleg yn elwa mwy o'r tebygolrwydd ar draws y ddwy iaith na siaradwyr Pwyleg a Ffrangeg); (iv) bod samplau dwyieithog yn aml yn samplau o unigolion sydd wedi mewnfudo ac o gefndiroedd sosio-economaidd is na'r samplau uniaith (brodorol); a (v) bod profiadau amgenach na phrofiadau iaith hefyd yn dylanwadu ar sgiliau uwch-wybyddol, gan gynnwys profiadau o ddysgu offeryn cerdd, chwarae gemau fideo, ac yn y blaen. Yn achos siaradwyr dwyieithog Cymraeg-Saesneg, mae'r ymchwil sydd wedi ei chynnal hyd yma ar fanteision Sgiliau Uwch-Wybyddol ymysg y siaradwyr dwyieithog wedi canfod darlun cymhleth (gweler Thomas a Webb-Davies 2016), sydd efallai'n adlewyrchu natur ein defnydd ni o iaith. O ran sgiliau dethol ac atal sylw, yn wahanol i siaradwyr dwyieithog sydd yn siarad dwy iaith nad ydynt yn cael eu siarad gan bawb yn y gymuned, mae pob siaradwr Cymraeg (dros dair blwydd oed) hefyd yn deall ac yn siarad Saesneg. Gan hynny, nid oes angen mecanwaith mor gryf i atal Saesneg rhag ymddangos yn ein sgyrsiau Cymraeg ag sydd ei angen wrth gadw'r Gymraeg allan o'n sgyrsiau yn Saesneg. Gellid dadlau, felly, na fyddem yn disgwyl yr un graddau o fantais o ran rheoli sylw mewn siaradwyr Cymraeg-Saesneg ag y byddwn gan siaradwyr sydd yn ddwyieithog mewn dwy iaith nad oes llawer o unigolion yn deall y ddwy. Ar y llaw arall, gan fod siaradwyr Cymraeg a Saesneg yn newid iaith yn gyson, efallai y byddai disgwyl sgiliau cryfach o ran rheoli'r newid o un peth i'r llall ymysg siaradwyr o'r fath nag ymysg siaradwyr uniaith.

Diweddglo

Er amlyced y ffaith fod y byd yn llawn siaradwyr dwy- ac amlieithog, cymharol newydd yw ein dealltwriaeth o ddwyieithrwydd o hyd. Ond mae un peth yn sicr: gall deall a defnyddio mwy nag un iaith gyfoethogi profiadau'r unigolyn. Un maes sydd wedi derbyn cryn sylw dros y blynyddoedd yw'r maes sy'n archwilio'r manteision gwybyddol sy'n deillio o fod yn ddwyieithog, gyda chanfyddiadau digon cymysg erbyn hyn. Ond y tu hwnt i'r manteision gwybyddol hyn, mae'n amlwg fod meddu ar y gallu i gyfathrebu ag ystod ehangach o unigolion, y gallu i ddehongli'r byd mewn gwahanol ffyrdd, a'r gallu i ddeall cysyniadau diwylliannol drwy ddeall iaith yn cynnig manteision amhrisiadwy i unigolion gan arwain at well sgiliau gwybyddol, ieithyddol a chymdeithasol. Waeth pa ddwy iaith y mae unigolyn yn ei siarad, a phryd, pam, ymhle ac i ba bwrpas y maen nhw'n defnyddio'r naill iaith a'r llall, mae'r gallu i ddeall a chyfathrebu mewn mwy nag un iaith yn arwain at lu o fanteision economaidd, diwylliannol a chymdeithasol.

Cyfeiriadau

De Houwer, Annick. 1995. Bilingual Language acquisition. Yn: Fletcher, Paul a MacWhinney, Brian. gol. *The Handbook of Child Language*. Rhydychen: Blackwell, tt. 219–50.

Deuchar, Margaret a Quay, Suzanne. 2000. *Bilingual Acquisition: Theoretical Implications of a Case Study*. Rhydychen: Oxford University Press.

Dick, Anthony Steven, Garcia, Nelcida L., Pruden, Shannon M., Thompson, Wesley K., Hawes, Samuel W., Sutherland, Matthew T., Riedel, Michael C., Laird, Angela R. a Gonzalez, Raul. 2019. No evidence for a bilingual executive function advantage in the ABCD study. *Nature Human Behaviour* 3(7), tt. 692–701.

Friesen, Deanna C., Luo, Lin, Luk, Gigi a Bialystok, Ellen. 2015. Proficiency and control in verbal fluency performance across the lifespan for monolinguals and bilinguals. *Language, Cognition and Neuroscience* 30(3), tt. 238–50.

Gathercole, Virginia C. Mueller, Thomas, Enlli Môn, Jones, Leah, Guasch, Nestor Viñas, Young, Nia a Hughes, Emma K. 2010. Cognitive effects of bilingualism: digging deeper for the contributions of language dominance, linguistic knowledge, socio-economic status and cognitive abilities. *International Journal of Bilingual Education and Bilingualism* 13(5), tt. 617–64.

Gollan, Tamar H. a Silverberg, Nina B. 2001. Tip-of-the-tongue states in Hebrew-English bilinguals. *Bilingualism: Language and Cognition* 4(1), tt. 63–83.

Hakuta, Kenji. 1986. *Mirror of Language: The Debate on Bilingualism*. Efrog Newydd: Basic Books, Inc.

Ioup, Georgette. 2008. Exploring the role of age in the acquisition of a second language phonology. *Phonology and Second Language Acquisition* 36, tt. 41–62.

Klein, Denise, Mok, Kelvin, Chen, Jen-Kai a Watkins, Kate E. 2014. Age of language learning shapes brain structure: a cortical thickness study of bilingual and monolingual individuals. *Brain and Langauge* 131, tt. 20–4.

Kovács, Ágnes Melinda a Mehler, Jacques. 2009. Cognitive gains in 7-month-old bilingual infants. *Proceedings of the National Academy of Science* 106(16), tt. 6556–60.

Poulin-Dubois, Diane, Blaye, Agnes, Coutya, Julie a Bialystok, Ellen. 2011. The effects of bilingualism on toddlers' executive functioning. *Journal of Experimental Child Psychology* 108(3), tt. 567–79.

Pyers, Jennie E., Gollan, Tamar H. ac Emmorey, Karen. 2009. Bimodal bilinguals reveal the source of tip-of-the-tongue states. *Cognition* 112(2), tt. 323–9.

Romaine, Suzanne. 1995. *Bilingualism*. Ail argraffiad. Rhydychen: Blackwell.
Schelleter, Christina. 2019. *Introduction to Bilingualism*. Llundain: Red Globe Press.
Thomas, Enlli Môn a Webb-Davies, Peredur. 2016. *Agweddau ar Ddwyieithrwydd*. Caerfyrddin: Y Coleg Cymraeg Cenedlaethol.
Volterra, V. a Taeschner, T. 1978. The acquisition and development of language by bilingual children. *Journal of Child Language* 5(2), tt. 311–26.
Wei, Li. 2000. *The Bilingualism Reader*. Llundain: Routledge.

Nodiadau

1. Mae pennod 11 o lyfr Genesis yn adrodd hanes Tŵr Babel. Daethai pobloedd y byd at ei gilydd i adeiladu dinas ac iddi dŵr 'a'i ben yn y nefoedd' (11:4). Cafodd Duw ei boeni gan allu'r bobloedd i wireddu'r fath gamp, gan ddweud 'y maent yn un bobl a chanddynt un iaith; y maent wedi dechrau gwneud hyn, a bellach ni rwystrir hwy mewn dim y bwriadant ei wneud' (11:6). O ganlyniad, gwasgarodd Duw boblogaeth y byd a rhoi iddynt ieithoedd gwahanol.
2. [Ar-lein]. Ar gael: *https://www.ethnologue.com*, cyrchwyd 10 Mawrth 2020.
3. Ceir disgrifiad pellach eto gan rai sy'n honni bod gwahaniaeth rhwng plant sy'n caffael ail iaith o fewn y mis cyntaf a'r rhai hynny sy'n caffael ail iaith ar ôl y mis cyntaf (De Houwer 1995).

8

Newid Ymddygiad Ieithyddol

Gwenno Griffith

Bu sawl ymdrech ar hyd y blynyddoedd i sicrhau ffyniant yr iaith Gymraeg. Mae strategaeth ddiweddaraf Llywodraeth Cymru, *Cymraeg 2050: Miliwn o Siaradwyr* (2017), yn cynnig targedau clir ar gyfer cynyddu nifer siaradwyr y Gymraeg ond mae hefyd yn rhoi pwyslais ar annog unigolion i'w defnyddio (t. 4). Yn y bôn, mae sicrhau defnydd o'r Gymraeg yn golygu bod angen creu sefyllfaoedd a chyd-destunau lle y gall unigolion ei defnyddio ym mhob agwedd ar fywyd. Mae hynny'n cynnwys ymdrechion i hyrwyddo defnydd o'r Gymraeg ym myd addysg, byd gwaith a busnes, a maes twristiaeth a threftadaeth. Ond mae hefyd yn golygu newid ymddygiad ac agweddau unigolion tuag at y Gymraeg ar lefel leol a phersonol.

Meddyliwch am eich defnydd personol chi o'r Gymraeg. Ym mha iaith y mae'r rhyngwyneb ar eich ffôn symudol? Ydych chi'n gwasgu'r botwm 'Cymraeg' wrth godi arian o'r peiriant twll-yn-y-wal? Oes gennych ryngwyneb Cymraeg ar gyfer Twitter, Facebook a rhaglenni Microsoft? Ydych chi'n chwilio am sloganau Cymraeg ar gyfer eich straeon Insta? Ym mha iaith y byddwch chi'n ymateb i holiaduron ac arolygon pan fo dewis iaith ar gael? Ydych chi'n chwilio am y botwm 'Cymraeg' ar dudalennau rhyngrwyd er mwyn newid iaith y dudalen? Mae'r cwestiynau a'r arferion hyn oll yn greiddiol i sut y gallwn fesur ein defnydd o'r Gymraeg, ac maent hefyd yn berthnasol i'r ymgais i newid yr arfer sydd gan lawer ohonom o ddefnyddio'r Saesneg (yr iaith fwyafrifol) yn hytrach na'r Gymraeg (yr iaith leiafrifol) wrth ddefnyddio technoleg.

Mae ymchwilwyr ym maes economeg ymddygiadol yn edrych ar sut y gellir newid ymddygiad unigolion. Mae'r maes hwn yn ystyried effaith ffactorau seicolegol, gwybyddol, emosiynol, diwylliannol a chymdeithasol ar ddewisiadau unigolion a sefydliadau er mwyn deall pam a sut y mae pobl yn gwneud y dewisiadau y maent yn eu gwneud. Yn y bennod hon, felly, byddaf yn edrych ar faes economeg ymddygiadol fel modd i gyfrannu at gynyddu defnydd o'r Gymraeg. Bydd y rhan gyntaf yn rhoi cyd-destun i'r ymdrechion i gynyddu defnydd o'r Gymraeg yng Nghymru, a'r syniadau y seiliwyd yr ymdrechion hynny arnynt. Bydd yr ail ran yn ein cyflwyno i brif egwyddorion economeg ymddygiadol, gan ddangos sut y mae'n wahanol i ymdrechion blaenorol i gynyddu defnydd iaith. Byddaf y egluro sut y mae modd defnyddio damcaniaeth yr 'hergwd' (S. *nudge*), cysyniad o faes economeg ymddygiadol, i annog newid yn ymddygiad yr unigolyn drwy wneud newidiadau bychain i gyd-destun yr ymddygiad hwnnw. Byddaf yn gwneud hyn drwy edrych yn benodol ar y defnydd o'r iaith ym maes technoleg. Mae'r rhan olaf yn awgrymu ffordd ymlaen ar gyfer y dyfodol o ystyried y defnydd o ddamcaniaethau'r maes ym myd polisi iaith a chynllunio ieithyddol.

Defnydd Iaith

Yn ôl Colin Baker, dylai ymdrechion i gynyddu defnydd iaith leiafrifol dargedu 'key local cultural, leisure, social and community institutions where minority speakers will use their language, and form relationships and networks using that language' (2011, t. 53). Hanfod cynllunio defnydd iaith i Baker, felly, yw creu cyfleoedd i ddefnyddio'r iaith. Mae i'w ddadansoddiad bwyslais penodol ar bobl ifanc gan ei fod yn credu eu bod yn 'particularly crucial as they are the next generation of parents, and hence the fate of a minority language partly rests on these shoulders' (2011, t. 53). Amlinella Elias (2018, t. 98) sut y mae'r pwyslais hwn ar genedlaethau iau yn gysylltiedig â'r pwyslais cynyddol ar gaffael iaith (S. *language acquisition*), boed hynny drwy drosglwyddo iaith o fewn y teulu neu drwy'r gyfundrefn addysg. Yn y meysydd hyn y gwelir yr ymdrechion amlycaf i effeithio ar ddefnydd iaith.

Gellir olrhain ymdrechion trosglwyddo iaith o fewn y teulu yn ôl i waith Bwrdd yr Iaith Gymraeg a phrosiect Twf (Edwards a Newcombe 2003). Cynyddu nifer y teuluoedd a oedd yn trosglwyddo'r Gymraeg i'w plant oedd nod prosiect Twf. Gwnaed hynny drwy rannu *gwybodaeth* â bydwragedd ac ymwelwyr iechyd, gan godi *ymwybyddiaeth* am fanteision magu plant yn ddwyieithog ymysg rhieni a'r cyhoedd er mwyn newid arferion defnydd iaith. Roedd y prosiect yn tynnu ar syniadau Joshua Fishman a'i ddadl mai trosglwyddo iaith o genhedlaeth i genhedlaeth yw'r dull gorau o sicrhau defnydd iaith yn y tymor hir (1991, t. 373).

Ers y 1980au, pan ddatblygodd Fishman ei ddamcaniaeth, gwelwyd cwymp sylweddol ledled y byd yn nifer y teuluoedd sy'n atgynhyrchu ieithoedd lleiafrifol yn y cartref. Ystyriai Baker y cwymp hwn fel 'a principal and direct cause of language shift' (2011, tt. 49–50). Nid oedd Cymru yn eithriad i'r duedd hon (Jones a Morris 2007; Evas et al. 2017). Gwelwyd bod cymunedau ieithoedd llai yn dibynnu'n fwy helaeth ar y gyfundrefn addysg i gynhyrchu siaradwyr (Pujolar a Gonzàlez 2013) ac yng Nghymru gwelwyd rhagor o ysgolion Cymraeg a dwyieithog yn cael eu hagor i ymateb yn uniongyrchol i'r galw am addysg Gymraeg (Redknap 2006). Rhoddwyd cydnabyddiaeth bellach i addysgu'r Gymraeg i oedolion hefyd. Yn *Strategaeth Addysg Cyfrwng Cymraeg* (2010) cafwyd gan Lywodraeth Cynulliad Cymru fynegiant o'r weledigaeth a rannwyd yn ddiweddarach yn *Iaith Pawb* (2012), sef creu Cymru ddwyieithog. Meddai *Iaith Pawb*:

> Cael system addysg a hyfforddiant sy'n ymateb mewn ffordd wedi'i chynllunio i'r galw cynyddol am addysg cyfrwng Cymraeg, sy'n cyrraedd ein cymunedau amrywiol ac yn eu hadlewyrchu ac sy'n sicrhau cynnydd yn nifer y bobl o bob oedran a chefndir sy'n rhugl yn y Gymraeg ac sy'n gallu defnyddio'r iaith gyda'u teuluoedd, yn eu cymunedau ac yn y gweithle. (Llywodraeth Cymru 2012, t. 4)

Sylwch ar y cyfeiriad at 'sicrhau cynnydd yn nifer y bobl [. . .] sy'n rhugl yn y Gymraeg [. . .] sy'n gallu defnyddio'r iaith'. Yn sgil y strategaeth hon hefyd y sefydlwyd y Coleg Cymraeg Cenedlaethol i ddatblygu addysg a hyfforddiant cyfrwng Cymraeg a dwyieithog yn y sector Addysg Uwch yng Nghymru.

Er y cynnydd amlwg mewn addysg Gymraeg yng Nghymru, a chynnydd yn nifer y siaradwyr ifainc, mae cryn ofid wedi ei fynegi am ddiffyg defnydd cymdeithasol o'r Gymraeg gan bobl ifanc (BBC Cymru Fyw 2012) a'r duedd ymysg rhai i ystyried y Gymraeg yn iaith y dosbarth yn unig (BBC Cymru Fyw 2016). Datblygwyd y Cynllun Siarter Iaith (2019) i ymateb i'r her hon ac mae sefydliadau eraill megis yr Urdd a'r Mentrau Iaith yn gweithio i hybu'r defnydd o'r Gymraeg yn gymdeithasol.

Tu hwnt i faes addysg, pwysleisia Baker mor bwysig yw galluogi pobl i ffurfio perthnasau a rhwydweithiau yn yr iaith, gan gynnwys ei defnyddio yn yr economi. Cyfeiria at bwysigrwydd y nod hwn:

> To facilitate both the integrative use of language and its attendant culture in areas such as leisure, sport and as many social networks as possible, and also the instrumental use of language in the economy, for example in the workplace, in employment and education. (2008, t. 105)

Gwelir pwysigrwydd defnyddio'r iaith ar ôl gadael yr ysgol ym mhwyslais sefydliadau Addysg Uwch a strategaethau iaith ar y 'gwerth a roddir ar yr iaith fel sgil ar gyfer byd gwaith' (Llywodraeth Cymru 2012, t. 29). Mae hyn yn rhan amlwg o'r disgwrs (neu'r dull o fframio trafodaeth) am '[f]anteision dwyieithrwydd' (Llywodraeth Cymru 2012, t. 12) fel modd i ddylanwadu ar ddefnydd iaith. Pwysleisir statws y Gymraeg fel *sgil*. Mae diffyg *hyder* a diffyg *ymwybyddiaeth* yn cael eu rhestru fel enghreifftiau o rai o'r prif rwystrau rhag defnyddio'r Gymraeg yn y gweithle. Er enghraifft, yn *Iaith fyw: Iaith byw – Strategaeth y Gymraeg* (2012, t. 13) nodir diffyg hyder i ddefnyddio gwasanaethau cyfrwng Cymraeg a diffyg ymwybyddiaeth o fodolaeth gwasanaethau cyfrwng Cymraeg fel rhwystrau sy'n atal siaradwyr Cymraeg rhag manteisio arnynt.

Pwysleisir hefyd newid agweddau tuag at yr iaith fel modd i gynyddu ei defnydd. Noda *Iaith fyw: Iaith byw – Strategaeth y Gymraeg* (2012, t. 12) y dylid darparu 'hyfforddiant ynglŷn ag ymwybyddiaeth ieithyddol' fel 'cyfrwng llwyddiannus i gynyddu agweddau positif tuag at y Gymraeg ymhlith staff'. Y syniad sylfaenol yma yw y bydd agweddau positif ynddynt eu hunain yn arwain at ragor o ddefnydd o'r Gymraeg. Yn yr un modd mae strategaeth *Cymraeg 2050: Miliwn o siaradwyr* (2017, t. 56) yn nodi y dylid trwytho plant a phobl ifanc 'mewn agweddau cadarnhaol o safbwynt yr iaith, a fydd yn golygu eu bod yn penderfynu ei defnyddio'. Enghraifft o hyn yw'r modd y defnyddir dulliau marchnata cymdeithasol i ddatblygu negeseuon cyson i hyrwyddo a hysbysebu 'gwerth' y Gymraeg. Ymysg yr enghreifftiau pennaf o hyn y mae slogan Bwrdd yr Iaith Gymraeg (2003) 'Defnyddiwch eich Cymraeg', brand 'Cymraeg – Gwnewch y pethau bychain' gan Lywodraeth Cymru (2015) ac yn fwy diweddar Dydd Miwsig Cymru (Llywodraeth Cymru 2020) a Diwrnod Hawliau'r Gymraeg gan Gomisiynydd yr Iaith (2020) sydd wedi ei lunio'n benodol i '[g]odi ymwybyddiaeth o wasanaethau Cymraeg a cheisio cynyddu defnydd ohonynt' (BBC Cymru Fyw 2019).

Newid ymddygiad

Yn draddodiadol, fel y gwelwyd uchod, mae'r ymdrechion i gynyddu defnydd iaith wedi eu seilio ar newid gwybyddol, sef newid ar sail gallu pobl i ymresymu'n ymwybodol a dod i benderfyniadau ar sail hynny. Hynny yw, credid bod modd newid ymddygiad iaith pobl drwy gyflwyno gwybodaeth iddynt. Mae'r model hwn yn awgrymu bod perthynas uniongyrchol rhwng cyflwyno gwybodaeth a siapio agweddau sy'n arwain at ymddygiad penodol. Mae'n rhagdybio ein bod i gyd yn *ymddwyn* ar sail resymegol, er enghraifft trwy seilio ein hymddygiad ar ddehongli ffeithiau mewn modd gwrthrychol. Mae'r dull hwn o feddwl hefyd yn rhoi pwyslais ar gyfrifoldeb yr unigolyn i ragweld canlyniadau posibl ei ddewisiadau a'i weithredoedd ei hun. Yng nghyd-destun y Gymraeg, byddai'r ddamcaniaeth hon yn honni bod *peidio* â defnyddio gwasanaeth Cymraeg ei hiaith yn weithred *fwriadol* gan yr unigolyn ac yn dangos nad ydynt – am ba reswm bynnag – yn dymuno defnyddio'r iaith. Mae peryglon amlwg yn y dull hwn o feddwl:

> Gall hyn arwain at yr awgrym nad yw siaradwyr Cymraeg angen neu eisiau gwasanaethau Cymraeg penodol. O ganlyniad, gall darparwyr gwasanaethau gwestiynu'r arian a wariant ar ddarpariaeth o'r fath a'r angen i fuddsoddi mewn rhagor o wasanaethau Cymraeg, gan gwestiynu a ddylent fuddsoddi ynddynt o gwbl. (Cyngor ar Bopeth 2015, t. 7)

Mae maes economeg ymddygiadol yn gwrthod y model hwn. Yn ei hanfod, eglura economeg ymddygiadol nad yw agwedd neu fwriad yn arwain yn uniongyrchol at ymddygiad. Caiff hyn ei ddisgrifio fel y 'value action gap' (Darnton 2008, t. 10). Ystyr hyn yw bod bwlch yn y berthynas rhwng bwriad neu agwedd ac ymddygiad, ac felly mae gwahaniaeth rhwng yr hyn y mae pobl yn ei feddwl neu'n ei ddweud a'r hyn y maent yn ei wneud. Nid oes o reidrwydd, felly, ddolen gyswllt uniongyrchol rhwng caffael iaith, neu gred bod y Gymraeg fel sgìl yn y gweithle, ar y naill law, a defnydd o'r iaith ar y llaw arall. O ganlyniad i'r mewnwelediadau hyn, rhaid ailystyried seiliau marchnata cymdeithasol, sy'n defnyddio egwyddorion a thechnegau marchnata i rannu gwybodaeth ar sail y gred y bydd gwybodaeth yn arwain at newid ymddygiad. Os yw unigolion yn derbyn gwybodaeth berthnasol, ond eto yn ymddwyn mewn ffordd sy'n groes i'r hyn a ddymunir, yna onid eu dewis nhw – os nad eu 'bai' nhw – yw hynny?

> Social marketing has also been described as another form of 'blaming the victim' [...] and focusing all attempts to change on individual-based strategies. (Lefebvre a Flora 1988, t. 313)

Mae marchnata cymdeithasol yn dibynnu ar y gred bod unigolion yn seilio eu hymddygiad yn rhesymegol ar bwyso a mesur gwybodaeth er mwyn dod i benderfyniad a fydd o fudd iddynt. Un o brif fewnwelediadau maes economeg ymddygiadol (sy'n seiliedig ar nodweddion *afresymegol* ymddygiad) yw ystyried ymddygiad bodau dynol mewn perthynas â'r *cyd-destun* y lleolir yr ymddygiad hwnnw ynddo (Dolan 2013, t. 191). O'r herwydd, symuda'r pwyslais oddi wrth ffactorau mewnol yr unigolyn (e.e. agweddau, credoau a gwerthoedd) tuag at y ffactorau cyd-destunol. Gellir newid y ffactorau cyd-destunol hollwysig hyn drwy ymyrryd yn yr hyn sy'n cael ei alw'n 'bensaernïaeth dewis'.

Mae Thaler a Sunstein yn disgrifio pensaernïaeth dewis fel 'the context in which people make decisions' (2008, t. 3). O fframio dewis mewn modd penodol, dadleua Thaler a Sunstein fod modd dylanwadu ar ymddygiad (2008, tt. 1–4). Yn hynny o beth, gellir dadlau nad oes y fath beth â 'neutral design' (2008, t. 3) ar gyfer unrhyw system neu gyfundrefn sy'n gofyn am benderfyniad gan unigolion, gan fod rhywun wedi *gorfod* gosod neu arddangos y cyd-destun neu'r bensaernïaeth dewis mewn modd penodol (Nielsen et al. 2016). Gall hyd yn oed fanylion sy'n ymddangos yn fach a di-nod gael dylanwad arwyddocaol ar ymddygiad pobl. Meddyliwch am gyflwyno rhestr o ysgolion i ddarpar rieni er mwyn iddynt gael dewis ysgol i'w plentyn. Dychmygwch fod dewis yn cael ei wneud – yn anymwybodol efallai – i gyflwyno'r rhain yn nhrefn yr wyddor. Beth, tybed, yw effaith y ffaith fod enwau ysgolion Cymraeg yn dechrau â'r gair 'Ysgol' ac felly'n ymddangos ar waelod y rhestr, fel bod angen sgrolio i lawr ar wefan i'w gweld? Felly dylid cadw mewn cof 'that everything matters' (Thaler a Sunstein 2008, t. 4). Gall y mewnwelediad hwn fod 'popeth yn cyfrif' gyfyngu neu rymuso unigolyn, yn dibynnu ar y 'pensaer' sy'n llunio'r dewis: '[i]n many situations, some organization or agent must make a choice that will affect the choices of some other people' (Thaler a Sunstein 2003, t. 175).

I'r perwyl hwn, cynigia Thaler a Sunstein arweiniad i benseiri dewis drwy arddel y cysyniad o 'dadolaeth ryddfrydol' (S. *libertarian paternalism* neu *soft paternalism*) (2003a, 2003b). Mae modd dadlau bod y term hwn yn gwrth-ddweud ei hun, gan fod 'tadolaeth' yn awgrymu ufuddhau i eraill, a bod 'rhyfryddol' yn cyfleu'r rhyddid i ddewis. Ond nod tadolaeth ryddfrydol yw diogelu rhyddid yr unigolyn ar y naill law (yr elfen 'ryddfrydol') gan hefyd ganiatáu i sefydliadau preifat a chyhoeddus lywio ymddygiad unigolion sy'n alinio eu dyheadau â'r dewisiadau a wnânt (yr elfen 'dadol'). 'To these ends', meddai Jones et al., 'soft paternalism is about the careful design of collective structures of choice, in a range of different policy areas, which facilitate more effective decision-making while enhancing personal freedom' (2011, t. 3).

Damcaniaeth yr hergwd – amlygu dewis nid ei orfodi

Mae modd fframio'r weithred o ddewis drwy ymyrryd yn y bensaernïaeth dewis neu'r cyd-destun cymdeithasol, diwylliannol neu drefniadaethol gan ddefnyddio damcaniaeth yr 'hergwd' (S. *nudge*):

> A nudge [...] alters people's behavior in a predictable way without forbidding any options or significantly changing their economic incentives. To count as a mere nudge, the intervention must be easy to avoid. Nudges are not mandates. Putting the fruit at eye level counts as a nudge. Banning junk food does not. (Thaler a Sunstein 2008, t. 6)

Mae damcaniaeth yr hergwd yn amlygu'r dewis sydd ar gael yn hytrach na gorfodi neu gyfyngu a hynny drwy fframio'r dewis yn wahanol neu gael gwared o rwystrau er mwyn hwyluso dewis:

> Applying these tools can lead to low cost, low pain ways of 'nudging' citizens – or ourselves – into new ways of acting by going with the grain of how we think and act. (Dolan et al. 2010, t. 7)

Yr hyn y mae hergwd yn ceisio ei wneud yw alinio agweddau gydag ymddygiad. Mae'n sicrhau bod dewisiadau yn cael eu cynnig yn deg fel bod yr hyn y mae pobl yn ei gredu neu ei ddweud yn cyd-fynd â'r hyn y mae pobl yn ei wneud. Yn y cyd-destun hwn, mae'n bwysig pwysleisio bod agweddau'r rhan fwyaf o bobl at y Gymraeg yn bositif a bod y rhan fwyaf o siaradwyr Cymraeg yn awyddus i weld rhagor o ddefnydd arni.

Technoleg a gwasanaethau Cymraeg

Gwelir rhai o'r datblygiadau mwyaf cynhwysfawr o ran newid ymddygiad ieithyddol ym maes technoleg a gwasanaethau Cymraeg (gweler ymchwil Evas a Keegan 2012; Cyngor ar Bopeth et al. 2015; Evas a Cunliffe 2017; Evas a Cunliffe 2014, Griffith 2018).

Wrth gwrs, yn ôl Mesur y Gymraeg 2011 mae gan gyrff cyhoeddus, preifat a gwirfoddol ddyletswydd i gynnig gwasanaethau a thechnoleg drwy gyfrwng y Gymraeg. Ceir dwy egwyddor sylfaenol i ddarparu gwasanaethau yn unol â'r safonau: (i) ni ddylid trin y Gymraeg yn llai ffafriol na'r Saesneg, a (ii) dylai pobl yng Nghymru allu byw eu bywydau drwy gyfrwng y Gymraeg os ydynt yn dymuno gwneud hynny. Mae strategaeth ddiweddar Llywodraeth Cymru (2017, t. 7) yn tynnu sylw at faes technoleg yn y cyd-destun hwn: '[r]haid i'r Gymraeg fod yn rhan o'r chwyldro digidol [. . .] er mwyn cefnogi addysg, gweithleoedd a defnydd cymdeithasol o'r Gymraeg.'

Er inni weld cynnydd yn y gwasanaethau Cymraeg sy'n cael eu cynnig, mae'r defnydd a wneir o'r gwasanaethau hyn yn isel. Ceir gwahaniaeth amlwg, felly, rhwng agweddau a dyheadau *cadarnhaol* siaradwyr Cymraeg at ddefnyddio gwasanaethau Cymraeg ar y naill law (Y Swyddfa Gymreig 1992; Cynulliad Cenedlaethol Cymru 2010; Beaufort Research 2013)[1] â'r defnydd *isel* o wasanaethau Cymraeg gan siaradwyr Cymraeg ar y llaw arall (Llywodraeth Cymru 2012; Cyngor Abertawe 2017; Cyngor Wrecsam 2017).[2] Mae ymchwil gan Cyngor ar Bopeth et al. (2015, t. 28), sy'n ceisio deall y rhesymau dros y defnydd a'r *diffyg* defnydd o wasanaethau Cymraeg, yn nodi:

> Er bod canfyddiadau ein gwaith ymchwil yn dangos bod y rhan fwyaf o gyfathrebu yn digwydd drwy gyfrwng y Saesneg ar hyn o bryd, o safbwynt dewisiadau iaith, dywedodd tua dwywaith yn fwy o siaradwyr Cymraeg y byddai'n well ganddynt ddefnyddio'r Gymraeg wrth gyfathrebu â'r darparwyr gwasanaethau hyn na'r rhai y byddai'n well ganddynt ddefnyddio'r Saesneg.

Felly mae'n ymddangos nad yw dyheadau siaradwr Cymraeg yn cael eu hadlewyrchu yn y defnydd ohoni.

Tueddai strategaethau cynnar i ddiystyru dylanwad ffactorau cymdeithasol ar ymddygiad ac i ymyrryd – sef cymryd camau i wella'r sefyllfa – ar sail yr unigolyn. Canolbwyntiwyd ar gyfrifoldeb yr unigolyn i wneud dewis ac i weithredu ar y dewis hwnnw. Er enghraifft, rhestra *Iaith fyw: Iaith byw – Strategaeth y Gymraeg* (Llywodraeth Cymru 2012, t. 40) y prif rwystrau sy'n atal siaradwyr Cymraeg rhag defnyddio gwasanaethau Cymraeg:

> Diffyg cyflenwad o wasanaethau yn y Gymraeg, diffyg galw am wasanaethau oherwydd diffyg hyder ymhlith siaradwyr nad ydynt yn rhugl yn y Gymraeg a diffyg ymwybyddiaeth fod gwasanaethau'n cael eu darparu yn y Gymraeg.

Pwysleisir rôl yr unigolyn ar ffurf diffyg galw a diffyg hyder honedig fel ffactorau ymddygiadol pwysig ar draul ystyriaeth o strwythurau cymdeithasol a natur ryngbersonol a chymdeithasol ymddygiad iaith (gweler Coulmas 2013, t. 12). Mae'r gorbwyslais ar hyder fel ffactor ymddygiadol yn broblematig gan fod hyder yn ganlyniad i ymddygiad sy'n gyfarwydd (Kahneman 2011, tt. 239–40). Hynny yw, gellir camddehongli'r gallu i wneud dewis penodol (megis defnyddio'r Gymraeg bob tro y mae modd) fel mynegiant o hyder cyffredinol (ac felly hefyd i'r gwrthwyneb gyda diffyg hyder neu ddiffyg arfer). Ond mewn gwirionedd, mae hyder yn deillio o ymddygiad ac arfer, yn hytrach na bod ymddygiad yn ganlyniad i hyder. Mae pobl, at ei gilydd, yn hyderus wrth ddefnyddio'r Gymraeg am eu bod yn ei defnyddio'n aml. Nid ydynt, at ei gilydd, yn ei defnyddio'n aml am eu bod yn hyderus. Dyma gamgymeriad sy'n hawdd i'w wneud os yw'r pwyslais ar yr unigolyn ac nid ar ffactorau ehenagach.

Er gwaethaf pwysigrwydd safonau iaith i sicrhau darpariaeth gwasanaethau Cymraeg, nid yw *cynnig* gwasanaeth Cymraeg ynddo'i hun yn arwain yn uniongyrchol at ddefnydd o'r Gymraeg. Dadleua Thomas (2010, t. 20) mai 'ofer fydd unrhyw ddeddfwriaeth ar gyfer y Gymraeg heb allu perswadio pobl i ddefnyddio mwy ar yr iaith' ac mae'n pwysleisio bod 'hergwd cyn bwysiced â hawl'. Hynny yw, nid yw hysbysu siaradwyr Cymraeg o'u hawliau a'r cyfleoedd i ddefnyddio'r iaith o reidrwydd yn arwain at gynnydd yn nefnydd yr iaith.

Mae ymchwil gyfredol ar gynyddu'r defnydd o wasanaethau a thechnoleg Gymraeg yn nodi 'Welsh language services are based on a "build it and they will come" tradition, ill-informed with respect to recent thinking in human behaviour' (Evas a Cunliffe 2017, t. 64). Yn hynny o beth, mae'n rhaid talu sylw i'r ffactorau allanol sydd y tu hwnt i'r unigolyn. Dengys ymchwil flaenorol ar newid ymddygiad ieithyddol yng nghyd-destun technoleg a gwasanaethau Cymraeg nad oes sylw haeddiannol yn cael ei roi i'r bensaernïaeth dewis sy'n hwyluso siaradwyr Cymraeg i ddefnyddio'r Gymraeg (Evas a Cunliffe 2017, Griffith 2018). Yn hynny o beth, y mae ymchwil ym maes y gwyddorau ymddygiadol yn cyflwyno'r cysyniad o 'gost ffrithiant' yng nghyd-destun pensaernïaeth dewis:

> The lesson that comes through strongest from the behavioural literature and our own work is that small, seemingly irrelevant details that make a task more challenging or effortful (what we call 'friction costs') can make the difference between doing something and putting it off – sometimes indefinitely. (Service et al. 2014, t. 9)

Yn aml iawn, ceir 'cost ffrithiant' ychwanegol pan fo defnyddiwr yn manteisio ar wasanaeth Cymraeg. Gall y gost hon fod ar ffurf amser, ymdrech neu rwystredigaeth, ni waeth pa mor fychan. Er enghraifft, meddyliwch am yr angen i chwilio am fotwm Cymraeg i newid iaith gwefan sy'n agor yn Saesneg bob tro. Neu beth am yr amser sydd ei angen i lawrlwytho fersiwn Cymraeg o ryngwyneb (Evas a Cunliffe 2017). Yn aml, canlyniad hyn yw bod unigolion yn parhau â'r dewis diofyn neu â'r 'rhagosodiad' (S. *default*).

> Many [. . .] have a no-action default imposed when an individual fails to make a decision. This default setting is often selected through natural ordering or convenience, rather than a desire to maximise benefits for citizens. Structuring the default option to maximise benefits for citizens can influence behaviour without restricting individual choice. (Dolan et al. 2010, t. 23)

Y duedd yng Nghymru yw mai'r Saesneg yw'r iaith ddiofyn. Ac mae ymchwil yn dangos bod siaradwyr Cymraeg yn debygol o barhau â'r Saesneg ddiofyn er nad hynny o reidrwydd yw eu dyhead (Griffith 2019; Evas a Cunliffe 2017). Arweinia hyn yn aml at weld y Saesneg fel y dewis awtomatig, 'naturiol' (Cyngor ar Bopeth 2015, t. 49). Mae hynny'n amlygu'r dryswch rhwng 'dewis' a 'defnydd':

> And as we have also stressed, these behavioural tendencies toward doing nothing will be reinforced if the default option comes with some implicit or explicit suggestion that it represents the normal or even the recommended course of action. (Thaler a Sunstein 2008, t. 85)

Gellir defnyddio model y 'cynnig rhagweithiol' (Darnton 2008, t.10) wrth lunio hergwd i ymyrryd yn y bensaernïaeth dewis. Mae'r model hwn yn gorfodi pobl i ddewis cyn defnyddio gwasanaeth yn hytrach na'u galluogi i barhau â dewis diofyn, heb wneud dim. Gwelir enghreifftiau o hyn yn achos rhai peiriannau twll-yn-y-wal, pan fo rhaid i bawb ddewis iaith ar y cychwyn (Cymraeg, Saesneg ac efallai ieithoedd eraill), yn hytrach na bod y Saesneg yn iaith ddiofyn a bod yn rhaid i siadwyr Cymraeg gymryd camau pellach i ddewis y Gymraeg (Evas a Cunliffe 2017, t. 69). Mewn geiriau eraill, mae'r model dewis rhagweithiol yn ein gorfodi i feddwl yn rhesymegol, gan bwyso a mesur ein dewis a gwneud penderfyniad sydd o fudd inni ac sydd yn cyd-fynd â'n dyheadau. Er hynny, wrth gwrs, gall y dewis hwn gael ei gyfyngu gan ffactorau megis gwasanaeth Cymraeg o safon isel neu orgymhleth (Griffith 2018, t. 110).

Mae'r ddealltwriaeth hon o botensial pensaernïaeth dewis i ddylanwadu ar bolisi a chynllunio iaith eisoes i'w gweld yng Nghymru. Cyfeiria strategaeth *Cymraeg 2050: Miliwn o Siaradwyr* (2017, t. 53) at ffactorau afresymegol ymddygiad sy'n dylanwadu ar ddewis iaith 'gan gynnwys pa mor hygyrch ac amlwg yw'r gwasanaeth, barn siaradwyr am ansawdd y ddarpariaeth, a dewisiadau ymddygiadol'. Un o nodau *Cynllun Gweithredu Technoleg Cymraeg* (2018, t. 12) 'fydd sicrhau profiad cyfrifiadurol Cymraeg di-ffrithiant i'r defnyddiwr'. Yn yr un modd, mae canllawiau Comisiynydd y Gymraeg (2015) 'Technoleg,

Gwefannau a Meddalwedd: Ystyried y Gymraeg' yn amlinellu sut y mae modd sicrhau bod gwasanaethau Cymraeg yn cael yr un amlygrwydd â'r Saesneg ac mae eu hadroddiad 'Hawlio Cyfleoedd: Adroddiad sicrwydd' (2018) yn cyfeirio'n benodol at ddefnyddio theorïau ymddygiadol.

Diweddglo

Mae dulliau o gynyddu'r defnydd o'r Gymraeg wedi cael cryn sylw ar draws y blynyddoedd, gyda'r prif ymyraethau yn canolbwyntio ar gaffael iaith, codi ymwybyddiaeth a newid agweddau drwy farchnata cymdeithasol. Tuedda'r dulliau hyn i ganolbwyntio ar yr unigolyn fel yr uned o ymyrraeth (h.y., mai ar lefel unigolion y dylid ceisio newid pethau), ynghyd â'r ffactorau ymddygiadol sy'n cydfynd â hynny megis hyder ac agweddau iaith. Dengys economeg ymddygiadol, ar y llaw arall, fod modd edrych ar ffactorau allanol sy'n dylanwadu ar ymddygiad unigolyn a bod modd ymyrryd yn y bensaernïaeth dewis gan ymdrechu i alinio dyheadau â dewisiadau unigolion. Fel y gwelwyd uchod, gelwir ymyraethau o'r fath yn 'hergwd' ac mae'r enghraifft amlycaf o ddatblygiad cymhwyso egwyddorion economeg ymddygiadol a defnydd iaith i'w gweld ym maes technoleg a gwasanaethau Cymraeg.

Mae'r maes hwn yn un cymharol newydd yng nghyd-destun y Gymraeg ond mae eisoes wedi dylanwadu ar bolisi iaith Llywodraeth Cymru (2017, t. 53) fel y gwelir o'r bwriad i 'weithredu ar sail yr ymchwil diweddaraf ar economeg ymddygiadol'. Er hyn, ni chaiff y cyfeiriad hwn ei ddatblygu ymhellach yn y ddogfen hon, ac nid yw'r hyn a olygir gan ddewisiadau 'ymddygiadol' yn gwbl eglur bob tro. Nid yw'r dylanwad hwn wedi ei fynegi hyd yma yn nhermau dealltwriaeth soffistigedig o ymddygiad, ond mae shifft i'r cyfeiriad hwn yn datblygu gydag ymchwil newydd (gweler Elias a Griffith 2019).

Y tu hwnt i faes technoleg a gwasanaethau Cymraeg gwelir datblygiadau mewn meysydd eraill megis cynyddu defnydd o'r Gymraeg yn y gweithle. Mae angen mwy o ymchwil i fathau gwahanol o ymddygiadau ieithyddol. Hynny yw, mae angen targedu ymddygiad mwy penodol na 'chynyddu defnydd o'r

Gymraeg' gan fod sawl ymddygiad ieithyddol gwahanol yn bodoli megis ymddygiad rhyngweithio rhyngbersonol, cymdeithasol iaith ac ymddygiad ieithyddol dros gyfnod hir (Elias a Griffith 2019). Hyd yn hyn, prin yw'r gwerthfawrogiad o'r angen i wahaniaethu rhwng ymddygiadau iaith amrywiol (gweler Evas a Cunliffe 2017, Evas et al. 2017). Mae angen astudiaeth o natur y gwahaniaethau hyn ac felly hefyd y bensaernïaeth angenrheidiol ar gyfer newid ymddygiad.

Yn olaf, a'r hyn sy'n cael y lleiaf o sylw yn y maes hwn, yw mesur effaith ymyraethau. Dengys gwersi o'r gwyddorau ymddygiadol dro ar ôl tro ein diffyg gallu greddfol i ddeall ymddygiad, 'confident predictions about policy made by experts often turn out to be incorrect' (Haynes et al. 2012, t. 15).

Mae ymchwil gyffrous i'w gwneud yn y maes hwn ac wrth i dechnoleg ddatblygu ar raddfa gyflym, mae cyfleoedd arbennig i'r Gymraeg ddatblygu ar lwyfannau digidol eang ac amrywiol. Er mwyn sicrhau ffyniant yr iaith ar y llwyfannau hynny mae angen defnyddwyr cyson – unigolion fel chi a fi – a fydd yn parhau â'r ymdrechion i wrthdroi shifft iaith a hwylsuo'r defnydd ohoni ym mhob agwedd ar fywyd.

Cyfeiriadau

Baker, Colin. 2008. Postlude. *Multilingualism and Minority Languages: Achievements and challenges in Education, AILA Review* (21), tt. 104–10.

Baker, Colin. 2011. *Foundations of Bilingual Education and Bilingualism*. Bryste: Multilingual Matters.

BBC Cymru Fyw. 2012. *Her i siarad yr iaith tu allan i'r ysgol yn ôl Prif Weinidog Cymru*. [Ar-lein]. Ar gael: *http://bbc.in/2v9u6Ie*, cyrchwyd 20 Gorffennaf 2017.

— 2016. *Y Gymraeg tu fas i'r dosbarth*. [Ar-lein]. Ar gael: *http://bbc.in/2wnxAbp*, cyrchwyd 20 Gorffennaf 2017.

—2019. *Diwrnod i godi ymwybyddiaeth o wasanaethau Cymraeg*. [Ar-lein]. Ar gael: *https://www.bbc.co.uk/cymrufyw/50677583*, cyrchwyd 15 Ionawr 2020.

Beaufort Research. 2013. *Ymchwilio i Ddefnydd Iaith Siaradwyr Cymraeg yn eu Bywyd Bob Dydd*. Caerdydd: Beaufort Research.

Blake, James. 1999. Overcoming the 'value-action gap' in environmental policy: tensions between national policy and local experience. *Local Environment* 4(3), tt. 257–78.

Bwrdd yr Iaith Gymraeg. 2003. *Newid Ymddygiad, Defnydd a Chanfyddiadau: Marchnata'r Iaith Gymraeg*. Caerdydd: Bwrdd yr Iaith Gymraeg.

Comisiynydd y Gymraeg. 2011. *Data'r Cyfrifiad*. [Ar-lein]. Ar gael: http://www.comisiynyddygymraeg.cymru/Cymraeg/Polisi%20ymchwil%20a%20data/Data%20Cyfrifiad/Pages/Data%20Cyfrifiad.aspx, cyrchwyd 8 Chwefror 2020.

— 2015. *Technoleg, Gwefannau a Meddalwedd: Ystyried y Gymraeg*. Caerdydd: Comisiynydd y Gymraeg.

— 2018. *Hawlio Cyfleoedd: Adroddiad Sicrwydd Comisiynydd y Gymraeg*. [Ar-lein]. Ar gael: http://www.comisiynyddygymraeg.cymru/Cymraeg/Rhestr%20Cyhoeddiadau/20190731%20GC%20C%20Adroddiad%20Sicrwydd%202018-19%20%28terfynol%29.pdf, cyrchwyd 8 Chwefror 2020.

Coulmas, Florian. 2013. *Sociolinguistics: The Study of Speakers' Choices*. Caergrawnt: Cambridge University Press.

Cyngor Abertawe. 2018. *Ystadegau'r Wefan*. [Ar-lein]. Ar gael: https://www.abertawe.gov.uk/article/8170/Ystadegaur-wefan. cyrchwyd Gorffennaf 2018.

Cyngor ar Bopeth. 2015. *Deall y Defnydd a'r Diffyg Defnydd o Wasanaethau Cymraeg*. Caerdydd: Cyngor ar Bopeth.

Cyngor Wrecsam. 2017. *Adroddiad Monitro'r Iaith Gymraeg Blynyddol 2016/2017*. Wrecsam: Cyngor Wrecsam.

Cynulliad Cenedlaethol Cymru. 2010. *Llais Defnyddwyr Cymru*. Caerdydd: Cynulliad Cenedlaethol Cymru.

Darnton, Andrew. 2008. *GSR Behaviour Change Knowledge Review: Overview of Behaviour Change Models and their Uses – Briefing Note for Policy Makers*. Llundain: Government Social Research Service.

Dolan, Paul. 2013. Influencing the financial behaviour of individuals: the MINDSPACE Way. Yn: Oliver, Adam. gol. *Behavioural Public Policy*. Caergrawnt: Cambridge University Press, tt. 191–208.

Dolan, Paul, Hallsworth, Michael, Halpern, David, King, Dominic a Vlaev, Ivo. 2010. *MINDSPACE: Influencing Behaviour through Public Policy.* Llundain: Institute for Government.

Dolan, Paul, Elliott, Anthony, Metcalfe, Robert a Vlaev, Ivo. 2012. Influencing Financial Behaviour: From Changing Minds to Changing Contexts, *Journal of Behavioral Finance* 13(2), tt. 126–42.

Edwards, V. K a Newcombe, L. P. 2003. *Gwerthuso Effeithlonrwydd ac Effeithiolrwydd Cynllun Twf, sy'n Annog Rhieni i Drosglwyddo'r Iaith i'w Plant.* Caerdydd: Bwrdd yr Iaith Gymraeg.

Elias, Osian. 2018. *Polisi Iaith Ymddygiadol.* Traethawd PhD anghyhoeddedig. Prifysgol Aberystwyth.

Elias, Osian a Griffith, Gwenno. 2019. 'Mae Hergwd cyn bwysiced â hawl': newid ymddygiad a pholisi'r iaith Gymraeg. Gwerddon 29, tt. 59–80. [Ar-lein]. Ar gael: *http://www.gwerddon.cymru/cy/rhifynnau/rhifyn29/erthygl3/,* cyrchwyd 15 Ionawr 2020.

Evas, Jeremy a Cunliffe, Daniel. 2014. Newid Ymddygiad mewn Ieithoedd Llai: Heriau a Chyfleoedd. [Cyflwyniad] *Datgloi Potensial Technoleg er mwyn Hyrwyddo'r Defnydd o Ieithoedd CRSS.* Caerdydd: Prifysgol Caerdydd.

— 2016. Behavioural Economics and Minority Language e-Services – The Case of Welsh. Yn: Durham, Mercedes a Morris, Jonathan. gol. *Sociolinguistics in Wales.* Llundain: Palgrave Macmillan. tt. 61–91.

Evas, Jeremy a Keegan, Te Taka. 2012. Nudge! Normalising the use of minority language ICT interfaces. *Alternative: An International Journal of Indigenous Peoples* 1(8), tt. 42–52.

Evas, Jeremy, Morris, Jonathan a Whitmarsh, Lorraine. 2017. *Ymchwil i'r Amodau sydd yn Dylanwadu ar Drosglwyddo'r Gymraeg a'i Defnydd mewn Teuluoedd.* Caerdydd: Llywodraeth Cymru.

Fishman, Joshua. 1991. *Reversing Language Shift. Theoretical and Empirical Foundations of Assistance to Threatened Languages.* Clevedon: Multilingual Matters.

Griffith, Gwenno. 2018. *Newid Ymddygiad Ieithyddol: Cynyddu'r*

Niferoedd sy'n Defnyddio Rhyngwynebau Cyfrifiadurol yn Gymraeg. Traethawd PhD anghyhoeddedig. Prifysgol Caerdydd.

Haynes, Laura, Service, Owain, Goldacre, Ben a Torgerson, David. 2012. *Test, Learn, Adapt. Developing Public Policy with Randomised Controlled Trials.* Llundain: Behavioural Insights Team.

Jones, Kathryn a Morris, Delyth. 2007. Minority Language Socialisation within the Family: Investigating the Early Welsh Language Socialisation of Babies and Young Children in Mixed Language Families in Wales. *Journal of Multilingual and Multicultural Development* 28(6), tt. 484–501.

Jones, Rhys, Pykett, Jessica a Whitehead, Mark. 2011. The Geographies of Soft Paternalism in the UK: The Rise of the Avuncular State and Changing Behaviour after Neoliberalism. *Geography Compass* 5(1), tt. 50–62.

Kahneman, Daniel. 2002. Maps of Bounded Rationality: A perspective on intuitive judgment and choice. *Nobel Prize Lecture* 8, tt. 351–401.

— 2011. *Thinking, Fast and Slow.* Llundain: Penguin Books.

Lefebvre, R. C. a Flora, J. A. 1988. Social Marketing and Public Health Intervention. *Health Education & Behavior* 15(3), tt. 299–315.

Lewis, Saunders. 1962. *Tynged yr Iaith.* Llundain: British Broadcasting Corporation.

Llywodraeth Cymru. 2003. *Iaith Pawb: Cynllun Gweithredu ar gyfer Cymru Ddwyieithog.* Caerdydd: Llywodraeth Cymru.

— 2010. *Strategaeth Addysg Cyfrwng Cymraeg.* Caerdydd: Llywodraeth Cymru.

— 2012. *Iaith fyw: Iaith byw – Strategaeth y Gymraeg 2012–2017.* Caerdydd: Llywodraeth Cymru.

— 2014. *Iaith fyw: Iaith byw – Bwrw Mlaen.* Caerdydd: Llywodraeth Cymru.

— 2015. *Pethau Bychain – Gwneud 'pethau bychain' dros y Gymraeg.* [Ar-lein]. Ar gael: http://gov.wales/topics/welshlanguage/promoting/pethau-bychain-do-the-littlethings/?lang=cy, cyrchwyd 11 Tachwedd 2018.

— 2017. *Cymraeg 2050: Miliwn o Siaradwyr.* Caerdydd: Llywodraeth Cymru.

— 2018. *Cynllun Gweithredu Technoleg Cymraeg*. Caerdydd: Llywodraeth Cymru.

— 2019. *Siarter Iaith*. [Ar-lein]. Ar gael: *https://hwb.gov.wales/ storage/0a2f5bb1-c1fb-412b-9a9c-0c0643d4734f/fframwaith-siarter-iaith.pdf*, cyrchwyd 8 Chwefror 2020.

— 2020. *Dydd Miwsig Cymru*. [Ar-lein]. Ar gael: *https://llyw. cymru/dydd-miwsig-cymru?_ga=2.72211027.1736488905. 1582035628-1833013452.1579528124*, cyrchwyd 8 Chwefror 2020.

Nielsen, K. R. 2016. *Do supermarkets really nudge you to eat unhealthily?* [Ar-lein]. Ar gael: *https://inudgeyou.com/en/do-supermarkets-really-nudge-us-to-eat-unhealthily/*, cyrchwyd 8 Ebrill 2017.

Phillips, Dylan. 1998. *Trwy Ddulliau Chwyldro . . . ? Hanes Cymdeithas yr Iaith Gymraeg 1962–1992*. Llandysul: Gwasg Gomer.

Pujolar, Joan a Gonzàlez, Isaac. 2013. Linguistic 'mudes' and the de-ethnicization of language choice in Catalonia. *International Journal of Bilingual Education and Bilingualism* 16(2), tt. 138–52.

Redknap, Catrin. 2006. Welsh-medium and bilingual education and training: Steps towards a holistic strategy. Yn: Redknap, Catrin, Lewis, W. Gwyn, Williams, Sian Rhiannon a Laugharne, Janet. *Welsh-medium and bilingual education*. Bangor: Prifysgol Bangor, tt. 1–19.

Sunstein, Cass R. 2014. *Why Nudge?* Yale: Yale University Press.

Thaler, Richard H. a Sunstein, Cass R. 2003a. Libertarian Paternalism. *The American Economic Review* 93(2), tt. 175–9.

— 2003b. Libertarian Paternalism is not an oxymoron. *The University of Chicago Law Review* 70(4), tt. 1159–202.

— 2008. *Nudge: Improving Decisions about Health, Wealth, and Happiness*. New Haven: Yale University Press.

Thomas, R. 2010. Gwnewch bopeth yn Gymraeg – dameg yr hergwd. *Barn*, Mawrth.

Williams, Colin. 2005. The Case of Welsh/Cymraeg in Wales. Yn: Ó Néill, Diarmuid. gol. *Rebuilding the Celtic Languages*. Talybont: Y Lolfa, tt. 35–114.

— 2014. 'The lightening veil': language revitalization in Wales. *Review of Research in Education* 38, tt. 24–272.

Y Swyddfa Gymreig. 1992. *Arolwg Cymdeithasol Cymru*.
Caerdydd: Qualitex Argraffwyr Cyf.

Nodiadau

[1] Yn ôl Arolwg Cymdeithasol Cymru (Y Swyddfa Gymreig 1992), byddai 63–4% o siaradwyr Cymraeg rhugl yn defnyddio gwasanaethau Cymraeg petaent ar gael. Dywedodd Llais Defnyddwyr Cymru (Cynulliad Cenedlaethol Cymru 2010) fod 80% o gyfranogwyr yr holiaduron yn cytuno neu'n cytuno'n gryf y dylai siaradwyr Cymraeg fod â'r hawl i ddefnyddio pob gwasanaeth drwy'r Gymraeg. Nododd ymchwil Beaufort Research (2013) y byddai 92% o siaradwyr Cymraeg yn croesawu'r cyfle i wneud mwy yn y Gymraeg.

[2] Nododd Asiantaeth Safonau Gyrru (Llywodraeth Cymru 2012) mai dim ond 0.17% o brofion theori oedd wedi eu sefyll yn y Gymraeg yng Nghymru yn 2013/14. Nododd y DVLA mai dim ond 0.5% o ddisgiau trethi a adnewyddwyd ar-lein yn y Gymraeg yn 2014/15. Dim ond 2.2% oedd canran yr ymwelwyr ar wefan Gymraeg Cyngor Abertawe (Cyngor Abertawe 2017) ym Mehefin 2017 a nododd Cyngor Wrecsam (Cyngor Wrecsam 2017) mai 1.6% o'r nifer a ymwelodd â thudalen hafan gwefan Cyngor Wrecsam a ymwelodd â'r dudalen Gymraeg yn 2016/17.

Cwestiynau Trafod

Defnyddiwch y cwestiynau canlynol i adolygu eich sgiliau allweddol a'ch gwybodaeth am gynnwys y penodau yn yr adran hon. Gellwch ddefnyddio'r cwestiynau i sbarduno trafodaeth ac i ystyried rhai cwestiynau newydd.

1) Pa ffactorau sy'n dylanwadu ar;
   - ein tafodiaith neu dafodieithoedd;
   - sut rydym yn caffael iaith;
   - ein defnydd o iaith;
   - newid ymddygiad;
   - dwyieithrwydd?

2) Beth yw'r berthynas rhwng iaith, cymdeithas a hunaniaeth?

3) Pa gamau ymchwil neu ddulliau ymchwil a fyddai'n ddefnyddiol ichi wrth lunio prosiect ar ddefnydd iaith unigolion?

4) Beth yw manteision astudio'r canlynol?
   - Dwyieithrwydd;
   - Tafodieitheg;
   - Sosioieithyddiaeth.

5) Sut y gall damcaniaeth yr hergwd ddylanwadu ar newid ymddygiad a defnydd iaith?

ADRAN 3

Cymdeithas

9

Addysg

Alex Lovell ac Angharad Naylor

'Dim llai na chwyldro' – rhai newidiadau sydd ar droed ym maes dysgu'r Gymraeg.

Bydd pob un ohonom ar ryw adeg wedi cael cyfle i ddysgu'r Gymraeg ac o bosib astudio'r Gymraeg mewn gwahanol ffyrdd – yn ffurfiol drwy wersi mewn ysgol, coleg, ar gwrs iaith neu efallai ar lwybr gradd yn y Gymraeg; ac i eraill yn anffurfiol drwy ddarllen ac ymddiddori yn y Gymraeg, ei diwylliant a'i llenyddiaeth. Fe fydd gan bob un ohonom brofiadau dysgu gwahanol ac fe fydd gan rai brofiadau amrywiol yn addysgu'r Gymraeg i eraill. Mae'n ddigon posib hefyd y bydd rhai ohonoch yn dechrau meddwl am wahanol lwybrau gyrfa ac yn ystyried y maes dysgu fel llwybr proffesiynol posib. Yn y bennod hon, fe fyddwn yn cyfeirio at rai datblygiadau diweddar ym maes dysgu'r Gymraeg a'r sector cyfrwng Saesneg yn benodol. Byddwn yn ystyried sut y gall y rhain ynghyd â rhai dulliau dysgu iaith gyfoethogi profiadau unigolion ar eu taith ddysgu ac addysgu.

Mae'n gyfnod o newid i fyd addysg yng Nghymru. Mae'r daith i gyflwyno cwricwlwm newydd yn ein hysgolion, sef *Cwricwlwm i Gymru* (Llywodraeth Cymru 2019) yn cynnig cyfleoedd i ddatblygu'r Gymraeg fel pwnc ac fel cyfrwng dysgu. Mae gan y newidiadau botensial i gyfrannu'n sylweddol at darged miliwn o siaradwyr Llywodraeth Cymru (*Cymraeg 2050: Miliwn o Siaradwyr*, Llywodraeth Cymru 2017) ac mae'r cwricwlwm newydd hwn, gobeithio, yn gam pwysig i allu creu cenhedlaeth newydd o ddysgwyr a defnyddwyr yr iaith a fydd yn sicrhau twf y Gymraeg am genedlaethau i ddod.

Mae'n gyfnod cyffrous i'r Gymraeg fel disgyblaeth yn ogystal. Mae galw am ragor o ffocws ar y Gymraeg fel pwnc ynghyd â rôl gryfach i'r Gymraeg ar draws y cwricwlwm ym mhob sector, ysgolion Cymraeg a Saesneg fel ei gilydd, fel bod dysgwyr yn caffael yr iaith ochr yn ochr â datblygu sgiliau trosglwyddadwy a fydd yn eu paratoi ar gyfer y gweithle cyfrwng Cymraeg a dwyieithog. Yn ogystal â hyn, mae galw cynyddol am athrawon i ddysgu'r Gymraeg ac i ddysgu drwy gyfrwng y Gymraeg – unigolion a all sicrhau twf y Gymraeg yn ein hysgolion cyfrwng Cymraeg a Saesneg. Yn ôl adroddiad Comisiynydd y Gymraeg, *Sefyllfa'r Gymraeg 2016-2020*, 'rhaid cael cynlluniau beiddgar a radical er mwyn sicrhau gweithlu addysg cynyddol ddwyieithog' (2020, t. 110).

Mae tipyn o drafod, dadlau, a chynllunio wedi bod, ac ar droed, ym maes dysgu'r Gymraeg, a'r Gymraeg fel ail iaith yn benodol, yn ein hysgolion. Ac wrth lunio'r bennod hon mae trafodaethau ar y gweill am sut y bydd cymhwyster y Gymraeg yn cael ei asesu yn y cwricwlwm newydd (gweler y datblygiadau diweddaraf ar wefan Cymwysterau Cymru). Bydd cyfle euraid yn y cyfnod nesaf yma i adeiladu ar addysgeg gadarn sydd i'w gweld ym maes dysgu'r Gymraeg a'i datblygu ymhellach fel bod taith ein dysgwyr, unigolion fel chi efallai – o'r cynradd, uwchradd i Addysg Bellach ac Addysg Uwch – yn daith sy'n eu harfogi â'r sgiliau i ddefnyddio'r Gymraeg gyda hyder y tu hwnt i'r ystafell ddosbarth.

Yn y bennod hon, felly, cawn gyfle i olrhain y daith a'r hyn sydd wedi cyfrannu at sbarduno newid ym maes dysgu'r Gymraeg fel ail iaith a dysgu drwy gyfrwng y Gymraeg. Edrychir ar ddatblygiadau diweddar yn y maes dysgu sydd wedi arwain at gyflwyno *Cwricwlwm i Gymru*. Defnyddir astudiaeth achos enghreifftiol i ystyried sut y gellir datblygu addysgeg iaith, sef sut yr ydym yn cyflwyno iaith i ddysgwyr. Ac i grynhoi, ystyrir rhai datblygiadau newydd yn y maes sy'n cynnig cyfleoedd i bontio gwahanol lefelau dysgu a sicrhau bod llwybr dilyniant cadarn i ddysgwyr yr iaith.

Olrhain y daith ar y llwybr ail iaith – ble rydym ni arni nawr?

Bu lansio canllawiau *Cwricwlwm i Gymru* ar droad y degawd newydd yn garreg filltir bwysig iawn, yn enwedig yng nghyddestun dysgu ac addysgu ieithoedd mewn ysgolion ar hyd a lled y wlad. Yn benodol, dyma gyfle i ysgolion ganolbwyntio o'r newydd ar y ffordd y maent yn cyflwyno'r Gymraeg, gan sicrhau bod pob dysgwr yn 'gallu cyfathrebu'n effeithiol mewn gwahanol ffurfiau a lleoliadau, drwy'r Gymraeg a'r Saesneg' (Llywodraeth Cymru 2020, t. 24) erbyn iddynt orffen addysg orfodol. Er bod y cwricwlwm yn canolbwyntio ar addysg orfodol a dilyniant disgyblion 3–16 oed yn benodol, bydd gan ddarparwyr Addysg Bellach ac Addysg Uwch, ynghyd â rhanddeiliaid eraill megis CBAC a Cymwysterau Cymru, rôl allweddol amlwg i'w chwarae o ran gwireddu uchelgais y cwricwlwm newydd, gan sicrhau y bydd y disgyblion hyn am barhau i astudio'r Gymraeg a'r gwahanol agweddau sydd arni. O gofio strategaeth Llywodraeth Cymru i gyrraedd miliwn o siaradwyr erbyn 2050 (Llywodraeth Cymru 2017), teg yw holi beth yw rôl addysg yn hyn o beth? Mae lansio'r cwricwlwm newydd yn cynrychioli cam pwysig ymlaen o ran gwireddu'r nod uchelgeisiol hwn. Ac er nad yw addysg ynddi ei hun yn ateb cyflawn, mae'n amlwg fod gan addysg rôl greiddiol a hollbwysig wrth gynllunio ar gyfer datblygu'r Gymraeg, yn enwedig o ran creu siaradwyr newydd a chynnal siaradwyr Cymraeg eu hiaith.

Mae ffocws cyson wedi bod ar effeithlonrwydd dysgu ac addysgu'r Gymraeg fel ail iaith (e.e. Lewis 2010a). Er y gwelwyd cynnydd mewn safonau Cymraeg Ail Iaith yn y blynyddoedd diwethaf,[1] ymddengys fod y gwelliant hwn, yn enwedig yng Nghyfnod Allweddol 3, wedi dechrau 'o sylfaen isel' (Estyn 2015, t. 51). Er bod enghreifftiau o ysgolion uwchradd lle ceir safonau uchel mewn Cymraeg, fel y mae Estyn yn nodi mewn adroddiad blynyddol diweddar, 'nid yw'r mwyafrif o ddisgyblion yn cyflawni'n unol â'u galluoedd erbyn iddynt gyrraedd diwedd oedran ysgol gorfodol' (Estyn 2019). Her benodol y mae ysgolion uwchradd cyfrwng Saesneg wedi'i hwynebu yn ystod y blynyddoedd diwethaf yw sicrhau bod disgyblion yn ennill cymhwyster priodol yn y Gymraeg. Yn 2013, er enghraifft, nodir mai ond 27% o ddisgyblion a safodd y Cwrs Llawn, gyda 35% yn sefyll y Cwrs Byr. O ystyried i 15% o'r holl ddisgyblion sefyll arholiadau mewn Cymraeg Iaith Gyntaf, nodir na fu bron i chwarter o ddisgyblion sefyll arholiad mewn Cymraeg y flwyddyn honno (Estyn 2014, t. 43). Er y gwelwyd ychydig o gynnydd yn nifer y disgyblion sydd wedi cofrestru am y Cwrs Llawn yn y blynyddoedd diwethaf (Estyn 2018, t. 81), nododd Estyn mai cymhwyster y Cwrs Byr yw'r cymhwyster y bu'r rhan fwyaf o ddisgyblion uwchradd yn ei ennill yn y Gymraeg rhwng 2010 a 2016 (Estyn 2018, t. 38).

A beth am hanes dysgu ac addysgu Cymraeg fel pwnc ail iaith mewn ysgolion cynradd cyfrwng Saesneg? Er bod y rhan fwyaf o ddisgyblion yn gwneud cynnydd da o ran datblygu eu gallu i siarad yn y Gymraeg yn y Cyfnod Sylfaen, ymddengys fod y cynnydd hwnnw'n arafu wrth iddynt symud ymlaen i Gyfnod Allweddol 2 (Estyn 2019, t. 26) neu i Gam Cynnydd 3, sef terminoleg newydd y *Cwricwlwm i Gymru*. Yn aml iawn, mae'r defnydd o'r Gymraeg o fewn y dosbarth a'r tu hwnt iddo yn gyfyngedig iawn (Estyn 2019, t. 26) a hynny oherwydd nad yw cyfran sylweddol o athrawon yn y sector hwn yn ddigon cymwys i addysgu'r Gymraeg yn effeithiol[2] nac yn ddigon hyderus i ddefnyddio'r iaith y tu hwnt i'r gwersi Cymraeg eu hunain.[3] Mae'r diffyg cymhwyster a hyder wrth gyflwyno Cymraeg fel ail iaith fel pwnc, debyg iawn, yn deillio'n bennaf o ddiffyg hyfforddiant o ran methodoleg addysgu Cymraeg fel ail iaith.[4] Mae safonau mewn Cymraeg yn y cynradd, yn enwedig yng Nghyfnod Allweddol 2, yn parhau i fod yn destun sylw a hynny ers rhai blynyddoedd bellach.[5] Mae galw am athrawon ochr yn ochr â hyfforddiant er mwyn cynyddu'r gweithlu dwyieithog a all gyflwyno'r Gymraeg ond mae galw hefyd am ddatblygu dulliau dysgu'r iaith fel bod llwybr a dilyniant clir i ddisgyblion o un sector i'r llall.

Cafodd y consenswn ynghylch safonau mewn Cymraeg yn y sector cyfrwng Saesneg ei atgyfnerthu yn adolygiad Davies o addysg Gymraeg Ail Iaith, *Un iaith i Bawb*, ac eto yn adolygiad Donaldson o'r cwricwlwm cenedlaethol, *Dyfodol Llwyddiannus*. Yn adolygiad *Un iaith i bawb*, nododd Davies mor ddifrifol yw'r sefyllfa, gan fynd cyn belled â dweud ei bod yn 'unfed awr ar ddeg ar Gymraeg ail iaith.' (Davies 2013, t. 1). Pwysleisiwyd yr angen am newid sylfaenol i'r ddarpariaeth ar gyfer y Gymraeg, nid yn unig i wella safonau yn y pwnc, ond hefyd i wella mwynhad dysgwyr yn y pwnc. Gan ddyfynnu'r adroddiad:

> Profiad diflas dros ben ydyw i lawer iawn ohonynt yn ôl y dystiolaeth – nid ydynt yn gweld y pwnc yn berthnasol nac o unrhyw fudd iddynt. Nid ydynt yn ddigon hyderus i ddefnyddio'r Gymraeg y tu allan i'r dosbarth – yn wir, prin iawn yw'r cyfleoedd i wneud hynny – ac nid oes unrhyw gymhelliad felly i ddysgu'r iaith. (Davies 2013, t. 1)

Un o'r prif argymhellion a gyflwynir yn yr adroddiad yw Argymhelliad 6, sydd yn galw ar y Llywodraeth i ystyried adolygu'r rhaglen astudio bresennol, gan gyflwyno un rhaglen ddysgu Cymraeg gyda phob dysgwr yng Nghymru yn cael ei asesu yn erbyn un fframwaith cynnydd, neu 'gontinwwm'. Diben cyflwyno un rhaglen ddysgu a chontinwwm cynnydd, yn ôl yr adroddiad, fyddai hwyluso dilyniant ieithyddol dysgwyr rhwng y Cyfnodau Allweddol a disodli'r term 'Cymraeg Ail Iaith' (Davies 2013, tt. 26–7), gan sicrhau y caiff pob disgybl ei drin yn gyfartal fel dysgwr iaith. Nid yw'r argymhelliad hwn yn un newydd. Yn eu hadolygiad polisi o'r Gymraeg, *Ein Hiaith, Ei Dyfodol* (2002), roedd y Pwyllgorau Diwylliant, ac Addysg a Dysgu Gydol Oes o'r farn bod angen 'ymchwil drylwyr i ymarferoldeb mesur hyfedredd disgyblion mewn Cymraeg ar hyd continwwm ieithyddol' (2002, t. 12). Mae'r cysyniad o gyflwyno un continwwm Cymraeg hefyd wedi'i argymell gan ysgolheigion megis Baker a Jones (1998), sy'n ystyried hyn yn un o'r strategaethau y mae ei hangen er mwyn datblygu arferion dysgu ac addysgu dwyieithog mewn ysgolion. Yn ôl Baker a Jones, dylai ysgolion symud i ffwrdd o weithredu polisïau uniaith yn yr ystafell ddosbarth, p'un a yw'n ysgol cyfrwng Saesneg neu'n ysgol cyfrwng Cymraeg, tuag at ymgorffori ymagwedd ddwyieithog at y dysgu:

> New strategies are needed, for example establishing a continuum from early language learning to full fluency, and to move from the current separation of Welsh first- and second-language lessons and Welsh-medium content

teaching to establish a concurrent use of both languages in teaching and learning contexts; evolving a bilingual approach in classrooms rather than language separation. (1998, t. 135)

Byddai adolygiad Davies a'i ganfyddiadau yn gosod carreg sylfaen bwysig i adolygiad Donaldson a'i argymhellion yntau ynghylch lle'r Gymraeg yn y cwricwlwm newydd. Mewn ymateb i'r pedwar ar hugain o argymhellion a gyflwynwyd yn yr adolygiad, cafodd deg argymhelliad mewn perthynas â'r Gymraeg yn y cwricwlwm eu cyflwyno. Yn ogystal â chadw'r Gymraeg yn bwnc gorfodol hyd at 16 oed, argymhellodd yr adolygiad y dylai ysgolion 'ganolbwyntio o'r newydd ar ddysgu Cymraeg yn bennaf fel ffordd o gyfathrebu, yn enwedig cyfathrebu a deall yr iaith lafar' (Donaldson 2015, t. 60). Nodir bod sôn penodol yn Argymhelliad 23 am ddatblygu 'cymhwysedd rhyngweithredol' (S. *transactional competence*) dysgwyr yn y Gymraeg, a hynny wrth iddynt symud ar hyd y continwwm dysgu trwy gydol eu haddysg. Er na cheir yn yr adolygiad ddiffiniad clir o'r hyn a olygir gan 'gymhwysedd rhyngweithredol' yng nghyd-destun dysgu'r Gymraeg, mae'n amlwg fod yr argymhelliad hwn yn rhoi ffocws o'r newydd ar ddatblygu sgiliau cyfathrebol yn y Gymraeg, a hynny at ddiben annog disgyblion, yn enwedig yng nghyd-destun ysgolion a lleoliadau cyfrwng Saesneg, i ddod yn ddefnyddwyr iaith maes o law, yn hytrach na dysgwyr iaith yn unig. Fel y noda Donaldson (2015), rhaid 'meithrin hyder mewn plant a phobl ifanc i ddefnyddio'r iaith, nid yn unig mewn gwersi ond hefyd mewn gweithgareddau a sefyllfaoedd mewn bywyd go iawn y tu allan i'r ystafell ddosbarth a'r ysgol' (2015, t. 60).

Mae'r cwricwlwm newydd, a gyhoeddwyd yn 2020, *Cwricwlwm i Gymru*, yn cael ei drefnu o amgylch chwe Maes Dysgu a Phrofiad, gyda Chymraeg, Saesneg ac ieithoedd rhyngwladol yn cael eu cynllunio o dan Ieithoedd, Llythrennedd a Chyfathrebu. Caiff Cyfnodau Allweddol y cwricwlwm cyfredol eu disodli gan gyflwyno yn eu lle gontinwwm dysgu ar gyfer y pedwar Maes Dysgu a Phrofiad a Chamau Cynnydd i fesur dysgwyr wrth iddynt symud ar hyd y continwwm dysgu hwn. Bydd y Gymraeg yn parhau i fod yn bwnc gorfodol hyd at 16 oed, gyda ffocws o'r newydd ar ddatblygu sgiliau cyfathrebol dysgwyr.

Nodir bod y pwyslais newydd ar gymhwysedd cyfathrebol yn y Gymraeg hefyd i'w weld yng nghynllun gweithredu y Llywodraeth ar gyfer y Gymraeg mewn addysg (2017–21). Yn y cynllun hwn, cyflwyna'r Llywodraeth ei gweledigaeth i '[a]lluogi pob dysgwr i ddatblygu ei sgiliau Cymraeg a defnyddio'r iaith yn hyderus yn ei fywyd bob dydd', gan fynd yn ei blaen i nodi y 'bydd pob plentyn a pherson ifanc yng Nghymru yn ddysgwyr uchelgeisiol a galluog sy'n gallu cyfathrebu'n effeithiol mewn gwahanol ffurfiau a lleoliadau, a thrwy lwyfannau digidol, drwy'r Gymraeg a'r Saesneg' (Llywodraeth Cymru 2017, t. 14).

Gellir dadlau bod cyhoeddi'r cwricwlwm newydd yn garreg filltir bwysig iawn o ran dysgu ac addysgu'r Gymraeg ac ieithoedd eraill er bod tipyn o waith i'w wneud i droi'r argymhellion yn realiti. Am y tro cyntaf, gwelir bod ffocws ar ddatblygu dysgwyr yn ddinasyddion amlieithog[6] a lluosieithog[7] trwy gynnig y cyfle i ddysgwyr ddysgu'r Gymraeg, y Saesneg ac o leiaf un iaith ryngwladol, yn ogystal â'u cefnogi i ddefnyddio unrhyw ieithoedd cartref a chymunedol sydd ganddynt. Mae polisi o'i fath, sef polisi 2+1, yn cydnabod yr angen i ysgolion symud i ffwrdd o weithredu'n uniaith yn y dosbarth, fel yr awgrymwyd eisoes gan ysgolheigion megis Baker, tuag at ymagwedd holistaidd lle caiff ieithoedd eu hintegreiddio ar draws y cwricwlwm cyfan a chaiff dysgwyr eu hannog i ddefnyddio eu *repetoire* ieithyddol cyflawn, gan gymhwyso'r hyn maent yn ei wybod am un iaith wrth ddysgu eraill. Fel y nodir yng nghanllawiau'r cwricwlwm: 'Dylai lleoliadau ac ysgolion annog dysgwyr i ddefnyddio eu sgiliau amlieithog a dylai dysgwyr ddeall gwerth gallu defnyddio gwahanol ieithoedd' (Llywodraeth Cymru 2020, t. 163).

Yng nghyd-destun addysgu'r Gymraeg yn fwy penodol, gwelir bod datblygu cymhwysedd cyfathrebol pob dysgwr yn y Gymraeg (sef y gallu i gyfathrebu drwy wahanol ffyrdd) yn flaenoriaeth ac yn rhan greiddiol o'r cwricwlwm a'i Bedwar Diben. Fel y nodir yn y canllawiau: 'Bydd ein holl blant a phobl ifanc yn cael eu cefnogi i ddatblygu yn ddysgwyr uchelgeisiol, galluog sy'n [. . .] gallu cyfathrebu'n effeithiol mewn gwahanol ffurfiau a lleoliadau, drwy'r Gymraeg a'r Saesneg'(Llywodraeth Cymru 2020, t. 24). Mae Llywodraeth Cymru yn cydnabod nad pwnc yn unig yw'r Gymraeg ac y dylai pob athro fod yn gyfrifol am ddatblygu sgiliau dysgwyr yn y Gymraeg, yn enwedig sgiliau llythrennedd, ar draws y cwricwlwm cyfan. Bydd hyn yn newid sylfaenol, yn enwedig yng nghyd-destun ysgolion cyfrwng Saesneg lle caiff y Gymraeg ei chyflwyno fel pwnc yn unig gan amlaf, heb ddigon o ddefnydd pwrpasol nac ystyrlon o'r iaith mewn rhannau eraill o'r cwricwlwm cenedlaethol cyfredol. Gellir dadlau felly fod y cwricwlwm yn cynnig cyfle arbennig i ysgolion edrych o'r newydd ar sut y gellir addysgu ieithoedd yn fwy effeithiol, trwy wneud defnydd trawsbynciol, ac felly mwy pwrpasol, o ieithoedd yn y cwricwlwm.

Mae'r daith dysgu iaith yn un sy'n symud o'r ystafell ddosbarth i feysydd eraill felly, yn gymdeithasol, yn addysgiadol ac yn broffesiynol, ac mae'r cwricwlwm yn sbardun i hyn. Mae'r cysyniad o gontinwwm a nodir yn yr adran hon hefyd yn un a allai gynnig cyfleoedd i ddatblygu cwricwlwm pwrpasol lle caiff dysgwyr rannu rhai profiadau dysgu cyffredin wrth ymwneud â'r iaith. Er bod tipyn o drafod o hyd ynghylch sut y bydd continwwm o'r fath yn cael ei weithredu a sut y gall weithio yn ymarferol i ddysgwyr ac addysgwyr, un ffactor a fydd yn allweddol efallai yw creu dilyniant i ddysgwyr fel bod y daith o un cam dysgu i'r llall yn un clir a phwrpasol. Mae hefyd yn cynnig cyfleoedd i gryfhau cysylltiadau rhwng gwahanol sectorau – cynradd, uwchradd, Addysg Bellach ac Addysg Uwch.

Astudiaeth achos

Mae'r datblygiadau cyffrous ym mholisi addysg yng Nghymru a amlinellwyd uchod yn cynnig cefndir cyd-destunol pwysig i sawl astudiaeth ddoethurol ddiweddar gan Beard (2016), Lovell (2019), a Parry (2021). Mae'r astudiaethau hyn yn croesi ffiniau disgyblaethol, gan ymdrin ag agweddau pedagogaidd ac addysgol, seicolegol, sosioieithyddol a gwleidyddol, ar ddysgu ac addysgu'r Gymraeg mewn addysg. Un o'r ffyrdd gorau o ystyried sut brofiad yw dysgu'r Gymraeg yw troi at yr hyn sy'n digwydd mewn ystafell ddosbarth ac mewn ysgolion a chynnal gwaith maes. Yn yr adran hon, crynhoir prif ganfyddiadau un astudiaeth o'r fath gan Lovell,[8] lle bu'n astudio sut y gellir cefnogi cyflwyno'r Gymraeg fel ail iaith yn llwyddiannus yng nghyd-destun ysgolion uwchradd cyfrwng

Saesneg, er mwyn cynnig blas ar ymchwil mewn maes sydd ar dwf. Yn nhraethawd doethurol Lovell, cyflwynir yr achos dros gyflwyno newidiadau pellgyrhaeddol i gyfundrefn dysgu ac addysgu'r Gymraeg mewn ysgolion cyfrwng Saesneg, gan nad yw'r model traddodiadol ar gyfer cyflwyno'r Gymraeg, fel pwnc yn unig, yn llwyddo i ddatblygu disgyblion yn ddefnyddwyr Cymraeg erbyn diwedd addysg orfodol. Dadleua Lovell y gallai dysgu iaith trwy ei hintegreiddio â dysgu cynnwys, sef Dysgu Iaith a Chynnwys Integredig (S. *Content and Language Integrated Learning*), fod yn un cyrchddull posib i ystyried ei efelychu maes o law. Mae'n dadlau hefyd fod yn rhaid ystyried ffyrdd newydd o gefnogi cyflwyno'r Gymraeg yn llwyddiannus os am sicrhau miliwn o siaradwyr yng Nghymru erbyn 2050. Er nad yw addysg ynddi ei hun yn ateb cyflawn i gyrraedd y targed uchelgeisiol hwn, mae gan addysg rôl hollbwysig yn y broses o greu siaradwyr Cymraeg newydd a'i bod yn garreg sylfaen bwysig ar gyfer cefnogi shifft ieithyddol i'r Gymraeg yn y gymdogaeth a'r gweithle.

Wrth ymchwilio i'r gwahanol gynlluniau trochi a dysgu dwys sydd wedi eu treialu yng Nghymru er mwyn dysgu'r Gymraeg, gwelir bod sawl cynllun ar waith mewn ysgol uwchradd cyfrwng Saesneg yn ne Cymru a dyma flas ar rai o'r cynlluniau hynny.

Mae'r ymchwil yn cyfeirio at un enghraifft sef Ysgol X, lle cynigir peth darpariaeth ddwyieithog[9] i garfan o ddysgwyr Mwy Abl a Thalentog (MAT) yn ystod Blynyddoedd 7, 8 a 9 (11–14 blwydd oed). Yn wahanol i'r cynlluniau trochi a dysgu dwys eraill sydd wedi'u peilota yng Nghymru, a fu'n anelu at greu pwyntiau mynediad hwyr i addysg cyfrwng Cymraeg, roedd tystiolaeth i awgrymu bod Ysgol X yn mynd ati'n rhagweithiol i wella safonau mewn Cymraeg o fewn y sector cyfrwng Saesneg, trwy ddatblygu'r Gymraeg fel cyfrwng addysgu ac iaith bob dydd o fewn yr ysgol, yn ogystal â chynnig cyfleoedd i ddefnyddio'r Gymraeg mewn modd cyfathrebol ar draws yr ysgol. Defnyddiwyd ymchwil empirig i archwilio'r cynllun ar waith yn Ysgol X, a adwaenir fel y Cwrs Carlam, ac yn fwy eang, i astudio sut y mae'r ysgol hon, yn ogystal ag un ysgol gymharus arall, sef Ysgol Y, yn cefnogi cyflwyno'r Gymraeg yn eu cyd-destunau unigryw eu hunain.

Trwy gynnal holiadur a chyfweliadau gyda Phenaethiaid Adran y Gymraeg ac arsylwadau ar ethos dwyieithog yn y ddwy ysgol gyfranogol, canfuwyd y gellir priodoli'r ffactorau canlynol yn benodol i lwyddiant cynllun Ysgol X wrth gyflwyno'r Gymraeg:

i. Ymagwedd effeithiol a chyson at ddatblygu ei hethos dwyieithog. Mae Ysgol X yn hyrwyddo a hybu defnyddio'r Gymraeg nid yn unig fel cyfrwng addysgu, ond hefyd fel iaith bob dydd yn yr ysgol. Canfuwyd bod yr ymagwedd tuag at ddatblygu ethos dwyieithog yn dod o'r uwch dîm rheoli sy'n rhoi statws craidd i'r Gymraeg fel disgyblaeth ac sy'n mynd ati i drin y Gymraeg yn iaith bob dydd yn yr ysgol.
ii. Nifer sylweddol o staff sydd yn medru siarad ac addysgu yn Gymraeg. Mae Ysgol X yn gallu manteisio ar y staff hyn er mwyn addysgu elfennau o'r cwricwlwm trwy gyfrwng y Gymraeg.
iii. Adnoddau ariannol. Canfuwyd bod modd i Ysgol X gyflogi dwy athrawes beripatetig a chynnig darpariaeth hyfforddiant iaith Gymraeg er mwyn datblygu sgiliau dwyieithog y staff.
iv. Trefniadau pontio effeithiol ar gyfer y Gymraeg. Sefydlwyd cynllun pontio gan Ysgol X er mwyn gwella a chysoni safonau disgyblion cynradd y clwstwr erbyn iddynt gyrraedd Blwyddyn 7.[10]

Mae'r canfyddiadau uchod yn cynnig tystiolaeth bellach i gefnogi'r honiad fod iaith yr ysgol yn ffactor allweddol wrth gefnogi caffael y Gymraeg, yn arbennig pan ddaw'r dysgwr o gefndir di-Gymraeg, lle na cheir mewnbwn Cymraeg naturiol yn y cartref.[11] Yn ogystal â hyn, mae'r canfyddiadau'n amlygu goblygiadau ar gyfer hyfforddi'r gweithle. O ystyried uchelgais Llywodraeth Cymru (2017) i gynyddu nifer yr athrawon uwchradd sy'n gallu addysgu'r Gymraeg o 500 i 1,200 erbyn 2050, a nifer yr athrawon uwchradd sy'n gallu addysgu trwy gyfrwng y Gymraeg o 1,800 i 4,200 erbyn 2050, bydd buddsoddiad sylweddol mewn hyfforddiant iaith Gymraeg a methodoleg addysgu cyfrwng Cymraeg a dwyieithog yn angenrheidiol. Mae'r targed hwn yn rhan allweddol o'r daith i greu gweithlu sy'n gallu cyflwyno'r Gymraeg yn hyderus i'r genhedlaeth nesaf, a dysgwyr sy'n gallu cymhwyso'r iaith yn llwyddiannus mewn gwahanol gyd-destunau.

Yn ail ran yr astudiaeth, amlygir proffiliau ieithyddol a sosioeconomaidd dysgwyr Cymraeg ail iaith (13-14 blwydd oed) yn y ddwy ysgol gyfranogol, a hynny gan ddadansoddi sgoriau prawf llenwi'r bylchau yn Gymraeg, sgoriau prawf darllen yn Saesneg a data Prydau Ysgol am Ddim. Deilliodd y cyfranogwyr hyn ($n = 74$) o dri dosbarth ar draws y ddwy ysgol gyfranogol, sef:

i. Dosbarth Cymraeg Ail Iaith Set 1 yn Ysgol X.
ii. Dosbarth Cwrs Carlam yn Ysgol X.
iii. Dosbarth Cymraeg Ail Iaith Set 1 yn Ysgol Y.

Canfu'r ymchwil fod gan ddysgwyr y Cwrs Carlam sgiliau ieithyddol uwch yn y Gymraeg a'r Saesneg o'u cymharu â dysgwyr y dosbarth gwersi Cymraeg Ail Iaith traddodiadol, sydd â phroffiliau ieithyddol cymharus.

Mae Lovell yn cydnabod nad oes tystiolaeth yn yr astudiaeth i brofi i ba raddau mai oherwydd darpariaeth ychwanegol y Cwrs Carlam, neu ffactorau eraill, megis deallusrwydd, gwybodaeth flaenorol o'r iaith a chymhelliant i astudio'r iaith, sy'n effeithio ar gaffael ail iaith yn effeithiol. Er hynny, dadleua ef fod y canfyddiadau hyn yn cyd-fynd â'r 'safbwynt rhyngweithiol-datblygiadol' (S. *interactivist-developmental perspective*),[12] a'r honiad mai po fwyaf yw'r mewnbwn ystyrlon a geir y mwyaf yw'r allbwn. Yn syml felly, os yw'r mewnbwn yn Gymraeg yn uchel yna mae potensial i'r allbwn Cymraeg fod yn uchel. Canfuwyd bod dysgwyr y Cwrs Carlam yn derbyn 380 awr ychwanegol o oriau cyswllt â'r Gymraeg y flwyddyn, o'u cymharu â'u cyfoedion sydd yn dilyn y ddarpariaeth draddodiadol. Dyma ganfyddiad sydd yn cyd-fynd â'r hyn a ganfu Muñoz[13] ac Artieda ac eraill,[14] sef bod angen o leiaf 300 o oriau cyswllt ychwanegol er mwyn i ddysgwyr gael budd o fanteision y mewnbwn ychwanegol hwn. Mae'r astudiaeth hon felly yn cynnig tystiolaeth bellach i awgrymu bod cydberthynas rhwng amlder a natur y mewnbwn y mae'r plentyn yn ei dderbyn yn yr iaith darged a pha mor gyflym y mae'n caffael yr iaith.[15]

Ar sail canfyddiadau ei ymchwil, daw Lovell i'r casgliad y bydd ymgorffori ymagwedd holistaidd at gyflwyno'r Gymraeg, lle caiff yr iaith ei hintegreiddio nid yn unig fel iaith dysgu ac addysgu yn y cwricwlwm ond hefyd fel iaith fyw a ddefnyddir bob dydd ar draws yr ysgol gyfan, yn hollbwysig er mwyn cefnogi cyflwyno'r iaith yn y sector cyfrwng Saesneg. Yn fwy penodol, dadleua fod cyrchddull Dysgu Cynnwys ac Iaith Integredig (S. *Content and Language Integrated Learning* (CLIL)), fel y'i gwelir yn Ysgol X, yn un cyrchddull posib y gellid ystyried ei efelychu yn y sector cyfrwng Saesneg maes o law er mwyn sicrhau rhagor o gyswllt â'r iaith Gymraeg, heb amharu ar nifer yr oriau dysgu a gaiff eu neilltuo yn yr amserlen i gyflwyno pynciau eraill o fewn y cwricwlwm newydd. Fel y pwysleisia Lovell, os mai sicrhau bod gan ddysgwyr y sector cyfrwng Saesneg 'sgiliau ffwythiannol effeithiol' yn y Gymraeg yw nod y llywodraeth, fel sydd wedi'i awgrymu gan Fitzpatrick ac eraill,[16] gallai cyrchddull Dysgu Cynnwys ac Iaith Integredig fod yn ffordd effeithiol o ddatblygu cymhwysedd ffwythiannol.[17] Er hynny, cydnebydd Lovell y bydd angen cynnal rhagor o ymchwil hirdymor i astudio effaith gwersi CLIL ar ddisgyblion o lefelau academaidd gwahanol,[18] yn enwedig y rheini sy'n tangyflawni, cyn y gellir argymell efelychu'r cyrchddull CLIL ar lefel genedlaethol yng Nghymru.

Camau nesaf posib ar y daith

Yn yr adrannau uchod, edrychwyd ar yr agweddau hynny ar y cwricwlwm mewn ysgolion a fydd yn allweddol i'r ymgais i gynhyrchu rhagor o siaradwyr Cymraeg ac unigolion sy'n hyderus yn eu defnydd o'r Gymraeg y tu hwnt i'r ystafell ddosbarth. Mae'r *Cwricwlwm i Gymru* yn arwydd o newid ac er mwyn cyflawni newid mae angen ystyried sawl agwedd berthnasol gan gynnwys; addysgeg (dulliau dysgu), cynnwys, asesu, diddordeb ac ymagweddau, disgyblion a staff, dysgwyr ac addysgwyr.

Mae'r newidiadau sydd ar droed yn rhai a fydd yn cyfrannu at dwf y Gymraeg fel iaith ac fel pwnc yn y blynyddoedd sydd i ddod. Ond mae galw am newid mwy sylweddol a radical er mwyn sicrhau llwyddiant yn ôl y diweddar Aled Roberts (1962–2022), cyn Gomisiynydd y Gymraeg; 'I fod ag unrhyw obaith o gyrraedd y targed o filiwn o siaradwyr Cymraeg, mae angen dim llai na chwyldro yn y ffordd y mae'r Gymraeg yn cael ei haddysgu mewn ysgolion cyfrwng Saesneg' (Roberts 2021). Ac er mwyn creu chwyldro mae angen unigolion a fydd yn barod i wneud. Mae galw am unigolion fel chi efallai sydd yn ymddiddori yn y Gymraeg ac yn awyddus i drosglwyddo'r diddordeb hwnnw i'r genhedlaeth nesaf. Mae 'ehangu'r gweithlu addysg cyfrwng Cymraeg' yn cynnig sylfaen gadarn i roi rhai o'r syniadau uchod ynghylch dulliau dysgu'r iaith ar waith. Fel y noda Aled Roberts, mae hyn yn gwbl allweddol i wireddu amcanion *Cymraeg 2050*:

> Nid oes amheuaeth bod ehangu'r gweithlu addysg cyfrwng Cymraeg yn un o'r meysydd mwyaf allweddol i lwyddiant gweledigaeth Cymraeg 2050. Nid oes yr un maes arall sy'n debygol o gyfrannu mor uniongyrchol at gyflawni targedau heriol y strategaeth. Mae angen ymyrraeth sylweddol gan Lywodraeth Cymru yn y maes hwn, a fydd yn sicrhau twf radical yn nifer yr unigolion sy'n gallu addysgu drwy gyfrwng y Gymraeg. (Comisiynydd y Gymraeg 2020, t. 110)

Un rhaglen lwyddiannus ac arloesol sy'n llwyddo i ddatblygu sgiliau iaith y gweithlu addysg a darparu hyfforddiant ar ddulliau dysgu iaith yw'r *Cynllun Sabothol Cenedlaethol* dan nawdd Llywodraeth Cymru. Mae'r rhaglen yn cynnig hyfforddiant iaith i athrawon cynradd yn y sector cyfrwng Saesneg, cynorthwywyr dosbarth a darlithwyr, ac mae'n sicr yn ateb y galw uchod i greu 'twf' yn y nifer sy'n gallu dysgu drwy gyfrwng y Gymraeg. Mae'n werth gwrando ar brofiad ambell athro a gwblhaodd y rhaglen hon ac sydd bellach yn dylanwadu ar dwf y Gymraeg yn eu hysgolion. Mae'r *Cynllun Sabothol Cenedlaethol* nid yn unig yn cynnig hyfforddiant iaith i athrawon ond y mae hefyd yn cynnig cyfleoedd i athrawon ystyried sut y mae datblygu methodolegau dysgu iaith yn ôl yn eu hysgolion. Mae hyn yn cyd-fynd â'r drafodaeth uchod a'r astudiaeth achos gan Lovell a oedd yn dangos galw am unigolion sy'n gallu addysgu'r Gymraeg ond hefyd hybu a hyrwyddo'r iaith yn eu hysgolion er mwyn gwella ymagweddau tuag ati. Mae modd ichi ddilyn profiadau ambell athro a gwblhaodd y cwrs *Cymraeg Mewn Blwyddyn* i athrawon y sector cyfrwng Saesneg ar y rhwydweithiau cymdeithasol.

Beth am ddilyn profiad athro cynradd sydd wedi dechrau trawsnewid y ffyrdd o ddysgu'r Gymraeg yn ei ysgol gynradd @MaurerMathias?

Mae gwaith diweddar tîm o unigolion sy'n cynnwys athrawon cynradd, uwchradd, Addysg Bellach ac Addysg Uwch yn golygu bod trafodaeth gyson yn datblygu ynghylch ffyrdd o sicrhau bod dulliau dysgu'r Gymraeg fel iaith. Mae'r gyfrol newydd *Welsh Sentence Builders* (2021) a olygwyd gan Barri Moc yn gyfraniad pwysig i addysgeg y Gymraeg ac yn cynnig canllaw defnyddiol i athrawon a thiwtoriaid ar gyfer cyflwyno'r iaith i siaradwyr newydd. Mae'r addysgeg yn y gyfrol hon wedi ei seilio ar ddull dysgu Cyfarwyddyd Prosesu Estynedig (S. *Extensive Processing Instruction* (E.P.I.)) gan Gianfranco Conti (gweler trafodaethau perthnasol gan Conti a Smith 2019; Conti 2021*)*. Mae'r dull hwn yn ei hanfod yn ymwneud â sut y mae dysgwyr yn dysgu iaith trwy ddulliau goddefol cyn troi at ddulliau gweithredol lle byddant yn cynhyrchu iaith. Fe fydd pwyslais ar wrando a darllen (y dulliau goddefol lle bydd yr athro yn modelu iaith) i ddechrau, ac yna yn raddol, bydd dysgwyr yn dod i ddeall gramadeg a chynhyrchu iaith trwy ddulliau gweithredol (siarad ac ysgrifennu). Pen draw'r dull yw'r gallu i gynhyrchu iaith yn fyrfyfyr gan gymhwyso'r patrymau a ddysgir fesul uned i gyd-destunau newydd.

Mae'r gyfrol newydd hon yn cynnig patrwm dysgu posib ar gyfer dysgu'r Gymraeg i ddechreuwyr a phatrwm y mae modd ei ddefnyddio a'i addasu er mwyn rhoi hyder i ddysgwyr ond hefyd i athrawon a thiwtoriaid a fydd yn gorfod defnyddio mwy o'r Gymraeg yn eu gwersi yn unol â strwythur newydd *Cwricwlwm i Gymru*. Ond un o gryfderau'r prosiect a chreu'r gyfrol *Welsh Sentence Builders* (2021) efallai yw'r ymdeimlad o ddilyniant a geir, nid yn unig o ran cynnwys ond trwy weld trafodaeth yn digwydd ar draws y sectorau – o'r cynradd, uwchradd, Addysg Bellach ac Addysg Uwch, ynghyd â Chymraeg i Oedolion yn cynnig cyfleoedd euraid i greu llwybr dilyniant sydd ei angen yn ddirfawr er mwyn cynnig camau dysgu clir i'n dysgwyr; camau a fydd yn sicrhau bod modd cymhwyso iaith a'i defnyddio â hyder mewn gwahanol sefyllfaoedd.

Megis dechrau y mae'r daith mewn gwirionedd ac mae'r cwricwlwm newydd yn mynd i fod yn gyfle i ystyried gwahanol ffyrdd o ddatblygu'r Gymraeg fel pwnc ac fel cyfrwng dysgu. Mae'r bennod hon wedi canolbwyntio'n benodol ar gyd-destun y Gymraeg i ddysgwyr ond mae'r cyfle i greu cwricwlwm newydd yn codi cwestiynau hefyd am ddulliau dysgu yn y sector cyfrwng Cymraeg, Addysg Bellach ac Addysg Uwch. Wrth i'r cwricwlwm newydd ddod i rym, fe fydd cyfnod anorfod o bontio ac o gwestiynu ac fe fyddwn ni i gyd – yn ddysgwyr, addysgwyr ac unigolion sy'n ymddiddori yn yr iaith a'r pwnc – yn rhan o'r pontio a'r cwestiynu. Fe fydd cyfle i ystyried y cwestiynau canlynol wrth weld y cwricwlwm newydd yn dwyn ffrwyth:

- Sut yn union y bydd 'continwwm' iaith yn cael ei roi ar waith?
- Sut y bydd y Gymraeg yn datblygu mewn ysgolion yn y sector cyfrwng Cymraeg?
- Sut y mae creu dilyniant o'r sector cynradd i'r uwchradd ac ymlaen i Addysg Bellach er mwyn cryfhau'r berthynas rhwng y gwahanol sectorau cyfrwng Cymraeg a Saesneg fel ei gilydd?
- Sut y mae cynhyrchu gweithlu o athrawon sy'n hyderus yn eu defnydd o'r Gymraeg er mwyn gallu dysgu drwy gyfrwng y Gymraeg yn y sector cyfrwng Cymraeg a Saesneg?
- Sut y mae ennyn diddordeb y genhedlaeth nesaf o athrawon – pobl fel chi fyfyrwyr a disgyblion – i ymuno â'r daith a chwarae rôl allweddol yn nhwf y Gymraeg fel cyfrwng ac fel disgyblaeth?

Mae'r daith addysgu yn un a fydd yn llawn cwestiynau, trafodaethau a syniadau. Dyma sy'n rhan o gyffro byd addysg. Ond fe fydd y cyfan yn arwain i'r un cyfeiriad yn y pen draw er mwyn creu cyfleoedd i'r Gymraeg ffynnu; creu cyfleoedd i ddysgwyr ddefnyddio'r iaith gyda hyder ym mhob agwedd ar fywyd; creu dysgwyr a fydd yn creu newid i'r Gymraeg a chreu newid *yn* Gymraeg. Mae galw am athrawon, dysgwyr ac unigolion a all gyfrannu at y chwyldro a gobeithio y cewch chi eich ysbrydoli i fod yn rhan o'r daith dysgu ac addysgu hon.

Cyfeiriadau

Artieda, Gemma, Roquet, Helena a Nicolás-Conesa, Florentina. 2017. The impact of age and exposure on EFL achievement in two learning contexts: formal instruction and formal instruction + content and language integrated learning (CLIL). *International Journal of Bilingual Education and Bilingualism* (2017). [Ar-lein]. Ar gael: *http://dx.doi.org/10.1080/13670050. 2017.1373059*, cyrchwyd 13 Mawrth 2020.

Baker, Colin a Prys Jones, Sylvia. 1998. *Encyclopedia of Bilingualism and Bilingual Education.* Clevedon: Multilingual Matters.

Beard, Ashley Charlotte. 2016. *Addysg Gymraeg Ail Iaith mewn Ysgolion Cyfrwng-Saesneg. Astudiaeth i Archwilio i ba Raddau y mae Amodau Dysgu'r Rhaglen Gymraeg Ail Iaith yng Nghyfnodau Allweddol 2 a 3 yn Gymwys i Gynhyrchu Siaradwyr yr Iaith.* Traethawd PhD anghyhoeddedig. Prifysgol Cymru Y Drindod Dewi Sant, 2016. [Ar-lein]. Ar gael: *https:// repository.uwtsd. ac.uk/id/eprint/808/*, cyrchwyd 13 Mawrth 2020.

Comisiynydd y Gymraeg. 2020. *Sefyllfa'r Gymraeg 2016–20: Adroddiad 5-mlynedd Comisiynydd y Gymraeg.* [Ar-lein]. Ar gael: *https://www.comisiynyddygymraeg.cymru/ media/gc5nyzta/adroddiad-5-mlynedd-cyg20162020-terfynol-20-10-21.pdf*, cyrchwyd 13 Mawrth 2020.

Conti, Gianfranco. 2021. *The Language Gym.* [Ar-lein]. Ar gael: *https://gianfrancoconti.com*, cyrchwyd 13 Mawrth 2020.

Conti, Gianfranco a Smith, Steve. 2019. *Breaking the Sound Barrier: Teaching Language Learners How to Listen.* Independent Publishers Platform.

Conti, Gianfranco, Viñales, Dylan, Moc, Barri, Maurer, Mathias, Wall, Glenn, Swain, Carys a Nest, Heledd. gol. 2021. *Welsh Sentence Builders: A Lexicogrammar Approach; Beginner to pre-intermediate.* Malaysia: The Language Gym.

Davies, Sioned. 2013. *Un iaith i bawb: Adolygiad o Gymraeg ail iaith yng Nghyfnodau Allweddol 3 a 4.* [Ar-lein]. Ar gael: *https://llyw.cymru/sites/default/files/publications/2018-02/ adolygiad-o-gymraeg-ail-iaith-yng-nghyfnodau-allweddol-3-a-4.pdf,* cyrchwyd 13 Mawrth 2020.

Donaldson, Graham. 2015. *Dyfodol Llwyddiannus: Adolygiad Annibynnol o'r Cwricwlwm a'r Trefniadau Asesu yng Nghymru.* [Ar-lein]. Ar gael: https://llyw.cymru/sites/default/files/publications/2018-03/dyfodol-llwyddiannus.pdf, cyrchwyd 13 Mawrth 2020.

Estyn. 2012–13. *Adroddiad Blynyddol Prif Arolygydd Ei Mawrhydi dros Addysg a Hyfforddiant yng Nghymru 2012–2013.* [Ar-lein]. Ar gael: http://www.estyn.llyw.cymru/, cyrchwyd 13 Mawrth 2020.

— 2013–14. *Adroddiad Blynyddol Prif Arolygydd Ei Mawrhydi dros Addysg a Hyfforddiant yng Nghymru 2013–2014.* [Ar-lein]. Ar gael: http://www.estyn.llyw.cymru/, cyrchwyd 13 Mawrth 2020.

— 2014–15. *Adroddiad Blynyddol Prif Arolygydd Ei Mawrhydi dros Addysg a Hyfforddiant yng Nghymru 2014–2015.* [Ar-lein]. Ar gael: http://www.estyn.llyw.cymru/, cyrchwyd 13 Mawrth 2020.

— 2015–16. *Adroddiad Blynyddol Prif Arolygydd Ei Mawrhydi dros Addysg a Hyfforddiant yng Nghymru 2015–2016.* [Ar-lein]. Ar gael: http://www.estyn.llyw.cymru/, cyrchwyd 13 Mawrth 2020.

— 2016–17. *Adroddiad Blynyddol Prif Arolygydd Ei Mawrhydi dros Addysg a Hyfforddiant yng Nghymru 2016–2017.* [Ar-lein]. Ar gael: http://www.estyn.llyw.cymru/, cyrchwyd 13 Mawrth 2020.

— 2017–18. *Adroddiad Blynyddol Prif Arolygydd Ei Mawrhydi dros Addysg a Hyfforddiant yng Nghymru 2017–2018.* [Ar-lein]. Ar gael: http://www.estyn.llyw.cymru/, cyrchwyd 13 Mawrth 2020.

Fitzpatrick, Tess, Morris, Steve, Clark, Tony, Mitchell, Ross, Needs, Jenny, Tanguay, Elizabeth a Tovey, Bethan. 2018. *Asesiad Cyflym o'r Dystiolaeth: Ymagweddau a Dulliau Addysgu Ail Iaith Effeithiol.* [Ar-lein]. Ar gael: https://llyw.cymru/sites/default/files/statistics-and-research/2019-06/180607-effective-second-language-teaching-approaches-methods-cy.pdf, cyrchwyd 13 Mawrth 2020.

Lewis, W. Gwyn. 2010. *Welsh Second Language in the National Curriculum: The Case of Teaching Welsh in English-Medium Schools.* [Ar-lein]. Ar gael: http://www.assembly.wales/NAfW%20Documents/paper_3_-_dr_w_gwyn_lewis.pdf%20-%2002092010/paper_3_-_dr_w_gwyn_lewis-English.pdf#search=W%20Gwyn%20Lewis, cyrchwyd 13 Mawrth 2020.

Lovell, Alexander E. 2018. *Cau'r Bwlch rhwng Polisi ac Arfer mewn perthynas â Chymraeg Ail Iaith: Astudiaeth ar sut orau y Gellir Cefnogi Cyflwyno'r Gymraeg fel Ail Iaith yn Llwyddiannus yng Nghyd-destun Ysgolion Uwchradd Cyfrwng Saesneg.* Traethawd PhD anghyhoeddedig, Prifysgol Abertawe. [Ar lein]. Ar gael: *https://cronfa.swan.ac.uk/Record/cronfa50742*, cyrchwyd 13 Mawrth 2020.

Llywodraeth Cymru. 2020. *Canllawiau Cwricwlwm i Gymru.* [Ar-lein]. Ar gael: *https://hwb.gov.wales/storage/72182f7f-dd34-440a-8ad4-0786690d16f7/canllawiau-cwricwlwm-i-gymru.pdf*, cyrchwyd 13 Mawrth 2020.

— 2020. *Cwricwlwm i Gymru.* [Ar-lein]. Ar gael. *https://hwb.gov.wales/cwricwlwm-i-gymru.*

Mueller Gathercole, Virginia C. a Hoff, Erika. 2007. Input and the acquisition of language: three questions. Yn: Hoff, Erika a Shatz, Marilyn. goln. *The Handbook of Language Development.* Efrog Newydd: Blackwell Publishers, tt. 107–27.

Mueller Gathercole, Virginia C. a Thomas, Enlli Môn. 2005. Minority language survival: input factors influencing the acquisition of Welsh. Yn: Cohen, James, McAlister, Kara T., Rolstad, Kellie a MacSwan, Jeff. goln. *ISB4: Proceedings of the 4th International Symposium on Bilingualism.* Somerville: Cascadilla Press, tt. 852–74.

Muñoz, Carmen. 2015. Time and Timing in CLIL: A Comparative Approach to Language Gains. Yn: Juan-Garau, Maria a Salazar-Noguera, Joana. goln. *Content-based Learning in Multilingual Educational Environments.* Berlin: Springer, tt. 87–105.

Parry, Nia Mererid. 2021. *An Evaluation of the Effectiveness of Cymraeg Bob Dydd Across the Curriculum in English-Medium Schools in North Wales.* Traethawd PhD anghyhoeddedig, Prifysgol Bangor. [Ar lein]. Ar gael: *https://research.bangor.ac.uk/portal/en/theses/an-evaluation-of-the-effectiveness-of-cymraeg-bob-dydd-across-the-curriculum-in-englishmedium-schools-in-north-wales(89f27fce-7c08-4477-a854-14e2eba36fbf).html*, cyrchwyd 13 Mawrth 2020.

Roberts, Aled. 2021. Cyfrif Trydar Comisiynydd y Gymraeg; @ComyGymraeg. 30 / 09 / 2021.

Roberts, Gareth Wyn. 2010. *Cyflwyniad i Bwyllgor Adrodd ar Ddwyieithrwydd LlCC*. Tystiolaeth ysgrifenedig a ddarparwyd i Gynulliad Cenedlaethol Cymru. [Ar-lein]. Ar gael: http://www.cynulliad.cymru/NAfW%20Documents/paper_1_-_gareth_wyn_roberts-e.pdf%20-%2002092010/paper_1_-_gareth_wyn_roberts-e-Cymraeg.pdf, cyrchwyd 13 Mawrth 2020.

Y Pwyllgor Diwylliant a'r Pwyllgor Addysg a Dysgu Gydol Oes. 2002. *Ein Hiaith: Ei Dyfodol – Adolygiad Polisi o'r Iaith Gymraeg*. [Ar-lein]. Ar gael: https://www.cynulliad.cymru/Laid%20Documents/Culture%20Committee%20and%20Education%20and%20Lifelong%20Learning%20Committee%20Policy%20Review%20of%20the%20Welsh%20Language%20-%20'Our%20Lang-01072002-24744/bus-GUIDE-N00000000000000000000000001076-Cymraeg.pdf, cyrchwyd 13 Mawrth 2020.

Nodiadau

1. Estyn 2013–14; Estyn 2014–15; Estyn 2015–16.
2. Roberts 2010.
3. Estyn 2015–16; Estyn 2016–17.
4. Mae modd darllen ymhellach am hyn yn y dogfennau canlynol: Donaldson 2015; Y Pwyllgor Menter a Dysgu 2002; Roberts 2010; Lewis 2010.
5. Gweler adroddiadau diweddar Estyn.
6. Diffinia Llywodraeth Cymru 2020, 'amlieithrwydd' fel '[g]wybodaeth am sawl iaith neu bresenoldeb sawl iaith o fewn cymdeithas benodol ynghyd â'u defnyddio.'
7. Diffinia Llywodraeth Cymru, 2020, 'lluosieithrwydd' fel '[y]r wybodaeth, y defnydd a'r cysylltiad a wneir rhwng nifer o ieithoedd.'
8. Lovell 2018.
9. Adeg cynnal yr ymchwil, cyflwynai'r ysgol y pynciau canlynol yn ddwyieithog: Hanes, Daearyddiaeth, Addysg Grefyddol, Addysg Gorfforol ac Addysg Bersonol a Chymdeithasol.

10   Lovell 2018, t. 260.
11   Darllen defnyddiol: Mueller Gathercole et al. 2007.
12   Cred damcaniaethwyr y safbwynt rhyngweithiol fod yr hyn sydd ei angen ar yr unigolyn er mwyn dysgu iaith yn cael ei gynnwys yn yr iaith ei hun a bod y mewnbwn a geir wrth ddod mewn cyswllt â'r iaith honno, hynny yw, trwy ryngweithio, yn sicrhau y gall yr unigolyn gaffael yr iaith honno.
13   Muñoz 2015.
14   Gemma Artieda, Helena Roquet a Florentina Nicolás-Conesa, 'The impact of age and exposure on EFL achievement in two learning contexts: formal instruction and formal instruction + content and language integrated learning (CLIL)', *International Journal of Bilingual Education and Bilingualism* (2017), *http://dx.doi.org/10.1080/13670050.2017.1373059*.
15   Mueller Gathercole et al. 2007.
16   Fitzpatrick et al. 2018.
17   Mae gwybodaeth bellach ar gael yn: Carmen Muñoz, 'Relevance & potential of CLIL', yn *CLIL/EMILE the European dimension: Actions, trends and foresight potential* (Ffindir: European Commission, 2002), tt. 35–6.
María Luisa Pérez-Cañado, 'CLIL research in Europe: Past, present, and future', *International Journal of Bilingual Education and Bilingualism*, 15:3 (2012), 315–41, *http://dx.doi.org/10.1080/13670050.2011.630064*.
18   Mae gwybodaeth bellach ar gael yn: Stephan Breidbach a Britta Viebrock, 'CLIL in Germany: Results from recent research in a contested field of education', *International CLIL Research Journal*, 1:4 (2012), 5–16. Ar gael: *http://www.icrj.eu/14/article1.html*, cyrchwyd 13 Mawrth 2020.
Wolfgang Zydatiß, 'Linguistic thresholds in the CLIL classroom? The Threshold Hypothesis revisited', *International CLIL Research Journal*, 1:4 (2012), 17–28. Ar gael: *http://www.icrj.eu/14/contents.html*, cyrchwyd 13 Mawrth 2020.

10

Yr Iaith Gymraeg a Threftadaeth

Dylan Foster Evans

Beth yw'r Gymraeg? yw teitl y gyfrol hon. Mae'n gwestiwn syml, on'd ydyw? Ond mae sawl ffordd i'w ateb. Mae'r Gymraeg yn iaith, wrth gwrs. Mae hefyd, os mynnwn, yn ddiwylliant sy'n cael ei fynegi trwy gyfrwng yr iaith honno. Gall hynny gynnwys llenyddiaeth, llên gwerin, caneuon, sgyrsiau, jôcs, negeseuon ar Instagram neu Snapchat neu ba gyfrwng cymdeithasol bynnag a fydd yn disodli'r rheini maes o law, rhaglenni teledu, penillion ar gerrig beddi, a chant a mil o bethau eraill. A chan nad oes modd i iaith fyw fodoli heb bobl i'w siarad, gallwn ddiffinio'r Gymraeg yn nhermau'r cymunedau o bobl sy'n ei defnyddio – 'nid geiriau ond pobl ydi iaith', chwedl Gerallt Lloyd Owen (1999, t. 14). Ond yn y bennod hon byddaf yn ceisio ateb y cwestiwn 'Beth yw'r Gymraeg?' mewn ffordd arall, drwy ddadlau y gallwn ystyried bod y Gymraeg yn *dreftadaeth*.

Wrth feddwl am y Gymraeg yn y modd hwn rwyf wedi dechrau sylwi llawer mwy ar yr enghreifftiau hanesyddol o'r Gymraeg sydd i'w gweld allan yn y byd o'm cwmpas – ar adeiladau ac ar gofebau, er enghraifft. Rwyf hefyd wedi dod yn fwy effro yn gyffredinol i'r defnydd o'r Gymraeg yn y dirwedd ieithyddol. Term yw hwnnw sy'n cyfeirio at weladwyedd iaith – ar arwyddion ffyrdd, byrddau hysbysebu, siopau ac ati – mewn lleoliad neu ardal benodol (Landry a Bourhis 1997). Mae'r cynnydd yn amlygrwydd y Gymraeg yn y dirwedd ieithyddol dros y degawdau diweddar yn drawiadol, ac yn newid amlwg o'r cyfnod pan nad oedd yr iaith yn weladwy iawn hyd yn oed yn ein cymunedau Cymreiciaf. Ond nid enghreifftiau hanesyddol o'r Gymraeg yn y dirwedd ieithyddol yw'r unig agwedd ar y Gymraeg fel treftadaeth, nac yn wir y bwysicaf. Felly yn y bennod hon rwyf am geisio eich annog chithau i feddwl am y berthynas rhwng iaith a threftadaeth, ac i gwestiynu sylfeini'r syniad hwnnw hefyd.

Y peth cyntaf sydd angen ei ddweud yw nad yw cyplysu'r Gymraeg a threftadaeth yn beth newydd, o bell ffordd. Mae meddwl am yr iaith, a'r diwylliant ehangach sydd ynghlwm wrthi, yn nhermau treftadaeth yn nodwedd gyffredin iawn o'n ffordd ni o feddwl. Gallwn nodi sawl enghraifft, ond efallai mai'r enwocaf yw'r geiriau hyn a leferir gan gymeriad Emrys Wledig yn nrama radio Saunders Lewis *Buchedd Garmon* (1937). Mae'r ddrama wedi ei lleoli oddeutu'r flwyddyn 429. Mae teyrnas Emrys yn cael ei bygwth gan fyddin o Bictiaid a Sacsoniaid, ac mae'n troi at y gŵr duwiol Garmon am gymorth, gan ddweud y geiriau hyn:

> 'Gwinllan a roddwyd i'm gofal yw Cymru fy ngwlad,
> I'w thraddodi i'm plant,
> Ac i blant fy mhlant
> yn dreftadaeth dragwyddol;
> Ac wele'r moch yn rhuthro arni i'w maeddu.
> Minnau yn awr, galwaf ar fy nghyfeillion,
> Cyffredin ac ysgolhaig.
> Deuwch ataf i'r adwy,
> Sefwch gyda mi yn y bwlch,
> Fel y cadwer i'r oesoedd a ddêl y glendid a fu.'

Dywed Emrys mai gwinllan – trosiad am leoliad gwaraidd a hyfryd – yw Cymru, ac mai ei gyfrifoldeb ef yw ei phasio ymlaen neu ei 'thraddodi' i genedlaethau'r dyfodol 'yn dreftadaeth dragwyddol'. Mae'n galw ar bawb o ba gefndir bynnag i ddod ynghyd i sefyll gydag ef yn y bwlch er mwyn sicrhau na fydd y gelyn yn torri trwodd, a hynny er mwyn cadw 'glendid' y gorffennol yn fyw ar gyfer y cenedlaethau sydd i ddod.

Cymeriadau o'r bumed ganrif sy'n cael eu portreadu yma. O safbwynt hanesyddol, cwbl anacronistig ac anhanesyddol yw'r ffaith eu bod yn sôn am 'Gymru' yn y cyfnod hwnnw – ni fyddai 'Cymru' yn gysyniad ystyrlon am sawl canrif eto. Ond nid yw hynny nac yma nac acw – am Gymru'r *ugeinfed* ganrif y mae Saunders Lewis yn sôn mewn gwirionedd. Fe'i gwêl hi fel gwlad o dan fygythiad, gwlad sy'n prysur golli ei hiaith a'i diwylliant. Oni bai fod ei phobl yn dod ynghyd ac yn sefyll 'yn y bwlch', bydd y dreftadaeth dragwyddol yn cael ei cholli, a'r moch yn maeddu'r winllan.

Beth a ddysgwn am 'dreftadaeth' o'r darn hwn, felly? Yn gyntaf, mae treftadaeth yn bwysig ac yn werthfawr. Mae hynny'n amlwg. Yn ail, gall treftadaeth fod yn rhywbeth gwleidyddol – wedi'r cyfan, roedd Saunders Lewis yn un o'r mwyaf gwleidyddol o'n llenorion ac mae hynny'n amlwg iawn yn *Buchedd Garmon*. Yn drydydd, mae treftadaeth yn rhywbeth y gellir ei golli, ar y naill law, neu ei amddiffyn, ar y llaw arall. Gellir ei thraddodi o un genhedlaeth i'r llall am ganrifoedd, ond fe all ddiflannu neu gael ei distrywio hefyd. A gall treftadaeth fod yn eang iawn ei hystyr – mae Emrys fel petai'n ystyried bod Cymru gyfan yn dreftadaeth. Mae'n amlwg, felly, y gall treftadaeth fod yn gysyniad amrywiol – a phwerus – iawn.

Beth wedyn am darddiad a hanes y gair? Mae *treftadaeth* yn deillio o *treftad* (neu *tref tad*), sef y 'dref' sy'n eiddo i'r tad (Green 2021, t. 51). Nawr, nid tref yn yr ystyr fodern sydd yma, ond rhywbeth nes at stad, fferm neu dyddyn: darn o dir, mewn geiriau eraill. Yn hanesyddol, y *treftad* neu'r *tref tad* oedd y tir (a'r adeiladau arno) y byddai dyn yn ei etifeddu wedi marwolaeth ei dad. (Cymherwch y gair Saesneg cyfystyr *heritage*, a'i berthynas amlwg â'r gair *inheritance*.) Mae'r term *treftad* yn mynd yn ôl i gyfnod Cyfraith Hywel, sef cyfraith Cymry'r Oesoedd Canol. Yn ôl honno, dynion yn unig a allai etifeddu tir – nid oedd gan ferched neu wragedd yr hawl i wneud hynny. Felly fe welwn fod gwreiddiau'r gair *treftadaeth* yn mynd yn ôl i gyfnod pan oedd y grym economaidd a gwleidyddol yn ddiogel yn nwylo'r dynion. Mae'r un peth yn wir am *etifeddiaeth*, gair nid annhebyg ei ystyr sydd hefyd yn mynd yn ôl i'r Oesoedd Canol. Sylwch mai *Etifeddiaeth y Cymry* yw'r enw ar gylchgrawn Cymraeg Cadw (un o gyrff treftadaeth pwysicaf Cymru) er mai *Heritage in Wales* yw enw'r fersiwn Saesneg. Treftadaeth ac etifeddiaeth, felly – dau air sy'n dangos braint gwrywod ar hyd y canrifoedd. Fe ddychwelwn at y cwestiwn pwysig ynghylch cynwysoldeb treftadaeth maes o law.

Ond gadawn yr Oesoedd Canol a dychwelyd i Gymru'r unfed ganrif ar hugain. Wrth grwydro o amgylch y wlad, mae'r gair *treftadaeth* i'w weld yn bur aml. Os byddwch yn teithio yng Nghwm Merthyr, er enghraifft, bydd yr arwyddion ffordd yn eich cyfeirio at 'Merthyr Tudful, tref treftadaeth'. Ym mhen arall y wlad, yr enw presennol ar fwthyn bach Cae'r Gors yn Rhostryfan ger Caernarfon yw Canolfan Treftadaeth Kate Roberts. Ac yn 2021, cyhoeddodd y corff cydwladol UNESCO (United Nations Educational, Scientific and Cultural Organization) fod ardal y chwareli llechi yng ngogledd-orllewin Cymru bellach i'w chydnabod yn un o Safleoedd Treftadaeth y Byd. Dyma'r pedwerydd safle yng Nghymru i gael y statws rhyngwladol hwn, gan ddilyn Tirlun Diwydiannol Blaenafon ym Mlaenau Gwent; Cestyll a Muriau Harlech, Biwmares, Caernarfon a Chonwy; a Thraphont Pontcysyllte ger Llangollen.

Fe sylwch fod y pedwar safle treftadaeth hyn oll yn rhai sydd ag adeiladau hynod. Ond tybed ai dyna a oedd gan Saunders Lewis mewn golwg wrth sôn am 'dreftadaeth dragwyddol'? Onid nodweddion megis iaith a diwylliant a oedd yn dwyn ei sylw ef, yn hytrach na chestyll mawreddog neu olion gweithfeydd diwydiannol?

Diffinio treftadaeth

Mae sawl ffordd i ddiffinio treftadaeth. Un peth sy'n gyffredin i bob diffiniad yw bod treftadaeth – wrth gwrs – yn ymwneud â'r gorffennol. Ond mae hefyd yn ymwneud â'r presennol a'r dyfodol – yr 'oesoedd a ddêl', chwedl Saunders Lewis. Os yw rhywbeth yn cael ei ystyried yn 'dreftadaeth', mae rhagdybiaeth ei fod o leiaf yn ystyrlon, os nad efallai'n ddefnyddiol, i ni heddiw, mewn rhyw ffordd neu ei gilydd. 'Heritage is what humankind inherits from the past and utilizes in the present' meddai Dallen J. Timothy (2014, t. 31), ac efallai mai'r gair *utilize* yw'r un pwysicaf yn y diffiniad hwnnw. Mae treftadaeth yn rhywbeth y byddwn yn ymwneud ag ef – ei arddangos, ei ddiogelu, ei hyrwyddo i ddenu twristiaid, ei ddefnyddio i gyfleu negeseuon am hunaniaeth neu wleidyddiaeth. Mae treftadaeth yn gwneud mwy na bodoli – mae'n *golygu* rhywbeth. Ac mae'n golygu rhywbeth i lawer o bobl – 'we live in an age in which heritage is ever-present', chwedl Rodney Harrison (2012, t. i).

Gallwn hefyd ddiffinio treftadaeth yn nhermau natur y pethau hynny yr ystyrir eu bod yn dreftadaeth. Mae hyn yn arbennig o ddefnyddiol wrth ystyried a yw'r iaith Gymraeg ei hun yn dreftadaeth. Yn gyntaf, gallwn feddwl am dreftadaeth sy'n 'gyffyrddadwy', pethau y gallwn eu cyffwrdd â blaenau ein bysedd, os dymunwn – ac os cawn ganiatâd! Gallwn roi cestyll yn y categori hwn, neu hen lawysgrifau. Gallwn rannu'r categori hwnnw ymhellach drwy feddwl am dreftadaeth gyffyrddadwy sy'n ansymudol (fel castell) neu'n symudol (fel llawysgrif). Yn amlwg, nid yw Castell Caernarfon wedi symud modfedd ers dechrau ei adeiladu ar ddiwedd y drydedd ganrif ar ddeg. Ond os ystyriwn lawysgrif a luniwyd tua'r un cyfnod, megis Llawysgrif Hendregadredd (sy'n cynnwys casgliad unigryw o gerddi i dywysogion Cymru), cawn fod honno wedi symud o fan i fan yn gyson dros y canrifoedd (Huws 2000, tt. 193–226). Cafodd ei llunio, mae'n debyg, yn abaty Ystrad Fflur yng Ngheredigion; wedyn aeth i feddiant teulu lleol o uchelwyr; yn ddiweddarach aeth i ddwylo gwahanol deuluoedd uchelwrol yng ngogledd Cymru; aeth ar goll am gyfnod cyn cael ei hailddarganfod ym 1910 mewn wardrob mewn tŷ ger Cricieth o'r enw 'Hendregadredd' (gan roi iddi ei henw cyfoes); ac erbyn heddiw mae ganddi gartref diogel yn Llyfrgell Genedlaethol Cymru yn Aberystwyth, ynghyd ag eraill o lawysgrifau pwysicaf Cymru. Mae'r daith honno yn hynod ddiddorol ynddi hi ei hun, wrth i'r llawysgrif gael ei 'thraddodi' o law i law, ac mae'n arwyddocaol mai diwedd y daith yw sefydliad cenedlaethol sy'n gyfrifol am ddiogelu treftadaeth Cymru.

Beth am dreftadaeth 'anghyffyrddadwy', felly? Mae'r categori hwn yn fwy anodd cael gafael arno, yn llythrennol ac yn drosiadol, ond mae'n bwysig iawn o safbwynt iaith. Gall gynnwys elfennau o ddiwylliant llafar, arferion cymdeithasol, gwyliau, cerddoriaeth a nifer o bethau eraill (Harrison 2012, t. 81). Yng Nghymru, gallem feddwl am bethau unigryw i'r Gymraeg fel cerdd dant a cherdd dafod (gan gynnwys y gynghanedd), eisteddfodau, ac ati. Gallwn hefyd feddwl am y cyfoeth rhyfeddol o recordiadau o ddiddordeb tafodieithol a diwylliannol sydd yn Amgueddfa Werin Cymru yn Sain Ffagan. Unwaith eto, cawn fod UNESCO wedi ymddiddori yn y maes hwn ac yn 2003 fe grëwyd ganddo'r 'Convention for the Safeguarding of the Intangible Cultural Heritage' (Harrison 2012, tt. 114–39). Mae oddeutu 180 o wledydd ledled y byd yn rhan o'r cytundeb hwn, gan gynnwys rhai o'n cymdogion agosaf, megis Iwerddon, Ffrainc, yr Almaen, a'r Eidal. Ond mae'n drawiadol nad yw'n cynnwys nifer o wledydd Saesneg eu hiaith sydd â chyswllt hanesyddol â Phrydain, gan gynnwys yr Unol Daleithiau, Awstralia, Seland Newydd, a'r Deyrnas Unedig ei hun. Gall mai un rheswm dros hynny yw'r ffaith mai Saesneg – iaith fwyaf pwerus y byd – yw iaith (neu brif iaith) y gwladwriaethau hynny. Gan hynny, efallai nad oes ganddynt gymaint o ymwybod â phwysigrwydd diogelu treftadaeth anghyffyrddadwy fregus, sy'n aml ag agwedd ieithyddol arwyddocaol iddi.

Os edrychwn i gyfeiriad Iwerddon, cawn fod traddodiad canu'r pibau *uillean* (neu'r *píoba uilleann* yn yr Wyddeleg) wedi ei gynnwys ar y 'Representative List of the Intangible Culture of Humanity'. Yn Llydaw, mae traddodiad y *festoù-noz*, sef gwyliau lleol wedi eu seilio ar ddawnsio cymunedol, hefyd ar y rhestr. Gallech feddwl y byddai traddodiad Cymreig fel yr eisteddfod yn haeddu lle ar y rhestr, ond gan nad yw'r Deyrnas Unedig wedi ymrwymo wrth y cytundeb, nid oes modd cynnwys unrhyw beth o Gymru arni (Dixey 2012; Howell 2013). A oes llawer o ots am hynny? Mae hwnnw'n gwestiwn teg, gan mai ymylol iawn, mewn gwirionedd, yw lle'r Wyddeleg a'r Llydaweg yng nghofnodion UNESCO am y *píoba uilleann* a'r *festoù-noz*. Ond mae'n dweud rhywbeth am ymagweddau Prydeinig at dreftadaeth, sy'n tueddu i ganolbwyntio ar y materol a'r cyffyrddadwy rhagor na'r anghyffyrddadwy, ac mae'r agwedd honno'n sicr yn ddylanwadol iawn yng Nghymru hefyd.

Pwy sydd i ddweud beth sy'n dreftadaeth?

Bydd darllenwyr craff yn eich plith eisoes wedi sylwi ar gyfeiriadau at nifer o gyrff penodol – ar lefel genedlaethol a rhyngwladol – sy'n ymwneud â threftadaeth. Rwyf eisoes wedi enwi Llyfrgell

Genedlaethol Cymru, Cadw (yr adran o Lywodraeth Cymru sydd, yn ôl ei datganiad cenhadaeth, â'r nod o 'ofalu am ein lleoedd hanesyddol ac ysbrydoli cenedlaethau heddiw ac yfory'), Amgueddfa Werin Cymru, ac UNESCO. Gallwn ychwanegu Amgueddfa Cymru (endid sy'n cynnwys saith o amgueddfeydd gan gynnwys yr Amgueddfa Werin), yr Ymddiriedolaeth Genedlaethol, y Parciau Cenedlaethol, a llawer o gyrff eraill, gan gynnwys nifer helaeth sy'n gweithredu ar lefel leol. Felly ai drwy'r rhain y mae treftadaeth yn cael ei diffinio, neu hyd yn oed ei chreu? Ai cyrff swyddogol sydd yn dweud wrth y bobl beth sydd i'w ystyried yn dreftadaeth, a beth nad yw?

Mae elfen o wirionedd yn hynny yng nghyd-destun y Gymraeg. Dyma ichi enghraifft ddiweddar sy'n dangos arweiniad cyrff swyddogol yn hyn o beth. Mae'n ymwneud â chronicl Cymraeg o hanes y byd (o'r greadigaeth hyd at 1552) a luniwyd gan y milwr Elis Gruffudd (g. tua 1490, m. 1556 neu wedi hynny) o Lanasa yn Sir y Fflint. Mae Elis yn un o Gymry mwyaf diddorol ei oes, ac fe ysgrifennodd ei gronicl tra oedd yn gwasanaethu yn y garsiwn milwrol Seisnig yng Nghalais yn Ffrainc (a oedd ar y pryd ym meddiant Lloegr). Mae'r cronicl i'w gael mewn dwy lawysgrif, ac yn dilyn cais gan Lyfrgell Genedlaethol Cymru yn 2018 fe gyhoeddodd UNESCO fod y ddwy i'w cynnwys ar Gofrestr Cof y Byd y Deyrnas Unedig. Dyna ichi'r corff cydwladol UNESCO, felly, yn cydnabod pwysigrwydd cronicl Elis fel un o drysorau Prydain. Ond tybed faint o bobl yng Nghymru ei hun a oedd wedi clywed am Elis Gruffudd a'i gronicl? Ychydig iawn, dybiwn i. Felly tybed a oes raid i 'dreftadaeth' fod yn enwog, neu hyd yn oed yn hysbys i garfan ystyrlon o'r boblogaeth? Efallai nad oes. Gall cyrff swyddogol roi statws swyddogol treftadaeth swyddogol i wrthrychau neu leoliadau unigol (ac yn yr achos hwn, credaf fod y penderfyniad yn un da iawn).

Ond mae rhai ysgolheigion, yn enwedig mewn cyd-destun Prydeinig neu Seisnig, yn poeni bod dulliau swyddogol o reoli treftadaeth yn aml yn niweidiol ac yn arwain at syniad cyfyng iawn o beth yw treftadaeth a sut y dylid ymdrin â hi. Un ysgolhaig sydd wedi dadlau hyn yn gryf yw Laurajane Smith. Bathodd hi'r term *Authorized Heritage Discourse* (Disgwrs Treftadaeth Awdurdodedig), i gyfeirio at y math o ddisgwrs sy'n diffinio natur treftadaeth mewn gwladwriaethau fel Prydain. Mae'n dadlau bod yna ffordd 'swyddogol' o feddwl am dreftadaeth sy'n cael ei harwain gan arbenigwyr a chyrff swyddogol sy'n penderfynu beth sy'n cyfrif fel treftadaeth. Mae'r disgwrs hwn, meddai hi, yn rhagdybio bod 'gwerth' neu 'ystyr' amlwg i wrthrychau (boed y rheini'n blastai crand, dyweder, neu'n eitemau mewn amgueddfeydd) sy'n fesuradwy, yn gynhenid i'r gwrthrychau dan sylw ac i gryn raddau yn ddigyfnewid. Yn hyn o beth, mae'r cyhoedd yn oddefol – yn derbyn yr ystyr a'r gwerthoedd sy'n cael eu cyfleu gan ddisgyrsiau swyddogol. Mae Smith yn dadlau bod y gwerthoedd hyn ar waith yn y 'diwydiant' treftadaeth ac y gallant wneud niwed drwy ffafrio syniadau ceidwadol ac adweithiol sy'n cuddio agweddau amhleserus neu heriol ar hanes. Meddyliwch am y berthynas agos rhwng syniadau traddodiadol am dreftadaeth ac ymweliadau pleserus â phlastai crand teuluoedd pendefigaidd (megis cartref y teulu sy'n cael ei bortreadu yn y gyfres deledu *Downton Abbey*). Pan aeth yr Ymddiriedolaeth Genedlaethol ati'n ddiweddar i ystyried hanes rhai o'r plastai yr oeddynt yn eu rheoli (Huxtable et al. 2020), a chyflwyno'r ffaith eu bod yn aml wedi eu hariannu ar sail trefedigaethu a llafur caethweision (fel yn achos Castell Penrhyn ger Bangor), cafwyd adlach ffyrnig yn ei herbyn (e.e. Moore 2020). Gan hynny, ac am resymau eraill hefyd, mae defnyddioldeb y cysyniad 'treftadaeth' yn cael ei hamau gan rai. Ystyriwch sylwadau cyn-Lyfrgellydd Cenedlaethol Cymru, Andrew Green, am y gair Cymraeg *treftadaeth* (2021, t. 51): 'It's not a word I'm fond of. I'll go to some lengths to find an alternative term. Its English counterpart, "heritage", comes trailing scents of lavender and thyme in stately home tea-shops. It's even less appealing.' Er bod tafod Andrew Green yn rhannol yn ei foch yma, dybiwn i, mae'n gwneud pwynt pwysig.

Teg nodi nad yw Smith yn gwadu pwysigrwydd arbenigwyr yn y maes hwn – wedi'r cyfan, mae hi'n un ohonynt! – ond mae'n awgrymu y dylem ddeall treftadaeth mewn ffordd amgen. Mae'n dadlau mai *ein hymwneud ni* â gwrthrychau, lleoliadau ac arferion gwahanol sy'n rhoi ystyr a gwerth iddynt fel treftadaeth, yn hytrach nag unrhyw beth cynhenid a digyfnewid sy'n perthyn i'r pethau hynny eu hunain. Mae'n mynd â'r ddadl hon ymhellach nag y byddai arbenigwyr eraill, ond mae ystyried ei syniadau yn awgrymu ffordd ddiddorol iawn o feddwl am dreftadaeth:

> While places, sites, objects and localities may exist as identifiable sites of heritage [...] these places are not inherently valuable, nor do they carry a freight of innate meaning [*ystyr gynhenid*]. Stonehenge, for instance, is basically a collection of rocks in a field. (2006, t. 3)

Dyna ichi ddweud cryf – sef nad yw Côr y Cewri, un o safleoedd treftadaeth enwocaf Ynys Prydain os nad y byd, yn ddim mewn gwirionedd ond cruglwyth o gerrig mewn cae! Wrth gwrs, nid yw Smith yn dadlau am eiliad na ddylid diogelu safle fel Côr y Cewri at y dyfodol. Ond yn hytrach, mae'n dweud mai ein hymwneud ni fel ymwelwyr (o bob cefndir ac o bob oedran), arbenigwyr, twristiaid, picnicwyr, dehonglwyr, llunwyr polisi, dilynwyr crefyddau derwyddol, ac ati, sy'n creu a diffinio gwerth y safle fel treftadaeth: 'What makes these things valuable and meaningful – what makes them "heritage", or what makes the collection of rocks in a field "Stonehenge" – are the present-day cultural processes and activities that are undertaken at and around them, and of which they become a part' (2006, t. 3). Mewn geiriau eraill, nid yw treftadaeth yn *bodoli* mewn ffordd ddigyfnewid, ond mae'n cael ei *chreu* a'i *hail-greu* yn y presennol gan ein hymddygiad a'n harferion ni. Nid yw Côr y Cewri yn 'golygu' un peth penodol yn ddigyfnewid. I ni siaradwyr Cymraeg, er enghraifft, mae dylanwad Côr y Cewri ar weledigaeth Edward Williams ('Iolo Morganwg', 1747–1826) ynghylch Gorsedd Beirdd Ynys Prydain yn rhan bwysig o'n treftadaeth ac yn rhywbeth y byddwn yn ei greu a'i ail-greu wrth osod Cerrig yr Orsedd ar faes yr Eisteddfod Genedlaethol. Ond i bobl o rannau eraill o'r byd, go brin y byddai'r 'ystyr' honno yn un amlwg, ystyrlon na phwysig. Byddai 'ystyr' Côr y Cewri yn wahanol iddyn nhw.

Creu treftadaeth

Er bod modd i gyrff swyddogol ddiffinio beth yw treftadaeth, mae'n amlwg nad dyna'r unig ffordd – na hyd yn oed y ffordd bwysicaf – o 'greu' treftadaeth. Mae hynny'n sicr yn wir yn achos y Gymraeg, iaith yr oedd y wladwriaeth Brydeinig yn ddi-hid ohoni – os nad yn elyniaethus tuag ati – am y rhan fwyaf o'i hanes. Mae Lisa Lewis, er enghraifft, wedi dadlau bod y cysyniad Cymraeg *treftadaeth* yn gysylltiedig â'r cysyniad Saesneg *heritage* ond hefyd yn dra gwahanol iddo. Ers y bedwaredd ganrif ar bymtheg, meddai hi, mae'r cysyniad o *dreftadaeth* yn fwy diwylliannol ac ieithyddol ei natur na'r *heritage* Saesneg:

> the Welsh term *treftadaeth* (patrimony, birth right, signifying inheritance as well as heritage), has been unambiguously associated in Welsh culture with the formation of Welsh ideals of culture and tradition, and is inherently bound up in the mix of Nonconformity and linguistic nationalism that characterised nineteenth-century Wales. (2018, t. 81)

Felly mae Lewis yn gweld perthynas bwysig a chlòs rhwng treftadaeth, diwylliant a thraddodiad, a hynny yn ei dro yng nghlwm wrth Anghydffurfiaeth (diwylliant y capeli) a chenedlaetholdeb ieithyddol. Os felly, nid yw'n syndod bod y cysyniad Cymraeg *treftadaeth* yn dueddol o ganolbwyntio'n fwy ar agweddau anghyffyrddadwy (gan gynnwys rhai ieithyddol) nag y mae *heritage* y Saesneg, sy'n dueddol o ganolbwyntio ar adeiladau a gwrthrychau eraill sy'n aml – er nad bob tro – yn gynnyrch haenau uwch cymdeithas.

Ar adegau, fodd bynnag, gall cenedlaetholdeb ieithyddol a threftadaeth gyffyrddadwy ddod ynghyd. Mae'r enghraifft rwyf am ei thrafod isod yn ymwneud â rhywbeth na fyddai neb wedi ei ystyried yn dreftadaeth pan grëwyd ef. Ond mewn amser cymharol fyr, daeth i fod, yng ngolwg nifer (gan gynnwys sefydliadau cenedlaethol), yn rhan bwysig o dreftadaeth y Gymraeg, a hynny ar sail ymwneud cyson gwahanol unigolion a grwpiau ag ef.

Mae'n debyg iawn eich bod yn gyfarwydd â hanes boddi Cwm Tryweryn a phentref Capel Celyn yn Sir Feirionnydd, nid nepell o'r Bala (Jones 1997). Er gwaethaf gwrthwynebiad chwyrn gan bobl leol a chan drwch gwleidyddion Cymru, pasiwyd deddf yn San Steffan ym 1956 i godi argae ar draws y cwm er mwyn cyflenwi dŵr i ddinas Lerpwl. Boddwyd pentref Capel Celyn ym

1965, gan chwalu'r gymuned Gymraeg ei hiaith a fu'n byw yno. Mae hyn i gyd yn rhan o hanes Cymru. Ond mae hefyd yn rhan o dreftadaeth Cymru, gan fod gwahanol bobl, dros y degawdau dilynol, wedi parhau i ymwneud â'r digwyddiad mewn pob math o ffyrdd. Er enghraifft, mae wedi ysbrydoli caneuon enwog fel 'Dŵr' gan Huw Jones a 'Tryweryn' gan Meic Stevens. Yn Saesneg cawn gerddi megis 'Reservoirs' gan R. S. Thomas ('There are places in Wales I don't go: / Reservoirs that are the subconscious / Of a people, troubled far down / with gravestones, chapels, villages even . . . '; 1993, t. 194) a'r gân 'Ready for Drowning' gan y Manic Street Preachers. Mae darluniau'r artist Iwan Bala, megis 'Anthem (Reservoirs)' yn berthnasol hefyd, a gallwn ychwanegu dwsinau lawer, mae'n siŵr, o gerddi Cymraeg ar y pwnc – efallai y gallwch chi feddwl am ambell un?

O ddilyn y trywydd a awgrymwyd gan Laurajane Smith, gallwn gynnig bod *ystyr* Tryweryn fel treftadaeth heddiw yn bodoli nid yn y gronfa ddŵr neu'r safle ei hun (er bod yno gapel coffa), ond yn y ffordd yr ydym yn ymwneud â'r fan yn gorfforol ac yn y dychymyg, yn ysgrifennu amdani, yn canu amdani, yn ei *chofio* ac yn ail-greu a thraddodi'r cof hwnnw. Ac nid oes rhaid i'r cofio hwn fodoli mewn cyd-destun celfyddydol neu lenyddol; gall ddigwydd mewn ffyrdd eraill hefyd.

Gadewch inni felly ystyried y darn enwog o graffiti gyda'r slogan 'Cofiwch Dryweryn' sydd i'w weld hyd heddiw ar ochr ffordd yr A487 ger Llanrhystud yng Ngheredigion (rhyw drigain milltir o Lyn Celyn ei hun). Mae graffiti fel rheol yn cael ei ystyried yn rhywbeth dros dro, diwerth, os nad yn fandaliaeth ac felly'n drosedd yng ngolwg y Gyfraith. Ond gadewch inni ystyried sut y trodd gweithred anghyfreithlon o baentio slogan ar wal i fod yn rhan o dreftadaeth yr iaith Gymraeg.

Un o'r rheini a oedd yn gyfrifol am baentio'r wal yn y lle cyntaf oedd Meic Stephens (1938–2018), ymgyrchydd iaith ifanc ar y pryd a oedd wedi dysgu'r Gymraeg ac a oedd yn ffigwr amlwg yn hanes cynnar Cymdeithas yr Iaith. Dyma ei atgofion ef o'r hanes:

> Paentiais y slogan 'Cofiwch Tryweryn' (heb ei dreiglo) yn oriau mân rhyw noson dywyll yn ystod Hydref 1963 neu 1964. Defnyddiais frwsh bach a thun o baent gwyn 'Dulux'.

Rwy'n ffaelu bod yn sicr am y flwyddyn na'r dyddiad cywir oherwydd nid oes nodyn am y cyrch yn fy nyddiadur – am resymau amlwg. (BBC Cymru Fyw, 'Cofiwch Tryweryn?', 2015)

Roedd y graffiti hwn, ar dalcen hen fwthyn adfeiliedig, mewn lle amlwg iawn ar ochr y ffordd, a miloedd o bobl yn teithio heibio i'r fan yn gyson. O bryd i'w gilydd dros y blynyddoedd, wrth i'r paent gwreiddiol bylu, fe ailbaentiwyd y slogan. Daeth yn rhan gyfarwydd o'r dirwedd ac yn rhan o hunaniaeth yr ardal – o leiaf i rai pobl – er mor bell oedd y safle o Gwm Tryweryn ei hun. Yn 2003, er enghraifft, perfformiwyd y sioe 'Ac ar derfyn y dydd daeth y dŵr' gan Gymdeithas Ieuenctid yr Urdd Ceredigion. Yn rhan o'r prosiect aeth aelodau'r gymdeithas ati i ailbaentio'r geiriau. Ond yn fuan wedyn daeth y safle i fod yn lleoliad o wrthdaro cynyddol. Yn 2008, fe newidiwyd y neges i 'Anghofiwch Dryweryn', boed fel jôc neu beidio. Os oedd y weithred wreiddiol o baentio'r slogan gwreiddiol yn fandaliaeth, dyma enghraifft o fandaleiddio fandaliaeth! Ond ymhen fawr o dro adferwyd y neges wreiddiol unwaith eto. Ac nid dyma'r tro olaf i'r neges gael ei newid – bu i hynny ddigwydd sawl tro dros y blynyddoedd, cyn i'r geiriau gwreiddiol ailymddangos, yn aml heb i neb wybod pwy a oedd yn gyfrifol. Erbyn 2008, roedd pobl yn dechrau poeni am ddyfodol y wal, yn rhannol ar sail y 'fandaleiddio' ysbeidiol ond hefyd am fod y wal ei hun yn adfeilio. Lansiwyd ymgyrch er mwyn ceisio codi tua £80,000 i ddiogelu'r wal, gyda Cadw'n cytuno i gyfrannu at y gronfa. Roedd hynny'n brawf fod newid pwysig wedi digwydd. Mae'r ffaith i gorff swyddogol fel Cadw ymddiddori yn nyfodol y wal yn dangos ei bod yn cael ei hystyried erbyn hynny'n rhan bwysig o dreftadaeth y wlad. Nid oedd hynny'n wir pan baentiwyd y wal am y tro cyntaf, wrth gwrs. Yn hytrach, yr holl ymwneud â'r wal – y paentio a'r ailbaentio, y canu a'r cyfansoddi, y posteri a'r crysau-T – a oedd wedi troi'r safle hwn yn *dreftadaeth*.

Yn 2019, chwalwyd rhan o'r wal yn llwyr, a hynny, mae'n debyg, o fwriad. Aethpwyd ati i'w hailadeiladu ar yr un diwrnod a dechreuodd yr heddlu gynnal ymchwiliad – arwydd arall o bwysigrwydd swyddogol y safle erbyn hynny. Yn 2020, paentiwyd sumbolau hiliol ar y wal – cawsant eu glanhau ymaith o fewn diwrnod. Cafwyd trafodaeth helaeth ar hyn oll ar y cyfryngau cymdeithasol – ffordd arall o ymwneud â'r safle – wrth i luniau o'r difrod gael eu rhannu ledled Cymru a thu hwnt. (Beth am fynd ati i chwilio am y trafodaethau hyn eich hunain ar Twitter neu Facebook?) Aeth pobl ati ledled Cymru i baentio fersiynau newydd o'r slogan ar waliau, ar bontydd ac ym mhob math o leoedd eraill (Emlyn 2019). Fel y dywedodd Lisa Lewis yn 2018, mae'r ailbaentio cyson ar y slogan yn waedd o'r galon ('the continual re-inscribing of *Cofiwch Dryweryn* is a *cri de coeur*', tt. 31–2). Ond erbyn diwedd 2020 cafwyd newid arall, wrth i'r slogan gael ei ailbaentio gan artist proffesiynol, ar gais yr Aelod lleol o'r Senedd, a thrwy hynny sefydlu un fersiwn 'swyddogol' o ddyluniad y slogan (gyda threiglad 'cywir', wrth gwrs!). Mor wahanol yw hynny i'r paentio cynnar, a oedd yn brotest a hefyd yn dor cyfraith. Mae'n amlwg, felly, fod y safle hwn wedi ei drawsnewid o fod yn safle o brotest answyddogol i fod yn dreftadaeth sefydliadol. Wrth gwrs, pan baentiwyd y slogan yn gyntaf nid oedd y fath beth â Senedd Cymru, ac efallai ei bod yn naturiol i'r sefydliad hwnnw ymorol am ddyfodol y safle. Ond drwy gymryd cyfrifoldeb ffurfiol am y safle, tybed nad yw 'ystyr' y safle fel mynegiant o brotest wrthsefydliadol yn cael ei cholli?

Problemau Treftadaeth

Fe nodwyd ar ddechrau'r drafodaeth hon fod *treftadaeth* yn gysyniad sydd â gwreiddiau gwrywaidd iawn. Meddyliwch am rai o'r enghreifftiau a nodwyd hyd yma: Llawysgrif Hendregadredd (dynion yw pob un o'r dwsinau o feirdd a enwir yn honno), Elis Gruffudd, cestyll, diwydiant trwm. Ac eithrio Kate Roberts, rydym wedi bod yn sôn, at ei gilydd, am ddynion a meysydd sy'n draddodiadol gysylltiedig â dynion. Mae'n amlwg iawn nad yw ein dull o feddwl am dreftadaeth wedi bod yn gynhwysol. Yn wir, dim ond yn 2021 y codwyd y cerflun cyntaf o Gymraes benodol (yn hytrach na ffigwr benywaidd stoc) yng Nghymru, sef y cerflun gan Eve Sheperd o'r brifathrawes Ddu Betty Campbell (1934–2017).

Yng Nghaerdydd y mae'r cerflun hwnnw, lle nad oes prinder o gerfluniau o ddynion, wrth gwrs. Yn Neuadd y Ddinas y ddinas honno mae oriel o ddeuddeg cerflun a ddadorchuddiwyd gan y Prif Weinidog o Gymro, David Lloyd George, ym 1916, ac sydd i fod i gynrychioli prif arwyr y Cymry, fel y dehonglid hynny dros ganrif yn ôl (Gaffney 1998). Ym mis Mai 1913 bu i bapur y *Western Mail* annog ei ddarllenwyr i bleidleisio o blaid deg unigolyn cymwys i'w cynnwys mewn oriel o'r fath: 'the ten most eminent Welshmen or Welshwomen in the history of Wales and Monmouthshire' (Gaffney 1998, t. 134). Panel o dri dyn a wnaeth y penderfyniad gwreiddiol, cyn i nifer y cerfluniau gael ei ymestyn i ddeuddeg. Dim ond un fenyw a gafodd gerflun, sef Boudica neu Boadicea, brenhines yr Iceni, pobl Frythonaidd a drigai yn ardal bresennol East Anglia ac a wrthryfelodd yn erbyn y Rhufeiniaid yn OC 60–1. Er bod rhai yn galw 'Buddug' arni ac mai digon teg fyddai ei galw yn Frythones, go brin mai Cymraes oedd Boudica! Daeth dwy Gymraes yn uwch na hi yn ôl barn darllenwyr y *Western Mail*, sef y dywysoges Gwenllian ferch Gruffudd, a laddwyd yn ymladd y Normaniaid ym 1136, a'r emynyddes Gymraeg Ann Griffths (1776–1805). Ond ni chafwyd cerfluniau ohonynt hwy. Yn wir, nid oedd yr un fenyw yn y dwsin uchaf yn ôl barn darllenwyr y *Western Mail*.

Ymhlith y ffigurau a ddewiswyd gan y panel, ond nad oedd yn haeddu ei le ar sail y bleidlais, oedd y Cadfridog Thomas Picton (1758–1815) o Hwlffordd. Ef oedd y milwr uchaf ei reng ym myddin Prydain i gael ei ladd ym muddugoliaeth enwog Prydain a'i chynghreiriaid yn erbyn lluoedd Napoleon yn Waterloo ym 1815. Fe'i dewiswyd fel symbol o filwriaeth, a hefyd er mwyn profi – neu o leiaf honni – fod cyfraniad y Cymry i fawredd Ymerodraeth Prydain yn un allweddol. Ond roedd ochr dywyll iawn i Picton. Fe'i gwnaed yn llywodraethwr Trinidad yn y Caribî wedi i Brydain gipio'r ynys oddi ar y Sbaenwyr ym 1797, a bachodd ar y cyfle i ymelwa ar y fasnach mewn caethweision. Cafodd enw am drin caethweision yr ynys mewn modd creulon a didostur a dechreuodd rhai yn ôl ym Mhrydain alw am ei ddiswyddo. Ym 1803, fe'i cyhuddwyd o boenydio merch dair ar ddeng mlwydd oed o'r enw Luisa Caledrón er mwyn ei gorfodi i roi tystiolaeth ynghylch achos o ladrad. Mewn achos llys yn Llundain ym 1806, fe gafwyd Picton yn euog o hynny, ond ym 1808 newidiwyd y rheithfarn am resymau technegol, sef nad oedd Picton wedi torri cyfraith Sbaen, y gyfraith a oedd yn weithredol yn Trinidad ar y pryd. Roedd gweithredoedd Picton yn ddigon hysbys, felly, ond ym 1913 ac am dros ganrif wedi hynny dewiswyd eu hanghofio. A dyna un elfen amlwg o dreftadaeth unrhyw genedl – rydym yn dewis *cofio* rhai pethau ac *anghofio* eraill.

Nid tan llofruddio George Floyd ym Minneapolis a thwf y mudiad Mae Bywydau Du o Bwys (S. *Black Lives Matter*) yn 2020 y dechreuwyd gwrando o ddifri ar y lleisiau hynny a oedd yn cwestiynu lle Picton mewn pantheon o arwyr Cymreig, a digon teg fyddai holi pam na wrandawyd arnynt cyn hynny. Yn fuan wedi i'r cerflun o Edward Colston, y masnachwr mewn caethweision a roddodd arian mawr i Fryste, gael ei daflu i un o ddociau'r ddinas honno, penderfynodd Cyngor Caerdydd na ddylai Picton aros yn rhan o'r oriel o arwyr Cymru. Nid pawb a gytunai, gan ddweud na ddylem farnu pobl o'r gorffennol yn ôl safonau heddiw, ac na ddylem chwaith ddileu hanes. Ond cafodd Picton ei farnu'n hallt iawn yn ystod ei oes ei hun, ac ni fyddai symud – na chadw – y cerflun ohono'n newid dim ar yr hanes ei hun. Yn hytrach, mae'r cwestiwn yn un ynghylch cofio, cofféu a natur treftadaeth heddiw.

Ond onid ydym erbyn hyn wedi crwydro ymhell oddi wrth yr iaith Gymraeg? Ni siaradai Picton Gymraeg, treuliodd ei yrfa yn y fyddin Brydeinig, a chyflawnodd ei weithredoedd ysgeler yn y Caribî. Beth yw perthnasedd hynny i'r iaith Gymraeg? Yn gyntaf, gallwn nodi fod y tri gŵr ar y panel a'i dewisodd oll yn Gymry Cymraeg. Ond yn bwysicach, roedd y diwylliant Cymraeg yn mawrygu Picton ymhell cyn hynny. Er enghraifft, yn un o'r eisteddfodau pwysicaf a gafwyd erioed, sef eisteddfod Caerfyrddin 1819 (pan ddaeth yr eisteddfod a Gorsedd Beirdd Ynys Prydain ynghyd am y tro cyntaf), rhoddwyd gwobr am awdl farwnad i goffáu Syr Thomas Picton. Yr enillydd oedd y Parchedig Walter Davies ('Gwallter Mechain', 1761–1849) un o ffigyrau amlycaf llenyddiaeth Gymraeg y cyfnod. Ymhlith casgliadau Amgueddfa Cymru hyd heddiw y mae'r tlws a enillodd Gwallter Mechain am ei awdl ar 9 Gorffennaf. A go brin fod neb a oedd yn yr eisteddfod ar y diwrnod hwnnw o haf ym 1819 heb wybod am hanes tywyll Thomas Picton. Ond am ystod o resymau gwahanol, dewiswyd ei anwybyddu. Rhaid i ni heddiw benderfynu drosom ein hunain sut yr ydym ni am ymateb i hynny. Nid yw'r mater hwn wedi setlo eto – erbyn i chi ddarllen y geiriau hyn tybed beth fydd hanes y cerflun o Picton, y darlun enwog ohono sydd yn Amgueddfa Genedlaethol Caerdydd, ei gofgolofn yng Nghaerfyrddin, y strydoedd a enwyd ar ei ôl, tlws Gwallter Mechain ... mae'r rhestr yn faith. A rhaid nodi hefyd nad yw cwestiynau fel hyn wastad yn ymwneud â phenderfyniadau a wnaed dros ganrif yn ôl. Dim ond yn 2010 y codwyd plac yn Aberhonddu i goffáu Thomas Phillips, gŵr nad yw'n hysbys am ddim ac eithrio'r ffaith iddo ysgrifennu llyfr yn disgrifio ei brofiadau yn masnacha caethweision du o Affrica i'r Caribî ym 1693 a 1694 (Phillips 1732). Er mai ysgrifennu yn Saesneg a wnaeth, mae'n siŵr mai Cymro Cymraeg oedd Phillips (Brooks 2021, t. 233). Erbyn hyn, mae'r plac wedi ei dynnu i lawr.

Treftadaeth, ymerodraeth ac amlddiwylliannedd

Nodwyd uchod fod ffyrdd traddodiadol o feddwl am dreftadaeth yn gallu ymylu grwpiau llai pwerus. Gwelwyd hynny eisoes yn achos merched, ac mae'n wir hefyd am grwpiau ethnig lleiafrifol. Mae'n ffaith syml fod Cymru yn yr ail ganrif ar bymtheg, y ddeunawfed ganrif a rhan gyntaf y bedwaredd ganrif ar bymtheg yn perthyn i economi yr oedd caethwasiaeth yn rhan arwyddocaol ohoni. Mae tuedd weithiau i feddwl am Gymry'r cyfnodau hyn fel pobl a oedd dan wahanol fathau o ormes, boed hynny'n grefyddol, yn ddiwylliannol neu'n ieithyddol. Gall hynny oll fod yn wir, i raddau mwy neu lai, ond nid yw'n golygu nad oedd y Cymry hwythau'n chwarae rhan yn y gormesu a fu ar eraill (Brooks 2021, tt. 231–90). Roedd Cymry'n rhan o'r fasnach mewn caethweision, yn berchen ar gaethweision, ac yn ymelwa'n uniongyrchol neu'n anuniongyrchol ar gaethwasiaeth. Gan fod caethwasiaeth yn cyffwrdd i ryw raddau â phob agwedd ar fywyd y cyfnod, roedd hynny'n anorfod. Gallwn hefyd enwi unigolion yr ydym heddiw'n eu hystyried yn rhan bwysig o'n treftadaeth Gymraeg – ac sy'n cael eu coffáu ar gofebau, mewn enwau strydoedd ac mewn enwau sefydliadau – ac a oedd yn gysylltiedig mewn rhyw ffordd â chaethwasiaeth. Dyna ichi Goronwy Owen (1726–69), bardd caeth mwyaf y ddeunawfed ganrif, a ddaeth yn berchen ar gaethweision wedi iddo ymfudo i Virginia. Cydnabod iddo oedd Morrisiaid Môn – Lewis (1701–65), Richard (1703–79), William (1705–63), a John (1706–40) – y pedwar brawd talentog a arweiniodd ddadeni deallusol o ran yr iaith Gymraeg yn y ddeunawfed ganrif. Roedd bywoliaeth pob un yn ymwneud yn y pen draw mewn rhyw ffordd ag ymerodraeth a chaethwasiaeth. Bu farw John ar long a gludai gaethweision, a chawn ganddo hefyd lythyr sy'n ei ddisgrifio yn ceisio gwerthu caethwas yn Lerpwl (Brooks 2021, tt. 233–4). Mae Iolo Morganwg, sefydlwr Gorsedd y Beirdd a ffigwr allweddol yn hanes yr eisteddfod, yn enwog am ei wrthwynebiad llafar i gaethwasiaeth. Ond tua diwedd ei oes, fe etifeddodd arian y gwyddai ei fod yn deillio o ystadau ei frodyr yn Jamaica, lle buont yn cadw caethweision (Davies, 2009). Mae'r emynydd William Williams Pantycelyn (1717–91) yn collfarnu creulonder rhai agweddau ar y farchnad mewn caethweision yn ei gyfrol *Pantheologia, neu Hanes holl Grefyddau'r Byd* (1762, tt. 38–40). Ond ni wrthwynebai gaethwasiaeth fel y cyfryw a chynnig ffyrdd o'i gwella a wna yn ei lyfr, nid annog ei diddymu. Mae'r unigolion hyn yn cael eu coffáu ledled Cymru am eu cyfraniadau aruthrol ym maes llenyddiaeth a diwylliant Cymraeg. Gallwn gydnabod y cyfraniadau hynny, ond gan ddeall hefyd eu bod fel unigolion yn cyfranogi i wahanol raddau o gymdeithas yr oedd effaith caethwasiaeth i'w gweld ynddi drwyddi draw, ac felly fod treftadaeth yr iaith Gymraeg hithau ynghlwm wrth yr holl faterion hynny.

Roedd llawer o Gymry Cymraeg tlawd, di-rym a oedd yn crafu bywoliaeth hefyd yn elwa ar gaethwasiaeth, er mai cyfran fechan iawn o'r arian y byddent hwy yn ei weld byth. Defnyddid gwlân o ganolbarth Cymru i ddilladu caethweision; roedd cynnyrch gweithiau copr Cwm Tawe yn rhan o farchnad ryngwladol a oedd wedi ei seilio ar gaethwasiaeth; datblygwyd chwareli llechi teulu'r Penrhyn ger Bangor gan ddefnyddio arian a ddaeth o lafur caethweision ar blanhigfeydd yn Jamaica (Brooks 2021, tt. 234). Ar sail y chwareli hynny y tyfodd trefi a phentrefi Cymraeg eu hiaith a chyfoethog eu diwylliant megis Bethesda – y dref sy'n sylfaen i un o nofelau enwocaf y Gymraeg, *Un Nos Ola Leuad* (1961) gan Caradog Prichard. Mae'n rhaid i'n dealltwriaeth o'n treftadaeth gydnabod hyn oll, gan gydnabod hefyd mai prin oedd gallu'r Cymry tlawd a weithiai yn y diwydiannau hyn i newid eu hamodau. Wrth inni nodi treftadaeth gyffyrddadwy megis y darn pren gormesol hwnnw – y Welsh Not – a roddwyd yn gosb am yddfau plant bach am siarad Cymraeg mewn ysgolion ers talwm, rhaid cofio bod elfennau eraill ar ein treftadaeth Gymraeg yn llawer tywyllach. Mae gwaith llenorion creadigol megis Wiliam Owen Roberts, Manon Steffan Ros ac Angharad Tomos yn dechrau mynd i'r afael â rhai o'r materion dyrys hyn.

Mae pobl Ddu Gymraeg eu hiaith yn byw yma ers canrifoedd, wrth gwrs, er mai bychan yw'r sylw a gawsant ar hyd y blynyddoedd (Llwyd 2005). Yn ddiweddar, bu cryn ymdrech – nid cyn ei hamser – i ailfeddwl am eu profiadau hwy. Gall mai'r enwocaf ohonynt yn y cyfnod cynharach yw John Ystumllyn (neu 'Jack Black', m. 1786). Ni wyddom yr enw a roddwyd iddo gan ei deulu ei hun – yn ôl yr hanes a briodolid i John ei hun fe'i cipiwyd gan ddynion gwyn gan achosi tor calon i'w fam na fyddai'n ei weld byth eto. Mae traddodiad arall yn dweud iddo gael ei eni'n gaethwas yn India (sef India'r Gorllewin, yn iaith y cyfnod). Ar ryw adeg daeth i Gymru yn was i deulu Wynn, Ystumllyn, ger Porthmadog. Dysgodd Gymraeg a Saesneg, priodi merch leol a threulio ei oes yn arddwr yn gwasanaethu'r Wynniaid a theuluoedd bonheddig eraill. Paentiwyd ei lun ar 11 Mai 1754 – roedd cael llun o was Du ar y wal yn ffasiynol yn yr oes honno. Ym 1888, cyhoeddwyd cofiant iddo gan Robert Isaac Jones ('Alltud Eifion', 1815–1905): *John Ystumllyn neu 'Jack Black': hanes ei fywyd, a thraddodiadau am dano, o'r amser y dygwyd ef yn wyllt o Affrica, hyd adeg ei farwolaeth; ei hiliogaeth, &c., &c., ynghyda darlun o hono yn y flwyddyn 1754.* Er bod y gyfrol at ei gilydd, yn cyflwyno darlun cydymdeimladol o John, mae hefyd yn llawn disgyrsiau hiliol – meddyliwch am y gair 'gwyllt' yn y teitl a'r sylw nad oedd gan John iaith 'ond sŵn fel udiad ci' pan 'ddaliwyd' ef, a'r ffaith i'r Wynniaid gael cryn 'drafferth i'w ddofi am amser hir' (t. 8). Yn Eglwys Cynhaearn ger Ystumllyn mae carreg fedd John i'w gweld hyd heddiw, ac arni englyn gan Dafydd Siôn Jâms sy'n cymryd arno lais John (nid oes cofnod uniongyrchol gennym o unrhyw beth a ddywedodd John ei hun). Dyma'r fersiwn ar yr englyn hwnnw a geir gan Alltud Eifion (t. 13):

> Yn India gynna'm ganwyd, – a nghamrau
> Ynghymru'm bedyddiwyd;
> Wele'r fan dan lechan lwyd,
> Dü-oeraidd, y'm daiarwyd.

Ychwanega Alltud Eifion (t. 13) yr arferai pobl ymweld â'r garreg fedd hon gan mor brin yr oedd pobl Ddu yng ngogledd Cymru bryd hynny, rhyw awgrym o statws cynnar y garreg fel egin treftadaeth. Ond mae'n debyg nad hwn yw'r unig englyn Cymraeg ar garreg fedd i ddyn Du yn y ddeunawfed ganrif. Ym mynwent eglwys Cadog yn Llansbyddyd ger Aberhonddu, mae carreg fedd i ŵr o'r enw Gustavus Adolphus John (m. 1766) 'of the Parish of Llanlloony[,] Caermarthensh[ire]' ac arni'r englyn sydd wedi ei ddiweddaru isod:

> Dyma'r fan a'r llan, ŵr lluniedd, — wrth ymdaith
> Mewn amdo rw'n gorwedd;
> Gwêl mor salw yw fy sylwedd,
> O ddyn byw, ar waelod bedd.

Yn ail gyfrol ei gampwaith *A History of the County of Brecknock* mae Theophilus Jones yn nodi ei gred mai dyn Du oedd Gustavus (1809, t. 694). Ond hyd heddiw, prin bod unrhyw un wedi nodi arwyddocâd y ffaith honno, nac ychwaith yr englyn Cymraeg sydd ar y bedd. Mae miloedd ar filoedd o englynion a phenillion i'w cael mewn mynwentydd ledled Cymru heb fod neb wedi eu casglu. Maent yn dyst i deimladau a dyheadau mwyaf ingol unigolion a theuluoedd nad ydynt fel arall prin wedi gadael eu hôl ar hanes. Wrth i'r cerrig ddirywio yn nannedd y gwynt a'r glaw, mae peryg i ran bwysig o'n treftadaeth, ac o'n tirwedd ieithyddol, gael ei cholli, ac ambell drysor gwirioneddol yn eu plith.

Casgliadau: treftadaeth a'r dyfodol

Yn y bennod hon rwyf wedi ceisio dangos bod treftadaeth yr iaith Gymraeg yn ymwneud cymaint, os nad mwy, â'r presennol – ac yn wir y dyfodol – ag y mae â'r gorffennol. Fel y dywed Harrison, 'heritage is primarily not about the past, but instead about our relationship with the present and the future' (2012, t. 5). Ni heddiw sy'n penderfynu beth yr ydym yn ei ystyried yn bwysig, a beth yr ydym am ei ddiogelu at y dyfodol. Nid mater o ddiogelu'r 'glendid a fu', chwedl Saunders Lewis, yw hynny chwaith – gall treftadaeth fod yn dywyll ac yn heriol. Ond ni heddiw sy'n penderfynu beth yw ein treftadaeth – nid ydym yn ei hetifeddu yn ddigwestiwn o'r gorffennol. Ni sy'n pennu beth yr ydym yn ei gofio neu ei anghofio. Rydym yn dewis cofio Tryweryn, er enghraifft. Ond mae'n ddiddorol nodi ein bod – i gryn raddau – yn dewis anghofio cymunedau Cymraeg eraill a foddwyd. Un o'r rheini yw Ynysyfelin yng Nghwm Taf yn yr hen Sir Frycheiniog, a foddwyd ym 1914 er mwyn creu cronfa ddŵr Llwyn-onn. Diflannodd y pentref, y dafarn a sawl fferm, a symudwyd Bethel – y capel Cymraeg ei iaith – i safle newydd ar ochr y ffordd fawr sy'n cysylltu de a gogledd Cymry, sef yr A470 heddiw (Evans 2014). Er bod miloedd o bobl yn pasio'r safle hwn yn feunyddiol a'i bod yn ddigon hawdd ymweld â'r capel newydd a darllen y cerddi a'r adnodau ar y cerrig bedd Cymraeg a gludwyd yno o'r hen fynwent, ac er bod nofel Mihangel Morgan *Pantglas* (2011) yn tynnu ar yr hanes i ryw raddau, prin bod neb yn ei goffáu heddiw. Pam, tybed, a'r stori mor debyg i stori Tryweryn? Ai am fod y dŵr o'r gronfa yn aros yng Nghymru, yn diwallu anghenion Caerdydd ac nid Lerpwl? Ynteu ai am nad oedd gwrthwynebiad fel a gafwyd hanner canrif yn ddiweddarach ym Meirionnydd? Ynteu am ei bod yn boenus cyfaddef ein bod ni'r Cymry wedi bod yn ddigon bodlon gweld boddi cymuned Gymraeg er mwyn diwallu anghenion ein dinas fwyaf? Ni allwn feio neb arall am hynny. Tybed a fyddai cofio am siaradwyr Cymraeg Ynysyfelin yn cael effaith o ryw fath ar sut y byddwn yn cofio Tryweryn? Mae yna wastad elfen wleidyddol i dreftadaeth, a gall anghofio fod yr un mor wleidyddol ddefnyddiol â chofio.

Wrth imi ysgrifennu'r geiriau hyn, gall mai'r ddadl fwyaf amlwg am dreftadaeth Gymraeg yw honno ynghylch enwau lleoedd. Gallwn ystyried bod enwau lleoedd yn rhan o'n treftadaeth anghyffyrddadwy. Ond mae llawer yn poeni bod enwau tai a ffermydd yn cael eu colli neu eu disodli gan enwau Saesneg. Mae hyn yn codi cwestiynau heriol am berchnogaeth ar dreftadaeth anghyffyrddadwy megis enwau. Pwy, yn y pen draw, sydd piau enw a phwy, os unrhyw un, sydd â'r hawl i'w newid? Ai perchnogion y tŷ neu'r fferm, ynteu'r gymuned y mae'n rhan ohoni, ynteu'r genedl gyfan? Nid yw trwch ein henwau mewn perygl o ddiflannu'n llwyr. Ond onid oes rhaid parhau i'w *defnyddio* – parhau i *ymwneud* â nhw – iddynt fod yn rhan ystyrlon a byw o'n treftadaeth? Ac os felly, sut mae sicrhau eu bod yn fwy nag enwau mewn cronfa ddata? Wrth inni geisio ateb hynny, nid yw ond yn deg ein bod ninnau fel siaradwyr Cymraeg yn fodlon newid enwau sylfaenol ein treftadaeth os yw hynny'n gwasanaethu dyheadau presennol. Ystyriwn Gorsedd Beirdd Ynys Prydain, y corff sy'n cwrdd yn flynyddol yn yr Eisteddfod Genedlaethol. Dyma, fe ellid dadlau, yw'r sefydliad Cymraeg hynaf sydd gennym – fe'i sefydlwyd yn Llundain yn ôl ym 1792. Ond yn 2019 cafwyd penderfyniad sydyn iawn i roi'r enw Gorsedd Beirdd Ynys Prydain heibio a defnyddio'r enw newydd Gorsedd Cymru o hynny allan (Brooks 2019). Ond os ydym fel Cymry Cymraeg yn bathu enw newydd ar gyfer ein sefydliad hynaf gan fod hynny'n cyd-fynd â barn wleidyddol rhai ohonom, ar ba sail y gallwn droi at berchennog newydd bwthyn bach a mynnu nad yw hithau neu yntau yn newid enw'r adeilad hwnnw? Dyma un yn unig o'r cwestiynau heriol ond hynod bwysig sy'n codi pan fyddwn yn dechrau meddwl am yr iaith Gymraeg yn nhermau treftadaeth.

Cyfeiriadau

Brooks, Simon. 2019. Dileu Gorsedd Beirdd Ynys Prydain: dileu hanes. *Barn*, 680, tt. 6–7.

– 2021. *Hanes Cymry: Lleiafrifoedd Ethnig a'r Gwareiddiad Cymraeg*. Caerdydd: Gwasg Prifysgol Cymru.

Dixey, Andrew. 2012. Intangible Cultural Heritage in Wales. Yn: Stefano, Michelle L., Davis, Peter a Corsane, Gerard. goln. *Safeguarding Intangible Cultural Heritage*. Woodbridge: Boydell, tt. 137–48.

Emlyn, Mari. 2019. *Cofiwch Dryweryn: Cymru'n Deffro*. Talybont: Y Lolfa.

Evans, Gwyneth. 2014. The drowning of Cwmtâf and the impact on the way of life of its inhabitants. *Brycheiniog* 45, tt. 115–44.

Gaffney, Angela. 2008. 'A National Valhalla for Wales'? D. A. Thomas and the Welsh Historical Sculpture Scheme, 1910–1916. *Trafodion Anrhydeddus Gymdeithas y Cymmrodorion*, cyfres newydd, 5, tt. 131–44.

Green, Andrew. 2021. Treftadaeth. *Planet*, 242, tt. 51–7.

Harrison, Rodney. 2013. *Heritage: Critical Approaches*. Abingdon: Routledge.

Howell, David. 2013. The Intangible Cultural Heritage of Wales: a Need for Safeguarding? *International Journal of Intangible Heritage* 8, tt. 104–16.

Huws, Daniel. 2000. *Medieval Welsh Manuscripts*. Caerdydd ac Aberystwyth: Gwasg Prifysgol Cymru a Llyfrgell Genedlaethol Cymru.

Huxtable, Sally-Anne, Fowler, Corrine, Kefalas, Kristo a Slocombe, Emma. 2020. *Interim Report on the Connections between Colonialism and Properties now in the Care of the National Trust, Including Links with Historic Slavery*. Swindon: National Trust.

Jones, Watcyn L. 1997. *Cofio Tryweryn*. Llandysul: Gwasg Gomer.

Owen, Gerallt Lloyd. 1999. *Fy Nghawl fy Hun*. Caernarfon: Gwasg Gwynedd.

Landry, Rodrigue a Bourhis, Richard Y. 1997. Linguistic Landscape and Ethnolinguistic Vitality An Empirical Study. *Journal of Language and Social Psychology*, 16(1), tt. 23–49.

Lewis, Lisa. 2018. *Performing Wales: People, Memory and Place*. Caerdydd: Gwasg Prifysgol Cymru.

Llwyd, Alan. 2005. *Cymru Ddu: Hanes Pobl Dduon Cymru*. Caerdydd: Hughes a'i Fab

Moore, Charles. 2020. The National Trust's shameful manifesto. *The Spectator* [Ar-lein]. Ar gael: *https://www.spectator.co.uk/article/the-national-trusts-shameful-manifesto,*cyrchwyd 28 Mawrth 2021.

Phillips, Thomas. 1732. *A Journal of a Voyage Made in the Hannibal of London, Ann. 1693, 1694, From England, to Cape Monseradoe, in Africa, And thence along the Coast of Guiney to*

Whidaw, the Island of St. Thomas, And so forward to Barbadoes . . . Llundain: Walthoe.

Smith, Laurajane. 2006. *Uses of Heritage*. Llundain ac Efrog Newydd: Routledge.

Thomas, R. S. 1995. *Collected Poems 1945–1990*. Llundain: Dent.

Timothy, Dallen J. 2014. Contemporary Cultural Heritage and Tourism: Development Issues and Emergent Trends. *Public Archaeology* 13(1), tt. 30–47.

11

'Beth hoffet yn stori?': Astudio'r Gymraeg a'r Daith tuag at Lunio Hanes Cenedlaethol Amlddiwylliannol

Lisa Sheppard

Pwy wyt ti? O ble'r wyt ti'n dod? I bwy ac i ble'r wyt ti'n perthyn? Cwestiynau digon cyffredin, am wn i, yn enwedig mewn gwlad fechan fel Cymru. Maen nhw'n ymddangos yn gwestiynau digon hawdd i'w hateb. Beth am i chi roi cynnig arni nawr? Gwnaf i yr un peth.

Lisa ydw i. Rwy'n dod o Bontypridd. Wel, dyna lle rwy'n byw ar hyn o bryd, a dyna lle cefais fy ngeni. Ond, a minnau'n ddwy flwydd oed, symudon ni i Gwmafan i ganlyn swydd newydd Dad yn Abertawe, a dyna lle mae Mam a Dad yn dal i fyw, ar lan afon Afan sy'n byrlymu tuag at dref Port Talbot ac wedyn i'r môr ym Mae Abertawe. Rhif ffôn Cwmafan sy'n dal wedi ei restru fel 'Gytre' yn fy ffôn. Bûm i'n byw yno nes symud i Gaerdydd i fynd i'r brifysgol, ac yna, dilyn trywydd afon Taf i fyny'r A470 yn ôl i Bontypridd pan ddaeth hi'n bryd prynu tŷ.

Un o Rydfelen, ger Pontypridd, yw Mam yn wreiddiol. Hi yw'r ieuengaf o chwech o blant, ac mae ei brodyr a'i chwiorydd, a'u plant hwythau, yn dal i fyw yng nghyffiniau'r dref. Hyd yn oed pan oeddwn i'n byw yng Nghwmafan, teimlwn fy mod i'n perthyn i Bontypridd hefyd. Teimlwn fod hanes y rhan hon o'r byd yn rhan o'm hanes i. Er iddo farw cyn imi gael fy ngeni, roedd fy nhad-cu, fel miloedd o ddynion eraill yr ardal ers canrif a hanner a mwy, yn löwr, ac mae hanesion ei waith yn y pyllau glo yn rhan o chwedloniaeth ein teulu. Roedd fy mam-gu yn adnabyddus yn lleol fel y fenyw laeth, a'r cogydd i weithwyr yr archfarchnad, yn ogystal â gofalu am ei chwe phlentyn, ei rhieni a'i dau frawd ifanc oedd i gyd yn byw o dan yr un to mewn tŷ teras bach. Yn ddiweddarach yn ei bywyd, bu'n gofalu am sawl un o'i hwyrion hefyd. Ac er i'w theulu hi a theulu ei gŵr, fel nifer fawr o deuluoedd eraill yr ardal, golli eu Cymraeg genhedlaeth neu ddwy ynghynt, mae sawl un o'u hwyrion, a'u gorwyrion bellach, wedi derbyn addysg Gymraeg, ac yn rhan o'r to iau sy'n cyfrannu at adfywio'r iaith yn yr hen sir Forgannwg.

O ddarllen hanes teulu Mam, tybiech fod hanes fy nheulu yn ddigon tebyg i hanes sawl un arall yn y rhan hon o Gymru. Mae'n ymddangos bod gennyf hanes gweddol draddodiadol Gymreig, ac fy mod i, felly, yn perthyn, yn ddi-os, i'r wlad hon. Ond wedyn, daw teulu Dad i gorddi dyfroedd tawel Rhondda Fawr – yr afon honno sy'n ymuno â Thaf, a Chamlas sir Forgannwg, lle yr arferai glo y cymoedd a gloddiwyd gan genedlaethau o ddynion fel fy nhad-cu deithio heibio i hen dŷ teras teulu Mam, ar ei ffordd i Gaerdydd a'r môr, a'r byd y tu draw.

Sŵn tonnau'r Iwerydd yn powlio ar hyd Traeth Bar o Gwlff Guinea a groesawodd fy nhad i'r byd. Ganwyd Dad yn Lagos, Nigeria, yn nyddiau olaf teyrnasiad yr Ymerodraeth Brydeinig yno. A hithau'n dechrau nosi ar yr hen drefn ymerodrol yn y wlad honno, ac yn wir ar draws y byd, gwta fis wedi ei eni, daeth Nigeria yn wlad annibynnol. Nid o Nigeria y daethai fy mam-gu a'm tad-cu yn wreiddiol. Mewn gwirionedd, rheolaeth Prydain dros rannau helaeth o orllewin Affrica oedd yr holl reswm pam yr aethant yn *ex-pats* yno yn y 1950au, a pham y ganwyd f'ewythr a'm tad yno wedyn. Un o'r Porth ar waelod Cwm Rhondda oedd fy nhad-cu, a'i swydd ef â phapur newydd *The Mirror* a welodd ef a'i wraig yn hel eu pac, er mwyn cyfrannu at y dasg o adrodd y newyddion o'r trefedigaethau yn Affrica i'r Famwlad. Roedd teulu fy mam-gu yn hanu o Dorset, a buasent yn ffermio yn y rhan honno o'r byd ers canrifoedd, cyn i fy mam-gu symud gyda'i rhieni a'i gefeilles i Gil-y-coed adeg yr Ail Ryfel Byd i fanteisio ar y gwaith a oedd ar gael yn y ffatrïoedd arfau yno bryd hynny. Wedi iddi symud i Nigeria, bu fy mam-gu'n gweithio i'r Gonswliaeth Brydeinig yn Lagos, yn ymwneud yn uniongyrchol o ddydd i ddydd â'r gwaith o reoli'r drefedigaeth bell yn enw Prydain Fawr. Dim ond ym 1967 y bu iddynt ddychwelyd i Gymru, a Phontypridd yn benodol, pan drodd hi'n rhyfel cartref yn Nigeria. Hwyliasant ymaith gan adael y brwydro ar eu hôl, fel y gwnâi'r Ymerodraeth a'i chenhadon droeon.

Sut y mae hanes teulu Dad, felly, yn gweddu i'r ddelwedd draddodiadol o Gymru? Yn sicr, mae'n hanes tra gwahanol i hanes teulu Mam. Er bod llai na dwy filltir rhwng cartref fy mam yn Rhodfa Nant-y-dall a chartref fy nhad yn Rhodfa Pen-coed ar ôl iddo symud i Gymru, roedd byd o wahaniaeth rhwng eu blynyddoedd cynnar – rhannai Mam dŷ teras bach ag un-ar-ddeg o bobl eraill, tra oedd Dad wedi arfer â byw mewn tŷ moethus, a gweision yno i dendio arno. Ond y gwir amdani yw nad yw teuluoedd fel un fy nhad mor anghyffredin â hynny yn hanes Cymru. Bu'r Cymry yn cyfrannu'n helaeth ers canrifoedd at y mentrau amrywiol hynny ym mhedwar ban byd y cyfeiriwyd atynt, yn y pen draw, fel yr Ymerodraeth Brydeinig. Mae sawl hanesydd, cymdeithasegydd a beirniad llenyddol a diwylliannol yn cytuno bod y Cymry wedi dioddef gormes dan law Lloegr, neu yn enw Prydeindod[1] – gallwn gyfeirio at amryw elfen gymdeithasol neu ddigwyddiad sy'n arwydd o hynny, megis colli iaith; tlodi; meddiannu tiroedd Cymru at ddefnydd milwrol neu foddi pentrefi i gyflenwi dŵr i Loegr; gweithwyr diwydiannol y pyllau glo, y gweithfeydd haearn a'r chwareli yn llafurio er elw meistri cyfoethog o dras Seisnig. Gellid dadlau bod yr enghreifftiau hyn o ormes a cholled wrth wraidd holl draddodiad llenyddol Cymru, o 'Gododdin' Aneirin i 'Trafferth Mewn Tafarn' Dafydd ap Gwilym, i nofelau a straeon byrion Kate Roberts, D. J. Williams, T. Rowland Hughes a Caradog Prichard yn y Gymraeg a rhai Saesneg Gwyn Thomas, Lewis Jones, Ron Berry a Menna Gallie, a cherddi Gerallt Lloyd Owen, Waldo Williams ac R. S. Thomas. Ond mae nifer o'r un academyddion hynny hefyd yn cyfaddef bod y Cymry hwythau wedi cyfrannu at ormesu eraill, boed hynny'n uniongyrchol neu mewn ffyrdd mwy annelwig. Un o'r rheini yw'r awdur a'r cymdeithasegydd Charlotte Williams. Yn ei nofel hunangofiannol *Sugar and Slate*

(2002) a enillodd wobr Wales Book of the Year 2003, lle mae'n trafod ei pherthynas â Chymru fel menyw gymysg ei hil o dras Affricanaidd, fe'n hatgoffir o gyfraniad annatod diwydiannau glo, haearn a llechi y wlad tuag at rai o fentrau mwyaf creulon a threisgar yr Ymerodraeth Brydeinig yn erbyn pobloedd eraill:

> Perhaps the iron bar may have gone down in history as a simple fact of the industrial development of parts of Wales were it not for other world events [. . .] As the sugar industry grew in the Caribbean so did the need for manpower and this could only ever mean one thing – the evolution of a malignant trade. The African iron hunger was fed and strengthened by the trade in human beings [. . .] Only by trading their fellow man could the Africans acquire the iron they needed so badly [. . .] [I]n Wales in particular, the iron masters grew wealthier and wealthier, ploughing back the profits of spices and sugar and slaves to make more and more iron bars [. . .] (Williams 2002, tt. 91–2)

Mae cysylltiadau'r Cymry â'r Ymerodraeth Brydeinig, felly, yn amlweddog ac yn gymhleth. Trwy hynny hefyd, gwelwn gyswllt mwy cadarn rhwng y gymdeithas ddiwydiannol Gymreig y ganed Mam iddi, a'r drefedigaeth dramor lle y treuliodd Dad flynyddoedd ei brifiant. Yn ddiweddar, bu Charlotte Williams yn cadeirio Gweithgor Cymunedau, Cyfraniadau a Chynefin Pobl Ddu, Asiaidd ac Ethnig Leiafrifol yn y Cwricwlwm Newydd, ac yn sgil adroddiad terfynol y gweithgor, mae Llywodraeth Cymru wedi cyhoeddi mai Cymru fydd y genedl gyntaf yn y Deyrnas Unedig i wneud dysgu am hanes a phrofiadau pobl Ddu, Asiaidd ac Ethnig Leiafrifol yn rhan orfodol o gwricwlwm yr ysgolion. Un o ganfyddiadau allweddol adroddiad Charlotte Williams oedd bod 'myfyrwyr o gefndiroedd lleiafrifol am weld hanes sy'n berthnasol iddyn nhw a'u bywydau ac maent am i'w hanes gael ei addysgu fel rhan o hanes Cymru / Prydain yn hytrach nag ar wahân' (2021, t. 8). Mae'n bwysig, felly, ein bod yn mynnu cynnwys hanesion fel y rhai a geir gan Charlotte Williams yn ei nofel uchod, helyntion teulu Dad, yn ogystal â straeon eraill gan leiafrifoedd neu straeon sy'n ymwneud â hwy, yn rhan o hanes Cymru ei hun, fel rhywbeth sy'n dyfnhau ein dealltwriaeth o'r Gymru gyfoes, ac nid yn elfen ar wahân neu amgen. Mae astudio'r Gymraeg yn cynnig sawl cyfle amlwg, yn ogystal ag ambell un annisgwyl, efallai, i wneud hyn.

'Muhammad a'r Mabinogi ... yn disgwyl amdanat ti': Portreadu'r Gymru Amlddiwylliannol mewn Llenyddiaeth Gymraeg Gyfoes

Un cyfraniad amlwg y gall astudio'r Gymraeg ei wneud i'r broses o ymgorffori hanes lleiafrifoedd ethnig a phobl ddu Cymru i'r cwricwlum yw cynnig y cyfle i drafod sut y mae pobl o gefndiroedd amrywiol wedi eu portreadau mewn llenyddiaeth. Yn ôl Manyleb TGAU Llenyddiaeth Gymraeg CBAC, er enghraifft, dylai astudio testunau llenyddol alluogi disgyblion i 'ystyried sut y gall testunau adlewyrchu gwerthoedd, rhagdybiaethau, ac ymdeimlad o hunaniaeth neu ddylanwadu arnynt' a '[ph]rofi gwahanol gyfnodau, diwylliannau, safbwyntiau a sefyllfaoedd fel y'i ceir o fewn testunau llenyddol' (CBAC 2020, t. 4). Deellir felly fod astudio llenyddiaeth yn gyfle nid yn unig inni ddysgu am y gwahanol gymunedau sy'n byw yn ein plith, ond yn ein hannog i archwilio'n perthynas â'r cymunedau hynny, a herio'n hymatebion iddynt neu newid ein hymddygiad tuag atynt hyd yn oed. Mae llenyddiaeth Gymraeg wedi mynd ati i bortreadu perthynas y Cymry ag aelodau o ddiwylliannau eraill mewn nifer o ffyrdd ar hyd yr oesoedd – meddyliwch, er enghraifft, am 'Trafferth Mewn Tafarn' Dafydd ap Gwilym a nodwyd uchod, a'r trafferth a gaiff yr adroddwr â'r 'Drisais mewn gwely drewsawr' (Johnston et al. 2010, t. 302). Ond mae llenyddiaeth Gymraeg gyfoes yn rhoi'r cyfle inni brofi'r amrywiaeth o wahanol gymunedau ieithyddol, crefyddol, ethnig a hil y mae Cymru'n gartref iddynt ac yn gofyn inni edrych o'r newydd ar sut beth yw 'perthyn' i wlad lawn amrywiaeth. Wrth gwrs, gwelwn ambell bortread o bobl o ddiwylliannau gwahanol sy'n ymylu ar fod yn ystrydebol. Gellid dadlau bod yr hen elyniaeth honedig rhwng y Cymry a'r Saeson, er enghraifft, yn dal i lywio'r portread o gymeriadau Seisnig fel yng nghywydd enwog Dafydd ap Gwilym. Ceir enghraifft adnabyddus yn *Martha, Jac a Sianco* (2004) gan Caryl Lewis, testun sydd ar fanyleb Safon Uwch Cymraeg CBAC ers sawl blwyddyn bellach. Mae'r Saesnes, Judy, a'i hysmygu a'i phlant a aned y tu allan i briodas mor wrthun i Martha a'i daliadau traddodiadol, nes y daw ei Seisnigrwydd ei hun yn arwydd o'i ffaeleddau moesol tybiedig. Noda sawl beirniad llenyddol wendidau portread o'r fath. Un ohonynt yw Simon Brooks, sy'n dadlau mai ystrydeb a ddefnyddid yn aml gan awduron Cymraeg yw'r Sais/ Saesnes (d)digywilydd, ac y byddai portreadu Judy'n berson hoffus sydd, gwaetha'r modd, yn ansensitif i etifeddiaeth ddiwylliannol y Gymru wledig, wedi bod yn llawer mwy effeithiol (2009, t. 115).

Mae testunau cyfoes eraill yn mynd i'r afael â pherthyn i wlad mor amrywiol â Chymru yn ei holl gymhlethdod. *O Ran* (2008) gan Mererid Hopwood, sydd yn nofel osod ar Fanyleb TGAU Llenyddiaeth Gymraeg CBAC, yw un o'r rheini. Mae Angharad Gwyn, prif gymeriad y nofel, wedi ei dal rhwng dau fyd, a dau fersiwn o Gymreictod – ei theulu estynedig, Cymraeg ei iaith yn Llanybydder a'r gymuned wledig, draddodiadol yno, a'r cartref yn un o faestrefi cefnog Caerdydd y mae'n ei rannu gyda'i thad, Ifan, yng nghanol bywyd prysur, dwyieithog y ddinas. Wrth i'r stori fynd rhagddi, mae'r ffaith nad yw Angharad yn teimlo ei bod hi, mewn gwirionedd, yn rhan o'r naill gymuned na'r llall yn arwydd o sut y mae diffiniadau haearnaidd a phegynol o hunaniaeth – rhannu pobl i 'ni' a 'nhw' – yn gallu cyfyngu ar allu gwahanol unigolion a grwpiau i deimlo eu bod yn perthyn. Caiff hyn ei bwysleisio eto yn y nofel wrth i ddaliadau Ifan rwystro Angharad rhag ei mynegi ei hun fel yr hoffai – ni chaiff hi fynd i'r Brownies gyda'i ffrindiau gan nad yw ei thad eisiau iddi dyngu llw i'r Frenhines, ac mae'n ei cheryddu am brynu dillad newydd gan wrthod derbyn ei bod hi'n tyfu'n ferch annibynnol. Daw'r holl gymhlethdodau y mae Angharad yn eu hwynebu wrth ddiffinio i ble y mae'n perthyn i'r amlwg pan gyferfydd â gyrrwr tacsi o gefndir Pacistani wrth iddi ddychwelyd i Gaerdydd i weld ei thad, ac yntau ar ei wely angau:

> 'So you from West Wales? You sound awful Welsh you do.' [medd y gyrrwr tacsi.]
> 'I was born in Cardiff actually.' [ateba Angharad.]
> 'You're nor one of them Welsh speakers? I used to go to school in Gabalffa. And our yard was next to the Welsh school? Bro Taff? I suppose you used to go there? They used

to call us Inglies, and we called them Welshies. Bur really I'm Pakistani. No' really Welshie or Ingli. I's odd. I don' knows whar I am really. No' really Welsh. No' really English. And when I goes to stay with my Pakistani people in Birmingham, I thinks I'm no' reall Pakistani either? Know whar I mean? I' does my 'ead in sometimes, i' does. Do 'u knows whar I mean?'

'I suppose I do.' Ac mi oeddwn i'n meddwl fy mod i falle'n ei ddeall.

(Hopwood 2008, t. 189)

Dengys myfyrdodau'r ddau yma sut y mae diffinio hunaniaeth mewn ffordd gyfyng, ddeuaidd – Cymraeg neu Saesneg, Cymreig/ Prydeinig neu Bacistani, 'ni' neu 'nhw' – yn gwadu bodolaeth hunaniaethau hybrid, amrywiol, gan beri i rai deimlo diffyg perthyn gan nad yw eu profiadau na'u daliadau'n bodloni gofynion y fath ddiffiniadau caeth.

Mae hynny'n arbennig o wir am leiafrifoedd ethnig, ond mae'n berthnasol hefyd i'r rheini o gefndir gwyn, Cymreig y mae eu teuluoedd wedi byw yng Nghymru ers cenedlaethau, fel y dengys teimladau Angharad yma am y modd y mae hi wedi ei hollti rhwng dau fath gwahanol o Gymreictod heb berthyn yn llawn i'r naill na'r llall. Er y dylwn ochel rhag cyffelybu profiadau Cymry gwyn â phrofiadau lleiafrifoedd ethnig neu gymunedau du y wlad (a hynny oherwydd rôl hanesyddol y Cymry yn gormesu pobl o gefndiroedd ethnig neu hil amrywiol yn enw'r Ymerodraeth Brydeinig), mae fy ymchwil i ym maes llenyddiaeth wedi dangos bod ffuglen gyfoes yn aml yn portreadu'r Cymry, beth bynnag eu cefndir ieithyddol, ethnig, crefyddol neu hil, fel rhywrai sydd wedi eu heithrio rhag perthyn oherwydd diffiniadau cul o Gymreictod.[2] Yr hyn yr wyf wedi ei ddadlau yw mai'r profiad o fod ar y cyrion yn ddiwylliannol sy'n nodweddu ffuglen gyfoes y genedl, a bod hynny ynddo'i hun yn cynnig cyfle inni ailddiffinio perthyn a dehongli amlddiwylliannedd o'r newydd yng Nghymru. Os oes gan bawb yng Nghymru ddealltwriaeth o sut beth yw bod ar y cyrion, onid yw hyn yn ein rhoi mewn gwell sefyllfa i ddeall safbwyntiau ein gilydd? Onid yw, hefyd, yn gyfle i ymwrthod â'r syniad bod rhaid i bawb gydymffurfio ag un diwylliant dominyddol, ac felly un ffordd o berthyn i'r genedl, fel sy'n nodweddu'r ymagwedd Brydeinig a'i phwyslais ar ddysgu Saesneg a hyrwyddo un fersiwn o Brydeindod, sy'n seiliedig ar ddim mwy na diwylliant Lloegr yn ei hanfod? Yn eu cyfrol arloesol ar amlddiwylliannedd yng Nghymru, *A Tolerant Nation?*, noda Charlotte Williams, Neil Evans a Paul O'Leary fod awduron Cymru yn llawer mwy blaengar na gwleidyddion a ffigurau cyhoeddus eraill wrth fynd i'r afael â natur amlddiwylliannol y wlad, ac maent yn enwi rhai o awduron Saesneg Cymru, gan gynnwys Trezza Azzopardi, John Williams a Charlotte Williams ei hun, i'r perwyl hynny (Williams, Evans ac O'Leary 2003, t. 11). Elfen bwysig o'm hymchwil innau yw trafod llenyddiaeth Gymraeg ochr yn ochr â llenyddiaeth Saesneg Cymru. Mae'n bosibl fy mod wedi fy nghymell i wneud hynny gan fy nghefndir ieithyddol fy hun, a minnau wedi fy addysgu trwy'r Gymraeg ond yn siarad Saesneg yn bennaf â'm teulu. Serch hynny, mae trafod testunau yn y ddwy iaith fel un corff o lenyddiaeth hefyd yn gyfraniad bychan i'r broses o ailddehongli perthyn yng Nghymru gan ddangos bod modd gwneud hynny trwy gyfrwng o leiaf ddwy iaith, gan gydnabod arwahanrwydd diwylliant Saesneg Cymru oddi wrth ddiwylliant Saesneg ehangach Prydain neu Loegr – mae'n ddiwylliant sy'n perthyn i Gymru'n neilltuol (gweler Sheppard 2018, tt. 161–70).

Testun cyfoes sy'n trafod ailddiffinio perthyn, a'r ffordd y mae hunaniaeth yn newid yn gyson, yw 'Olion' gan Catrin Dafydd, cyfres o gerddi a enillodd iddi Goron Eisteddfod Genedlaethol Caerdydd 2018. Mae'r gwaith yn trafod ardal Grangetown yng Nghaerdydd, a datblygiad ei chymunedau amlethnig a Chymraeg dros y blynyddoedd. Yn y gerdd 'Mae Ahmed yn siarad Cymraeg' gwelwn fod Ahmed yn fachgen bach o gefndir Mwslemaidd sy'n mynychu ysgol Gymraeg. Mae ei ddewis o straeon amser gwely yn arwydd o'i berthynas â sawl diwylliant:

> Beth hoffet yn stori? Gallaf hudo'r *Arabian Nights* yn fyw iti,
> neu gall Dad ddod at erchwyn y gwely i adrodd yr *hadiths*.
> Neu beth am y llyfr lliwgar sy'n llawn Cymraeg?
> Gall Mami lyncu print du'r geiriau Saesneg
> a gelli di droi'n athro balch, fel rwyt mor hoff o wneud.
> (Dafydd 2018, tt. 36–7).

Dyma ddelwedd o'r Gymraeg, y Saesneg a'r Arabeg yn cydfodoli ar aelwyd Ahmed. Yn ogystal â hynny, ceir yr argraff bod yma gyfnewid diwylliannol sy'n annog y plentyn a'r rhieni fel ei gilydd i dyfu'n rhan o ddiwylliannau gwahanol – egyr y drws i ddiwylliant Arabaidd a chrefydd Islam i'r bachgen yn sgil dewisiadau darllen ei fam a'i dad, a thrwy ddarllen llyfrau Cymraeg, mae Ahmed yn dysgu peth o'r iaith honno iddynt hwythau. Ar ddiwedd y gerdd, cawn ddisgrifiad o ystafell wely Ahmed yn '[f]an lle mae Muhammad a'r Mabinogi / a Mami, Ahmed, yn disgwyl amdanat ti' (Dafydd 2018, tt. 20-1). Mae'r cyflythrennu hwn yn dod â gwahanol ddiwylliannau ac aelodau'r teulu ynghyd ac yn dangos y cysylltiadau sy'n ffurfio rhyngddynt, gan amlygu'r broses o gyfnewid sy'n golygu bod ein synnwyr o hunaniaeth a pherthyn yn gallu newid yn gyson. Pwysleisir hyn yn y gyfres o gerddi ar ei hyd, wrth iddi ddechrau a gorffen gyda delweddau o Afon Taf yn llifo i'r môr, sy'n ein hatgoffa o gysylltiadau Cymru â'r byd ehangach – dyma lle y cychwynnodd glo'r Cymoedd ar ei daith i bedwar ban byd, a'r môr hefyd a ddaeth â newydd-ddyfodiaid i Gymru gan roi bod i gymuned amlddiwylliannol Caerdydd.

Mae testunau cyfoes hefyd yn ehangu'n dealltwriaeth o leoliad y Gymru amlddiwylliannol, gan gyflwyno inni gymunedau llawn amrywiaeth y tu hwnt i'r brifddinas. Un o'r rhain yw *Caersaint* (2010) gan Angharad Price, sy'n ein cyflwyno i gymeriadau amlethnig tref yng ngogledd Cymru sydd wedi ei seilio ar Gaernarfon. Un o ganfyddiadau eraill adroddiad Charlotte Williams yw bod 'tuedd i gredu nad yw ffocws ar themâu Du, Asiaidd ac Ethnig Leiafrifol yn flaenoriaeth mewn ardaloedd lle ceir poblogaethau ethnig lleiafrifol dwysedd isel', ac felly fod angen annog dysgu'r themâu hyn ar draws y wlad a phwysleisio'r amrywiaeth a berthyn i ardaloedd eraill y tu hwnt i'r trefi a dinasoedd amlddiwylliannol megis Caerdydd (2021, t. 9). Wrth drafod y nofel, awgryma Price mai annog pobl i sylweddoli bod cymunedau amlddiwylliannol yn bodoli yng Nghymru y tu allan i Gaerdydd, ac yn cyfathrebu trwy gyfrwng y Gymraeg, a wnaeth ei chymell i'w hysgrifennu:

> Mae o'n fy niflasu i weithiau, clywed pobl yn sôn am y gogledd, neu'r gorllewin, fel rhyw lefydd Cymreig hen ffasiwn,

mewnblyg sydd â rhyw obsesiwn efo purdeb diwylliannol ac ati. 'Di hynny ddim yn wir o gwbl. Mae Caernarfon, er enghraifft, yn lle cosmopolitan ers canrifoedd lawer – ymhell cyn Caerdydd!
(Price a ddyfynnwyd gan Baines 2010, t. 34).

I'r perwyl hynny, mae'r nofel yn dilyn hynt a helynt Jamal Gwyn Jones, mab i Gymraes leol a dyn o Bacistan, wrth iddo ymgyrchu i gael ei ethol yn Faer ar Gaersaint. Mae sgwrs a gaiff Jamal â'i gymdogion, Trefor a Miriam, yn datgelu pa mor gyffredin yw amlethnigrwydd ymhlith y boblogaeth leol:

> 'Ti ddim yn bad, chwaith, a chysidro. O frown, dwi'n meddwl. Mi fasat ti'n pasio am sant isio sgrwb. Neu un o'r petha 'na sy'n mynd o dan lamp.' [meddai Trefor . . .]
> 'A deud y gwir, ti fawr brownach na Miriam [. . .] Jipsiwns oedd teulu'i thaid hi. Y Roma yna. Dim Romans Segontiwm, dydi hi ddim mor hen â hynny. Y lleill. Ond bod y cradur bach wedi priodi dynas capal. Dim rhyfadd bod dy fam yn hurt erbyn heddiw, Mir, a'i gwaed hi'n llifo ddwy ffor.'
> 'Gwyn oedd Mam yn 'y ngalw fi,' [medd Jamal] wedyn, gan dynnu'n groes iddo.
> [. . .]
> 'Gwyn? A chdithau'n half caste? Honna ydi'r ora eto!'
> [. . .]
> Daeth ebychiad o siom o du Miriam.
> [. . .]
> 'Hei, hold on, dydw i ddim yn racist, os mai dyna be ti'n feddwl [meddai Trefor . . .]
> 'Padi oedd 'y nhaid i. Ac mi oedd gin Nain ei hun waed Sbanish, fatha'r rhan fwya o bobol Pen Llŷn [. . .]'
> (Price 2010, tt. 34–6).

Er iddo wadu ei fod yn hiliwr, yr eironi yma yw bod agweddau hiliol Trefor yn datgelu ei gefndir ethnig cymysg ef ei hun yn y pen draw. Fe'n hatgoffir mor fynych y mae'r agweddau hyn i'w clywed ar lawr gwlad, ond hefyd mor bellgyrhaeddol a hanesyddol yw amrywiaeth ethnig a diwylliannol rhai o'n cymunedau hefyd.

'Y dyn gwyn. A'r ddalan wen': y Gymraeg a chyfleoedd eraill i ddehongli amlddiwylliannedd yng Nghymru o'r newydd

Wrth i Trefor wfftio penderfyniad mam Jamal i'w alw'n 'Gwyn' oherwydd lliw ei groen, mae'n creu amheuaeth ynglŷn â sefydlogrwydd y grŵp ethnig 'gwyn' hefyd. Mae cefndiroedd ethnig cymysg Jamal, Trefor a Miriam yn awgrymu nad yw'r fath burdeb ethnig ag y mae 'gwyn' yn ei gynrychioli yn bod mewn gwirionedd, ac mae'n cymhlethu hunaniaeth Jamal trwy ddangos bod hunaniaeth yn llawer rhy oddrychol neu lithrig i weddu i gategorïau haearnaidd megis 'du' a 'gwyn'. Pwysleisir hyn eto wrth i Jamal ymgyrchu i gael ei ethol yn Faer o dan yr arwyddair 'Y dyn gwyn. A'r ddalan wen'(Price 2010, t. 256). Mae hyn yn ennyn ymateb gan un o'i gefnogwyr, Alun – 'Ond blincin dyn du ydi o!' (Price 2010, t. 256). Mae dadsefydlogi categorïau haearnaidd yn y modd hwn yn greiddiol i'r hyn a elwir yn theori ôl-drefedigaethol, ffordd o ddadansoddi llenyddiaeth sydd wedi ei defnyddio gan feirniaid llenyddol ar draws y byd ers dros bedwar degawd. Un o'i brif ladmeryddion yn rhyngwladol oedd y Palestiniad, Edward W. Said. Yn ei gyfrol *Orientalism* (1978), a ystyrir yn aml yn un o gonglfeini'r maes hwn, dangosodd Said sut yr oedd grymoedd ymerodrol Ewrop yn fwriadol yn portreadu diwylliannau'r dwyrain yr oeddent wedi eu trefedigaethu fel rhai israddol. Roedd hynny er mwyn cyfiawnhau eu gormesu, gan ddylanwadu ar argraffiadau cyferbyniol, ffuantus o'r Gorllewin 'gwaraidd, moesol, blaengar' a'r Dwyrain 'anwaraidd, anfoesol, anwybodus'. Yn llc diffinio diwylliannau neu hunaniaethau a'r pobloedd sy'n eu harddel yn ôl categorïau pegynnol haearnaidd, awgryma Homi K. Bhabha, un arall o brif ladmeryddion theori ôl-drefedigaethol yn ei gyfrol *The Location of Culture* (1994), fod diwylliannau yn bodoli mewn 'trydydd gofod' rhwng pegynau o'r mathau hyn, eu bod yn 'hybrid', yn gyfuniad o wahanol ddylanwadau, ac yn agored i'w hailddiffinio o'r newydd yn gyson[3] – megis y 'ddalan wen' yn ymgyrch Jamal yn *Caersaint*.

Dechreuodd theorïau ôl-drefedigaethol fel rhai Said, Bhabha ac eraill, ennill eu plwyf yng Nghymru rhyw ugain mlynedd yn ôl. Ers hynny, mae amrywiol gyfrolau ac astudiaethau llenyddol, celfyddydol, ieithyddol a hanesyddol wedi defnyddio'r damcaniaethau hyn i archwilio perthynas Cymru â Lloegr, Prydain a'r Ymerodraeth Brydeinig ar wahanol gyfnodau mewn hanes. Mae'r cyfrolau hyn hefyd wedi ystyried natur ddwyieithog Cymru a pherthynas ei chymunedau Cymraeg a Saesneg eu hiaith, ac agweddau tuag at leiafrifoedd ethnig a hiliol yng Nghymru. Mae archwiliadau o'r mathau hyn wedi datblygu arwyddocâd o'r newydd dros y blynyddoedd diwethaf, wrth i ddigwyddiadau fel protestiadau'r mudiad Mae Bywydau Du o Bwys (S. *Black Lives Matter*) ar draws y byd beri i rai yng Nghymru roi sylw o'r newydd i hanes cymhleth y wlad, fel un sydd wedi dioddef gormes ond a fu hefyd yn gormesu eraill dan faner yr Ymerodraeth Brydeinig. Ond wrth drafod y materion hyn yn Gymraeg, sut y mae dweud *orientalism*?[4] Beth yw'r Gymraeg am *white privilege*? Mae academyddion a myfyrwyr sy'n gweithio ym maes y Gymraeg, ynghyd ag awduron Cymru, wedi bod ar flaen y gad wrth fathu termau Cymraeg i'w defnyddio wrth drafod y materion hyn, ac esbonio ystyr y termau hyn i doeon newydd o feirniaid llenyddol. Yn 2015, sefydlodd y Coleg Cymraeg Cenedlaethol ei 'Esboniadur Beirniadaeth a Theori' lle y cyfrannodd academyddion ym maes y Gymraeg erthyglau yn esbonio toreth o dermau llenyddol, o gysyniadau cynhenid Gymreig fel y gynghanedd, i rai meysydd theoretig rhyngwladol megis ôl-drefedigaethedd a theori ffeminyddol.[5] Yn 2019, hefyd, cynhaliodd cylchgrawn *Y Stamp* (a sefydlwyd gan fyfyrwyr a oedd yn astudio'r Gymraeg yn y brifysgol) a'r grŵp llenyddol amlethnig 'Where I'm Coming From' o Gaerdydd weithdy i fathu termau Cymraeg ar gyfer cysyniadau mwyaf diweddar maes amlddiwylliannedd, fel *white privilege* a *people of colour*. Mae'r Gymraeg, yn iaith ac yn bwnc, yn cyson ddatblygu.

Gellid maddau i rywun am feddwl bod y ffaith bod angen bathu termau Cymraeg am y pethau hyn yn golygu bod amlddiwylliannedd ac amlethnigrwydd yn ffenomenau newydd yng Nghymru. Mae gwaith Simon Brooks, fodd bynnag, ar hanes llenyddiaeth a'r iaith Gymraeg yn olrhain hynt a helynt grwpiau ethnig gwahanol yng Nghymru ers oes Macsen Wledig. Mae ei gyfrol ddiweddaraf, *Hanes Cymry: Lleiafrifoedd Ethnig a'r Gwareiddiad Cymraeg* (2021) yn gofyn cwestiwn tebyg i'r hyn a ofynnais ar ddechrau'r ysgrif hon – 'Pwy yw'r Cymry?' – ac ar hyd y gyfrol â ati i archwilio perthynas grwpiau ethnig amrywiol â'r Gymraeg ar hyd y canrifoedd (2021, t. 17). Yn hynny o beth, mae'n herio'n canfyddiad o siaradwr Cymraeg nodweddiadol trwy ddangos nad pobl wyn o dras Gymreig yn unig sydd wedi byw eu bywydau, neu rannau ohonynt, drwy gyfrwng y Gymraeg – yn wir mae'n olrhain hanesion cymunedau o Romani a Theithwyr Cymraeg, Gwyddelod Cymraeg, Iddewon Cymraeg a Mwslemiaid Cymraeg, a rhagor. A thrwy hynny mae ei waith yn peri inni feddwl o'r newydd am ddaearyddiaeth ddynol Cymru hefyd – dengys nad i'r trefi deheuol yn unig y neilltuir cymunedau amlddiwylliannol y wlad, a'u bod yn bodoli yn y Fro Gymraeg hefyd, yn y gogledd, y gorllewin, a'r canolbarth, ac mewn ardaloedd gwledig. Prif fyrdwn ei ddadleuon yw bod 'amlddiwylliannedd' yn wahanol i *multiculturalism* Lloegr neu Brydain, a hynny oherwydd bod lleiafrifoedd ethnig sy'n siarad Cymraeg (a/neu sy'n arddel hunaniaeth Gymreig) yn perthyn i ddau grŵp lleiafrifol – yn wir, mae'n dadlau bod pawb yng Nghymru yn perthyn i leiafrif o ryw fath, naill ai un ieithyddol neu i leiafrif cenedlaethol o fewn i wladwriaeth fwy (2021, tt. 124–5).

Mae sôn am berthynas Cymru a'r Gymraeg â'r wladwriaeth Brydeinig, ac arwyddocâd y berthynas honno i leiafrifoedd hiliol ac ethnig, a mewnfudwyr, nid yn unig yn berthnasol i hunaniaeth a'r ymdeimlad o berthyn ar lefel yr unigolyn, ond yn codi cwestiynau ynglŷn â beth ydyw i fod yn 'ddinesydd' Cymru, yn absenoldeb dinasyddiaeth Gymreig swyddogol. Gan dynnu ar ei phrofiad ei hun o gynnal gwersi Cymraeg a dinasyddiaeth i fewnfudwyr, canolbwyntia gwaith ymchwil Gwennan Higham ar y cyfleoedd sydd ar gael i bobl sy'n mudo i Gymru i ddysgu'r Gymraeg. Archwilia ei gwaith sut y gallai cyfleoedd o'r fath ffurfio rhan o becyn o weithgareddau ehangach a allai gyfrannu at lunio dinasyddiaeth benodol Gymreig yn wrthbwynt i bolisïau mewnfudo a chymathu Eingl-ganolog, llym y wladwriaeth Brydeinig, ac a allai roi lle mwy blaenllaw i'r Gymraeg ym mywyd beunyddiol Cymru. Tuedd siomedig y mae ei hymchwil yn ei dadorchuddio yw'r agweddau negyddol ymhlith rhai o swyddogion Llywodraeth Cymru a thiwtoriaid ESOL (English for Speakers of Other Languages) sy'n cyson tanbrisio'r gwerth y mae mewnfudwyr a phobl o gefndiroedd lleiafrifol yn ei weld mewn dysgu Cymraeg, ac felly'n tanbrisio'r Gymraeg ei hun hefyd. Yn yr un modd ag y nododd Charlotte Williams, Neil Evans a Paul O'Leary fod rhai o awduron Cymru yn meddwl am amlddiwylliannedd mewn ffordd llawer mwy blaengar na'i gwleidyddion, dengys ymchwil Gwennan Higham fod gan y mudwyr a gyfrannodd at ei hymchwil agwedd lawer mwy cadarnhaol tuag at y Gymraeg nag y tybiai pobl neu sefydliadau eraill mewn awdurdod yng Nghymru.

Medd Higham, '[r]haid i'r Cymry fod yn barod i fentro bod yn rhan o hanesion mewnfudwyr drwy wneud ymdrech i chwalu ffiniau cymdeithasol, cydnabod a derbyn gwahaniaeth a thrwy godi pontydd newydd ar draws diwylliannau, fel bod eraill yn gallu magu gwreiddiau' (2020, t. 95). Hoffwn gynnig bod rhaid inni fod yn barod i fentro rhannu ein hanesion â'n gilydd i ddeall ein gilydd â'n cymunedau'n well – mae adroddiad Charlotte Williams, gan dynnu ar 'Adroddiad Amrywiaeth a Dinasyddiaeth yr Adolygiad o'r Cwricwlwm', yn argymell llunio wythnos o weithgareddau dysgu yn null rhaglen deledu'r BBC, *Who Do You Think You Are?*, er mwyn peri i ddisgyblion ofyn cwestiwn digon tebyg i'r rheini a ofynnais ar ddechrau'r ysgrif hon – 'pwy ydym ni?' (Williams 2021, t. 55). Mae'r Gymraeg fel pwnc yn cynnig y cyfle i rannu'r hanesion hynny mewn sawl ffordd: gallwn ddarllen y straeon y mae ei llenyddiaeth yn eu hadrodd am bob math o bobl, a'u cymharu ag arlwy llenyddiaeth Saesneg Cymru; gallwn ddysgu am hanesion gwahanol gymunedau o siaradwyr Cymraeg ar hyd hanes a'u cyfraniadau at ddiwylliant yr iaith a'r wlad; a gallwn rannu ein profiadau â siaradwyr Cymraeg newydd, neu'r rheini o gefndiroedd gwahanol i ni. Pa un ai ein bod wedi ein geni ar lannau Taf neu Dywi, neu wedi hwylio neu hedfan yma ar draws môr neu gefnfor, mae astudio'r Gymraeg yn gyfle i ymdrochi yn y llu o ddylanwadau diwylliannol sy'n gwneud Cymru yr hyn yw hi.

Cyfeiriadau

Baines, Menna. 2010. Y Saint yn eu gogoniant: holi Angharad Price am ei nofel newydd. *Barn* 566, tt. 33–4.

Bhabha, Homi K. 1994. *The Location of Culture.* Llundain ac Efrog Newydd: Routledge.

Brooks, Simon. 2009. *Yr Hawl i Oroesi: Ysgrifau Gwleidyddol a Diwylliannol.* Llanrwst: Gwasg Carreg Gwalch.

— 2021. *Hanes Cymry: Lleiafrifoedd Ethnig a'r Gwareiddiad Cymraeg.* Caerdydd: Gwasg Prifysgol Cymru.

CBAC. 2020. Cyd-bwyllgor Addysg Cymru, *TGAU CBAC Llenyddiaeth Gymraeg: Manyleb* (Fersiwn 3). Caerdydd: CBAC.

Dafydd, Catrin. 2018. Mae Ahmed yn siarad Cymraeg. *Olion.* Yn: Lewis, W. Gwyn. gol. *Cyfansoddiadau a Beirniadaethau Eisteddfod Genedlaethol Cymru Caerdydd 2018.* Caerdydd: Llys yr Eisteddfod. tt. 35–42.

Higham, Gwennan. 2020. *Creu Dinasyddiaeth i Gymru: Mewnfudo Rhyngwladol a'r Gymraeg.* Caerdydd: Gwasg Prifysgol Cymru.

Hopwood, Mererid. 2008. *O Ran.* Llandysul: Gwasg Gomer.

Johnston, Dafydd, Edwards, Huw Meirion, Foster Evans, Dylan, Lake, A. Cynfael, Moras, Elisa a Roberts, Sara Elin. goln. 2010. *Cerddi Dafydd ap Gwilym.* Caerdydd: Gwasg Prifysgol Cymru.

Price, Angharad. *Caersaint.* Talybont: Y Lolfa.

Said, Edward W. 1995. *Orientalism* [1978]. Llundain: Penguin.

Sheppard, Lisa. 2018. *Y Gymru 'Ddu' a'r Ddalen 'Wen': Aralledd ac Amlddiwylliannedd mewn Ffuglen Gymreig, er 1990.* Caerdydd: Gwasg Prifysgol Cymru.

Williams, Charlotte. 2002. *Sugar and Slate.* Aberystwyth: Planet.

— 2021. *Gweithgor Cymunedau, Cyfraniadau a Chynefin Pobl Ddu, Asiaidd ac Ethnig Leiafrifol yn y Cwricwlwm Newydd: Adroddiad Terfynol.* Llywodraeth Cymru.

Williams, Charlotte, Evans, Neil ac O'Leary, Paul. 2003. Introduction: Race, Nation and Globalization. Yn: Williams, Evans ac O'Leary. goln. *A Tolerant Nation?: Exploring Ethnic Diversity in Wales.* Caerdydd: Gwasg Prifysgol Cymru, tt. 1–13.

Y Coleg Cymraeg Cenedlaethol. 2015. *Esboniadur Beirniadaeth a Theori y Coleg Cymraeg Cenedlaethol*. [Ar-lein]. Ar gael: *https://wici.porth.ac.uk/index.php/Categori:Beirniadaeth_a_Theori*, cyrchwyd 7 Ionawr 2022.

Nodiadau

1. Gweler, er enghraifft: Jane Aaron, *Pur fel y Dur: Y Gymraes yn Llên Menywod y Bedwaredd Ganrif ar Bymtheg* (Caerdydd: Gwasg Prifysgol Cymru, 1998); Williams et al. 2003; Kirsti Bohata, *Postcolonialism Revisited* (Caerdydd: Gwasg Prifysgol Cymru, 2004); Jane Aaron a Chris Williams (goln), *Postcolonial Wales* (Caerdydd: Gwasg Prifysgol Cymru, 2005); Katie Gramich, *Twentieth-Century Women's Writing in Wales: Land, Gender, Belonging* (Caerdydd: Gwasg Prifysgol Cymru 2007); Daniel G. Williams, *Black Skin, Blue Books: African Americans and Wales 1845–1945* (Caerdydd: Gwasg Prifysgol Cymru, 2012); Sheppard 2018.
2. Gweler Sheppard 2018.
3. Gweler Bhabha 1994, yn benodol tt. 37 a 211.
4. Gweler Angharad Price, 'Borshiloff', yn Owen Thomas (gol.), *Llenyddiaeth Mewn Theori* (Caerdydd: Gwasg Prifysgol Cymru, 2006), tt. 137–51, am enghraifft o ddefnydd y term Cymraeg 'Orientalaeth'.
5. *Esboniadur Beirniadaeth a Theori y Coleg Cymraeg Cenedlaethol* 2015. [Ar-lein]. Ar gael: *https://wici.porth.ac.uk/index.php/Categori:Beirniadaeth_a_Theori*, cyrchwyd 7 Ionawr 2022.

12

Darllen Cyfieithiadau: Mwy na Geiriau

Rhianedd Jewell

Mae llawer yn rhagdybio mai proses syml yw cyfieithu, sef symud testun o un iaith i iaith arall drwy newid y geiriau. Mae'r cyfieithydd yn pori trwy eiriadur, yn dewis y term cyfatebol ac yn gosod gair yn y Gymraeg yn lle gair yn y Saesneg, er enghraifft. Ond mae'r broses hon yn bell o fod yn syml. Fel y dywed Eugene Nida, '[the translator] cannot simply match words from a dictionary; he must in a real sense create a new linguistic form to carry the concept expressed in the source language' (1941, t. 145). Yn gyntaf, nid yw gair mewn un iaith yn cyfateb yn berffaith i air mewn iaith arall. Mae gan eiriau wreiddiau hanesyddol, dylanwadau diwylliannol a chysylltiadau ieithyddol sy'n unigryw ym mhob iaith. Ystyriwn y gair *cadair* fel enghraifft. Gall y term Saesneg *chair* hefyd ddisgrifio'r darn o ddodrefn yr ydym yn eistedd arno neu swydd athro prifysgol, ond ni all gyfleu'r cysylltiad hollbwysig â'r traddodiad eisteddfodol Cymreig lle gwobrwyir y prifardd â chadair. Nid yw'r gair *chair* chwaith yn dwyn i gof olygfeydd godidog Cadair Idris ym Meirionnydd a'r cerddi y mae'r mynyddoedd wedi eu hysbrydoli. Yn ail, gall sawl cyfieithiad posibl fodoli am air unigol, am frawddeg neu am ymadrodd, ac nid peth rhwydd yw dewis pa un sydd orau. Ai 'ffrind', 'cyfaill', 'cyfeilles', 'cefnogwr' ynteu 'noddwr' yw cyfieithiad cywir y gair *friend*, er enghraifft? Wrth gyfieithu, felly, mae'n rhaid i'r cyfieithydd ddewis a dethol, pwyso a mesur, cymharu a dadansoddi ac mae'r penderfyniadau hyn yn cael effaith bwysig ar natur y testun terfynol.

Wrth ddewis unrhyw air, mae goblygiadau ac ystyriaethau ynghylch cyd-destun, arddull, cywair, cystrawen ac eglurder ystyr. Ac wrth wneud penderfyniadau, yn enwedig wrth lunio cyfieithiad llenyddol neu greadigol, mae cyfieithydd yn dilyn theori. Fel y dywed Lawrence Venuti, 'A translator applies a theory, however inchoate [*annatblygedig*], when one word or turn of phrase or sentence construction is selected over the alternative possibilities that always exist at any one point in a translation' (2008, t. 275). Diben y bennod hon yw ystyried sut i ddarllen a dehongli cyfieithiadau a'r theorïau sydd y tu cefn iddynt. Trwy ddadansoddi cyfieithiad yn effeithiol mae modd gweld olion dewisiadau'r cyfieithydd ar y gwaith, yr heriau yr oedd yn eu hwynebu ac effaith unrhyw addasiadau ar y testun a gyfieithir. Yng ngeiriau Susan Bassnett, 'the signs of the translator's involvement in the process of interlingual transfer [*trosi rhwng ieithoedd*] will always be present, and those signs can be decoded [*datgodio, dehongli*] by any reader examining the translation process' (2008, t. 26). Mae deall sut i ddarllen cyfieithiad yn eich galluogi i werthfawrogi gwerth cyfieithu i ddiwylliant, gweithleoedd ac ieithoedd Cymru, i ddeall yr heriau sydd ynghlwm wrth gyfieithu llenyddol a phroffesiynol, ac i feddwl yn fanylach am sut i lunio eich cyfieithiadau llwyddiannus eich hunain. Mae sawl ystyriaeth gan y cyfieithydd wrth ei waith, a byddwn yn edrych ar dair ohonynt yn y bennod hon sef cynulleidfa, diwylliant ac iaith.

Cynulleidfa

O safbwynt ymarferol, mae cyfieithydd yn trosi testun o un iaith i iaith arall. Mae'r darn gwreiddiol wedi ei ysgrifennu yn yr 'iaith ffynhonnell' (S. *source language*) ac mae'r cyfieithiad wedi ei ysgrifennu yn yr 'iaith darged' (S. *target language*). Er enghraifft, yn achos cyfieithu o'r Saesneg i'r Gymraeg, Saesneg yw'r iaith ffynhonnell a'r Gymraeg yw'r iaith darged. Diben cyfieithu yw sicrhau bod y cyfieithiad yn darllen yn glir ac yn ddealladwy yn yr iaith darged, ond er mwyn cyflawni hyn mae angen gwneud mwy na dewis y geiriau cyfatebol. Mae angen ystyried anghenion y rheini a fydd yn darllen y cyfieithiad hwnnw yn yr iaith darged.

Mae pob cyfieithiad, fel pob testun, wedi ei ysgrifennu ar gyfer cynulleidfa benodol. Gan amlaf, bydd cyfieithiad yn cael ei lunio ar gyfer darllenwyr, gan mai testunau i'w darllen yw gweithiau ysgrifenedig megis nofelau, straeon byrion, posteri a dogfennau. Serch hynny, bydd cynulleidfa fyw gan rai cyfieithiadau. Dyna ichi achos dramâu, lle bydd y gynulleidfa'n clywed ac yn gweld perfformiad o'r cyfieithiad ar lwyfan. Mae gofynion y gwahanol gynulleidfaoedd hyn yn amrywiol, ac maent yn codi cwestiynau penodol i'r cyfieithydd.

Un ystyriaeth bwysig wrth gyfieithu, yn enwedig yn achos y Gymraeg, yw'r cywair a ddefnyddir. Gall cywair neu ffurfioldeb yr iaith amrywio yn ôl cyd-destun y gwaith a'i gynulleidfa darged. Er enghraifft, mewn dogfen broffesiynol, disgwylir cywair ffurfiol sy'n defnyddio patrymau'r iaith ysgrifenedig safonol. Mae'r iaith ffurfiol hon yn anelu at sicrhau cywirdeb llwyr fel nad oes unrhyw amwysedd o ran ystyr. Edrychwn ar y paragraff canlynol o ganllawiau Llywodraeth Cymru (2014) 'Bwyta'n iach mewn ysgolion a gynhelir':

> Beth a ystyrir yn gamau priodol i hyrwyddo bwyta ac yfed yn iach?
>
> Mae annog disgyblion i gymryd prydau ysgol yn rhan bwysig o'r ymgyrch hon ar lefel yr ysgol gyfan. Gall pryd ysgol, os yw'n cydymffurfio â rheoliadau a wnaed o dan y Mesur, fod yn bryd cytbwys sy'n darparu tua thraean o'r maethynnau dyddiol a argymhellir, sy'n golygu bod prydau ysgol yn ddewis iach ar gyfer plant a phobl ifanc. (Llywodraeth Cymru 2014, t. 7)

Pa elfennau ydych chi'n gallu eu hadnabod yn y darn hwn sy'n dynodi ei gywair ffurfiol?

Mae'r paragraff yn gwneud defnydd o ferfau cryno (*gall*), berfau amhersonol (*ystyrir, gwnaed, argymhellir*), geirfa arbenigol (*rheoliadau, maethynnau*) a brawddegau hirion. Swyddogion awdurdodau lleol, aelodau o gyrff llywodraethu a staff ysgolion yw cynulleidfa'r ddogfen (Llywodraeth Cymru 2014, t. 2). Gan hynny, bydd darllenwyr y ddogfen yn disgwyl ei bod wedi ei llunio mewn cywair ffurfiol.

Mewn rhai cyfieithiadau llenyddol, ar y llaw arall, nid yw patrymau'r iaith safonol bob amser yn addas oherwydd gallent fynd yn groes i ddisgwyliadau'r gynulleidfa. Gallai hynny ddieithrio'r darllenydd o'r testun gan dynnu sylw at y ffaith mai cyfieithiad yw'r gwaith ac nid rhywbeth a gynhyrchwyd yn wreiddiol yn yr iaith honno. At hynny, mae'r dewisiadau a wneir am gywair ac am eirfa yn bwysicach fyth wrth drosi testun i blant neu i bobl ifanc. Rhaid cofio bod geirfa plant ifanc yn fwy cyfyng gan eu bod yn dysgu'r iaith o hyd, ac yn yr un modd bydd eu dealltwriaeth o batrymau cystrawennol, ffurfiau berfol a nodweddion yr iaith ysgrifenedig yn debyg o fod yn llai datblygedig. Daw'r dyfyniad isod o'r gyfrol *Prince Caspian* sy'n rhan o gyfres enwog C. S. Lewis (1898–1963), *The Chronicles of Narnia*. Cyfansoddwyd y straeon hyn yn ystod y 1950au ac fe droswyd nifer i'r Gymraeg yn ystod y 1980au. Er mai testunau o'r ganrif ddiwethaf ydynt, gwelwn fod iaith a chywair y cyfieithiadau hynny eisioes wedi dyddio mewn sawl ffordd. Cymharwch y dyfyniad isod o nofel wreiddiol C. S. Lewis â chyfieithiad Edmund T. Owen (1935–2017):

> At any rate, no one noticed that they had ever been away, and they never told anyone except one very wise grown-up. That had all happened a year ago, and now all four of them were sitting on a seat at a railway station with trunks and playboxes piled up round them. They were, in fact, on their way back to school. (Lewis 1951, t. 3)

> O leiaf, ni welodd neb eu colli ac ni soniwyd gair wrth undyn byw, dim ond wrth un person mewn oed, a hwnnw'n ddoethach na'r cyffredin. Digwyddasai hyn oll ryw flwyddyn ynghynt ac yn awr eisteddai'r pedwar yn yr orsaf yn disgwyl y trên, gyda bagiau a bocsys yn dryblith o'u cwmpas. Ar eu ffordd yn ôl i'r ysgol breswyl yr oeddynt, a hwythau wedi cyd-deithio cyn belled â'r orsaf honno, lle byddai rhaid gwahanu. (Lewis 1984, t. 9, cyf. Owen)

Llwydda'r cyfieithiad i symleiddio 'trunks and playboxes', sy'n darllen yn hen-ffasiwn ac anghyfarwydd, trwy ddewis 'bagiau a bocsys'. Ond eto mae'r defnydd o rediad ffurfiol y berfau (*digwyddasai, yr oeddynt*), ffurf ffurfiol ar y rhagenw cysylltiol (*hwythau*), ac efallai hefyd y negydd ffurfiol (*ni welodd, ni soniwyd*) yn golygu y gall y testun ymddangos yn gymhleth ac yn annaturiol i ddarllenydd ifanc cyfoes.

Mae anghenion y gynulleidfa yn fwy cymhleth fyth yn achos cyfieithiadau o ddramâu oherwydd dimensiwn y perfformiad. Yn gyffredinol, byddwn yn cyfansoddi dramâu i'w perfformio, naill ai ar lwyfan theatr, ar y teledu neu ar y sgrîn fawr ar ffurf ffilm. Mae profiad cynulleidfa drama yn wahanol mewn sawl ffordd i brofiad darllenydd. Yn ôl Egil Törnqvist (1991, tt. 5–6), gall y darllenydd brofi'r testun yn uniongyrchol, ond mae profiad y gynulleidfa yn anuniongyrchol. Hynny yw, wrth wylio perfformiad ar lwyfan, mae'r ddrama wedi ei siapio gan y cynhyrchydd a'r cyfarwyddwr. Y cynhyrchydd a'r cyfarwyddwr sy'n dewis y dodrefn a'r gwisgoedd ac sy'n arwain yr actorion. Profiad anuniongyrchol yw hwnnw. Wrth ddarllen drama neu nofel, dychymyg y darllenydd sy'n dewis ac yn creu'r elfennau hyn. Profiad uniongyrchol yw hwnnw. Mae'r gwaith yn symud yn syth o'r dramodydd i'r darllenydd, heb ymyrraeth o du dehongliad y cynhyrchydd a'r cyfarwyddwr.

Mae amser yn chwarae rôl wahanol yn achos y ddau brofiad hefyd. Wrth ddarllen drama, mae rhyddid gan y darllenydd i gymryd faint bynnag o amser ag sydd ei angen. Mae'n gallu ailddarllen darnau aneglur a dychwelyd at y testun ar wahanol adegau. Nid yw'r rhyddid hwn gan aelodau'r gynulleidfa. Mae'n rhaid iddynt wylio'r ddrama fel un perfformiad parhaol. Mae'r ddrama'n unionlin, yn rhedeg o'r dechrau i'r diwedd, heb oedi, a heb gyfle i ystyried ei hystyr yn ofalus cyn parhau. Yn ôl David Ritchie, 'On the page a play is fixed, permanent, spatially arranged [*a drefnwyd ar sail gofod*], and access to it is conceptual. On the stage a play is fluid, ephemeral [*dros dro*], primarily temporally arranged [*a drefnwyd ar sail amser*], and access to it is physical' (1984, t. 65). Mae'r testun ar bapur yn bodoli'n barhaol, ond mae pob perfformiad yn unigryw, ac yn fyrhoedlog.

Yn olaf, mae profiad y gynulleidfa'n fwy cyflawn na phrofiad darllenydd. Mae cynulleidfa yn gweld ac yn clywed holl elfennau'r ddrama ar y cyd (y ddeialog, y symudiadau, y gwisgoedd, manylion y llwyfan). Mae'n rhaid i'r darllenydd, ar y llaw arall, ddilyn geiriau a chyfarwyddiadau llwyfan y ddrama yn olynol fel y gwna yn achos nofel neu stori fer. Meddyliwch am gymeriad sy'n aros yn dawel am gyfnod hir heb siarad ond sydd yn parhau i fod yn bresenoldeb pwysig ar y llwyfan. Nid yw'r darllenydd yn ymwybodol o bresenoldeb y cymeriad hwn yn yr un ffordd. Mae'n weladwy i'r gynulleidfa, ond rhaid atgoffa'r darllenydd o bresenoldeb cymeriadau distaw gyda chymorth cyfarwyddiadau llwyfan.

Mae eglurder yn hollbwysig, felly, wrth gyfieithu drama gan nad yw'r gynulleidfa yn gallu ailwrando ar air sydd heb ei ynganu'n glir na mynd i chwilio am ystyr term neu gyfeiriad anghyfarwydd. Rhaid i'r cyfieithydd sicrhau y gall y gynulleidfa ddilyn pob elfen o'r perfformiad yn ddidrafferth drwy ychwanegu neu egluro cyfarwyddiadau llwyfan neu addasu natur iaith y ddeialog. Gwelwn enghraifft o'r addasu ieithyddol hwn yng nghyfieithiad Gwyn Thomas (1936–2016) o ddrama Samuel Beckett (1906–89), *Diwéddgan*. Mae'r cymeriad Clov yn cynnig edrych drwy 'sbinddrych' (telesgop) i weld a all ganfod unrhyw un yn y pellter. Yn y ddeialog defnyddia Gwyn Thomas y sillafiad llafar 'sbinddrych' tra bo'r cyfarwyddiadau llwyfan yn cynnwys y sillafiad safonol 'sbïenddrych' (Beckett 1969, t. 19, cyf. Gwyn Thomas). Mae 'sbinddrych' yn haws ei ynganu, yn fwy cyfarwydd i'w glywed, ac felly yn fwy 'llefaradwy'.[1] Mae'r dewis hwn yn adlewyrchu tueddiadau'r iaith lafar a'r iaith ysgrifenedig ac ystyriaeth y cyfieithydd o anghenion ei gynulleidfa.

Diwylliant

Er mai'r gynulleidfa yw blaenoriaeth llawer o gyfieithwyr, nid dyma ddewis pob un, ac mae'r tensiwn hwn yn effeithio ar sut y caiff cyfieithiad ei leoli yn ddiwylliannol. Fel rheol, mae gofyn i'r cyfieithydd ddewis rhwng dwy flaenoriaeth, sef y gynulleidfa a'r awdur. Dylai'r cyfieithydd sicrhau bod cyfieithiad yn glir ac yn ddealladwy i'r darllenydd, ond er mwyn gwneud hynny weithiau bydd rhaid addasu'r darn gwreiddiol a chrwydro o eiriau a bwriad tybiedig yr awdur. Dewis y cyfieithydd, felly, yw penderfynu anghenion pwy sydd bwysicaf: y darllenydd sy'n wynebu testun o ddiwylliant anghyfarwydd ynteu'r awdur sydd heb reolaeth dros ei waith wrth iddo gael ei drosi i iaith a diwylliant newydd. Yn ôl Friedrich Schleiermacher, 'Either the translator leaves the writer in peace as much as possible and moves the reader toward him; or he leaves the reader in peace as much as possible and moves the writer toward him' (2012, t. 49).

O safbwynt theoretig mae dwy ddamcaniaeth gyferbyniol ynghylch trosi diwylliant testun, sef domestigeiddio ac estroneiddio.[2] Enwyd y theorïau hyn yn y Saesneg yn wreiddiol (S. *domestication* a *foreignization*) ym 1988 gan Lawrence Venuti er eu bod yn bodoli fel cysyniadau ers canrifoedd. Wrth ddomestigeiddio, mae'r cyfieithydd yn dewis addasu'r testun fel ei fod yn cyd-fynd â diwylliant yr iaith darged. Y darllenydd yw'r flaenoriaeth, ac mae'r cyfieithydd yn sicrhau bod y darllenydd nid yn unig yn deall y darn, ond hefyd yn gallu uniaethu â'r cynnwys gan wneud y testun yn fwy cyfarwydd. Bydd cyfieithiad i'r Gymraeg, felly, yn cael ei Gymreigio, yn cael ei newid er budd cynulleidfa Gymraeg. Wrth estroneiddio, ar y llaw arall, mae'r cyfieithydd yn parchu natur a diwylliant gwreiddiol y gwaith, gan gadw cyd-destun, cyfeiriadau a chynnwys estron y darn. Yr awdur yw'r flaenoriaeth, ac mae'r cyfieithydd yn gwneud ymdrech i gadw'n agos at eiriau a bwriad y cyfansoddiad gwreiddiol. Bydd cyfieithiad o'r Ffrangeg, er enghraifft, yn cadw ei naws Ffrengig, ac yn aros yn anghyfarwydd i raddau i gynulleidfa Gymraeg.

Wrth ddewis lleoliad diwylliannol cyfieithiad, gall y cyfieithydd ddewis addasu ynteu barchu nifer o elfennau. Bydd cyfieithydd sy'n blaenoriaethu'r darllenydd trwy ddomestigeiddio testun yn addasu cyfeiriadau at bethau diwylliannol, hanesyddol neu ddaearyddol megis enwau cymeriadau, lleoliad digwyddiadau, mesuriadau, amser ac arian. Mae domestigeiddio hefyd yn cwmpasu addasiadau ieithyddol megis defnydd o idiomau cyfarwydd, cywair sy'n addas i'r darllenydd, neu nodweddion ieithyddol penodol fel atalnodi sy'n naturiol yn yr iaith darged. Mae'r cyfieithydd sy'n domestigeiddio yn ceisio sicrhau bod profiad darllenydd y cyfieithiad yr un mor rhwydd â phrofiad darllenydd y gwreiddiol. Fel y dywed Eugene Nida, 'The translator must be a person who can draw aside the curtains of linguistic and cultural differences so that people may see clearly the relevance of the original message' (1986, t. 14).

Os edrychwn eto ar addasiad Cymraeg Edmund T. Owen, *Yn ôl i Wernyfed*, gwelwn sawl enghraifft o ddomestigeiddio ar waith yn y dyfyniad isod.

Faint o enghreifftiau ydych chi'n gallu eu hadnabod?

> 'By Jove, Ed,' said Peter. 'I believe you've got it. In that sense it really was hundreds of years ago that we lived in Cair Paravel. And now we're coming back to Narnia just as if we were Crusaders or Anglo-Saxons or Ancient Britons or someone coming back to modern England!' (Lewis 1951, t. 32)

> 'Diaist i, Ned!' ebe Rhodri. 'Dyna daro'r hoelen ar ei phen! Os yw hyn yn wir, yna roeddem yn byw yng Nghastell Caerloea mewn gwirionedd gannoedd o flynyddoedd yn ôl. Ac yn awr dyma ni'n dychwelyd i Wernyfed fel pe baem ni'n Groesgadwyr neu'n Normaniaid neu'n hen Frythoniaid yn glanio drachefn yng Nghymru'r ugeinfed ganrif!' (Lewis 1984, t. 9, cyf. Owen)

Yn gyntaf, ceir enghreifftiau o ddomestigeiddio'r iaith drwy ddefnydd o'r idiom Gymraeg 'taro'r hoelen ar ei phen', ac addasiad i'r atalnodi i ddangos mai ebychiad yw 'Diaist i' yn y Gymraeg. Ymhellach, mae lleoliadau'r darn, rhai ffuglennol a rhai go iawn, wedi eu trosglwyddo i gyd-destun Cymreig. Er bod dylanwad ieithoedd Celtaidd ac ieithoedd clasurol ar ddewisiadau gwreiddiol Lewis, mae'n glir bod y fersiynau Cymraeg wedi eu Cymreigio'n llwyr. Castell Caerloea yw Cair Paravel, Gwernyfed yw Narnia, ac mae'r Normaniaid yn glanio yng Nghymru'r ugeinfed ganrif yn lle'r Eingl-Sacsoniaid yn cyrraedd Lloegr fodern. Yn olaf, mae enwau'r cymeriadau wedi eu domestigeiddio a'u trosi'n rhai Cymraeg. Rhodri, Meinir, Luned a Ned yw'r plant sy'n ymweld â Narnia, yn hytrach na Peter, Susan, Lucy ac Edmund. Ond trwy Gymreigio'r enwau hyn, collir cysylltiad pwysig ag enw'r bachgen hynaf, Peter, gan fod thema grefyddol i straeon C. S. Lewis ac fe gysylltir Peter â'r disgybl o'r un enw yn y Beibl. Mae'r cyfieithydd wedi trosi'r gwaith ar draul syniadau'r awdur, felly.

O droi at y theori gyferbyniol, estroneiddio, gwelwn fod cyfieithwyr sy'n dilyn y dull hwn yn dewis parchu bwriad, syniadau a geiriau'r awdur gwreiddiol a hynny weithiau ar draul y darllenydd. Gall cyfieithiad sydd wedi ei estroneiddio gadw cyfeiriadau diwylliannol, daearyddol a hanesyddol yn ogystal ag elfennau estron o'r iaith ffynhonnell. Er enghraifft, mae *Y Porth Cyfyng* (1975), cyfieithiad Elenid Jones o nofel André Gide, *La Porte Étroite* (1909), wedi ei leoli yn Ffrainc ac yn cadw'r enwau Ffrangeg: 'tua chanol Mehefin, gadawem am Fongeusemare, gerllaw Le Havre, lle y caem groeso bob haf gan f'ewythr' (Gide 1975, t. 11, cyf. Jones). Mae ffurfiau cryno'r berfau amherffaith hefyd yn cyfleu cywair ffurfiol y cyfieithiad sy'n efelychu iaith a chyfnod y gwreiddiol.

Bydd cyfieithwyr weithiau'n dewis esbonio'r agweddau anghyfarwydd hyn i'r darllenydd ar ffurf troednodiadau fel y gall y darllenydd ddeall cyd-destun y gwaith er ei fod yn ymddangos yn estron. Gwelir enghraifft o hyn yn y dyfyniad isod o gyfieithiad Saesneg Sioned Davies o'r Mabinogi:

> Pwyll, prince of Dyfed, was lord of the seven cantrefs of Dyfed.* Once upon a time he was at Arberth, one of his chief courts, and it came into his head and his heart to go hunting. The part of the realm he wanted to hunt was Glyn Cuch.* (Davies 2007, t. 3)

Mae'r dyfyniad yn cadw enwau a lleoliadau Cymraeg fel Pwyll, Dyfed, Arberth a Glyn Cuch heb eu trosi i gyd-destun Seisnig, ond trwy ddefnyddio troednodiadau mae Davies yn cynnig esboniadau o'r enwau hyn i gynorthwyo'r darllenydd. Er enghraifft:

> *Pwyll, prince of Dyfed* [. . .] *seven cantrefs of Dyfed*: the name Pwyll means 'wisdom, caution'. Dyfed is an area in the south-west of Wales, comprising today's Pembrokeshire and part of Carmarthenshire. *Cantref* was the basic territorial administrative unit in medieval Wales [. . .] *Arberth, one of*

his chief courts [. . .] *Glyn Cuch: Arberth* is usually equated with the town of Arberth in Pembrokeshire (English: Narberth), which the Cuch Valley runs along the border of Pembrokeshire and Carmarthenshire. (Davies 2007, t. 228)

Nid mewn cyfieithiadau llenyddol yn unig y gwelir addasiadau diwylliannol fel y rhain. Mae arwyddion ffyrdd ar draws Cymru yn gofyn i yrwyr ceir arafu i gyflymder 'Dead Slow', ac mewn rhai mannau yr ymadrodd 'Fel Malwen' a geir fel cyfieithiad. Yn hytrach na chyfieithu'n llythrennol, mae'r trosiad Cymraeg hwn yn defnyddio ymadrodd sy'n fwy naturiol a chyfarwydd i'r darllenydd Cymraeg. Yn yr un modd, mae enw Amgueddfa Werin Sain Ffagan fymryn yn wahanol yn Saesneg. 'Sain Ffagan Amgueddfa Werin Cymru' yw'r enw Cymraeg tra bo'r fersiwn Saesneg yn llai penodol: 'St Fagans National Museum of History'. Gan y byddai darllenydd Saesneg yn llai tebygol o wybod llawer am hanes gwerin Cymru, ni fyddai cyfieithiad llythrennol mor debygol o fod yn ystyrlon, felly defnyddir yr enw cyffredin 'hanes' i ddenu cynulleidfa ehangach o dwristiaid i ymweld â'r lleoliad.

Iaith

Y prif dyndra arall y mae cyfieithydd yn ei wynebu yw'r tyndra rhwng iaith ac ystyr. Cyfansoddir darnau llenyddol mewn ffurf benodol (englyn, soned, nofel, stori fer) gan wneud defnydd o nodweddion arddull penodol megis odl, cyflythrennu, rhythm, patrwm sillafau neu ailadrodd. Bydd testunau o gyd-destun proffesiynol hefyd yn gwneud defnydd o iaith soniarus a chreadigol yn aml er mwyn dal sylw'r gynulleidfa. Gan fod penawdau a hysbysebion yn aml yn defnyddio cyflythrennu ac odl er mwyn bod yn gofiadwy, mae'r cyfieithydd proffesiynol yn wynebu'r un cyfyng-gyngor â'r cyfieithydd llenyddol. Dewis y cyfieithydd yw i ba raddau y dylid efelychu'r nodweddion arddulliol hyn gan dderbyn bod rhaid addasu agweddau ar yr ystyr gwreiddiol i gyflawni hynny. Yr enw ar y dull cyfieithu sy'n blaenoriaethu ystyr neu gynnwys testun yw cyfieithu agos neu lythrennol, a'r enw ar y math sy'n blaenoriaethu ieithwedd neu arddull testun yw cyfieithu rhydd.

Mae'r tensiwn hwn yn amlwg iawn wrth gyfieithu darnau llenyddol fel barddoniaeth neu ddramâu, yn enwedig dramâu mydryddol, lle mae pwyslais arbennig ar odl a rhythm. Enghraifft ddiddorol o hyn yw cyfieithiad Gwyn Thomas o ddrama Shakespeare, *A Midsummer Night's Dream* (*Breuddwyd Nos Ŵyl Ifan*). Penderfynodd Gwyn Thomas roi pwyslais ar yr iaith yn hytrach na'r cynnwys wrth gyfieithu'r ddrama hon. Dywed yn ei ragymadrodd: 'Yr hyn yr anelwyd ato yw cadw ystyr, cyn belled ag y gellid, ond cadw ysbryd y gwreiddiol yn fwy fyth' (1999, t. viii). O ganlyniad, mae'n crwydro fymryn o'r gwreiddiol, ar adegau, er mwyn defnyddio gair sy'n odli yn y Gymraeg.

Faint o amrywiaethau ydych chi'n gallu eu hadnabod rhwng y gwreiddiol a'r cyfieithiad yn y dyfyniad isod?

Over hill, over dale,	Dros fryniau, dros ddolydd,
Thorough bush, thorough brier,	Trwy lwyni, trwy ddrain,
Over park, over pale,	Dros berci, dros wledydd,
Thorough flood, thorough fire,	Trwy ddyfroedd, trwy dân,
I do wander everywhere,	Rydw i'n crwydro i bob gwlad,
Swifter than the moon's sphere;	Yn gynt na rhod y lleuad;
And I serve the fairy queen,	Gwas ein Brenhines ydw i
To dew her orbs upon the green.	I wlitho'i chylchoedd gleision hi.
(2005, tt. 27–8)	(1999, t. 13)

Defnyddiwyd sawl enw lluosog yn lle'r enwau unigol gwreiddiol ('dolydd' / 'dale'; 'llwyni' / 'bush'; 'dyfroedd' / 'flood'); dewiswyd 'i bob gwlad' yn lle 'i bob man' er mwyn odli â 'lleuad'; ac addaswyd ystyr y cwpled olaf er mwyn creu odl addas.

Bydd nifer yn dadlau bod colled ynghlwm wrth unrhyw gyfieithiad oherwydd y tyndra anochel hwn rhwng iaith ac ystyr. Mae'r cyfieithydd yn dewis rhwng posibiliadau helaeth ond mae gwahanol ieithoedd yn unigryw 'o ran strwythur eu gramadeg, patrwm eu seiniau, rhwydwaith eu geirfa', chwedl M. Wynn Thomas (1995, t. 26), ac felly mae'r bwlch rhwng yr ieithoedd yn rhy fawr i'w gau. Dyma yw ergyd y dywediad enwog yn yr Eidaleg 'traduttore, traditore', sef 'cyfieithydd, bradwr' neu 'bradwr yw'r cyfieithydd'. Cred nifer fod y weithred gyfieithu ei hun yn frad, oherwydd wrth gyfieithu testun mae'n rhaid iddo newid rywfaint. Nid oes modd cadw ystyr y darn ynghyd ag effaith yr iaith a'r arddull oherwydd yr amrywiaethau anochel rhwng yr ieithoedd. Gall gwahaniaethau gramadegol rhwng ieithoedd achosi heriau ieithyddol sy'n mynd y tu hwnt i ystyriaethau am arddull a sain ac mae gofyn i'r cyfieithydd bwyso a mesur faint y gellir ei addasu. Er enghraifft, yn y Gymraeg, fel yn achos yr ieithoedd Romáwns (megis Catalaneg, Eidaleg, Ffrangeg a Sbaeneg), mae cenedl gan enwau o bob math. Mae'r enw *blodyn* yn wrywaidd yn y Gymraeg ond mae'r enw *fleur* yn fenywaidd yn Ffrangeg. Fel y noda Sioned Davies (2012, t. 134), addaswyd y Gwningen Wen fel bod y cymeriad yn fenywaidd yn *Anturiaethau Alys yng Ngwlad Hud* tra bo'r 'white rabbit' gwreiddiol yn wrywaidd yn nofel Saesneg Lewis Carroll *Alice in Wonderland*. Ar y llaw arall, dewisodd Emily Huws ddefnyddio rheolau treiglo'r Gymraeg i sicrhau mai bachgen fyddai Guto Gwningen fel Peter Rabbit, a hynny gan ychwanegu cyflythrennu cofiadwy at yr enw (Potter 1995, cyf. Huws). Yn achos anifeiliaid *The Wind in the Willows* gan Kenneth Grahame, dewiswyd parchu cenedl y cymeriadau er bod amrywiaethau yng nghenedl enwau'r anifeiliaid mewn sawl iaith. Er enghraifft, erys Mole yn gymeriad gwrywaidd yng nghyfieithiadau Ffrangeg ac Eidaleg y gyfrol er mai enwau benywaidd yw *Taupe* a *Talpa* ill dau (Grahame 1996, cyf. Rossi; 2003, cyf. Lomré).

Ac eto, er gwaethaf yr anawsterau sy'n codi wrth bontio dwy iaith, mae cyfieithu hefyd yn gyfle i arddangos creadigrwydd ieithyddol y cyfieithydd yn ogystal â chyfoeth yr iaith darged. Mae cyfieithu ac ysgrifennu yn mynd law yn llaw, ac felly dylid talu sylw i'r 'often overlooked creative element in translation' (Loffredo a Perteghella 2006, t. 2). Mae sain geiriau yn hollbwysig yn y Gymraeg, er enghraifft, a hithau'n iaith sydd â hanes hir o berfformio llenyddiaeth ar lafar. Yn ôl Angharad Price, 'Rhaid cofio bod gan iaith gorff, yn ogystal â meddwl; mae iaith yn canu ac yn siarad. Yn y traddodiad llenyddol Cymraeg, y traddodiad cynganeddol yn enwedig, a hynny hyd heddiw, mae sŵn geiriau erioed wedi bod cyn bwysiced â'u hystyr' (1997, t. 31). Er enghraifft, lluniwyd poster chwareus ac effeithiol gan Gyngor Caerdydd i annog pobl i beidio â thaflu sbwriel. Dywed yr ochr

Saesneg, 'Don't be a Tosser. You brought your rubbish here, please take it home with you', sy'n mynegi beirniadaeth y Cyngor a'r cyhoedd ar unrhyw un sy'n creu llanastr gan chwarae ag ystyr y geiriau *toss* (taflu) a *tosser* (term sathredig am rywun annymunol). Efelychir hyn yn effeithiol yn y Gymraeg: 'Dwli yw twlu. Paid bod yn dwlsyn. Ti ddaeth â'r sbwriel yma, Nawr cer â fe adre.'[3]

Gwelir cyfieithwyr creadigol yn manteisio ar y cyfle i chwarae ag arddull darnau llenyddol yn aml. Er enghraifft, yn y cyfieithiad Cymraeg *Fel y Tybiwch, y Mae* (1985), llwyddir i gyflwyno pwyslais ar ffurf cyflythrennu nad yw'n bodoli yn nrama wreiddiol Luigi Pirandello *Così è, se vi pare* (1917): 'Mae gan bawb ei wendidau, a rhaid inni geisio goddef ein gilydd' (Pirandello 1958, t. 33, cyf. T. Gwynfor Griffiths a J. O. Davies).[4] Yn yr un modd, mae treiglad llaes y Gymraeg yn creu teitl bachog i gyfieithiad Dyfnallt ac Eleri Morgan o ddrama arall gan Pirandello, *Sei personaggi in cerca d'autore* (1921), sef *Chwe Chymeriad yn Chwilio am Awdur* (1981) yn y Gymraeg.

Am hynny, mae natur gryno, gofiadwy teitlau a phenawdau yn arddangos creadigrwydd, hyblygrwydd a gallu cyfieithwyr ar frig testunau llenyddol a phroffesiynol fel ei gilydd. Fel y dywed Angharad Price, 'Peth pwysig iawn ydi teitl. Teitl, yn aml, sy'n gogwyddo'n darlleniad ni o stori neu gerdd neu ddrama ar y dechrau cyntaf' (1997, t. 32). Dewisodd T. Ceiriog Williams hepgor manylyn o deitl drama Bill Naughton, *Spring and Port Wine* (1967), er mwyn cyflythrennu *Gwanwyn a Gwin* (1980). Yn debyg, newidiodd Rhiannon Davies a T. Ifor Rees deitl *La Neige en Deuil* (1952 ['Eira yn galaru']) gan Henri Troyat er mwyn cyflythrennu'r teitl Cymraeg, *Y Meirw ar y Mynydd* (1965).

Mae hi yr un mor bwysig i'r cyfieithydd sicrhau bod pennawd yn fachog mewn cyd-destunau proffesiynol fel ei fod yn gofiadwy. Yn ystod pandemig COVID-19, defnyddiodd Cyngor Ceredigion y pennawd 'Don't Burst Your Bubble' i annog trigolion y sir i beidio â chymysgu gormod ac i osgoi lledaenu'r feirws, a'r datrysiad dyfeisgar a grëwyd yn Gymraeg oedd 'Sefwch yn eich Swigen'. Gwelir hefyd enghreifftiau o gyfieithu creadigol mewn enwau sefydliadau adnabyddus megis 'Citizens Advice Bureau' sef 'Cyngor Ar Bopeth' yn Gymraeg. Defnyddir llythrennau cyntaf y geiriau Saesneg fel bod yr un talfyriad yn y ddwy iaith ond mae'r enw Cymraeg yn fwy disgrifiadol ac yn esbonio natur a phwrpas y sefydliad i'r cyhoedd. Bydd pawb hefyd yn gyfarwydd ag enw Cymraeg y peiriant palu 'Jac Codi Baw' a ddatblygwyd ar sail llythrennau cyntaf Joseph Cyril Bamford a ddyfeisiodd y peiriant JCB. Unwaith eto, mae'r cyfieithiad Cymraeg yn cyfleu llawer mwy na'r enw gwreiddiol. Gwelwn nad oes colled yn achos pob cyfieithiad, felly, ac y gall cyfieithu gyfoethogi testun neu enw. Ys dywed Jacques Derrida, 'The translation will truly be a moment in the growth of the original, which will complete itself *in* enlarging itself' (Derrida 1985, t. 188, cyf. Joseph F. Graham).

Casgliad

Defnyddiodd y dramodydd Rwseg, Nikolai Gogol gymhariaeth am y broses gyfieithu a dyfodd yn gysyniad poblogaidd, sef y dylai cyfieithiad weithredu fel darn o wydr. Os felly, dylai'r darllenydd allu gweld y gwaith gwreiddiol trwy'r cyfieithiad heb fod yn ymwybodol o unrhyw newid nac o ddylanwad y cyfieithydd ar y gwaith. Mae sicrhau cyfieithiad naturiol a chlir yn sicr yn gamp fawr, ond mae creu testun hollol dryloyw sy'n union debyg i'r darn gwreiddiol a gyfansoddwyd mewn iaith a diwylliant gwahanol yn amhosibl. Mae'n rhaid i'r cyfieithydd ddewis naill ai addasu testun er lles ei gynulleidfa neu gadw'n agos at eiriau a syniadau'r awdur gwreiddiol. Rhaid dewis lleoli'r darn yn y diwylliant estron neu ei drosi i ddiwylliant cyfarwydd. Rhaid hefyd ddewis addasu ystyr y gwaith er mwyn cyfleu effaith ei arddull a'i ffurf neu aberthu creadigrwydd a sain yr iaith er mwyn cadw'n ffyddlon at ei ystyr yn llwyr. Drwy gyfieithu testun, boed hwnnw'n gyfansoddiad llenyddol neu'n ddogfen broffesiynol, mae'r testun yn dyfod yn rhywbeth gwahanol, mae'n datblygu ac yn newid. I rai bydd y cyfieithiad yn golled neu'n grebachiad (e.e. Pirandello 1965), i eraill bydd yn gyfoethogiad sy'n galluogi'r testun gwreiddiol i oroesi mewn byd newydd (e.e. Benjamin 2012). Beth bynnag yw'r trosiad a ddewiswn, gwelwn fod cyfieithu yn golygu llawer mwy na newid geiriau, ac mae darllen cyfieithiadau yn dysgu pob math o bethau inni am wahanol ddiwylliannau, am gyfoeth a chreadigrwydd gwahanol ieithoedd ac am ddewisiadau hanfodol y cyfieithwyr sy'n eu creu.

Cyfeiriadau

Bassnett, Susan. 1998. *Constructing Cultures: Essays on Literary Translation*. Clevedon: Multilingual Matters.

Beckett, Samuel. 1969. *Diwéddgan*, cyf. Gwyn Thomas. Caerdydd: Gwasg Prifysgol Cymru.

Benjamin, Walter. 2012. The Task of the Translator, cyf. Steven Rendall. Yn: Venuti, Lawrence. gol. *The Translation Studies Reader: Third Edition*. Llundain ac Efrog Newydd: Routledge, tt. 75–83.

Davies, Sioned. 2007. *The Mabinogion*. Rhydychen: Oxford University Press.

— 2012. O Alice i Alys: Cyfieithu Clasur i'r Gymraeg. *Llên Cymru* 35, tt. 116–46.

Derrida, Jacques. 1985. Des Tours de Babel, cyf. Joseph F. Graham. Yn: Graham, Joseph F. gol. *Difference in Translation*. Ithaca a Llundain: Cornell University Press, tt. 165–208.

Gide, André. 1975. *Y Porth Cyfyng*, cyf. Elenid Jones. Dinbych: Gwasg Gee.

Grahame, Kenneth. 1996. *Il vento nei salici*, cyf. M. Rossi. Turin: Einaudi.

— 2003. *Le vent dans les saules*, cyf. Maurice Lomré. Paris: Pastel, l'école des loisirs.

Lewis, C. S. 1951. *Prince Caspian*. Efrog Newydd: Harper Collins

— 1984. *Yn ôl i Wernyfed*, cyf. Edmund T. Owen. Pen-y-bont ar Ogwr: Gwasg Efengylaidd Cymru.

Loffredo, Eugenia a Perteghella, Manuela. 2006. Introduction. Yn: Loffredo, Eugenia a Perteghella, Manuela. goln. *Translation and Creativity: Perspectives on Creative Writing and Translation Studies*. Llundain ac Efrog Newydd: Continuum, tt. 1–16.

Llywodraeth Cymru. 2014. Bwyta'n Iach mewn Ysgolion a Gynhelir. [Ar-lein]. Ar gael. *https://llyw.cymru/sites/default/files/publications/2018-12/bwyta-n-iach-mewn-ysgolion-a-gynhelir-canllawiau-statudol-i-awdurdodau-lleol-a-chyrff-llywodraethu.pdf*, cyrchwyd 10 Medi 2021.

Naughton, Bill. 1980. *Gwanwyn a Gwin*, cyf. T. Ceiriog Williams, Casgliad 'Drama Association of Wales Drama Collection', FDL/3, Bocs 91 (1980).

Nida, Eugene. 1941. *Toward a Science of Translating: With Special Reference to Principles and Procedures involved in Bible Translating*. Leiden: E. J. Brill.

Nida, Eugene a de Waard, Jan. 1986. *From One Language to Another: Functional Equivalence in Bible Translating*. Nashville: Nelson.

Pirandello, Luigi. 1958. *Fel y Tybiwch, y Mae*, cyf. T. Gwynfor Griffith a J. O. Davies Dinbych: Gwasg Gee.

— 1965. Illustratori, Attori e Traduttori. Yn: Lo Vecchio-Musti, Manlio. gol. *Saggi, Poesie, Scritti Varii*. Verona: Mondadori, tt. 207-24.

— 1992. *Liola, Così è (se vi pare)*. Milano: Mondadori.

Potter, Beatrix. 1995. *Guto Gwningen*, cyf. Emily Huws. Llandwrog: Cyhoeddiadau Sain.

Price, Angharad. 1997. Cyfoeth Cyfieithu. *Taliesin*, 100 (Gaeaf 1997), tt. 11-39.

Ritchie, David. 1984. The 'Authority' of Performance. Yn: Zuber-Skerritt, Ortun. gol. *Page to Stage: Theatre as Translation*. Amsterdam: Rodopi, tt. 65-73.

Schleiermacher, Friedrich. 2012. On the Different Methods of Translating, cyf. Susan Bernofsky. Yn: Venuti, Lawrence. gol. *The Translation Studies Reader: Third Edition*. Llundain: Routledge, tt. 43-63.

Shakespeare, William. 2005. *A Midsummer Night's Dream*. New Haven a Llundain: Yale University Press.

Thomas, Gwyn. 1999. Rhagair. Yn: Shakespeare, William, *Breuddwyd Nos Ŵyl Ifan*, cyf. Gwyn Thomas. Llandysul: Gwasg Gomer, 1999.

Thomas, M. Wynn. 1995. Rhagymadrodd. Yn: Whitman, Walt. *Dail Glaswellt*, cyf. M. Wynn Thomas. Caerdydd: Yr Academi Gymreig.

Törnqvist, Egil. 1991. *Transposing Drama: Studies in Representation*. Basingstoke: Macmillan.

Troyat, Henri. 1965. *Y Meirw ar y Mynydd*, cyf. Rhiannon Davies a T. Ifor Rees. Llandybïe: Llyfrau'r Dryw.

Wellwarth. George. 1981. Special Considerations in Drama Translation. Yn: Rose, Marilyn Gaddis. gol. *Translation Spectrum. Essays in Theory and Practice*. Albany: State University of New York Press, tt. 140-6.

Venuti, Lawrence. 2008. *The Translator's Invisibility: A History of Translation*. Ail Argraffiad. Llundain ac Efrog Newydd: Routledge.

Nodiadau

1. Mae George Wellwarth (1981, t. 140) yn diffinio'r hyn sy'n 'llefaradwy' fel deialog y mae'n hawdd i actor ei ynganu.
2. Mae rhai beirniaid hefyd yn defnyddio'r termau 'cartrefoli' (domestigeiddio) ac 'estronoli' (estroneiddio) yn y Gymraeg.
3. [Ar-lein]. Ar gael: *https://m.facebook.com/cardiff.council1/photos/a.526628424144287/1814315575375559*, cyrchwyd 8 Gorffennaf 2021.
4. Fy mhwyslais i. Dyma'r Eidaleg wreiddiol: 'Abbiamo ognuno le nostre debolezze, e bisogna che ce le compatiamo a vicenda.' Pirandello, Luigi. 1992. *Liola, Così è (se vi pare)*. Milano: Mondadori, t. 83.

13

Y Cyfrifiad, Fifa a William Morgan: Rhai o Hunaniaethau'r Cymry

Peredur I. Lynch

I

Un o'r grymoedd sydd wedi dylanwadu ar hanes y byd ers dros ddwy ganrif bellach yw cenedlaetholdeb a ffenomenâu cysylltiedig fel hunaniaeth genedlaethol. Wrth astudio'r Gymraeg bydd yn anodd iawn osgoi trafod cenedlaetholdeb. Amhosibl fyddai astudio barddoniaeth Gerallt Lloyd Owen neu hanes diweddar yr iaith heb wneud hynny. Gall astudio'r Gymraeg fel pwnc gradd ein harwain felly at groesffyrdd rhyngddisgyblaethol diddorol. Yn yr ysgrif hon cawn enghraifft o'r modd y gall hanes diwylliannol, astudiaethau llenyddol ac ysgolheictod theoretig ynghylch cenedlaetholdeb orgyffwrdd â'i gilydd.

II

Mae paradocs yn perthyn i genedlaetholdeb ac i'r syniad o hunaniaeth genedlaethol. Gallant roi sicrwydd i bobl ynghylch pwy ydynt, ond maent yn rhyfeddol o anodd eu diffinio. O ofyn cwestiynau syml yn eu cylch, ni ellir yn aml roi atebion syml. Yng Nghyfrifiad y Deyrnas Gyfunol yn 2021, roedd disgwyl i bobl ddisgrifio'u 'hunaniaeth genedlaethol'. Un o'r diffiniadau oedd 'Cymro/Cymraes'. Ond beth yw 'Cymro/Cymraes'? Dyna gwestiwn ymddangosiadol elfennol a gellid ei ateb drwy nodi mai 'Cymro/Cymraes' yw pob un sy'n dymuno ei alw'i hun yn 'Gymro/Cymraes'. I lawer bydd yr ymdeimlad yn rhywbeth greddfol nad oes angen ei ddadansoddi. Onid mater o synnwyr cyffredin ydyw?

Ond beth petaem yn hawlio diffiniadau manylach? A oes rhagofynion ar gyfer bod yn 'Gymro/Cymraes'? A yw'r ffaith fod rhywun wedi ei eni yng Nghymru yn un ohonynt? Beth am rywun a gafodd ei eni mewn gwlad arall heb unrhyw gefndir teuluol Cymreig? Beth petai'n symud i Gymru ac yn uniaethu'n frwd â'r wlad? A beth am unigolyn a aned i riant neu rieni Cymreig y tu allan i Gymru ac nad yw erioed wedi byw yng Nghymru?

A oes cyswllt wedyn rhwng yr iaith Gymraeg a bod yn 'Gymro/Cymraes'? Cyn y newid ieithyddol mawr yng Nghymru o chwarter olaf y bedwaredd ganrif ar bymtheg ymlaen, roedd yr iaith yn rhan annatod o'r hunaniaeth Gymreig – roedd 'Cymro/Cymraes' hefyd yn siarad Cymraeg yn ôl y farn gyffredin. Yn yr Oesoedd Canol roedd y gair *iaith* hefyd yn golygu 'pobl, cenedl', a gair arall am rywun estron oedd *anghyfiaith* 'un heb fod o'r un iaith' (GPC). Ond i'r mwyafrif o bobl sy'n eu hystyried eu hunain yn Gymry heddiw, nid yw siarad Cymraeg yn un o'r rhagofynion. Yng Nghyfrifiad 2011, allan o 3,063,456 o breswylwyr arferol Cymru, nododd 1,979,553 (65%) mai 'Cymreig' (y disgrifiad yn 2011) oedd eu 'hunaniaeth genedlaethol'. Roedd hynny dros dair gwaith yn fwy na'r 562,000 (19%) o siaradwyr Cymraeg a gofnodwyd yn yr un Cyfrifiad.[1] A sylwer nad oes cyswllt awtomatig rhwng siarad Cymraeg a meddu ar hunaniaeth genedlaethol Gymreig. O blith y 343,752 a nododd fod ganddynt hunaniaeth genedlaethol Seisnig, dywedodd 6% eu bod yn gallu siarad Cymraeg.

Nid oes felly ddiffiniad syml o'r hyn yw 'Cymro/Cymraes' ac nid oes diffiniad cyfreithiol. Er bod Cymru'n genedl ddatganoledig sy'n rhan o'r Deyrnas Gyfunol, nid yw'n genedl sofran annibynnol. Nid oes felly ddinasyddiaeth neu genedligrwydd Cymreig a gydnabyddir yn rhyngwladol. (Mae'r un peth yn wir am Loegr, yr Alban a Gogledd Iwerddon.) Wrth deithio'n rhyngwladol, fel dinasyddion Teyrnas Gyfunol Prydain Fawr a Gogledd Iwerddon y gwnawn hynny. Mae ein pasbort yn dweud mai 'Dinesydd Prydeinig' ydym o ran cenedligrwydd. Mewn cyfraith gyhoeddus ryngwladol – y gyfraith sy'n diffinio perthynas cenhedloedd sofran â'i gilydd – defnyddir *cenedligrwydd* (S. 'Nationality' / Ffr. 'Nationalité') yn benodol iawn i ddynodi'r cwlwm cyfreithiol rhwng unigolyn a gwladwriaeth sofran, sef y cyflwr o fod yn ddinesydd neu ddeiliad y wladwriaeth honno. Yn y cyd-destun hwn, nid yw cenedligrwydd Cymreig yn bod. Dyna paham y defnyddir *hunaniaeth genedlaethol* yn y Cyfrifiad, sy'n llacach ei ystyr na *cenedligrwydd* ac yn cwmpasu'n ddiffiniadau personol o'n perthynas â gwlad neu bobl. Ac eto, yn *Geiriadur Prifysgol Cymru* mae 'bodolaeth fel cenedl, cenedlaetholdeb' a 'gwladgarwch' ymhlith ystyron *cenedligrwydd* (GPC). A'r gwir yw ein bod yn defnyddio *cenedligrwydd* mewn modd tebyg i *hunaniaeth genedlaethol*. Fe'i defnyddiwn wrth drafod yr ymdeimlad o Gymreictod ac o berthyn i Gymru.

Mae'r ymdeimlad o genedligrwydd Cymreig yn mynd yn ôl ganrifoedd, hyd at y nawfed ganrif efallai (Davies et al., tt. 156–7). Ond nid peth digyfnewid ydyw. Er enghraifft, credai'r Cymry gynt eu bod yn grŵp o bobl oedd yn tarddu o'r un bôn. Yn ôl y myth ethnig hwn, eu hynafiaid oedd trigolion cynharaf Ynys Prydain, a daethant i'r ynys o dan arweiniad gŵr o'r enw Brutus a oedd yn or-ŵyr i'r arwr Aeneas o Gaerdroea (dinas wedi'i lleoli yn y wlad a elwir Twrci heddiw). Parhaodd y myth hwn o'r Oesoedd Canol hyd at ddiwedd y bedwaredd ganrif ar bymtheg (Roberts 1971). Yn wir, byddai wedi bod yn rhan greiddiol o hunaniaeth genedlaethol rhywun fel Owain Glyndŵr. Ond prin y mae enw Brutus yn golygu unrhyw beth i drigolion Cymru heddiw. Enghraifft arall o natur gyfnewidiol cenedligrwydd yw agweddau'r bedwaredd ganrif ar bymtheg tuag at yr Ymerodraeth Brydeinig. Bryd hynny, nid oedd tensiwn rhwng ymdeimlad o Gymreictod a balchder o fod yn rhan o'r ymerodraeth fwyaf a welodd y byd erioed. Arwres miloedd o Gymry oedd y frenhines Victoria. A ydym yn ymfalchïo yn yr hanes hwnnw heddiw? A throi'n ôl at Gyfrifiad 2011, cofier bod 217,880 o'r rhai a nododd mai 'Cymreig' oedd eu hunaniaeth genedlaethol hefyd yn arddel hunaniaeth genedlaethol 'Brydeinig', ac roedd

20% ohonynt yn siaradwyr Cymraeg.[2] Mae hynny'n ein hatgoffa nad peth unffurf yw cenedligrwydd Cymreig ar ddechrau'r unfed ganrif ar hugain. Gall hunaniaethau ethnig, a rhai'n ymwneud â chrefydd, rhywedd a rhywioldeb, hefyd gydblethu â hunaniaeth genedlaethol llawer o drigolion Cymru (Brooks 2021; Higham 2020; Jones 2015; Sheppard 2018; Whittaker 2016).

Beth yw 'Cymro/Cymraes'? Amwys fu'r ateb. Ond beth am gymhlethu'r darlun ymhellach? Ym maes chwaraeon rhyngwladol y Norm yw bod timau cenedlaethol yn cyfateb i wladwriaethau sofran. Ond ceir eithriadau. Yn 2021 roedd gan y Cenhedloedd Unedig (y corff y perthyna gwladwriaethau sofran y byd iddo) 193 o aelodau ac roedd gan 185 ohonynt gymdeithasau pêl-droed cenedlaethol a berthynai i FIFA (*Fédération Internationale de Football Association*). Ond mae gan FIFA ddeunaw o aelodau nad ydynt yn wladwriaethau sofran (Düerkop a Ganohariti 2021). Er enghraifft, mae gan Ynysoedd y Ffaroe fesur o ymreolaeth, ond rhan ydynt o deyrnas sofran Denmarc. Eto mae ganddynt dîm pêl-droed cenedlaethol; felly hefyd Puerto Rico a Guam sy'n rhannau anghorfforedig o Unol Daleithiau'r America. Enghreifftiau amlwg eraill yw timau'r Alban, Cymru, Gogledd Iwerddon a Lloegr. Fel y noda FIFA, i ddibenion pêl-droed ystyrir yr holl wledydd hyn yn 'wladwriaethau chwaraeon sofran' (FIFA 2021a, t. 4).

Ym myd pêl-droed, a rhai campau eraill, mae Cymru'n bodoli felly fel gwladwriaeth chwaraeon sofran. Er mwyn profi cymhwysedd i'w chynrychioli mewn pêl-droed ar lefel rhyngwladol mae esboniad diamwys i'w gael hefyd o'r hyn yw 'Cymro/Cymraes', ac mae'n seiliedig ar ddiffiniad FIFA o genedligrwydd *i bwrpasau pêl-droed ryngwladol* (FIFA 2021b, tt. 73–6). Sylwer bod y diffiniad wedi ei gadarnhau'n gyfreithiol ar fwy nag un achlysur gan Lys Cyfiawnder Ewrop (o safbwynt cyfraith bersonol ryngwladol) a'i gydnabod gan y Llys Cyflafareddu ar gyfer Chwaraeon.

Er mwyn chwarae i un o dimau pêl-droed rhyngwladol Cymru byddai'n rhaid bodloni un o'r meini prawf hyn:

1. Bod wedi ein geni yng Nghymru.
2. Petaem wedi ein geni y tu allan i Gymru, bod ag o leiaf un rhiant biolegol[3] sydd wedi ei eni yng Nghymru neu daid *neu* nain sydd wedi eu geni yng Nghymru.

3. Petaem heb gysylltiadau teuluol Cymreig, ac wedi symud i Gymru o wlad arall, byddem yn gymwys drwy fod wedi derbyn o leiaf bum mlynedd o addysg yng Nghymru cyn cyrraedd deunaw oed.
4. Ar gyfer bodloni unrhyw un o'r amodau uchod, byddai'n rhaid i ni fod yn ddinasyddion Prydeinig.

Dyma i ni felly y peth agosaf sydd gennym at ddiffiniad cyfreithiol (o safbwynt cyfraith bersonol ryngwladol) o'r hyn yw 'Cymro/Cymraes'. Ond a fyddem am i feini prawf FIFA gael eu derbyn wrth i ni ddiffinio natur Cymreictod yn gyffredinol? Byddai'r mwyafrif o bobl sy'n eu galw eu hunain yn Gymry yn cwrdd ag o leiaf un o'r tri maen prawf cyntaf. Ac eto, tybed nad oes yma rywbeth mecanistaidd sy'n ein hanesmwytho? Ai peth doeth yw gofyn beth yw 'Cymro/Cymraes'? Fe wyddom yn iawn beth ydyw, ond diangen efallai yw ei ddiffinio. Wedi'r cwbl, yng ngeiriau cân Dafydd Iwan, 'Dim ond ffŵl sydd yn gofyn / Pam fod eira'n wyn'.

III

Hyd yma buom yn trafod cenedligrwydd a hunaniaeth genedlaethol. Gwell sôn am y gair *cenedlaetholdeb*, gair ac iddo lawer o ystyron, ac un a all greu emosiynau cryf o'i blaid ac yn ei erbyn. Ymhlith ystyron *Geiriadur Prifysgol Cymru* y mae 'ymdeimlad ag arbenigrwydd cenedl, polisi gwleidyddol er mwyn sicrhau annibyniaeth genedlaethol, gwladgarwch, cenedligrwydd, nodwedd genedlaethol' (GPC). Er diwedd yr Ail Ryfel Byd cyhoeddwyd corff mawr o ysgolheictod sy'n trafod tarddiad a nodweddion cenedlaetholdeb (mae'r gwaith yn cwmpasu hunaniaeth genedlaethol a chenedligrwydd hefyd).[4] Ond, yn anffodus, ni lwyddwyd hyd yma i greu diffiniad syml o'r hyn ydyw. Yng ngeiriau Louis L. Snyder (1990, t. 245), 'the term nationalism admits of no simple definition'. Yn wir, cymaint yw'r dehongliadau gwahanol fel y daeth un arbenigwr i'r casgliad fod defnyddioldeb esboniadol y gair wedi ei danseilio (Hroch 1996, t. 36). Ond, am y tro, rydym am ddiffinio cenedlaetholdeb fel 'y gred y dylai pob cenedl gael ei gwladwriaeth ei hun a bod cymuned genedlaethol hyfyw yn anhepgor i gyflawni dyheadau unigolion' (Davies et al. 2008, t. 155).

Cred sy'n perthyn i'r oes ddiwydiannol fodern yw hon. Yn ystod y bedwaredd ganrif ar bymtheg – canrif y deffroadau cenedlaethol yn Ewrop – y gwelwn dwf y syniad y dylai'r uned wleidyddol a diwylliannol gyfateb (un bobl = un iaith / un diwylliant = un wladwriaeth) ac mai'r genedl-wladwriaeth yw'r uned wleidyddol 'naturiol'. Nid felly y bu pethau yn y gorffennol. Yn yr Hen Fyd, am tua 1,200 o flynyddoedd, ymerodraethau mawr amlethnig neu wladwriaethau dinas bychan oedd yr unedau gwleidyddol naturiol (Wormald 1994, t. 2). Er eu bod yn rhannu iaith a diwylliant cyffredin, gwladwriaethau dinas oedd y drefn wleidyddol ymhlith y Groegiaid. Bu gwladwriaethau dinas yn nodwedd hefyd ar fywyd yr Eidal yn yr Oesoedd Canol a chyfnod y Dadeni ac yn ddiweddarach na hynny mewn rhannau o ganolbarth Ewrop. Mae'n wir fod nodweddion cenedlaethol yn perthyn i rai o freniniaethau a thywysogaethau'r Oesoedd Canol (gan gynnwys y dywysogaeth Gymreig a grëwyd gan Lywelyn ap Gruffudd), ond dechreubwynt cenedlaetholdeb oedd syniadau newydd ynghylch perthynas unigolion ag awdurdod gwleidyddol. Drwy Ryfel Annibyniaeth America (1775–83) a'r Chwyldro Ffrengig (1789) daeth pwyslais chwyldroadol ar sofraniaeth y bobl, sef y syniad fod awdurdod gwleidyddol yn deillio o blith y bobl ac mai drwy eu cydsyniad hwy y llywodraethir. Dylanwad arall oedd y deffroad Rhamantaidd a'i bwyslais ar hunaniaeth ieithyddol a diwylliannol pobl a'u cyswllt â darn penodol o dir. Tyfodd y gred mai trwy wladwriaeth annibynnol y gallai pobl roi'r mynegiant cyflawnaf i'w hunaniaeth. Hwyluswyd y cyfan gan y broses o foderneiddio cymdeithas, twf llythrennedd a'r wasg brint, a'r angen am systemau addysg cenedlaethol i gwrdd ag anghenion oes ddiwydiannol a thechnolegol newydd.

Yn ei ddechreuadau roedd cenedlaetholdeb yn gymar i ddemocratiaeth, a'r genedl-wladwriaeth oedd crud y dull o lywodraethu a alwn yn ddemocratiaeth ryddfrydol. Bu cenedlaetholdeb hefyd yn rym ymryddhaol yn y broses o ddaddrefedigaethu rhannau helaeth o'r byd yn ail hanner yr ugeinfed ganrif. Ond gall esgor ar orthrwm. Wrth geisio sicrhau unoliaeth fewnol gall y genedl-wladwriaeth droi'n anoddefgar tuag at leiafrifoedd a thanseilio amrywiaeth ieithyddol. Ar ôl y chwyldro ym 1789, parchwyd amrywiadau ieithyddol Ffrainc gan gyfieithu dogfennau swyddogol i ieithoedd megis Fflemeg, Llydaweg a'r amrywiadau ar Ocitaneg. Ym 1794 gwyrdrowyd y polisi gan orseddu undod ieithyddol yn nod i'r weriniaeth newydd a chondemnio defnydd o *patois*, y gair diraddiol am ieithoedd fel Llydaweg ac amrywiadau tafodieithol ar Ffrangeg (Kibbee 2021, t. 212). Ymhellach, gall y genedl-wladwriaeth droi'n wrthrych defosiwn eithafol, ac wrth i unbenaethiaid ei datgysylltu oddi wrth ei gwreiddiau democrataidd y cafwyd rhai o drychinebau mawr yr ugeinfed ganrif yn Ewrop.

O ddilyn yr esboniad hwn, gwelir na ddaeth cenedlaetholdeb yn rym yng Nghymru hyd at 1925, blwyddyn sefydlu Plaid Genedlaethol Cymru (Plaid Cymru erbyn hyn). Ond fel y gwelsom uchod, rhoddodd y Cymry amrywiol fynegiannau i'w cenedligrwydd / hunaniaeth genedlaethol am ganrifoedd lawer.

IV

Rydym am ofyn cwestiwn arall yn awr, sef beth sy'n *achosi* i unigolyn *deimlo* ei fod yn 'Gymro/Cymraes'? Wrth ei ateb, rydym (1) am drafod un gwaith theoretig ym maes cenedlaetholdeb, ac yna (2) fe geisiwn gymhwyso'r gwaith hwnnw at gyd-destun Cymreig.

Yn ei lyfr *Banal Nationalism* (1995) dadleuodd Michael Billig fod y syniad o genedl yn cael ei atgynhyrchu yn ein meddyliau mewn modd anymwybodol o ddydd i ddydd. Ni chafodd yr un ohonom ein geni gyda'r ymdeimlad o berthyn i genedl. Do, cawsom ein geni yn ddinasyddion rhyw wladwriaeth sofran. Ond mater gwahanol yw *ymdeimlo* â pherthyn i genedl. Proses ddiwylliannol yw honno yn ôl Billig. Yn ddyddiol, caiff yr ymdeimlad ei feithrin yn ein meddyliau, nid gan areithiau tanllyd ond gan arwyddion / symbolau allanol digon cyffredin (dyna arwyddocâd y gair *banal*). Mae bywyd modern wedi ei gyfundrefnu ar seiliau cenedlaethol i'r fath raddau fel na allwn ddianc rhag yr arwyddion hyn. Maent yn ein cyflyru i feddwl yn nhermau'r genedl heb i ni sylweddoli.[5]

Yn ddyddiol, byddwn yn gweld y faner genedlaethol heb feddwl ddwywaith am y peth. Bydd y faner, neu ryw symbolau eraill, ar stampiau post ein gwlad 'ni'. Bydd y newyddion yn gwahaniaethu rhwng y 'ni' a'r 'nhw' mewn gwlad dramor. Bydd gan wledydd sofran eu byddinoedd a fydd yn cyflawni seremonïau cyhoeddus. Bydd rhagolygon y tywydd yn sôn am dywydd ein gwlad 'ni'. Bydd y system addysg yn dysgu'r anthem i ni a dysgu hanes a llenyddiaeth o safbwynt cenedlaethol. Down i gyffyrddiad â lliaws o sefydliadau 'cenedlaethol'. Er enghraifft, Llywodraeth *Cymru*, Gwasanaeth Iechyd Gwladol *Cymru*, Cyd-bwyllgor Addysg *Cymru* (CBAC), Urdd Gobaith *Cymru*, Undeb Rygbi *Cymru*, Trafnidiaeth *Cymru* ac Ymddiriedolaeth GIG Gwasanaeth Ambiwlans *Cymru*. Mae gan bob un o'r cyrff hyn hefyd arwyddluniau a arddangosir yn gyhoeddus.[6]

Dyma rai o'r arwyddion cyffredin sy'n atgynhyrchu'r syniad o Gymru yn ein meddyliau heb i ni fod yn ymwybodol o hynny. Dyna pam mae'r syniad o fod yn 'Gymro/Cymraes' yn rhywbeth a gymerwn yn ganiataol. Gall symbolau eraill atgyfnerthu'r syniad o Brydeindod – delwedd y Brenin/Frenhines ar arian papur ac arian bath, ein pasbort, rhaglenni newyddion a gwasg genedlaethol y Deyrnas Gyfunol, seremonïau brenhinol a gwasanaeth Sul y Cofio yn Whitehall. Arddangosir Jac yr Undeb yn gynyddol ar gynnyrch bwyd. Gall llaeth, caws a selsig droi'n arwyddion Prydeindod. A gall cig oen Cymreig, cwrw Felinfoel a llysiau Blas y Tir gyflawni'r un gwaith o safbwynt Cymreig. Mewn gemau pêl-droed a rygbi rhyngwladol bydd y genedl haniaethol yn cael ei diriaethu gan y chwaraewyr ar y maes. Ac yn nhîm y gwrthwynebwyr mae un o'r pethau sy'n cadarnhau hunaniaethau o bob math – yr 'Arall', yr hyn sy'n ein diffinio drwy fod yn wahanol i'r hyn ydym ni.

Prif neges Billig yw ein bod yn cael ein hatgoffa'n ddyddiol pwy ydym a hynny drwy bethau a welwn, pethau a glywn a phethau a ddarllenwn. Cawn ein gorfodi i feddwl am fywyd mewn termau cenedlaethol. Nid rhywbeth ymfflamychol yw cenedlaetholdeb yn ôl Billig. Proses ddiwylliannol-gymdeithasol dawel ydyw. Mae'n peri hyd yn oed i'r rhai hynny sy'n wrthwynebus i genedlaetholdeb feddwl am fywyd yn nhermau'r genedl. Mae'n peri iddynt dderbyn y genedl-wladwriaeth – prif greadigaeth cenedlaetholdeb – fel mater o synnwyr cyffredin.

Mae gwaith Billig yn arddangos ei gred mewn penderfyniaeth

gymdeithasol, sef y syniad fod ymddygiad dynol yn cael ei lywio gan rymoedd cymdeithasol allanol. Mae'n amlwg hefyd fod y gair printiedig yn rym yn ei olwg, a bod Billig, yn hynny o beth, yn drwm o dan ddylanwad syniadau Benedict Anderson (2003). Anderson (1936–2015) piau'r diffiniad enwog o genedl fel 'cymuned wleidyddol ddychmygedig'. Nid dweud mai rhywbeth ffug yw cenedl y mae Anderson, ond nodi na all aelodau o'r un genedl fyth ddod i adnabod eu holl gyd-wladwyr. Yn eu meddyliau, er hynny, maent yn ymdeimlo â'r cymundeb a'r gydberthynas sydd rhyngddynt. Trwy lygad y dychymyg yn unig felly y gallant amgyffred y genedl yn ei chyfanrwydd cymdeithasol a theimlo'n rhan ohoni. Mae Anderson hefyd yn priodoli dylanwad aruthrol i'r gair printiedig. Y cyfrwng, meddai, a alluogodd bobl i ddychmygu'r genedl fodern am y tro cyntaf oedd cynnyrch yr hyn y mae'n ei alw'n gyfalafiaeth print, sef nofelau, papurau newydd a chylchgronau y gellid eu masgynhyrchu ar gyfer y lliaws.

Yn rhan olaf yr ysgrif hon fe geisiwn weld a oes modd cymhwyso syniadau Billig (ac Anderson) ar gyfer archwilio agwedd ar hunaniaeth y Cymry, a hynny yng nghyd-destun diwylliant print Cymraeg y cyfnod modern cynnar.

V

Rhwng oes y Tuduriaid a dechrau'r ugeinfed ganrif, ni welai'r Cymry unrhyw densiwn rhwng eu hunaniaeth fel pobl a bod yn rhan wleidyddol o wladwriaeth Prydain. Elfen rymus yn yr hunaniaeth hon oedd y cyswllt rhwng Cristnogaeth Brotestannaidd a'r iaith Gymraeg, a'i sail oedd y Beibl Cymraeg a gyhoeddwyd ym 1588. Byddai Prydeindod Protestannaidd Cymraeg yn derm addas i ddisgrifio hunaniaeth Gymreig y cyfnod.

Dylid cofio bod yr amgylchiadau a roddodd fod i'r cyfieithiad o'r Beibl yn drobwynt yn hanes yr ynysoedd hyn. Pan ymwrthododd Harri VIII ag awdurdod y Pab, a'i gyhoeddi ei hun ym 1534 yn 'Bennaeth Goruchaf Eglwys Loegr ar y ddaear', torrwyd ar gysylltiad canrifoedd â'r Eglwys Gatholig yn Rhufain. Yn ystod teyrnasiad Elisabeth I sicrhawyd mai Protestaniaeth fyddai ffydd yr eglwys wladol newydd hon. Pan basiwyd y ddeddf seneddol ym 1563 i awdurdodi cyfieithu'r Beibl a'r Llyfr Gweddi Gyffredin (llyfr gwasanaethau'r eglwys newydd) i'r Gymraeg, sicrhau llwyddiant Protestaniaeth yng Nghymru oedd y nod a pharchu'r egwyddor Brotestannaidd y dylai'r Beibl fod ar gael yn iaith y bobl. Ond ymhlith yr unigolion a sicrhaodd y ddeddf a'r rhai a ymgymerodd yn ddiweddarach â'r gwaith cyfieithu – William Salesbury, Humphrey Llwyd, yr Esgob Richard Davies, yr Esgob William Morgan a Dr John Davies, Mallwyd – ni ellir gwadu nad oedd serch dwfn tuag at y Gymraeg a balchder yn ei hynafiaeth. Un o eironïau cyfnod y Tuduriaid yw bod Deddfau 'Uno' 1536/1542–3 wedi ceisio sicrhau unoliaeth ieithyddol rhwng Cymru a Lloegr. Eto, ym 1563, perswadiwyd yr awdurdodau fod unoliaeth crefydd yn llawer pwysicach yn y tymor byr. Er mwyn sicrhau teyrngarwch y Cymry i'r ffydd Brotestannaidd newydd, dyrchafwyd y Gymraeg yn iaith swyddogol ym maes crefydd, gan roi troedle arwyddocaol iddi fel iaith brint.

Fel y dangosodd Billig ac Anderson, mae cyswllt rhwng technoleg argraffu a thwf cenhedloedd a gallu pobl i ymdeimlo'n rhan o gymuned genedlaethol. Cydnabuwyd y berthynas honno hefyd gan rai sy'n arbenigwyr ar hanes argraffu (Eisenstein 2013, t. 185). Agwedd bwysig arni yw bod argraffu wedi creu'r angen i safoni ieithoedd.[7] Wrth gyfieithu Beibl 1588, ymgymerodd William Morgan â'r dasg honno yn achos y Gymraeg, a bu i Dr John Davies, Mallwyd, safoni'r iaith ymhellach yn fersiwn diwygiedig 1620 o'r Beibl (ar ôl hynny ni bu fawr ddim newid ar Gymraeg y Beibl hyd at y cyfieithiad newydd ym 1988). Nid creu iaith lenyddol allan o ddim a wnaeth y ddau. Fe wyddent am iaith gelfyddydol y beirdd. Bu honno'n cyd-fodoli am amser hir â'r plethwaith o dafodieithoedd Cymraeg y byddai'r beirdd a phob un arall wedi eu siarad fel iaith naturiol bob dydd. Ond technoleg a orfodai unffurfiaeth ar ieithoedd oedd argraffu. Amlygodd William Caxton y mater ym 1490 wrth sôn am fasnachwr o Lundain yn gofyn i wraig o Swydd Gaint am wy. Bu cryn ddryswch rhyngddynt; *egges* oedd gair y naill ac *eyren* oedd gair y llall (Steinberg 1996, tt. 57–8). Pa air ddylid ei argraffu ('what sholde a man in thyse dayes now wryte')? Dyna oedd yn poeni Caxton fel argraffwr.

Bu'r wasg argraffu felly yn ysgogiad i safoni ieithoedd. Mewn gwledydd Protestannaidd âi hynny law yn llaw â chyfieithu'r Beibl, gan greu ieithoedd print cenedlaethol, rhai uchel eu bri a fyddai'n sail i addoliad cyhoeddus a phersonol. Lle gynt y bu Beibl Lladin ac Offeren Ladin yr Eglwys Gatholig yn unffurf ledled Ewrop, codwyd 'waliau ieithyddol' ym myd crefydd (Steinberg 1996, t. 57). Y tu ôl i'r waliau hyn crëwyd undod ieithyddol newydd uwchlaw'r tafodieithoedd a daeth ieithoedd print safonol yn offerynnau ar gyfer mowldio ymwybod cenedlaethol mewn gwahanol wledydd (Hastings 1997, tt. 24 a 72–3). Yn neffroadau cenedlaethol y bedwaredd ganrif ar bymtheg – mewn gwledydd fel Bohemia (Gweriniaeth Tsiec heddiw), Estonia, Y Ffindir, Hwngari a Slofenia – roedd meithrin iaith safonol yn gam ar gyfer uno ac adeiladu cenedl. Gellid dadlau o hyd mai iaith safonol oedd y 'sefydliad' cenedlaethol cyntaf. Gellid dadlau ymhellach fod Beiblau 1588 a 1620 wedi darparu seiliau cadarn ar gyfer y 'sefydliad' hwn ymhlith y Cymry.

O ran y modd y gallai'r gair printiedig a llythrennedd adeiladu a chynnal y syniad o genedl, yr hyn a bwysleisir gan Billig (ac Anderson) yw eu cyrhaeddiad torfol. Er enghraifft, argraffwyd y Beibl cyfan mewn Catalaneg mor gynnar â 1478. Ond cyhoeddiad ydoedd a gondemniwyd gan Chwilys yr Eglwys Gatholig. Cafodd y copïau eu llwyr ddinistrio ac ni oroesodd unrhyw gopi cyflawn ohono (Hastings 1997, tt. 23–4). Prin felly y gallwn drafod Beibl Catalaneg 1478 yng nghyd-destun y broses o adeiladu cenedl. Yng Nghymru, y cyfnod cynharaf (yn fras iawn) pan allwn sôn am lythrennedd torfol yw 1750–1820. Yng nghanol y ddeunawfed ganrif amcangyfrifir bod poblogaeth Cymru yn 489,000 (White 2007, t. 67), a bod oddeutu'r hanner yn llythrennog (y gallu i ddarllen yn unig fyddai gan lawer). Gallwn briodoli hyn i lwyddiant ysgolion cylchynol Griffith Jones, Llanddowror. Fe'u sefydlwyd i sicrhau bod y Cymry yn gallu darllen y Beibl, ac erbyn marwolaeth Griffith Jones ym 1761 amcangyfrifir eu bod wedi dysgu rhwng 200,000 a 250,000 o blant ac oedolion i wneud hynny (White 2007, t. 67). Parhaodd gwaith Griffith Jones am ryw ddegawd ar ôl ei farw, ac o'r 1790au ymlaen roedd hybu llythrennedd yn ganolog i waith yr ysgolion Sul a flodeuodd o dan arweiniad Thomas Charles. Perthynai Charles i'r ail genhedlaeth o Fethodistiaid. O ddiwedd y 1730au ymlaen y gwelwyd y Diwygiad

Methodistaidd yn cydio yng Nghymru. O hynny ymlaen cyffyrddodd â bywydau ysbrydol miloedd o Gymry gan ddwyn y Beibl Cymraeg a llythrennedd yn rhan annatod o'u bywydau.

Yn y cyfnod 1750–1820 roedd Cymru'n wlad drwyadl Gymraeg. Ym 1801 cofnodwyd bod ei phoblogaeth yn 601,767 ac amcangyfrifir bod tua naw o bob deg (tua 540,000) yn siarad Cymraeg a bod tua saith o bob deg (420,000) yn siaradwyr Cymraeg uniaith (Jenkins 1998, tt. 2–3). Ar wahân i'w glywed mewn eglwys a chapel, byddai copi o'r Beibl hefyd wedi bod o fewn cyrraedd cyfran sylweddol o'r Cymry. Rhwng 1630 a 1799 argraffwyd tua 132,000 copi o'r Beibl Cymraeg (White, tt. 55–6). Amhosibl yw dychmygu y byddai pob un wedi goroesi hyd at 1801! Ond printiwyd 87,500 ohonynt yn y cyfnod 1746–99, ac ni fyddai'n afresymol credu y ceid 80,000–100,000 o feiblau yng Nghymru ym 1801. Yn ôl un model ystadegol, byddai'r 540,000 o siaradwyr Cymraeg ym 1801 yn ymrannu'n 112,266 o unedau teuluol/cartrefi. A fyddai'n afresymol i ni awgrymu bod Beibl i'w gael ar ymhell dros hanner yr unedau teuluol/cartrefi hyn?

Lles eneidiau'r Cymry a ysgogodd waith cyfieithwyr y Beibl a llafur addysgol Griffith Jones a Thomas Charles. Ac yn y cyddestun ysbrydol hwnnw y dylid mesur arwyddocâd y Beibl yn gyntaf oll. Ond mae wedi ei hen gydnabod i'w ddylanwad ar Gymru ymestyn ymhell tu hwnt i hynny. Heb y Beibl, anodd gweld sut y gallasai diwylliant print Cymraeg fod wedi datblygu. Bu'r Beibl yn sail, meddir, i lenyddiaeth fodern yn yr iaith, a chymaint ei ddylanwad fel yr awgrymodd un beirniad na 'all fod yn y Gymraeg ddychymyg seciwlar pur, fyth' (Morgan 1998, t. 44). Bu'r Beibl hefyd yn fodd i werin Cymru ddechrau meddwl yn gysyniadol, daethant yn llythrennog o'i herwydd, ac fe'u harfogwyd i ddechrau ymladd am well byd yn y bedwaredd ganrif ar bymtheg. Yn wir, awgrymir y byddai rhagolygon yr iaith ei hunan wedi bod yn llawer mwy argyfyngus oni bai am y byd crefyddol yr oedd y Beibl yn ganolbwynt iddo hyd at ddechrau'r ugeinfed ganrif (White 2007, tt. 152–3). Dyma'n sicr rai canlyniadau hirdymor y gallwn eu priodoli i fodolaeth y Beibl wrth edrych yn ôl dros ysgwydd y canrifoedd. Ond beth am ei ddylanwad fel testun printiedig o safbwynt natur hunaniaeth y Cymry yn ystod y cyfnod 1750–1820? Gallwn gyfeirio at ddau brif bwynt.

[1] Drwy gyfrwng y Beibl daeth miloedd o Gymry yn gyfarwydd â Chymraeg safonol printiedig yn y cyfnod 1750–1820. Ond fe fyddent hefyd wedi parhau i barablu yn eu tafodieithoedd lleol fel y gwnaeth y Cymry am ganrifoedd cyn hynny. O un pen i'r wlad i'r llall byddai cryn amrywio wedi bod rhwng y tafodieithoedd hyn. A rhoi enghraifft ychydig yn ddiweddarach nag 1750–1820, sonia'r ysgolhaig o Gaernarfon T. Hudson-Williams fel yr aeth tua dechrau'r 1880au, ac yntau'n blentyn, ar wyliau i dde Ceredigion. Daeth gwas y fferm lle'r arhosai ato un bore a dweud 'dere i maes i moyn y da', a bu'n rhaid i'w fam gyfieithu'r frawddeg i iaith y gogledd: 'tyd i'r cae i nôl y gwartheg' (Hudson-Williams 1950, t. 66). Arwyddocaol hefyd yw'r hyn a ddywed Thomas Charles o'r Bala:

> The dialect[s] spoken in North and South Wales differ so considerably, that, in the common concerns of life, it is with some difficulty, in many instances, the people can understand one another; but the Bible being the common standard, on religious subjects, they find no difficulty in being mutually understood. (Jenkins 1908, III, t. 159)

Ar filoedd o aelwydydd Cymru roedd iaith y Beibl yn cydfodoli felly ag iaith lafar bob dydd y bobl. A chadw at y trosiad o iaith safonol fel 'sefydliad cenedlaethol', nid rhywbeth dieithr oedd y 'sefydliad' hwn yn achos cyfran sylweddol o Gymry. Byddent yn ymwneud ag ef ar y Sul. Drwy addoliad teuluol ar yr aelwyd a defosiwn personol, byddai'r 'sefydliad' hwn yn rhan o wead eu bywyd beunyddiol. Bob tro y darllenent y Beibl caent eu tynnu'n anymwybodol yn rhan ohono. Mae'n bosibl y byddai hyn, ar lefel isymwybodol, wedi cryfhau'r ymwybyddiaeth o gymuned ieithyddol a oedd yn lletach nag un y dafodiaith leol. Mae'n gydnabyddedig hefyd fod ieithoedd safonol yn effeithio ar ganfyddiad pobl o iaith. Mae'r iaith safonol o hyd yn cael ei gweld fel un ac iddi statws uwch na'r dafodiaith leol. Un o'r syniadau cyffredin ynghylch y Gymraeg erbyn y ddeunawfed ganrif oedd ei bod yn iaith hynafol a gadwodd ei phurdeb cynhenid. Drwy'r cymeriad beiblaidd Gomer fab Japheth fab Noah roedd modd ei holrhain yn ôl, meddid, i Dŵr Babel yn yr Hen Destament. A diau yr ymdeimlai'r Cymry a fyddai'n troi'n feunyddiol at eu beiblau fod y Gymraeg 'hynafol' hon hefyd yn iaith Duw. Cyfeiriodd yr emynydd William Williams, Pantycelyn, ym 1762 at y 'miloedd o Bobl sydd wedi dysgu darllain Cymraeg nas gwyddant lai nad yn Gymraeg lân loew y Scryfennwyd y Bibl gynta erioed' (1762, t. iv). Mynegi ei bryder am ddiffyg gwybodaeth gyffredinol y Cymry yr oedd Williams. Ond mae ei eiriau'n rhai diddorol. Onid oes ynddynt awgrym mai iaith hanfodol grefyddol, a dim arall, oedd Cymraeg safonol argraffiedig yng ngolwg y Cymry cyffredin? Prin oedd y cyfleoedd i'w defnyddio'n ysgrifenedig mewn cyd-destunau seciwlar. Ac yn y ddeunawfed ganrif prin eithriadol oedd deunydd darllen Cymraeg nad oedd yn adlewyrchu, mewn rhyw fodd neu'i gilydd, y bydolwg Protestannaidd a'i foesoldeb cysylltiedig.

Mae'n amhosibl i ni heddiw farnu'n wyddonol sut yr ymdeimlai trwch Cymry'r cyfnod 1750-1820 ynghylch eu hunaniaeth. Lleol, mae'n sicr ddigon, oedd gofalon a gorwelion y rhan fwyaf ohonynt. Ac eto, mae deunydd print y cyfnod yn awgrymu'n gryf fod 'Cymro', 'Cymry' a 'Cymru' yn eiriau cwbl gyffredin a lithrai'n rhwydd oddi ar y tafod. Un o'r dulliau fformwläig o agor baledi'r oes oedd i'r bardd gyfarch ei gyd-Gymry ('Pob Cymro cyweithias, cyd-neswch o gwmpas' / 'Gwrandawed pob Cymro a garo sŵn gwirion' / 'Wel tyred, gwêl a gwrando, y Cymro call'). Dro arall, fe gyferchid y 'Brytaniaid', gan ddwyn i gof yr hen gred mai'r Cymry oedd trigolion gwreiddiol Prydain. Wrth geisio gosod damcaniaeth Billig yng nghyd-destun Cymru 1750-1820 y perygl yw anghofio bod hunaniaeth y Cymry yn hen beth erbyn hynny a bod poblogaeth y wlad, ar y cyfan, wedi bod yn dra sefydlog am gyfnod o ganrifoedd. Yr argraff a gaiff rhywun yw bod yr ymwybyddiaeth syml o berthyn i grŵp o bobl a elwid yn Gymry eisoes yn fater o synnwyr cyffredin ymhlith y boblogaeth. Yn y cyfnod 1750-1820, yr hyn a wnaeth y Beibl Cymraeg yn hytrach fu creu cyswllt cilyddol rhwng crefydd (sef Protestaniaeth Gristnogol) a'r iaith Gymraeg, a throi'r cyswllt hwnnw'n fater o synnwyr cyffredin yn nychymyg cenedlaethol y Cymry. Nid yr iaith yn ei dillad gwaith oedd sail y cyswllt. Ond yr iaith yn ei ffurf safonol a phrintiedig, iaith a ymddangosai fel rhyw endid oesol a digyfnewid, iaith ddyrchafedig yr oedd Duw yn llefaru drwyddi.

[2] Ail beth i'w gofio yw amlygrwydd y syniad o genedl yn y Beibl. Thema fawr yr Hen Destament yw perthynas Duw â chenedl Israel. Hi a ddewiswyd ganddo i gyflawni ei fwriadau ar y ddaear (hi yw ei genedl etholedig). Wrth iddi barchu ei ddeddfau mae Duw'n ei hamddiffyn. Pan fydd Israel yn pechu, caiff ei chosbi. Ac yna, ar ôl edifarhau, bydd Israel yn dod yn ôl i ffafr Duw. Ar hyd y canrifoedd bu pobloedd yn eu gweld eu hunain fel yr ail Israel. Portreadwyd Llywelyn ab Iorwerth (Llywelyn Fawr) gan un o'i feirdd fel ail Foses yn arwain pobl Gwynedd drwy'r Môr Coch. Fel ail Israel y gwelodd John Foxe Loegr Brotestannaidd yn oes Elisabeth I, a bu'r syniad o etholedigaeth yn neilltuol o gryf ymhlith y 'tadau' Piwritanaidd a ymfudodd i Ogledd America. O'r unfed ganrif ar bymtheg ymlaen gosodwyd hanes crefydd ymhlith y Cymry mewn fframwaith rhagluniaethol. Yn y traddodiad hwn, yr arwydd pennaf o ofal Duw dros y Cymry fu dyfodiad Protestaniaeth i'w plith yn oes y Tuduriaid a chyfieithu'r Beibl i'r Gymraeg.

O droi at y cyfnod 1750–1820, yr hyn sy'n drawiadol yw'r modd yr uniaethodd y Cymry i'r fath raddau â'r syniad o Brydain Fawr fel cenedl etholedig Brotestannaidd. Drwy eu teyrngarwch i'r Tuduriaid roedd y Cymry eisoes wedi derbyn eu huniad gwleidyddol â'r Saeson. Yn dilyn yr uniad â'r Alban ym 1707 daeth Prydain Fawr yn endid gwleidyddol a gwelwyd twf y Prydeindod sy'n parhau'n sail hyd heddiw i wleidyddiaeth unoliaethol Prydain a Gogledd Iwerddon. Roedd teyrngarwch i'r Goron (amddiffynnydd 'y wir ffydd' Brotestannaidd) yn rhan greiddiol ohono, ynghyd â sectyddiaeth wrth-Gatholig amrwd, a'r prif beth a'i trodd yn rym torfol mor ddylanwadol oedd y rhyfela cyson a fu rhwng Prydain a Ffrainc yn y cyfnod 1702–1815. Ffrainc Gatholig oedd y gelyn yn y pedwar rhyfel cyntaf (1702–13, 1743–8, 1756–63 a 1778–83), ac yna'r Ffrainc seciwlar a ddeilliodd o Chwyldro 1789 yn y ddau olaf (1793–1802 a 1803–15).

Fel Protestaniaid ffyddlon, a phobl oedd mor rhyfeddol o gyfarwydd â'u Hen Destament, mae'n hawdd deall sut yr uniaethodd y Cymry mor rhwydd â'r syniad fod Prydain Fawr megis ail Israel wrth iddi sefyll yn erbyn Ffrainc. Allweddol yw cofio i'r *Llyfr Gweddi Gyffredin*, a gyhoeddwyd gyntaf yn Gymraeg ym 1567, fod yn ddylanwad tawel a hirdymor ar y

Cymry. Ar wahân i'r ffaith mai hwn oedd llyfr gwasanaethau'r Eglwys wladol, gellir ei ystyried hefyd yn lledaenydd torfol yr ideoleg a glymai Brotestaniaeth, y Goron a'r wladwriaeth ynghyd. Yn argraffiad 1788 gwelwn fod 'Gweddi dros Fawrhydi y Brenin' (sef George III) a 'Gweddi dros y Brenhinawl Deulu' yn rhan o Foreuol a Phrynhawnol Weddïau'r Eglwys, a gofynnir i Dduw hefyd 'gadw a nerthu [...] George ein grasusaf Frenhin a'n Penllywydd' fel rhan o'r Litani. Yn adran y gweddïau achlysurol, cawn weddi 'Ar amser Rhyfel a Therfysgau' sy'n dehongli rhyfel yn nhermau cosb gan Dduw ac yn gweld edifeirwch ger ei fron fel yr allwedd i fuddugoliaeth dros elynion Prydain Fawr. Ac ategir yr un syniad beiblaidd mewn gweddi i ddiolch 'Am heddwch ac ymwared oddi wrth ein gelynion'. Ceir gweddïau pellach 'a arferir yn Llynges ein Harglwydd Frenhin bob dydd' ac 'a ddywedir o flaen Brwydr ar Fôr, yn erbyn pob rhyw elyn'. Mae enghraifft drawiadol hefyd o weld Prydain Fawr fel ail Israel yn y deunydd a geir yn yr adran 'Ar ôl Buddugoliaeth neu Ymwared oddiwrth y Gelyn'. Ymhellach, fel y dengys y *Llyfr Gweddi*, roedd cynnal mytholeg wrth-Gatholig 'Brad y Powdr Gwn' ar 5 Tachwedd, a chofio dyfodiad y brenin Protestannaidd William III i Loegr ym 1688, yn rhan ffurfiol o galendr yr Eglwys. Cofier bod y Prydeindod Protestannaidd a theyrngarol hwn hefyd yn cael ei arddel gan y Methodistiaid. Ym 1798, pan oedd ofn gwirioneddol y gallai byddinoedd Napoleon oresgyn Prydain, cyhoeddodd Thomas Jones o Ddinbych, un o arweinwyr y Methodistiaid ar y pryd, bamffled yn annog ei gyd-Gymry 'i sefyll, neu syrthio, gyd â Chrefydd Crist, gyd â'n Brenin a'n Dau Dŷ o Barliament, gyd â'n Cyfreithiau a'n Rhyddid, a chyd â Gwir Achos ein Gwlad a'n Teyrnas' (Jones 1798, t. 8).

Mae'n werth pwysleisio bod Thomas Jones yn Gymreigiwr medrus, yn gynganeddwr gwych a ysbrydolwyd gan Ddafydd ap Gwilym, ac yn awdur Cymraeg dysgedig a thoreithiog. Dyma ŵr yr oedd ei hunaniaeth ddiwylliannol Gymraeg yn cydorffwys yn esmwyth â'i Brydeindod Protestannaidd – ymgorfforiad, yn wir, o'r Prydeindod Protestannaidd Cymraeg a grybwyllwyd gennym uchod. Mae Thomas Jones yn ein hatgoffa hefyd o'r hyn a ddadleuwyd gan yr hanesydd Linda Colley (1996, t. 6), sef mai un o hanfodion Prydeindod Protestannaidd y ddeunawfed ganrif fu creu undod newydd o dan faner Prydain Fawr *ochr yn ochr* â hen hunaniaethau cenedlaethol a fodolai eisoes yn yr Alban, Cymru a Lloegr.

VI

Nod yr ymdriniaeth hon oedd dangos bod astudio'r Gymraeg fel pwnc gradd yn gallu arwain ar drywyddau ymchwil rhyngddisgyblaethol annisgwyl. Mae wedi dangos hefyd pa mor allweddol yw meithrin y gallu i gwestiynu materion yr ydym yn dueddol o'u cymryd yn ganiataol. A defnyddio term o fyd cyfrifiaduron, rydym wedi dysgu yn ogystal nad oes rhagosodiadau wrth i ni drafod hunaniaethau cenedlaethol. I'r rhai ohonom sy'n ymdeimlo â dichonolrwydd Cymru fel gwladwriaeth sofran annibynnol, bydd deall pa mor ddwfn a hir fu gafael Prydeindod Protestannaidd Cymraeg ar ei bywyd yn fater o syndod. Ond a yw hynny'n rhoi'r hawl i ni ystyried y Prydeindod hwn fel gwyriad oddi wrth ragosodiadau rhyw wir Gymreictod a ddaeth i ben ym 1282? Ac i'r rhai hynny sy'n arddel, meddant, fath gwahanol a chynhwysol o Brydeindod erbyn heddiw, a yw'n iawn iddynt anghofio mai ideoleg ydyw â'i dechreuadau mewn sgism crefyddol, rhyfeloedd gwaedlyd a chasineb sectyddol tuag at Gatholigion? Oes, gyfeillion, y mae llawer mwy i'w drafod wrth astudio'r Gymraeg na 'nodweddion arddull', er mor fuddiol yw hynny.

Cyfeiriadau

Anderson, Benedict. 2003. *Imagined Communities*. Llundain ac Efrog Newydd: Verso.
Billig, Michael. 1995. *Banal Nationalism*. Llundain: Sage.
Brooks, Simon. 2021. *Hanes Cymru: Lleiafrifoedd Ethnig yn y Gwareiddiad Cymraeg*. Caerdydd: Gwasg Prifysgol Cymru.
Colley, Linda. 1996. *Britons*. Llundain: Vintage.

Davies, John, Baines, Menna, Jenkins, Nigel a Lynch, Peredur. 2008. *Gwyddoniadur Cymru yr Academi Gymreig*. Caerdydd: Gwasg Prifysgol Cymru.

Düerkop, Sascha a Ganohariti, Ramesh. 2021. Sovereignty in sports: non-sovereign territories in international football. *International Journal of Sport Policy and Politics* 13, tt. 679–97.

Eisenstein, Elizabeth L. 2013. *The Printing Revolution in Early Modern Europe*. Caergrawnt: Cambridge University Press.

FIFA. 2021a. *Commentary on the Rules Governing Eligibility to Play for Representative Teams* (argraffiad Ionawr 2021). Zurich: FIFA.

FIFA. 2021b. *Statutes: Regulations Governing the Application of the Statutes: Standing Orders of the Congress* (argraffiad Mai 2021). Zurich: FIFA.

GPC. Geiriadur Prifysgol Cymru. [Ar-lein]. Ar gael: https://geiriadur.ac.uk/gpc/gpc.html.

Hastings, Adrian. 1997. *The Construction of Nationhood*. Caergrawnt: Cambridge University Press.

Higham, Gwennan. 2020. *Creu Dinasyddiaeth i Gymru: Mewnfudo Rhyngwladol a'r Gymraeg*. Caerdydd: Gwasg Prifysgol Cymru.

Hroch, Miroslav. 1996. Nationalism and national movements: comparing the past and present of Central and Eastern Europe. *Nations and Nationalism* 2, tt. 35–44.

Hudson-Williams, T. 1950. *Atgofion am Gaernarfon*. Llandysul: Y Clwb Llyfrau Cymraeg.

Jenkins, D. E. 1908. *The Life of the Rev. Thomas Charles B.A. of Bala*, 3 Volumes. Dinbych: Llewelyn Jenkins.

Jenkins, Geraint H. 1998. Rhagymadrodd. Yn: Jenkins, Geraint H. gol. *Iaith Carreg fy Aelwyd: Iaith a Chymuned yn y Bedwaredd Ganrif ar Bymtheg*. Caerdydd: Gwasg Prifysgol Cymru, tt. 1–20.

Jones, Richard Wyn. 2007. *Rhoi Cymru'n Gyntaf: Syniadaeth Plaid Cymru*. Caerdydd: Gwasg Prifysgol Cymru.

Jones, Rhys Dafydd. 2015. Mwslemiaid yn y Gymru wledig: datgysylltiad, ffydd a pherthyn. *Gwerddon* 19, Ebrill, tt. 9–27.

[Jones, Thomas]. [1798]. *Gair yn ei Amser at Drigolion Cymru*. Caerlleon: W. C. Jones.

Kibbee, Douglas A. 2021. Standard Languages in the Context of Language Policy and Planning and Language Rights. Yn: Ayres-Bennet, Wendy a Bellamy, John. goln. *The Cambridge Handbook of Language Standardization*. Caergrawnt: Cambridge University Press, tt. 201-33.

Morgan, Derec Llwyd. 1998. *Y Beibl a Llenyddiaeth Gymraeg*. Llandysul: Gwasg Gomer.

Roberts, Brynley F. 1971. Ymagweddu at Brut y Brenhinedd hyd 1890. *Bwletin y Bwrdd Gwybodau Celtaidd* XXIV, tt. 122-39.

Sheppard, Lisa. 2018. *Y Gymru 'Ddu' a'r Ddalen 'Wen': Aralledd ac Amlddiwylliannedd mewn Ffuglen Gymreig, er 1990*. Caerdydd: Gwasg Prifysgol Cymru.

Snyder, Louis L. 1990. *Encyclopedia of Nationalism*. Chicago a Llundain: St James Press.

Steinberg, S. H. 1996. *Five Hundred Years of Printing*. Llundain a New Castle: The British Library ac Oak Knoll Press.

White, Eryn M. 2007. *The Welsh Bible*. Stroud: Tempus Publishing.

Whittaker, Geraint Rhys. 2016. 'What Does Being Welsh Mean to Me?' Sub-National Identity in the Everyday Lives of Swansea Muslims. Traethawd PhD anghyhoeddedig, Prifysgol Caerdydd.

Williams, W[illiam]. 1762. *Pantheologia, neu Hanes holl Grefyddau'r Byd*. Caerfyrddin: Ev[an] a Dav[id] Powell.

Wormald, Patrick. 1994. *Engla Lond:* the Making of an Allegiance. *Journal of Historical Sociology* 7, tt. 1-24.

Nodiadau

[1] [Ar-lein]. Ar gael: *https://www.nomisweb.co.uk/census/2011/QS214EW/view/2092957700?cols=measures*, cyrchwyd 10 Ionawr 2022.

[2] [Ar-lein]. Ar gael: *https://statiaith.com/blog/cyfrifiad-2011/siartiau-am-y-gymraeg-o-gyfrifiad-2011/hunaniaeth-genedlaethol/*, cyrchwyd 10 Ionawr 2022.

3   Mae pêl-droedwyr disglair yn arddangos eu talentau o oedran ifanc. Cynhwyswyd 'biolegol' gan FIFA i rwystro pobl ddiegwyddor rhag ceisio mabwysiadu pêl-droedwyr ifanc drwy ddulliau dichellgar, a hynny er mwyn eu cymhwyso i chwarae i dimau rhyngwladol penodol maes o law. Gellir apelio'n erbyn yr amod hwn. A lle bo tystiolaeth glir nad oes unrhyw beth amheus, fe'i hanwybyddir yn achos chwaraewyr a fabwysiadwyd gan eu rhieni.

4   Am arolwg meistraidd yn Gymraeg, gweler Jones 2007, tt. 3–52.

5   Cyhoeddwyd ei waith ym 1995, cyn y chwyldro digidol sydd wedi trawsnewid ein bywydau.

6   Mewn cynhadledd i'r wasg a deledwyd ar 14 Ionawr 2022, roedd Mark Drakeford, Prif Weinidog Cymru, wedi ei amgylchynu gan bedair draig goch, dwy ar faneri o bob ochr iddo, un ar lechfaen y tu cefn iddo, ac un arall ar arwyddlun Llywodraeth Cymru ar y rostrwm o'i flaen.

7   'Safoni iaith' = y broses o gysoni arferion ieithyddol ac o sefydlu un set o batrymau cydnabyddedig, yn enwedig ar gyfer iaith brint. Gall y broses ymwneud ag arferion sillafu (orgraff), geirfa a gramadeg. Ym maes astudio iaith (ieithyddiaeth), y broses hon a olygir gan y geiriau 'safoni' a 'safonol' ac nid awgrymir bod iaith safonol (iaith wedi ei safoni) yn well nag unrhyw fath arall o iaith.

14

Y Gymraeg y tu allan i Gymru: Cipolwg ar Lenyddiaeth Gymraeg yr Unol Daleithiau, 1838–65

Jerry Hunter

Cyhoeddwyd ysgrif am ddyfodol y Gymraeg fel iaith gymunedol fyw yn y flwyddyn 1838. 'Cadw'r Gymraeg' yw'r teitl, ac mae'r awdur yn hynod optimistaidd. Dywed ei fod yn sicr y bydd Cymraeg yn cael ei siarad 'gan genedl y Cymry yn y rhan hon o'r ddaear, tra huan a lloer yn rhoi eu llewyrch' – hynny yw, 'tra bydd yr haul a'r lleuad yn disgleirio' (Gomeriad 1838, tt. 45–6). Mae'r ysgrif hon yn destun diddorol sy'n dweud llawer am hanes cymdeithasol yr iaith Gymraeg, ond mae'r cyd-destun yn gwneud y testun hwn yn fwy diddorol byth. Roedd yr awdur Cymraeg hwn yn byw yn un o daleithiau'r Unol Daleithiau, Ohio, a dyfodol y Gymraeg yn y wlad honno yw'r pwnc sydd ganddo dan sylw. Roedd yn sicr ym 1838 y byddai'r Gymraeg yn parhau'n iaith fyw yn America am byth.

* * *

A dweud yr hyn sy'n amlwg, mae pawb sy'n poeni am ddyfodol yr iaith Gymraeg heddiw yn ymwybodol iawn o'r ffaith ei bod hi'n iaith leiafrifol. Mae'r boblogaeth sy'n siarad Cymraeg yn llai na phoblogaeth Cymru gyfan ac felly, ar un wedd, mae'r iaith yn *llai* na Chymru. Ond mae hefyd yn bosib dweud bod yr iaith Gymraeg yn *fwy* na Chymru. Oherwydd cyfoeth yr iaith, ei llenyddiaeth a'i diwylliant, mae pobl ledled y byd yn ymddiddori yn y Gymraeg heddiw. Cynigia prifysgolion mewn nifer o wahanol wledydd gyfleoedd i ddysgu Cymraeg a/neu astudio llenyddiaeth Gymraeg mewn cyfieithiad. Mae'r ffaith fod gan y cwmni Say Something in Welsh ryw 40,000 o ddysgwyr Cymraeg y tu allan i Gymru yn ddadlennol iawn hefyd.[1]

Gan droi o'r diddordeb byd-eang hwn at y darlun hanesyddol, mae'n bwysig cofio bod y Gymraeg wedi bod yn iaith gymunedol fyw y tu allan i ffiniau presennol Cymru yn y gorffennol. Mae llawer o lenyddiaeth Gymraeg yn ddrych i'r wedd hon ar hanes yr iaith. Dyna, er enghraifft, y cysylltiad rhwng Canu Aneirin a Chanu Taliesin a'r 'Hen Ogledd', sef tiriogaeth sydd bellach yng ngogledd Lloegr a de'r Alban. Roedd y Gymraeg – neu ei mamiaith – yn cael ei siarad ar draws Ynys Brydain ar un adeg. Ond er bod tiriogaeth yr iaith wedi crebachu yn ystod yr Oesoedd Canol cynnar, yn ystod canrifoedd diweddarach byddai llawer o Gymry'n allfudo ac yn mynd â'r iaith Gymraeg i rannau eraill o Brydain – ac, yn wir, i rannau eraill o'r byd. Mae'n amhosib ysgrifennu hanes llenyddiaeth Gymraeg y ddeunawfed ganrif heb sôn am gyfraniadau Cymry Llundain (Jenkins a Ramage 1951; Morgan 1981). Yn yr un modd, bu Cymry Lerpwl (a Chymry mewn nifer o ddinasoedd eraill yn Lloegr) wrthi'n cynhyrchu llenyddiaeth Gymraeg yn ystod y ddwy ganrif ddiwethaf (Brooks 2011). Caiff diwylliant Cymraeg byw Patagonia sylw'n gyson ar lwyfan yr Eisteddfod Genedlaethol, S4C a Radio Cymru, ond mae llenyddiaeth Gymraeg Patagonia'n ymestyn yn ôl i ail hanner y bedwaredd ganrif ar bymtheg hefyd.

Fel y gwelir yn ysgrif Gomeriad uchod, roedd y Gymraeg yn iaith gymunedol fyw yn yr Unol Daleithiau ar un adeg hefyd. Bydd gweddill y bennod hon yn craffu ychydig yn fanylach ar hanes y Gymraeg a'i llenyddiaeth yn y wlad honno er mwyn pwysleisio'r pwynt elfennol bod yr iaith Gymraeg yn fwy na Chymru.

* * *

Er bod rhai Cymry wedi dechrau symud dros yr Iwerydd mor gynnar â'r ail ganrif ar bymtheg, dechreuodd y mudo mawr i America ar ddechrau'r bedwaredd ganrif ar bymtheg (Williams 1976). Yn ôl y Cyfrifiad a gynhaliwyd yn yr Unol Daleithiau ym 1850, roedd 29,868 o ymfudwyr Cymreig yn byw yn y wlad yn y flwyddyn honno (1850; Knowles 1997, t. 4). Mae'n gwbl sicr bod nifer siaradwyr y Gymraeg yn yr Unol Daleithiau ar y pryd yn uwch o lawer na hynny; Cymraeg oedd mamiaith – ac yn achos llawer iawn ohonyn nhw, unig iaith – y mewnfudwyr Cymreig hyn, ac mae tystiolaeth bod nifer wedi magu eu plant i siarad Cymraeg yn America. Er bod Cymry wedi mynd i bob rhan o'r Unol Daleithiau, tyfodd cymunedau Cymraeg mewn pedair talaith yn enwedig, sef Pennsylvania, Efrog Newydd, Ohio a Wisconsin. Roedd gan y cymunedau Cymraeg Americanaidd hyn sylfeini diwylliant solet a oedd yn cynnwys capeli, cymdeithasau llenyddol ac eisteddfodau.

Erbyn y 1850au roedd gan siaradwyr Cymraeg yr Unol Daleithiau wasg genedlaethol fywiog. Cafwyd ymdrech i sefydlu cylchgrawn dwyieithog yn Efrog Newydd ym 1832, *Cymro America*, ond methodd cyn diwedd ei flwyddyn gyntaf. Mae'n bosib iawn mai dwyieithrwydd y cylchgrawn oedd y prif reswm dros y methiant hwn; roedd digon o gylchgronau a phapurau newydd Saesneg ar gael yn America ar gyfer y rhai a allai ddarllen yr iaith honno, ac mae'n ymddangos bod siaradwyr Cymraeg America am gael cyhoeddiadau uniaith Gymraeg. Dyna a gafwyd ym mis Ionawr 1838 pan ddechreuwyd cyhoeddi *Y Cyfaill o'r Hen Wlad yn America*, cylchgrawn misol a fyddai'n parhau i ymddangos am agos at ganrif gyfan (Williams 2017). Daeth misolyn Cymraeg Americanaidd arall ar ddechrau 1840, *Y Cenhadwr Americanaidd*, ac wedyn ym 1844 daeth un arall, *Y Seren Orllewinol*, i ymuno â nhw. Deuai nifer o gylchgronau Cymraeg eraill am gyfnodau byr, ond y tri misolyn hyn oedd asgwrn cefn gwasg Gymraeg America erbyn canol y bedwaredd ganrif ar bymtheg.[2] Cafodd yr asgwrn cefn hwnnw ei gryfhau'n sylweddol pan ddechreuwyd cyhoeddi papur newydd wythnosol Cymraeg, *Y Drych*, ym 1851 (Jones a Jones, 2001).

Roedd broliant yn ymddangos ar dudalen blaen *Y Drych* yn disgrifio'r papur fel 'Newyddiadur Cenedlaethol at Wasanaeth

Cenedl y Cymry yn y Talaethau Unedig'. Mae'n werth craffu'n fanwl ar y broliant hwn, gan ei fod yn dweud cyfrolau am y berthynas rhwng y wasg gyfnodol a diwylliant Cymraeg America yn y cyfnod. Ceir y gair 'cenedl' ddwywaith yma, fel cyfeiriad at *genedl* y Cymry yn yr Unol Daleithiau a hefyd fel rhan o'r ansoddair *cenedlaethol*. Dyma grisialu dwy wedd ar hunaniaeth Gymreig America; mae siaradwyr Cymraeg y wlad yn perthyn i'r wlad fawr y mae'r papur *cenedlaethol* yn perthyn iddi, ond eto mae'r Cymry hefyd yn *genedl* ar wahân oddi mewn i'r wlad fawr honno (Hunter 2007b, tt. 17–18 a 37–8; Williams 2017, tt. 48–9).

Saith mlynedd ar ôl i'r papur wythnosol ddechrau, aeth Cymro Americanaidd o dalaith Efrog Newydd ati i ysgrifennu llythyr at *Y Drych*. Yn y llythyr hwnnw, a gyhoeddwyd ar 13 Mawrth 1858, mae'n disgrifio arwyddocâd y papur newydd, gan ddweud bod 'y Cymry, er mor wasgaredig ydynt ar hyd a lled y Cyfandir mawr hwn, yn cael cydgyfarfod i ysgwyd llaw â'u gilydd ar faes y *Drych*' (1858). Dywedir heddiw fod cyfryngau digidol yn fodd i bobl greu a chynnal 'cymunedau' a gaiff eu disgrifio weithiau fel 'cymunedau rhithiol' (S. *virtual communities*); er bod pobl yn byw mewn lleoedd gwahanol, mae cyfryngau megis Facebook ac Instagram yn fodd iddyn nhw 'ddod ynghyd', cynnal trafodaeth a theimlo'u bod yn perthyn i'r un gymuned. Roedd y wasg gyfnodol yn gwneud rhywbeth tebyg yn y bedwaredd ganrif ar bymtheg. Dyna'n union sydd gan awdur y llythyr hwn dan sylw: er bod siaradwyr Cymraeg yr Unol Daleithiau yn 'wasgaredig' ar draws 'cyfandir mawr' Gogledd America, maen nhw'n gallu 'cydgyfarfod' ar dudalennau'r papur Cymraeg Americanaidd. Mae'n disgrifio'r cyhoeddiad yn drosiadol fel sgwâr pentref neu 'faes' yng nghanol y gymuned. Fel y mae pobl sy'n byw mewn cymunedau go iawn yn cyfarfod mewn man cyhoeddus o'r fath er mwyn 'ysgwyd llaw' a siarad, felly hefyd mae darllenwyr Cymraeg sy'n byw mewn gwahanol leoedd yn yr Unol Daleithiau yn gallu dod ynghyd ar dudalennau *Y Drych* a chynnal cymuned rithiol. Dyma sylfeini'r gymuned Gymraeg Americanaidd genedlaethol (Hunter 2003b).

Gan ddychwelyd at y cyntaf o'r sylfeini hynny ac edrych ar dudalen cyntaf rhifyn cyntaf *Y Cyfaill o'r Hen Wlad* (Ionawr 1838), mae'n ddiddorol nodi bod y golygydd wedi dewis cyflwyno'r cylchgrawn newydd hwnnw i'w ddarllenwyr trwy gyfrwng darn o ryddiaith greadigol. 'Ymddiddan' yw'r teitl, sef sgwrs rhwng dau gymeriad, 'y Cyfaill' a rhyw 'Gymro'.[3] Mae'n personoli'r cylchgrawn, gan droi *Y Cyfaill o'r Hen Wlad* yn 'Gyfaill' o gig a gwaed sy'n ymweld â'r Cymro yn ei gartref yn America:

> *Y Cyfaill*. Blwyddyn newydd dda i chwi, a llawer o honynt.
> *Cymro*. Diolch yn fawr i chwi, am eich cyfarchiad caredig. Dymunwn yr un peth i chwithau. Ond y mae yn beth go ryfedd genyf glywed iaith fy mam gan wr dieithr yn y wlad yma. Pwy ddywedaf fi ydych chwi?
> *Cyf*. Cyfaill yw'm henw. Nid wyf yn meddwl ei wadu. Gall dyn gonest ddweud ei enw yn mhob gwlad, heb ofn.

Gwêl y Cymro fod y Cyfaill yn cludo 'sypyn' ('bwndel', 'parsel'), ac mae'n holi amdano. Dywed y Cyfaill mai 'Trysorau gwerthfawr' sydd ganddo yn y sypyn 'i'w gyfranu yn mhlith y Cymry yn America'. Mae'r Cymro yn cyffroi:

> *Cym*. Trysorau! rhyfedd iawn – o b'le?
> *Cyf*. O'r hen wlad.
> *Cym*. Ai o Gymru yr ydych yn meddwl?
> *Cyf*. Ië, yn sicr.
> *Cym*. Wel, y mae hyny yn rhyfedd! Nyni a adawsom yr hen wlad, i chwilio am drysorau yn y wlad hon: ac yr oeddym wedi anobeithio gweled lliw trysorau Cymru byth.

Hiwmor sydd yma wrth i'r Cymro gamddeall natur y trysorau hyn; nid trysorau materol fel aur ac arian sydd yn 'sypyn' y Cyfaill, ond trysorau ieithyddol a diwylliannol. Ond eto mae gan yr hiwmor diniwed hwn swyddogaeth arall, gan ei fod yn cymell myfyrdod ynglŷn â hunaniaeth Gymreig Americanaidd. Roedd y rhan fwyaf o'r Cymry a ymfudodd i'r Unol Daleithiau yn y cyfnod wedi gwneud hynny am resymau ariannol. Mae'r hanesydd Glanmor Williams yn egluro'r cymhelliant economaidd hwn (1976, t. 2):

> Ymfudai amaethwyr o Gymru i chwilio am erwau ehangach a brasach y gallent fod yn berchen arnynt heb orfod talu rhent. Breuddwydiai llu o'r gweision fferm y caent hwythau [. . .]

gynilo digon i brynu tir. Dyna hefyd oedd uchelgais crefftwyr cefn gwlad megis seiri, maswniaid a gofaint, er na chafodd lawer ohonynt fynd yn bellach na'r trefi yn America, lle'r oedd galw mawr am eu llafur i godi tai a ffyrdd a chamlesydd.

Yn Awst 1856, nododd y Parchedig Robert Everett (1791–1875), golygydd *Y Cenhadwr Americanaidd,* fod mewnfudwyr wedi dod i'r Unol Daleithiau i osgoi gormes economaidd yng Nghymru, a ddisgrifia fel 'trethoedd trymion' a 'rhenti uchel' (1856, t. 283). Felly, yn yr un modd, mae'n debyg iawn bod darllenwyr 'ymddiddan' *Y Cyfaill o'r Hen Wlad* (neu eu rhieni) wedi ymfudo i America ar ôl 'anobeithio gweled lliw trysorau Cymru', ac felly'n gallu cydymdeimlo â'r Cymro yn ei ddryswch.

Ond mae'r Cyfaill yn ei gywiro'n syth, gan ddweud 'Pwyllwch, pwyllwch! Yr ydych yn camsynied natur y trysorau sydd genyf' (Ionawr 1838, t. 1). Ychwanega wedyn mai cynnwys y cylchgrawn Cymraeg yw'r cyfoeth sydd ganddo: 'Nid trysorau aur ac arian sydd genyf – ond trysorau gwybodaeth, y rhai er hyny, ydynt yn rhagori ar fwnau goreu'r grëadigaeth.' Mae'r holl ystryw felly'n fodd i bwysleisio gwerth y math o ddiwylliant llenyddol Cymraeg a geir yn y cylchgrawn Americanaidd hwn.

Fis ar ôl i'r 'ymddiddan' ymddangos, cyhoeddwyd yr ysgrif a grybwyllwyd ar ddechrau'r bennod hon, sef 'Cadw'r Gymraeg'. Ni roddodd yr awdur ei enw go iawn, ond, yn ogystal â nodi'i fod yn byw yn Ohio, defnyddiodd ffugenw dadlennol, 'Gomeriad'. Yn ôl hen chwedl, dyn o'r enw Gomer oedd y siaradwr Cymraeg cyntaf yn hanes y byd.[4] Ystyr 'Gomeriad' yw 'un o bobl Gomer', felly mae'r ffugenw'n fodd i'r awdur nodi bod yr iaith Gymraeg yn ganolog i'w hunaniaeth. Mae 'Gomeriad' yn croesawu'r ffaith fod y cylchgrawn newydd yn gallu cyrraedd darllenwyr Cymraeg ar draws cyfandir mawr Gogledd America; dywed ei fod yn gobeithio 'yr amlha ac yr ymledaena yr yspryd gwladgarawl hwn yn mhob congl o'r eangdiroedd hyn, ble bynnag y mae neb o hil Gomer yn preswylio' (1838, t. 45). Gwelwyd eisoes fod un o ddarllenwyr *Y Drych* wedi disgrifio'r papur hwnnw fel man cyfarfod ar gyfer siaradwyr Cymraeg America; syniad tebyg sydd gan Gomeriad; gwêl ef *Y Cyfaill o'r Hen Wlad* fel cyfrwng a fydd yn creu gofod Cymraeg cenedlaethol yn yr Unol Daleithiau.

Trafodwyd hyder Gomeriad yn barod; roedd yn credu y byddai'r Gymraeg yn cael ei siarad am byth yn yr Unol Daleithiau ('tra huan a lloer yn rhoi eu llewyrch'). Ond roedd yn gwybod nad oedd pawb yn cytuno ag ef a bod rhai pobl yn credu mai gwastraff amser ac egni oedd ceisio cadw'r iaith Gymraeg yn fyw yn America. Felly aeth ati i'w beirniadu'n danbaid:

> Gwallgof y cyfrifwyf y dyn, yn enwedig y Cymro, a ddywed mai afreidiol a diles cadw a choleddu yr iaith Gymraeg yn y wlad hon; y mae ei thrysorau yr un mor llawn o eiriau cynnwysfawr yn America ac yn Nghymru. (1838, t. 45)

Felly, mae'n dweud bod pobl yn 'wallgof' os ydyn nhw'n credu mai dianghenraid ('afreidiol') a dibwrpas ('diles') yw 'cadw a choleddu yr iaith Gymraeg' yn yr Unol Daleithiau! Mae'n bosib damcaniaethu bod cartref Gomeriad yn Ohio mewn cymuned Gymraeg a oedd yn ymddangos yn hynod hyfyw ar y pryd.

Yn ail ran y frawddeg hon, mae'n defnyddio'r gair 'trysorau' er mwyn pwysleisio cyfoeth yr iaith Gymraeg, gan adleisio'r modd y mae'r Cyfaill yn cyflwyno'i drysorau diwylliannol i'r Cymro yn rhifyn cyntaf y cylchgrawn. Ceir yma ddatganiad athronyddol ddiddorol ynglŷn â hanfod yr iaith Gymraeg. Mae cysylltu'r iaith Gymraeg â thir Cymru yn duedd amlwg sy'n hydreiddio hanes yr iaith a'i llenyddiaeth. Dyna, er enghraifft, gysyniad yr athronydd J. R. Jones, 'cydymdreiddiad iaith a thir' (1970, t. 170), a fu'n drwm iawn ei ddylanwad ar y bardd Gerallt Lloyd Owen a'r canwr a'r ymgyrchydd iaith Dafydd Iwan, i enwi dim ond dau. Ond pwynt hollol wahanol sydd gan Gomeriad yma. Awgryma nad yw'r iaith Gymraeg wedi ei chysylltu'n derfynol â thir Cymru; mae'r iaith yn symud gyda'r bobl sy'n ei siarad hi, ac mae'r holl gyfoeth diwylliannol sy'n cael ei drosglwyddo trwy gyfrwng yr iaith yn gallu symud gyda hi i wlad newydd hefyd. Felly, mae 'ei thrysorau' - geirfa'r iaith Gymraeg, idiomau, dywediadau, dulliau o'i defnyddio i drafod gwahanol agweddau ar y profiad dynol, ac yn y blaen - wedi symud o Gymru i America gyda'r Cymry hynny sydd wedi ymgartrefu yn y wlad newydd.

Dyma bwynt hollbwysig: mae pob iaith yn gyfrwng i drosglwyddo adnoddau diwylliannol a chymdeithasol unigryw.

Un o'r pethau diddorol am lenyddiaeth Gymraeg America yw bod y maes yn cynnig cyfle i ystyried sut yr oedd beirdd a llenorion Cymraeg wedi cymryd yr holl adnoddau hyn a'u rhoi ar waith mewn cyd-destun a oedd yn wahanol iawn i Gymru.

* * *

Er bod Gomeriad yn hyderus iawn yn ôl ym 1838, ni fyddai'r Gymraeg yn parhau'n iaith gymunedol fyw am byth yn yr Unol Daleithiau. Ond llwyddodd y Gymraeg i oroesi am genedlaethau mewn rhai teuluoedd a rhai cymunedau Americanaidd, a diolch i'r ffaith fod gan Gymry America wasg Gymraeg fywiog am gymaint o flynyddoedd mae llawer iawn o lenyddiaeth Gymraeg Americanaidd wedi goroesi hyd heddiw.

Mae'n werth craffu ar enghreifftiau o'r ffenomen a grybwyllwyd uchod, sef y ffaith fod beirdd ac awduron Cymraeg wedi defnyddio adnoddau'r iaith Gymraeg – gan gynnwys adnoddau'r traddodiad llenyddol Cymraeg – er mwyn trafod amgylchiadau gwlad a oedd yn wahanol iawn i Gymru. Yn debyg i lenyddiaeth Gymraeg Patagonia, mae rhyddiaith a barddoniaeth Gymraeg yr Unol Daleithiau yn cynnwys testunau sy'n trafod tirwedd a oedd yn wahanol iawn i dirwedd Cymru.

Ceir enghraifft wych yn un arall o rifynnau cynnar y cylchgrawn hwnnw, *Y Cyfaill o'r Hen Wlad*. Yn rhifyn Gorffennaf 1838, manteisiodd gŵr o'r enw John Edwards (1806–1887) (neu Eos Glan Twrch, a defnyddio'i enw barddol) arno er mwyn hybu diwylliant barddol Cymraeg yr Unol Daleithiau. Roedd yn gwybod bod llawer o feirdd Cymraeg eraill – fel ef ei hun – wedi ymfudo i'r Unol Daleithiau, ond gan eu bod ar wasgar mewn gwahanol leoedd yn y wlad fawr honno roedd yn amhosib iddyn nhw ddod ynghyd â chynnal diwylliant barddol Cymraeg. Gan fod y cylchgrawn Cymraeg Americanaidd newydd yn darparu gofod cyhoeddus neu 'gymuned rithiol' ar eu cyfer, roedd yn bosib newid y sefyllfa. Felly cyhoeddodd John Edwards gerdd dan y teitl 'Cywydd i Anerch y Beirdd yn yr Unol Daleithiau' (1838, tt. 210–11) – ac mae'n ddiddorol nodi ei fod wedi defnyddio ffurf y cywydd, sef un o'r hen fesurau caeth Cymraeg traddodiadol, er mwyn cyfarch y beirdd yn eu gwlad newydd (Hunter 2010). Mae

trosiad estynedig yn sail i'r gerdd, wrth iddo ddisgrifio'r beirdd
hyn fel 'adar' ar wasgar yn y coedwigoedd mawr Americanaidd:

> Chwiliaf, nid oedaf yn awr,
> Gonglau coediog ëang-lawr
> Yr Amerig faith drigfod,
> Am ein beirdd sy' yma'n bod.

Dywed hefyd eu bod fel adar sydd wedi eu dychryn gan ergyd
gwn ('a wylltiwyd draw â bollt dryll') ac sydd wedi gwasgaru o'r
herwydd cyn 'disgyn' yn y diwedd 'gydâ braw ar goed y bryn'.

Mae'r cywydd yn cyflwyno delwedd gofiadwy, ac er ei bod
mor ffansïol, mae hefyd yn ddelwedd sy'n crisialu realiti'r sefyllfa
mewn modd effeithiol iawn. Mae'r bardd yn ein tywys i ddychmygu
llawer o adar sydd wedi hedfan draw o Gymru i Ogledd America,
ond yn hytrach na byw gyda'i gilydd yn yr un llwyn lle mae'n bosib
iddyn nhw gydganu, maen nhw ar wasgar yn y coedwigoedd mawr
Americanaidd. Fel y darllenydd hwnnw yn nhalaith Efrog Newydd
a fyddai'n disgrifio papur newydd *Y Drych* fel gofod cymunedol i
Gymry America ddod ynghyd a chymdeithasu'n Gymraeg, mae'r
cywydd hwn yn awgrymu bod beirdd Cymraeg America yn gallu
dod ynghyd ar dudalennau'r cylchgrawn er mwyn creu a chynnal
diwylliant barddol Cymraeg Americanaidd.

Er bod cerdd John Edwards yn ddiddorol o safbwynt y
berthynas rhwng y wasg gyfnodol a llenyddiaeth greadigol,
mae'r ffaith fod tirwedd Americanaidd yn ganolog i'r gerdd yn
haeddu sylw hefyd. Mae'n werth camu'n ôl ac ystyried y cyd-
destun Cymraeg hanesyddol. Dechreuwyd cyfansoddi cerddi ar
fesur y cywydd yn y bedwaredd ganrif ar ddeg, oes y cywyddwr
enwocaf, Dafydd ap Gwilym. Mae nifer o gywyddau mwyaf
poblogaidd Dafydd yn sôn am adar yn canu yn y coed fel rhan
o'r modd y mae'r bardd yn trafod y gwrthgyferbyniad rhwng
byd natur a byd dynion. Ac roedd y ffrwd honno o farddoni'n
parhau am flynyddoedd lawer ar ôl oes Dafydd ap Gwilym. Roedd
Cymru'n wlad goediog iawn yn yr Oesoedd Canol, ond torrwyd
y rhan fwyaf o'r hen goedwigoedd Cymreig yn ystod y canrifoedd
canlynol. Felly, er bod themâu a delweddau penodol yn ymwneud
â choedwigoedd wedi mynd lawlaw â mesur y cywydd ar un adeg,

doedd y themâu a'r delweddau hynny ddim mor berthnasol i realiti Cymru bellach. Ond, ar y llaw arall, roedd cefn gwlad taleithiau fel Efrog Newydd, Pennsylvania ac Ohio yn goediog iawn, ac felly roedd yr agwedd hon ar yr hen draddodiad barddol Cymraeg yn berthnasol yn America. Yn wir, roedd yn fwy perthnasol yn America nag yr oedd yng Nghymru erbyn y cyfnod dan sylw.

Os oedd tirwedd Gogledd America yn cynnig cyfleoedd creadigol i feirdd ac awduron Cymraeg, roedd amgylchiadau gwleidyddol a moesol yr Unol Daleithiau yn cynnig cyfleoedd o fath gwahanol i brofi adnoddau'r iaith Gymraeg. Cafodd geiriau Cymraeg eu haddasu – ac weithiau eu bathu – er mwyn trafod gwleidyddiaeth y wlad. 'Cydgynghorfa' oedd *Congress* yr Unol Daleithiau i awduron Cymraeg America, gair sy'n dipyn mwy Cymreigaidd na'r benthyciad Saesneg, 'Cyngres', a glywir ar y newyddion Cymraeg heddiw.

Yn ystod y cyfnod pan oedd gwasg Gymraeg America yn mynd o nerth i nerth, pwnc llosg gwleidyddol mawr yr Unol Daleithiau oedd caethwasiaeth. Roedd y drefn yn gyfreithlon mewn taleithiau deheuol, gyda miliynau o bobl o dras Affricanaidd yn gaethweision ac yn cael eu trin fel eiddo i bobl eraill, ac roedd tensiynau cynyddol rhwng y 'taleithiau caeth' hyn a 'thaleithiau rhydd' y gogledd. Cyhoeddwyd llawer o ddeunydd yn y cyfnodolion Cymraeg Americanaidd sy'n disgrifio caethwasiaeth fel trefn anfoesol. Er enghraifft, mewn erthygl a ymddangosodd yn rhifyn cyntaf *Y Cenhadwr Americanaidd* yn Ionawr 1840, mae Cymro a oedd yn byw yn Cincinnati, Ohio o'r enw Cadwalader Jones yn trafod 'caethiwed' y wlad. Dywed yn ddiflewyn-ar-dafod fod '[d]efodau a chyfreithiau' yr Unol Daleithiau yn 'waradwydd mawr' ('cywilydd mawr') ac yn 'ffieidd-dra' gan eu bod yn caniatáu i gymaint o bobl fyw mewn 'sefyllfa druenus', sef caethwasiaeth. Mae'n annog ei ddarllenwyr i ddeffro ac ymgyrchu'n erbyn y drefn anfoesol, gan ddweud ei fod 'yn ddyledswydd arnom ninau, y Cymry, yn gyffredinol' i sicrhau 'iawnderau ein cyd-greaduriaid' (1840, t. 17).

Roedd golygydd *Y Cenhadwr Americanaidd*, Robert Everett, yn weithgar iawn yn y maes hwn (Hunter 2007a). Sicrhaodd fod ei gylchgrawn yn gyfrwng i gyhoeddi llenyddiaeth Gymraeg wrthgaethiwol o'r cychwyn cyntaf. Am gyfnod byr bu'n cyhoeddi cylchgrawn arall hefyd, *Y Dyngarwr*, ac roedd dros hanner cynnwys y misolyn hwnnw'n canolbwyntio ar anfoesoldeb caethwasiaeth. Darparodd Robert Everett ei gyd-Gymry Americanaidd â chanllawiau ymgyrchu manwl iawn mewn ysgrif yn *Y Dyngarwr* sy'n dwyn y teitl 'Beth a all y Cymry wneud er rhyddhad y Caethion?' (Everett 1843). Dywedodd y dylai Cymry America fynd ati i ddysgu'r ffeithiau am 'wir sefyllfa'r caethion'. Roedd Robert Everett yn disgwyl iddyn nhw gymryd safiad dros yr achos hefyd: 'Safed pob Cymro trwy yr holl Unol Daleithiau yn ffyddlon dros eu rhyddhad.' Anogodd ei ddarllenwyr i ffurfio 'Cymdeithasau gwrthgaethiwol ymhob ardal lle y mae Cymry', ac ychwanegodd na ddylai'r un Cymro fod 'yn esmwyth ei feddwl nes cofrestru ei enw fel aelod o'r cyfryw gymdeithasau'. Disgrifiodd weithredu gwleidyddol o fath penodol hefyd, sef anfon deisebau at wleidyddion y wlad, a rhoddodd gryn bwysau emosiynol ar ei ddarllenwyr i wneud hyn trwy ddweud y byddai unrhyw Gymro Americanaidd nad yw'n 'arwyddo ei enw wrth ddeiseb' o'r fath 'yn iselhau ei hun a'i genedl'. Anogodd ei ddarllenwyr i bleidleisio dros y pleidiau gwleidyddol hynny a oedd yn gwrthwynebu caethwasiaeth ('rhodded pob dinasydd ei bleidlais dros y caethwas'), gan ddweud y dylai'r mewnfudwyr a oedd wedi cyrraedd yn ddiweddar o Gymru fynd ati i gael eu dinasyddiaeth Americanaidd er mwyn cael pleidleisio yn y modd hwnnw.

Roedd Robert Everett am weld adnoddau llenyddol Cymraeg America yn cael eu defnyddio i hybu'r achos hefyd, ac felly gofynnodd i feirdd gyfansoddi 'emynau ar ryddid' i'w canu mewn capeli ar y Sul. Nododd hefyd fod dysgu 'plant bychain' i ganu caneuon gwrthgaethiwol o'r fath yn syniad da. Atebodd beirdd Cymraeg America yr alwad, a chyhoeddwyd nifer o emynau am gaethwasiaeth – yn ogystal â chaneuon a cherddi o fathau eraill ar yr un testun – ar dudalennau gwasg Gymraeg America. Yn ogystal ag ymgyrchu'n erbyn caethwasiaeth, roedd Robert Everett yn cefnogi nifer o achosion eraill, gan gynnwys heddychiaeth. Cyhoeddodd lenyddiaeth Gymraeg a oedd yn cyflwyno safiad y gwir heddychwr, sef bod rhyfel o bob math yn anfoesol. Ond bu'n rhaid iddo wynebu penderfyniad anodd pan ddechreuodd y Rhyfel Cartref ym 1861, gan fod y rhyfel hwnnw wedi ei achosi yn y pen draw gan ddadleuon gwleidyddol ynglŷn â chaethwasiaeth. Felly, penderfynodd Robert Everett – a nifer o heddychwyr Cymreig eraill yn America, mae'n debyg – gefnu ar ei heddychiaeth er mwyn cefnogi rhyfel a oedd yn ei farn ef yn rhyfel yn erbyn y drefn gaeth anfoesol. Mewn ysgrif emosiynol, dywedodd fod rhaid trechu taleithiau caeth y de mewn rhyfel gan eu bod yn ymladd er mwyn ymestyn 'gallu pendefigaidd gormeswyr i ddal eu gafael mewn miliynau o bobl – i'w prynu a'u gwerthu fel anifeiliaid yn y farchnad' (1861, t. 366).

Byddai Rhyfel Cartref yr Unol Daleithiau'n parhau am bedair blynedd ac mae'r holl lenyddiaeth Gymraeg sy'n deillio o'r bennod dyngedfennol honno yn hanes America yn faes cyfan ynddo'i hun (Hunter 2003a, 2007b). Mae miloedd o dudalennau o Gymraeg sy'n deillio o'r rhyfel wedi goroesi – llawer ohonyn nhw'n ddyddiaduron ac yn llythyrau a ysgrifennwyd gan filwyr Cymraeg o'r taleithiau rhydd a oedd yn cymryd rhan yn y rhyfel ei hun. Un o'r pethau hynod am y corff sylweddol hwn o lenyddiaeth Gymraeg yw'r ffaith fod rhai o'r milwyr Americanaidd 'cyffredin' yn gallu ysgrifennu Cymraeg llenyddol mor wych – a defnyddio eu mamiaith i drafod yr amgylchiadau rhyfedd, anodd ac ofnadwy a ddaeth i'w rhan.

Enghraifft drawiadol yw llythyr gan filwr o'r enw John Rowlands a gyhoeddwyd yn *Y Drych* ar 10 Ionawr 1863, ar ganol y rhyfel. Roedd yr awdur wedi bod yn Antietam, brwydr sy'n cael ei chofio fel y diwrnod mwyaf gwaedlyd yn hanes yr Unol Daleithiau, ac mae'n ceisio disgrifio sut beth oedd byw trwy gyflafan o'r fath: 'Mae erchyllterau'r brwydr-faes yn ddigon i arswydo y meddwl mwyaf gwrol ac anystyriol' (Rowlands 1863). Dywed ei fod ef a'i gydfilwyr wedi 'damsang' neu sathru 'miloedd o feirwon a chlwyfedigion dan eu traed'. Mae'n personoli 'angau' ('marwolaeth') a'i ddisgrifio fel anghenfil mawr brawychus sydd 'wrth ei *fodd*' ar faes y frwydr: 'Yma y gwelir angau yn difrodi yn ei elfen – yma y mae yn rhwygo yn rhwysg ac egni ei gynddaredd – yma y mae wrth ei *fodd.*' Daw'r teimlad wrth ddarllen geiriau John Rowlands ei fod bron yn synnu at y ffaith ei fod yn dal yn fyw:

Syrthiodd miloedd o flaen fy llygaid, ac o dan fy nhraed. Rhwyd-dwyllwyd fy nillad [hynny yw, tyllwyd ei ddillad gan fwledi nes eu bod yn debyg i rwyd]. Bûm yn arogl brwnt anadl angau. Ond, ond, byw ydwyf, ac iach ydwyf!

Ond er ei fod wedi goroesi'r ffasiwn beryglon hyd yn hyn, roedd John Rowlands yn wynebu brwydr fawr arall – yn Fredericksburg, Virginia – pan ysgrifennodd y llythyr hwn, ac mae'n gorffen trwy ddweud ei fod yn gwybod y gallai farw y tro hwn:

> Dacw Fredricksburg. Byddaf yn gorwedd yn fy ngwaed yno, neu yn *marchio* trwy waed ereill yno, yn union deg. O ddrychfeddwl ofnadwy! A gaf fi fy mywyd? Duw yn unig a wyr. Gweddiwch droswyf.

Llythyr personol oedd y testun hwn, a'r geiriau olaf yw 'eich hen gyfaill dros byth, John W. Rowlands'. Ond postiodd cyfeillion y milwr y llythyr ymlaen at *Y Drych* er mwyn ei gyhoeddi a'i droi'n destun llenyddol cyhoeddus.

Os oedd *Y Drych* a chyhoeddiadau Cymraeg Americanaidd eraill yn cyhoeddi llythyrau gan filwyr, roedd y milwyr yn awyddus iawn i dderbyn y cyhoeddiadau hyn hefyd. Dywedodd James J. Jones ei fod yn un o chwe milwr Cymraeg a oedd yn rhannu pabell yn eu gwersyll; wedi mynegi gobaith y byddai'r papur yn ei gyrraedd ('ac os deui di, gyfaill, y *Drych*, i ymweld â ni'), nododd y byddai'n ei rannu: 'mae yma Gymry eraill yn y babell hon heblaw fi sydd yn gyfeillion cywir i ti' (Hunter 2003a, t. 37). Ysgrifennodd milwr arall, John E. Roberts, at *Y Drych* a dweud bod amgylchiadau rhyfel wedi ei rwystro rhag derbyn y papur yn gyson. 'Mae arnaf hiraeth dy weld,' meddai, gan gyfarch y papur fel cyfaill. 'Pan oeddyt yn ymweld â mi,' mae'n ychwanegu, 'nid oedd un boneddwr yn cael mwy o groeso' (Hunter 2003a, t. 124). Defnyddiodd caplan yn y fyddin, Robert Littler, iaith farddonol er mwyn disgrifio ei deimladau pan dderbyniodd gopi o un o fisolion Cymraeg y wlad, *Y Seren Orllewinol*:

> a mi yn eistedd yn fy milwrol babell ar lwmfryn yn nhalaeth Virginia, yngwyneb y gelyn, yn mwynhau fy hwyr-bryd ar fin nos [. . .], llewyrchodd y 'Seren (siriol) Orllewinol', a synwyd fi gan nad oeddwn wedi gweled unrhyw hysbysiad am ei ymddangosiad yn yr ardal hon. (Hunter 2003a, t. 124)

Ceir digon o enghreifftiau tebyg sy'n dangos pwysigrwydd gwasg Gymraeg America i filwyr Cymraeg y wlad.

Os oedd y Cymry 'yn wasgaredig [. . .] ar hyd a lled cyfandir mawr' Gogledd America cyn y Rhyfel Cartref, roedd amgylchiadau rhyfel wedi gwasgaru llawer ohonyn nhw ymhellach, wrth i filwyr adael eu cartrefi mewn taleithiau gogleddol fel Efrog Newydd, Pennsylvania, Ohio a Wisconsin a mynd i ymladd mewn taleithiau deheuol pell. Rhyw dair blynedd cyn i'r rhyfel ddechrau, fel y gwelsom, awgrymodd un Cymro Americanaidd fod *Y Drych* yn 'faes' cymunedol a bod darllenwyr yn gallu 'cydgyfarfod' ar y maes hwnnw, 'ysgwyd llaw' a chynnal sgwrs yn Gymraeg. Mae'n debyg bod cysur y gymuned Gymraeg rithiol honno hyd yn oed yn bwysicach yn amser rhyfel.

Cyfeiriadau

Brooks, Simon. 2011. Wynebu diddymdra ethnig: E. Tegla Davies a Llenyddiaeth Gymraeg Lloegr. *Y Traethodydd* 166, tt. 5–17.
Dienw. 1838. Ymddiddan. *Y Cyfaill o'r Hen Wlad*, Ionawr, tt. 1–3.
Eos Glan Twrch [John Edwards]. 1838. Cywydd i Anerch y Beirdd yn yr Unol Daleithiau. *Y Cyfaill o'r Hen Wlad*, Gorffennaf, tt. 210–11.
Everett, Robert. 1843. Beth a all y Cymry wneud er rhyddhad y Caethion. *Y Dyngarwr*, Ionawr.
— 1856. *Y Cenhadwr Americanaidd*, Awst, tt. 281–4.
— 1861. At Gyfaill yng Nghymru. *Y Cenhadwr Americanaidd* XXII, tt. 365–7.
Gomeriad. 1838. Cadw y Gymraeg. *Y Cyfaill o'r Hen Wlad yn America*, I, Chwefror, tt. 45–7.
Hunter, Jerry. 2003a. *Llwch Cenhedloedd* [:] *Y Cymry a Rhyfel Cartref America*. Llanrwst: Gwasg Carreg Gwalch.
— 2003b. Y Traddodiad Llenyddol Coll. *Taliesin* 118, tt. 13–44.
— 2007a. *I Ddeffro Ysbryd y Wlad* [:] *Robert Everett a'r Ymgyrch yn erbyn Caethwasiaeth Americanaidd*. Llanrwst: Gwasg Carreg Gwalch.

— 2007b. *Sons of Arthur, Children of Lincoln* [:] *Welsh Writing from the American Civil War*. Caerdydd: Gwasg Prifysgol Cymru.

— 2010. Adar Cymraeg mewn Coedwig Americanaidd. *Trafodion Anrhydeddus Gymdeithas y Cymmrodorion* 17 (cyfres newydd), tt. 39–49.

Jenkins, R. T. a Ramage, Helen. H. 1951. *A History of the Honourable Society of Cymmrodorion, and of the Gwyneddigion and Cymreigyddion Societies*. Llundain: The Honourable Society of Cymmrodorion.

Jones, Aled a Jones, Bill. 2001. *Welsh Reflections* [:] *Y Drych and America 1851–2001*. Llandysul: Gwasg Gomer.

Jones, Cadwalader. 1840. Nodiadau ar Gaethiwed. *Y Cenhadwr Americanaidd* I(1), tt. 17–18.

Jones, J. R. 1970. *Ac Onide*. Llandybïe: Llyfrau'r Dryw; (eLyfr y Coleg Cymraeg Cenedlaethol, 2013) [Ar-lein]. Ar gael: *https:// llyfrgell.porth.ac.uk/View.aspx?id=2041~4h~GEh0Q97L*, cyrchwyd 1 Medi 2021.

Knowles, Anne Kelly. 1997. *Calvinists Incorporated*[:] *Welsh Immigrants on Ohio's Industrial Frontier*. Chicago: University of Chicago Press.

Morgan, Prys. 1981. *The Eighteenth Century Renaissance*. Llandybïe: Christopher Davies.

Rowlands, John. 1863. Llythyr. *Y Drych*, 10 Ionawr.

United States Census Bureau. 1850 Census: The Seventh Census of the United States (2018) [Ar-lein]. Ar gael: *https:// www.census.gov/library/publications/1853/dec/1850a.html*, cyrchwyd 1 Medi 2021.

Williams, Glanmor. 1976. *'Y Baradwys Bell'? Cymru a'r Unol Daleithiau, 1776–1914*. Caerdydd: BBC Cymru.

Williams, Rhiannon Heledd. 2017. *Cyfaill Pwy o'r Hen Wlad?: Gwasg Gyfnodol Gymraeg America 1838–1866*. Caerdydd: Gwasg Prifysgol Cymru.

Nodiadau

1. Yn ôl Aran Jones, un o sylfaenwyr y cwmni, mae gan Say Something in Welsh tua 60,000 o ddysgwyr; mae rhyw 40,000 yn byw y tu allan i Gymru, ac mae tua 20,000 o'r rhain – sef traean – yng Ngogledd America (ffynhonnell yr wybodaeth hon yw gohebiaeth rhwng yr awdur ag Aran Jones, 20 Chwefror 2020). Gweler 'Map of our learners': Say Something in Welsh (2021). [Ar-lein]. Ar gael: *https://www.saysomethingin.com/welsh/info/map*, cyrchwyd 1 Medi 2021.
2. Er bod y tri misolyn yn ceisio apelio at gylchoedd eang o ddarllenwyr Cymraeg yn America, cyhoeddiadau enwadol oedd y rhain, yn perthyn i'r capeli anghydffurfiol. Misolyn y Methodistiaid Calfinaidd Cymraeg yn America oedd *Y Cyfaill o'r Hen Wlad*; cyhoeddid *Y Cenhadwr Americanaidd* ar gyfer Annibynwyr Cymraeg y wlad ac *Y Seren Orllewinol* yntau ar gyfer Bedyddwyr Cymraeg yr Unol Daleithiau.
3. Ni cheir enw, ond mae'n debyg iawn mai golygydd y cylchgrawn, y Parch. William Rowlands (1807–66), oedd yr awdur (Hunter 2007b, tt. 12–27).
4. Man cychwyn y chwedl hon oedd stori a geir yn yr Hen Destament am adeiladu Tŵr Babel (Genesis 11). Yn ôl y stori honno, un iaith yn unig yr oedd pawb yn ei siarad ar y pryd, ond er mwyn drysu gwaith adeiladu'r tŵr, 'cymysgodd' Duw yr ieithoedd gan roi iaith wahanol i wahanol weithwyr ym Mabel. Dechreuodd awduron canoloesol ddweud mai'r Cymro Cymraeg cyntaf oedd Gomer, un o'r gweithwyr hynny.

Cwestiynau Trafod

Defnyddiwch y cwestiynau canlynol i adolygu eich sgiliau allweddol a'ch gwybodaeth am gynnwys y penodau yn yr adran hon. Gellwch ddefnyddio'r cwestiynau i sbarduno trafodaeth ac i ystyried rhai cwestiynau newydd.

1. Pa mor ddylanwadol yw'r maes addysg wrth sicrhau dyfodol a datblygiad y Gymraeg?

2. Ai testunau ysgrifenedig yn unig sy'n ein galluogi i astudio'r Gymraeg?

3. Sut y mae'r Gymraeg yn archwilio ein perthynas â hunaniaethau ac ieithoedd eraill?

4. Sut y dylai'r Gymraeg ymateb i ddylanwadau a datblygiadau cymdeithasol a diwylliannol dros amser?

5. Ym mha ffordd y mae'r Gymraeg fel pwnc yn cynnig cyfleoedd ar gyfer astudio yn rhyngddisgyblaethol ac ehangu ein gorwelion y tu hwnt i Gymru?

Mynegai

Aaron, Jane 30, 35
acen 57, 94, 95, 96, 116, 123, 144
adfywio ieithyddol 2, 118, 127–30, 219
addysg 120, 125, 128, 143, 152, 154–5, 160, 175–89, 219, 225, 255, 256, 258
    drochi 128, 183
Aeneas 253
Anghenion Dysgu Ychwanegol 139
Ail Ryfel Byd, yr 220, 255
Alltud Eifion *gw.* Jones, Robert Isaac
Amgueddfa Cymru 201, 209
Amgueddfa Werin Cymru (Sain Ffagan) 200, 201, 243
amlddiwylliannedd 8–9, 210, 218–31
amlethnigrwydd 8, 227, 229
amlieithrwydd 2, 117, 124, 139, 149, 181, 193
amrywio arddulliadol 93, 96, 106–7, 119
amrywio cymdeithasol 119, 123–4
amrywio daearyddol 90, 118
amrywio ieithyddol 7, 118–24, 130
amrywiolyn 97
Anderson, Benedict 259–61
Anderson, Linda 68
Aneirin 220, 272
anneuaidd 29
Anni Goch 38
anrhywiol 29
ap Dafydd, Myrddin 15
Arabeg 117, 226
arsylwi 93–4, 103–5

Artieda, Gemma 185
astudiaethau rhywedd 28–31, 33, 36

Baker, Colin 153, 154, 155, 179, 181
Bala, Iwan 205
Bassnett, Susan 235
Beckett, Samuel 59, 239
Beibl, y 20–1, 241, 259–65
    Llyfr Genesis 138, 139, 151
benthyg geiriau 95, 97, 143, 144, 280
Berry, R. G. 51
Berry, Ron 220
Bhabha, Homi K. 228
Billig, Michael 257–61
Boudica 208
Brooks, Simon 210, 211, 215, 223, 229–30, 254, 272
Brutus 253
Butler, Judith 32, 43
Bwrdd yr Iaith Gymraeg 128, 154, 156

cadi *gw.* theori cadi
Cadw 197, 201
caethwasiaeth 9, 14, 210–11, 280–2
caffael iaith 128, 137, 141, 142, 153–4, 157, 164
Calderón, Luisa 208
Campbell, Betty 207
canon 33–4, 44
Capel Celyn 204, 214
Carroll, Lewis 245
Catholigiaeth 259, 261, 265, 267
Caxton, William 260

CBAC 177, 222, 223, 258
cefndir sosioeconomaidd 90, 96, 99, 104, 110, 122, 148, 185
cenedl 9, 21, 245, 255, 259, 273, 274
　　etholedig 265
cenedlaetholdeb 9, 19, 22, 74, 204, 251, 253, 255–8
　　banal 257
cenedligrwydd 9, 73, 251–67, 286
Cenhadwr Americanaidd, Y 273, 280
Cenhedloedd Unedig, y 254
cerdd dafod *gw.* cynghanedd
cerdd dant 199
Charles, Thomas 262, 263
Cixous, Hélène 31
cofiant 65–70
'Cofiwch Dryweryn' 205–7
Coleg Cymraeg Cenedlaethol, y 155, 229
Colley, Linda 266
Colston, Edward 209
Comisiynydd y Gymraeg 156, 163, 176, 183, 186, 187 (*gw. hefyd* Roberts, Aled)
Conti, Gianfranco 188
continwwm ieithyddol 142, 179, 182, 189
Côr y Cewri 203
cost ffrithiant 162
croestoriadedd 29, 31
cwiar 29, 40–1
　　theori gwiar 29, 32–3, 35, 43, 47
Cwmni Drama Trefriw (Llanrwst) 50
Cwmni'r Frân Wen 54, 55, 56, 60
Cwricwlwm i Gymru 175, 176, 177, 178, 180, 186, 188, 221
Cwrs Carlam, y 183, 185
Cyfaill o'r Hen Wlad yn America, Y 273, 274–6, 286
Cyfaill yr Aelwyd 114
Cyfarwyddyd Prosesu Estynedig 188
cyfnewid cod 120–1, 138, 144
　　mewngymalog 144
　　rhyng-gymalog 144

Cyfnod Critigol, y 143
Cyfraith Hywel 197
cyfrifiadau 124, 137, 252–4
cyfryngau cymdeithasol 4, 6, 13, 109, 152, 207, 274
cyfunrhywiol 29, 40, 41, 43
cyfweliadau 93, 97, 114
　　lled-strwythuredig 108, 125
　　sosioieithyddol 105–8
cyffyrddiad ieithyddol 121
cynghanedd 4, 76, 80, 199, 229
cymdeithaseg 6, 127, 131, 220
cymhelliant 66, 67, 68, 69, 127, 142, 179, 185
cymhwysedd cyfathrebol 181
cymhwysedd rhyngweithredol 180
Cymraeg 2050: Miliwn o Siaradwyr (2017) 3, 93, 129, 152, 156, 160, 163, 175, 177, 183, 184, 187
Cymraeg Ail Iaith 177, 179, 182, 185
Cymraeg i Oedolion 154, 188, 230
Cymro America 273
Cymru Fydd 114
Cymry Lloegr 272
　　Lerpwl 272
　　Llundain 272
cymunedau rhithiol 274
Cymwysterau Cymru 176, 177
Cynllun Gweithredu Technoleg Cymraeg (2018) 163
Cynllun Sabothol Cenedlaethol, y 187
cynlluniau iaith 2, 129
cynllunio caffael 128
cynllunio corpws 128
cynllunio statws 128
cynnig rhagweithiol 163
cynrychioladwyedd 98, 114
cystrawen 95, 96, 235, 237
cywirdeb 7, 109–10, 117, 123, 124, 236

Chwyldro Ffrengig, y 256–7, 265

Dafydd, Catrin 225–6
Dafydd, Gwynfor 42–3
Dafydd ap Gwilym 5, 220, 222, 266, 279
Dafydd Llwyd o Fathafarn 37
Dahl, Roald 14
data ansoddol 110–11
data meintiol 110–11
datgodio 235
Davies, D. R. 53
Davies, J. O. 246
Davies, Dr John (Mallwyd) 260
Davies, yr Esgob Richard 260
Davies, Rhiannon 246
Davies, Sioned 178–9, 180, 242, 245
Davies, y Parch. Walter (Gwallter Mechain) 209–10
de Beauvoir, Simone 31
Deddf Addysg 1870 22
Deddf yr Iaith Gymraeg (1993) 128
Defoe, Daniel 20, 23
de Pizan, Christine 30
Derrida, Jacques 247
demograffeg 108, 110, 120, 122
deuglosia 117
deurywiol 29
dewis iaith 117, 118, 124–8, 130–1
dirywedd 29
Disgwrs Treftadaeth Awdurdodedig 201–3
Diwrnod Hawliau'r Gymraeg 156
domestigeiddio 240–1, 250
Donaldson, Graham 178, 180
dosbarth cymdeithasol *gw.* cefndir sosioeconomaidd
Drych, Y 273, 274, 279, 282–4
dwyieithrwydd 2, 115, 117, 118, 121, 122, 124, 130, 137–49, 154–5, 175, 183–4, 223, 229, 273
Dydd Miwsig Cymru 156
Dyngarwr, Y 281
Dysgu Iaith a Chynnwys Integredig 183, 186

economeg ymddygiadol 153, 157, 164
écriture féminine 35
Edwards, Hywel Teifi 53
Edwards, John ('Eos Glan Twrch') 278, 279
Edwards, J. M. 50–1, 53
Edwards, O. M. 18, 20, 74
Eglwys Loegr 259–60, 266
Eirian, Siôn 56–7
Eisteddfod Genedlaethol Cymru 42, 54, 59, 70, 71, 80, 203, 209, 215, 225, 272
Elfyn, Menna 34, 71
Elis, Islwyn Ffowc 51, 56, 57, 58
Elisabeth I 259, 265
enwau lleoedd 214–15
Erfyl, Gwyn 58
Esboniadur, yr 114, 229
ESOL (English for Speakers of Other Languages) 230–1
estroneiddio 240, 242, 250
Estyn 177–8
ethnigrwydd 7, 8, 96, 116, 119
ethnograffeg 104, 122, 126
Evans, Neil 225, 230
Everett, y Parch. Robert 276, 280–2

fernaciwlar, y 105, 106
FIFA (*Fédération Internationale de Football Association*) 254–5, 270
Fishman, Joshua 118, 154
Fitzpatrick, Tess 186
Floyd, George 209
Foucault, Michel 31
Foxe, John 265

ffeminyddiaeth 29, 30, 35, 68, 229
ffonoleg 95, 96, 97

Gallie, Menna 220
geinofeirniadaeth 33–4
geirfa 4, 28, 43, 94, 96, 97, 146
George III 266

Gogol, Nikolai 247
Gomer fab Japheth fab Noah 263, 276, 286
'Gomeriad' 271, 272, 276–7, 278
Gorsedd Beirdd Ynys Prydain 203, 209, 215
Gorsedd Cymru 215
goslef 95
Grahame, Kenneth 245
gramadeg 4, 7, 43, 94, 95, 96, 97, 115, 116, 144, 188, 244, 270
Green, Andrew 202
Griffith, T. Gwynfor 246
Griffiths, Ann 33, 208
Griffiths, Paul 58
Gruffudd, Elis 201, 207
Gruffydd, Alwyn 55
Gruffydd, W. J. 19, 51, 71, 74
Gwallter Mechain *gw.* Davies, y Parch. Walter
gwasanaethau Cymraeg 157, 160–5
Gwenllian ferch Gruffudd 208
Gwerful Mechain 36–8, 40
Gwobr Tir na n-Og 13, 60
Gwobrau Theatr Cymru 56
gwrth-Gatholigiaeth 265–7
Gwyddeleg 200
Gwyddelod 230
Gwyn, Ann 38–9
Gwynfor *gw.* Jones, Thomas Owen

hapsamplu 99–105
Harri VIII 259
Harrison, Rodney 199, 213–14
'heddlu iaith' 6
Hen Ogledd, yr 272
hergwd 129, 130, 153, 159, 161, 163, 164
heteronormadedd 33, 40, 41, 68
Higham, Gwennan 230–1, 254
hil 14, 22, 24, 25, 221, 222, 224, 229
hiliaeth 24, 206, 212, 221, 227
holiaduron 97, 105, 108–11, 125, 126, 152, 183

Honno Gwasg Menywod Cymru 33, 34, 47
Hopwood, Mererid 223–4
hoyw 15, 29, 32, 33, 40, 41, 42, 47
Hroch, Miroslav 255
Hughes, Gwilym 16
Hughes, T. Rowland 54, 220
hunangofiant 5, 22, 49, 65–81
hunaniaeth 5, 104, 115, 116, 198, 223, 226, 230
  ethnig 223–4, 230, 254
  fenywaidd 29
  genedlaethol 251–5
  grefyddol 224, 254
  ieithyddol 230, 256
  Lesbaidd Hoyw Deurywiol Traws Cwiar+ 29, 34, 36, 40, 42
  ryweddol 5, 28, 29, 42, 254
  rywiol 254
  wrywaidd 29
Hunter, Jerry 71, 78
Hunter, Megan Angharad 40–1
Huws, Emily 245
hybrid 224, 228–9
hyder 93, 101, 102, 125, 126, 127, 142, 155, 161, 176, 178, 179, 180, 181, 184, 186, 188, 189
hyfedredd 142, 179
hyperpolyglot 139
Hypothesis y System Gyfunol 143

iaith darged 143, 146, 185, 235–6, 240, 245
iaith ddiofyn 163
Iaith fyw: Iaith byw – Strategaeth y Gymraeg (2012) 155, 156, 161
iaith ffynhonnell 235, 242
iaith gymunedol 124, 126, 271, 272, 278
iaith leiafrifol 2, 101, 118, 127, 140–1, 153, 154, 272
Iaith Pawb (2012) 154
iaith safonol 7, 93, 94, 96, 97, 110,

Mynegai

117, 119, 236, 237, 239, 261, 263, 264, 270
iaith yr aelwyd 120, 121, 122, 123–4, 125, 126, 127, 128, 140–2
Iddewon 230
ieithoedd arwyddo 90
Ieuan Dyfi 38, 40
Iolo Morganwg (Edward Williams) 203, 211
Iwan, Dafydd 73, 255, 277

Jac yr Undeb 258
James, Dafydd 43
Jewell, Rhianedd 67, 69
John, Gustavus Adolphus 213
John Ystumllyn 212
Johnston, Dafydd 71, 75, 78
Jones, Bedwyr Lewis 74, 75
Jones, Dafydd Glyn 49, 51–2, 53
Jones, Dic 75
Jones, Elenid 242
Jones, Griffith (Llanddowror) 261
Jones, Huw 205
Jones, James J. 283
Jones, J. R. 74, 83, 277
Jones, y Parch. J. Tywi 17
Jones, Lewis 220
Jones, Lizzie Mary *gw.* Moelona
Jones, R. Tudur 67
Jones, Robert Isaac (Alltud Eifion) 212–13
Jones, Sylvia Prys 179
Jones, Theophilus 213
Jones, y Parch. Thomas (Dinbych) 17, 266
Jones, Thomas Owen ('Gwynfor') 51

Kaplan, Cora 69

Labov, William 96, 98, 99, 101, 105, 106, 108, 118–19
Lejeune, Philippe 67, 69
lesbaidd 29, 32, 34, 47
Lesbaidd Hoyw Deurywiol Traws

Cwiar+ 29, 34, 36, 40, 42, 44
Lewis, C. S. 237, 241
Lewis, Caryl 222
Lewis, Lisa 204, 207
Lewis, Saunders 196–7, 198, 214
Littler, Robert 283
Lloyd, Bob (Llwyd o'r Bryn) 73
Lloyd, D. Tecwyn 53
Lloyd George, David 208
Lolfa, Y 44

Llawysgrif Hendregadredd 199, 207
lleiafrifoedd ethnig 210, 222, 224, 229, 230, 231
llên bywyd 5, 14, 65–81
llên menywod 14
llenyddiaeth plant 5–6, 13–26
Llewelyn, Dafydd 57, 58
lluosieithrwydd 193
Llwyd, Alan 72
Llwyd, Humphrey 260
Llwyd o'r Bryn *gw.* Bob Lloyd
Llydaweg 200, 257
Llyfr Genesis *gw.* y Beibl
Llyfr Gweddi Gyffredin 260, 265–6
Llyfr y Flwyddyn 13, 33, 60, 221
Llyfrgell Genedlaethol Cymru 22, 199, 200–1
Llywelyn ab Iorwerth (Llywelyn Fawr) 265
Llywelyn ap Gruffudd 81

Mabinogi, y 5, 222, 226, 242
Mae Bywydau Du o Bwys 209, 229
Maio, Samuel 71
Manic Street Preachers 205
Marcus, Laura 68
Marlow, Bethan 59
Mentrau Iaith 155
Mesur y Gymraeg (Cymru) 2011 129, 160
Methodistiaeth 49, 52, 261–2, 266, 286
mewnfudwyr 230–1, 273, 276, 281

Moc, Barri 188
Moelona (Lizzie Mary Jones, *née* Owen) 17–25
morffoleg 95, 96
Morgan, Dyfnallt 246
Morgan, Eleri 246
Morgan, Elin Llwyd 71
Morgan, Mihangel 40, 214
Morgan, yr Esgob William 260
Morris, Dewi (Dewi Pws) 15
Morrisiaid Môn 211
Muñoz, Carmen 185
Mwslemiaid 225–6, 230

Naughton, Bill 246
newid ieithyddol 71, 118–22, 123, 130
newidyn ieithyddol 96–7
newidyn sosioieithyddol 96
Nida, Eugene 234, 240–1
nofel 4, 6, 14, 15, 17–25, 40–1, 48–62, 65–6, 69–70, 90, 211, 214, 220–1, 223, 226–7, 236, 237, 239, 242, 243, 245, 259
normau iaith 116–17
NORMs 98

oedran 7, 90, 92, 96, 97, 99, 100, 101, 104, 110, 116, 119, 120, 121, 144, 154, 177
Ogwen, John 54, 55, 57
ôl-drefedigaethedd 228, 229
ôl-ddodiad *-io* 144
O'Leary, Paul 225, 231
Owen, Daniel 49, 50, 51, 52, 53, 60, 65, 66
Owen, Edmund T. 237, 241
Owen, Gerallt Lloyd 70–81, 195, 220, 251, 277
Owen, Goronwy 210–11
Owen, Lizzie Mary *gw.* Moelona

paradocs yr arsylwr 105–8
parau pegynol 30, 31, 32, 39

Patagonia *gw.* Y Wladfa
pêl-droed 254–5, 258, 270
pensaernïaeth dewis 130, 158, 159, 162, 163, 164
perfformadwyedd 29, 32, 43
perfformiaith 43
Phillips, Thomas 210
Picton, Thomas 208–10
Pirandello, Luigi 246, 247
Plaid Cymru 257
polisi a chynllunio iaith 2–3, 93, 118, 127–30, 153, 163, 164
polyglot 139
Price, Angharad 226–8, 245, 246
Prichard, Caradog 54, 90, 211, 220
Prichard, y Parch. John 16
profiad benywaidd, y 5, 32, 36
Protestaniaeth 259–67
Prydeindod 220, 225, 230, 252–4, 258, 259, 264–7
puryddiaeth 93, 98

Radio Cymru 71, 126, 272
Rees, Mair 30, 35
Rees, T. Ifor 246
repertoire ffonolegol 144
Ritchie, David 238
Roberts, Aled 186–7 (*gw. hefyd* Comisiynydd y Gymraeg)
Roberts, Cefin 56
Roberts, Griffith ('Gwrtheyrn') 50
Roberts, John E. 283
Roberts, Kate 40, 58, 64, 198, 207, 220
Roberts, Wiliam Owen 212
Robinson, Hefin 59
Ros, Manon Steffan 59–62, 212
Rowlands, John 70
Rowlands, John W. 282–3
rygbi 258

rhagenwau 120
rhagosodiad 130, 162
Rhamantiaeth 256
rheidiolaeth fywydegol 30–1

Mynegai

rhuglder 121, 138, 142
Rhyfel Annibyniaeth America 256
Rhyfel Byd Cyntaf, y 18–19, 51
Rhyfel Cartref America 281–4
rhyngryw 29
Rhys, E. Prosser 42, 44
Rhys, Manon 34
Rhys, Maureen 54
rhywedd 5, 7, 14, 28–44, 90, 96, 99, 100, 103, 104, 110, 116, 119, 122, 254
   cyfnewidiol 29

S4C 79, 90, 126, 128, 272
Saesneg 2, 17, 21, 25, 35, 57, 68, 73, 94, 95, 97, 98, 101, 107, 117, 118, 121–3, 125–7, 130, 137–8, 143–5, 148–9, 153, 160, 162, 163–4, 175–82, 183–7, 189, 197, 200, 204–5, 210, 212, 214, 220, 224–6, 229, 231, 234, 235, 243, 246, 273, 280
safbwynt rhyngweithiol-datblygiadol 185
Safonau Iaith 129, 160, 161
Said, Edward W. 228
Sain Ffagan *gw.* Amgueddfa Werin Cymru
Salesbury, William 260
sampl barn 103–4
samplu 98–105, 108–9, 119, 148
seicoleg 7, 29, 127, 153, 182
seineg 95, 96, 97, 144
seiniau 3, 4, 95, 115, 116, 244
   /ə/ 145
   /r/ 122, 144
Senedd Cymru 207
Seren Orllewinol, Y 273, 283, 286
sgiliau uwch-wybyddol 148
Shakespeare, William 244
Sheperd, Eve 207
shifft iaith 118, 165, 183
Showalter, Elaine 34
siaradwyr dwyieithog cydamserol 140

dwyieithog cynnar 140, 142
dwyieithog hwyr 140, 142–3
dwyieithog olynol 140
siaradwyr newydd 3, 120, 124, 142, 177
Siôn Tudur 39–40
Smith, Laurajane 201–3, 205
Snyder, Louis L. 255
sosioieithyddiaeth 7, 96, 98, 99, 102, 104, 115–31, 182
Stamp, Y 34, 36, 229
Stephens, Meic 205–6
Stevens, Meic 205
Strategaeth Addysg Cyfrwng Cymraeg (2010) 154–5
Sunstein, Cass R. 158, 159, 163
symudoledd 111, 120, 123
syth (rhywioldeb) 29

tadolaeth ryddfrydol 158–9
tafodiaith 2, 7, 89–111, 116, 117, 120, 122, 145, 257, 260, 261, 263
tafodieitheg 89–111, 116, 118, 119
Taliesin 272
Taliesin 34
Talwrn y Beirdd 71, 83
tasg didoli cardiau 147
tasg Stroop 146–7
techneg 'ffrind-i-ffrind' 102–3
technoleg 3, 4, 129–30, 131, 152–65
terfyniad 95, 96
Thaler, Richard H. 158, 159, 163
Thomas, Gwyn 239, 244
Thomas, Gwyn (y Rhondda) 220
Thomas, M. Wynn 244
Thomas, R. S. 205, 220
Thomas, W. C. Elvet 22
Timothy, Dallen J. 198
tirwedd ieithyddol 195–6, 213
Titus, Llŷr 56
Tomos, Angharad 212
Törnqvist, Egil 238
Traethodydd, Y 34, 35
traws/trawsryweddol 29, 47

295

treftadaeth 9, 152, 195–215
treiglo 96, 205, 207, 245, 246
trosglwyddo iaith rhwng cenedlaethau 3, 10, 101–2, 124–5, 154, 187, 219
Troyat, Henri 246
Tryweryn *gw.* Capel Celyn *a* 'Cofiwch Dryweryn'
Tu Chwith 34, 35
Twf, prosiect 154
Tŵr Babel 139, 151, 263, 286

Theatr Genedlaethol Cymru 56, 59
theori cadi 32, 47

UNESCO 198, 200, 201
Unol Daleithiau'r America 52, 254, 271–84, 286
Urdd Gobaith Cymru 19, 70, 72, 155, 206, 258

Venuti, Lawrence 235, 240
Victoria, y Frenhines 253

Welsh Not, y 212
William III 266
Williams, Aled Jones 59
Williams, Charlotte 220–2, 225–6, 231
Williams, D. J. 74, 220

Williams, Edward *gw.* Iolo Morganwg
Williams, Glanmor 275
Williams, Ioan 50
Williams, T. Ceiriog 246
Williams, T. Hudson 263
Williams, Waldo 220
Williams, William (Pantycelyn) 211, 264
Wladfa, y 90, 101, 103, 104, 272, 278
Wollstonecraft, Mary 30
Wyddor Seinegol Gydwladol, yr 97
Wyn, Eirug 54
Wyss, Johann David 20

ymagweddau ieithyddol 93, 94, 96, 107, 117, 123–4, 142, 156, 159, 160
ymchwil dyddiadurol 138
Ymddiriedolaeth Genedlaethol, yr 201, 202
ymddygiad ieithyddol 117, 118, 124–7, 129, 131, 143, 156–60, 165
ymddygiad rhesymegol 157–8
Ymerodraeth Brydeinig, yr 9, 210–13, 219–21, 253
ymwybyddiaeth iaith 154, 155–6
Ynyr, Iola 54
Ynysyfelin 214
Ystrad Fflur 199